신라 후비제 연구
新羅 后妃制 研究

이현주 지음

이현주 李炫珠

성균관대학교 박사, 역사학 전공, 신라사
성균관대학교 석사, 역사학 전공, 신라사
성균관대학교 학사, 사회학 전공(역사학 복수전공)
2023.09-2024.08 University of Wisconsin-Madison, Visiting Scholar
아주대학교 인문과학연구소 연구교수
성균관대학교, 아주대학교 강사

· 대표 연구
「신라 태자제의 수용과 왕실의 '家族' 인식」, 『新羅史學報』 55, 2022.
「신라 유교 가족윤리의 도입과 변용 -상복법을 중심으로-」, 『新羅文化』 59, 2021.
「한국 고·중세의 혼인제와 "유녀(遊女)"의 인식 -서옥제와 서류부가제를 중심으로-」, 『여성과 역사』 36, 2022.
「신라『효경』의 수용과 활용」, 『韓國思想史學』 64, 2020.
伴瀨明美·稲田奈津子·榊佳子·保科季子 編, 『東アジアの後宮』, 勉誠社, 2023 외 공저 다수.

신라 후비제 연구 新羅 后妃制 研究

2024년 9월 23일 초판 1쇄 인쇄
2024년 9월 30일 초판 1쇄 발행

지은이 ■ 이현주
펴낸이 ■ 정용국
펴낸곳 ■ (주)신서원
주소 : 서울시 노원구 동일로 207길 23 4층 413호
전화 : (02)739-0222 팩스 : (02)739-0224
등록 : 제300-2011-123호(2011.7.4)
ISBN 978-89-7940-207-0 93910
값 24,000원

신서원은 부모의 서가에서 자녀의 책꽂이로
'대물림'할 수 있기를 바라며 책을 만들고 있습니다.
잘못된 책이 있으면 연락주세요.

신라 후비제 연구

이현주 지음

감사의 글

 어릴 적부터 세상이 어떤 원리로 구성되었고, 어떤 규칙으로 운영되는지 궁금했다. 최초의 기억은 글자를 배우며 글자가 만들어지는 원리에 대한 의문이었다. 한글을 익힐 무렵, 한글 외에 다른 문자도 읽고 쓰는 규칙이 있으리라 생각했고, 알고 싶었다. 당시에는 원하는 대답을 얻을 수 없었다. 궁금증을 해결하고 싶다는 갈망은 커가면서 세계가 운영되는 규칙과 원리를 알고 싶다는 동기가 되어 학부에서 사회학을 전공하였다. 사회학을 공부하며 현대사회를 구성하는 기원과 시초에 대한 의문이 커졌다. 한국 사회의 기원에 대한 궁금증을 한국 고대사를 전공하며 해결하고 싶었다.
 한국의 고대국가, 그중에서 신라를 주목하였다. 신라의 사회적 구성요소는 한국의 중세국가인 고려로 연계된다는 점이 흥미로웠다. 그뿐만 아니라 신라는 주변국과의 교류를 통해 자국의 제도를 발전시켰다. 신라사 연구는 한국의 고대에서 중세로 이어지는 장기적인 관점의 역사적 이해를 하는 것이 가능하게 한다. 또한 주변국의 비교연구를 통해 세계사 속의 한국사의 특징을 파악할 수 있는 통로가 된다.

신라사를 두 가지의 관점으로 이해하고자 하였다. 하나는 정치사의 관점에서 사람과 정치세력 간의 상호작용으로 인한 사회의 변화이고, 다른 하나는 제도사의 관점에서 제도의 성립과 그 실질적인 운용이다. 특히 한국 고대사의 보편성과 특수성을 파악할 수 있는 주제로 '왕실여성'을 주목하였고, 이를 통해 한국 고대사회의 변화와 발전 양상을 다각도로 고찰하였다. 「신라 왕실여성의 칭호변천 연구」(성균관대학교 일반대학원 사학과 박사, 2014)는 그 결실이다.

이후 왕실과 권력구조의 상관성의 연구를 지속적으로 수행하면서 정치제도사의 측면에서 비교사적 고찰을 통해 심화하였다. 신라의 후비제는 주변국인 당 및 일본과의 교류, 그리고 신라 왕실과 정치세력 간의 역관계 속에서 성립되었다. 왕실과 귀족세력 간의 역학관계, 왕실여성의 정치적 입지와 역할, 왕실여성의 위상과 왕권과의 연계성 등 다양한 정치세력 간의 역학관계를 고려한 권력구조에 관한 연구를 지속적으로 수행하였다.

또한 연구영역을 사회사의 측면에서 확대하였다. 공시적으로 동 시기 왕조와의 비교사적 고찰을 하고자 하였고, 통시적으로 후속 왕조와의 연속성을 고찰하고자 하였다. 특히 신라에서 고려로 이어지는 지배층의 권력구조 메커니즘에 주목하였다. 이에 종교와 지식의 유통이 권력기제로 작용하는 양상을 규명하여 신라-고려왕조 지배구조의 메커니즘을 고찰하고, 이를 통해 정치세력이 지배층으로 형성되는 과정, 지배층의 정치적 역관계에 대한 이해를 주목하였다.

박사학위를 취득한 이후, 연구의 영역이 확장되면서 한국 전근대 지배층의 권력구조를 고찰하기 위해서는 시계열적이고 장기적인 관점의 연구가 필요하다는 점을 깨닫게 되었다. 이에 질적 연구와 양적 연구를 융합하는 디지털역사학 방법론을 모색 중이다.

이처럼 학운이 이어진 것은 여러 선학들의 도움 없이는 불가능했을 것이다. 지도교수이신 김영하 선생님은 한국고대사를 전공하게 된 동인이었다. 학부 때 복수전공을 하던 사학과에서 김영하 선생님의 수업을 들으며 매료되었고, 고민 없이 전공을 한국고대사로 결정하였다. 역사학자의 태도를 견지할 것을 끊임없이 일깨워주셨던 김영하 선생님께 감사드린다. 김영하 선생님이 말씀해주신 '변방의 정체성'은 학문적 용기의 근원이다. 함께 공부하며 가르침을 준 성균관대 고대사 선후배께도 감사드린다.

성균관대 대학원에 진학하여 많은 선생님께 배움을 받았다. 특히 박사학위 논문을 심사하고 지도해주신 이우태, 조범환, 박재우, 조성산 선생님께 감사드린다. 덕분에 그때도 지금도 여전히 생소한 주제인 '신라 왕실여성'이라는 연구 주제를 고집할 수 있었다. 또한 한국역사연구회에서 많은 선생님들과 즐겁게 공부하였다. 뜻이 맞는 선생님들과 함께 하는 여정은 여전히 기대된다. 학회 활동을 통해 만난 여러 선생님들과의 인연도 빼놓을 수 없다. 수선사학회, 한국여성사학회, 신라사학회 등 학회 일을 하며 많은 가르침을 얻었다. 감사드린다.

학업을 포기하려던 시절 손을 내밀어 준 김종식, 이상국, 고 윤인숙, 한상우 등 여러 선생님 덕분에 학문을 지속할 동력을 얻었다. 감사드린다. 특히 이상국 선생님과의 공동연구는 디지털역사학의 연구영역에 발을 딛는 계기가 되었다.

이 외에도 공부를 하는 여정에서 만난 귀한 인연이 많다. 義江明子, 伴瀨明美, 稲田奈津子, 三上喜孝, 橋本繁, 豊島悠果, 伊集院葉子 등의 오랜 인연은 가장 든든한 버팀목이다. 또한 2023~2024년에 University of Wisconsin-Madison, Department of History에 방문학자로 머물면서 온 길을 돌아보고, 갈 길을 계획할 수 있었다. 매디슨에서 만난 모든 인연에 감사드린다. 특히 Joseph Dennis, Won-tak Joo, Eugene Y. Park, Charles Kim, Laurie Dennis, David Fields, Sunho Ko 선생님께 감사드린다. 그리고 역사전문 출판사인 신서원에서 이 책을 출판할 수 있어서 기쁘다. 정용국 대표님께 감사드린다.

  마지막으로 늘 가장 든든한 편이 되어 주는 가족, 조웅수와 조윤형에게 특별히 고마움을 전한다.

아름다운 광야, 매디슨에서 이현주 씀

목 차

감사의 글_5

들어가며 13
  1. 연구사 검토 및 연구 방법 16
  2. 연구방법과 연구내용 22

1부 부인夫人 칭호의 도입 29
  1. 'ar'-부인夫人 사료의 검토 29
  2. 'ar'계 칭호의 기원과 신성성 37
  3. 예禮계 칭호와 내례부인內禮夫人의 직제적 성격 45
  4. 부인夫人 칭호의 수용과 소급 시기 50

2부 비妃 칭호의 등장과 비妃-부인夫人 체계 59
  1. 비妃-부인夫人 사료의 검토 59
  2. 부인夫人 칭호의 확대 67
  3. 매왕妹王의 칭호적 성격 77
  4. 비妃-부인夫人의 서열화 85

3부 후비제后妃制의 수용과 왕후王后-비妃·부인夫人 체계　　91

1. 중대 왕후王后 책봉과 후비제의 수용　　91
　1) 신라 중대 왕후의 책봉과 위상 정립　　91
　2) 신문왕의 납비례 도입과 '부인' 책봉　　93
　3) '왕후' 칭호의 수용과 왕비·부인과의 관계　　105
　4) 성덕왕 대 왕후 책봉과 정비正妃의 위상　　116
　5) 중대의 대왕-왕후 체제와 왕후의 위상　　123

2. 당의 신라왕비新羅王妃 책봉과 정비正妃 개념의 정립　　126
　1) 중대 '정비正妃'의 위상 정립 배경　　126
　2) 당의 신라왕비新羅王妃 책봉을 둘러싼 갈등　　128
　　(1) 책봉의 횟수와 시기 128　　(2) 책봉의 대상과 의미 132
　　(3) 효성왕 대 혜명왕후와 왕비세력 136
　3) 정비正妃의 위상과 혜명태후　　144
　4) 정비正妃 지위의 확립 과정과 책봉 절차　　147

3. 당의 신라왕대비新羅王大妃 책봉과 왕모王母의 위상　　149
　1) 후비제와 왕모의 위상　　149
　2) 왕모王母의 칭호와 위상의 정립　　151
　　(1) 왕모의 '왕후王后' 칭호 의미 151　　(2) 태후太后 칭호의 위상 정립 156
　　(3) 만월태후의 칭호와 정치적 위상 160　　(4) 만월태후의 섭정과 왕모의 정치적 지향 166
　3) 왕권과 왕실여성 지위와 역할의 연관성　　172

4부 신라 여성의 제도적 변천   175

1. 후비제后妃制의 성립과 운영   175
　1) 신라 후비제의 비교사적 고찰   175
　2) 후비제의 수용과 예제禮制   176
　3) 신라 정비正妃 지위의 성립   182
　4) 신라의 왕후王后-비妃·부인夫人 체계와 당·고려의 후비제后妃制 비교   195
　5) 신라의 후비제后妃制: 왕후王后-비妃·부인夫人 체계의 성립 과정   204

2. 여관제女官制의 성립과 운영   205
　1) 신라 여관女官 제도의 배경   205
　2) 상대 여관女官의 존재 양상   207
　3) 중대 여관女官의 제도와 역할   214
　　(1) 여관女官의 역할과 예제禮制 214   (2) 여관女官의 관사와 운영 219
　4) 신라와 당·고려의 여관女官 제도 비교   229
　5) 여관제女官制의 성립 과정과 사모私母의 역할   235

3. 종묘제宗廟制의 변천과 태후의 위상   237
　1) 종묘제와 왕실여성의 관계   237
　2) 중대 종묘제의 수용과 배경   239
　3) 하대 종묘제의 계승과 변화   249
　4) 신라의 종묘제와 태후의 위상   255
　5) 종묘제의 수용과 운영, 그리고 왕실여성   259

나가며   263

참고문헌_272
연구목록_279
영문초록_280
찾아보기_285

들어가며

　한국 고대사에서 왕실여성을 주제로 학위논문을 구상하기는 쉽지 않았다. 왜 왕실여성인가? 라는 질문에 대한 답을 구해야만 했다. 이는 스스로에게도 해야만 하는 질문이었다. 왜 왕실여성인가?

　첫째, 왜 여성인가? 석사논문의 주제는 〈신라의 건국신화와 동물상징〉이었다. 대학원 진학을 결정할 당시 나의 관심사는 한국사상사였다. 그중에서도 한국 고대의 종교에 대한 관심이 컸다. 한국 사상의 근원을 알 수 있지 않을까 하는 기대에서였다. 그 결과 미흡하지만, 처음으로 낸 논문이 신라 건국신화에서 보이는 동물상징의 의미였다. 고대의 종교에서 시작된 관심은 석사논문을 쓰고 난 후에 건국신화에서의 알영, 그리고 왕비로 이어졌다.

　둘째, 왜 왕실여성인가? 사료에서 왕실여성에 관한 사료는 비교적 많은 편이다. 그뿐만 아니라 왕실여성의 흔적은 사료에 파편적이기는 하지만 지속적으로 남겨져 있다. 왕계의 구성원이었기 때문이다. 왕실여성은 고대

국가의 발전 및 고대 왕권의 영향력 안에 있는 존재였다. 이로 볼 때 왕실여성의 존재 양상이 고대사회의 발전 및 왕권의 변화과정과 궤를 같이했을 것이라는 점이 주목되었다.

셋째, 왕실여성의 연구를 통해 무엇을 밝히고자 하는가? 왕실여성의 연구를 통해 고대의 사회상 또는 왕권에 대해 다른 시각을 부여할 수 있는가? 아니면 단지 기왕의 한국 고대 사회의 발전과정과 왕권의 존재 양상에 대해 왕실여성의 존재만을 덧붙여 놓는 것에만 만족할 것인가? 답은 분명하다. 전자의 경우가 더 가치 있을 것이다. 그러나 후자의 경우 역시 의미가 없다고는 할 수 없다. 아직 그에 관한 연구가 충분히 이루어져 있지 않기 때문이다. 한국의 고대사회를 다각적으로 파악하기 위한 징검다리로서 왕실여성의 제도사적 연구는 유의미하다.

이 책은 박사학위논문을 기반으로 쓰였고, 그 문제의식의 첫 시작은 이 지점이었다. 논문의 주안점은 왕실여성의 제도화 과정이었다. 왕실여성의 제도화 과정은 중국의 후비제를 수용하고, 왕과 혈연과 혼인의 관계에 있는 여성들의 위계가 제도적으로 정립된 것을 일컫는다. 이 책에서 중국의 후비제가 신라에 도입되고 수용되는 과정은 중요한 부분을 차지한다. 이 연구의 시작단계에서는 단순히 후비제에만 초점을 맞추지는 않았다. 중국의 제도인 〈후비제〉의 도입과 수용, 제도의 운용 양상을 알기 위해서는 수용 기반, 도입 배경, 수용 과정, 운용 양상 등의 단계별 분석과 이해가 필요하다. 박사학위의 연구 주제는 신라의 '후비제'가 아니라 신라 왕실여성 '칭호'의 변천 과정과 의미였다.

2014년에 「신라 왕실여성의 칭호변천 연구」(성균관대학교 일반대학원 사학과)를 주제로 박사 학위를 취득하였다. 이는 신라사의 상고기-중고기-중대-하대의 전 시기의 변화를 '왕실여성'을 통해 정치제도사의 관점으로 살펴본 연구이다. 신라사의 각 시기에 왕실여성 칭호가 변천하고 있음을 포착하였고, 그것이 가진 의미를 각 시기의 왕권의 성격과 관련하여 규명하였다. 이를 통해 신라 정치세력의 역학관계를 다각도로 분석할 수 있는 인식 틀을 제공하였고, 신라 권력구조에 대한 이해를 심화시켰다. 이후, '제도화'에 주목하여 왕실여성의 제도적 변천의 다양한 측면을 고찰하였고, 이를 신라 후비제의 성립과 운용으로 구체화하였다.

이 책은 신라 왕실여성의 제도가 왕후王后-비妃·부인夫人 체계로 성립되는 과정을 고찰하였다. 신라 부인의 칭호는 상고기 초부터 하대 말까지 기혼 여성이 일반적으로 사용하는 칭호였다. 상고기에 부인 칭호가 수용되었고, 중고기에 부인 칭호와 지위를 일컫는 비 칭호가 사용된 이래 중대에서도 부인 칭호는 왕후, 태후, 왕비 등의 지위를 일컫는 칭호와 동시에 사용되었다.

또한 신라의 왕후王后-비妃·부인夫人 체계는 당의 후비제를 수용하였으나 당의 내직제와 같은 일원화된 위계제도를 정립하지는 않았다. 중대 이후 왕후와 부인의 책봉이 이루어졌는데, 왕후 책봉은 부인과의 위상 차이를 목적으로 한 것이었다. 중대에 왕실여성의 책봉을 통해 '대왕의 정식 배우자 1인'으로서의 '정비' 개념이 정립되었다. 신라의 왕후王后-비妃·부인夫人 체계는 왕의 정비正妃인 왕후가 왕실여성을 포함한 상층 여성의 위계질서 상에서 최상위의 지위를 가지는 것으로 정립되었다. 즉 신라의 왕실여성 제도는 당의 왕실여성 제도인 후비제의 체계를 수용하였으나 실제적으로는 신라의 내부 사정에 의해 재편되고, 운영되었다.

고대사회에서 왕실여성은 경계에 서 있는 존재이다. 명백한 경계도 있고, 모호한 경계도 있다. 여성과 남성, 지배층과 피지배층, 딸과 배우자, 왕과 귀족, 공적 영역과 사적 영역 등 왕실여성의 존재 양상을 다각도로 파악하기 위해서는 제도사적 이해만으로는 부족할 것이다. 고대 사회 전반에 대한 정치제도는 물론 신분 및 사회경제적 요소를 고려해야 한다. 현재의 연구에서는 특히 혼인 및 친족제도를 주목하고 있다.

이 책은 박사학위를 받은 후, 고민을 심화시키고 확장한 결과이다. 박사학위를 받은 후, 여전히 남아 있는 의문에 부끄러웠다. 이 책은 박사학위를 받은 이후 10년간 남아 있는 의문을 해소하고 역사가로 자임하기 위한 노력의 결과이다. 이 책에서는 고대사회와 왕권의 변화에 따른 왕실여성의 존재 양상의 변화를 제도사적 관점에서 파악하는 것에 중점을 두었다. 제도적 측면에 초점을 맞추다 보니, 한국 고대사회의 다양한 측면에 대한 이해가 충분히 반영되어 있지 않다. 이 책의 한계를 인정함과 동시에 앞으로 공부해야 할 주제들이 산적해 있는 것에 대해 가벼운 들뜸도 느낀다.

여전히 가야 할 길이 멀다. 이 책은 앞으로 가야 할 기나긴 여정을 다짐하는 의미이기도 하다. 끝이 아니라 시작이다. 무겁지만 가벼운 듯 한 발을 내딛는다.

1. 연구사 검토 및 연구 방법

왕실여성은 두 가지로 정의할 수 있다. 하나는 왕과 혼인 및 혈연의 관계인 여성이다. 다른 하나는 왕과 직접적으로 혼인 및 혈연으로 이어진 관계는 아니지만, 왕의 친인척과 연결된 관계, 즉 넓은 범주에서 왕의 친척에 해당하는 여성이다. 본 연구에서 말하는 왕실여성은 전자에 한정한다. 즉 왕실여성은 왕의 배우자인 왕비王妃는 물론 비빈妃嬪 뿐만 아니라 왕모王母 및 왕녀王女를 일컫는다. 왕실여성의 지위 및 역할에 대해서는 두 가지 측면에서 고려할 필요가 있다. 우선 왕실여성의 지위를 표상하는 칭호는 왕과의 관계에 의해 규정된다. 즉 왕실여성의 지위는 왕과의 관계에 의해 주어졌다. 다른 한편으로는 왕실여성은 왕과 귀족세력의 접점에 위치한다. 이는 왕실여성의 실질적인 지위를 고려할 때 중요한 지점이다.

따라서 왕실여성의 지위는 다음의 두 가지를 염두에 두어 고찰할 필요가 있다. 하나는 왕과의 관계이다. 왕실여성의 지위는 기본적으로 왕과의 관계를 전제로 한다. 왕실여성은 왕과의 관계에 의해 왕모王母 및 왕처王妻의 위상을 갖게 된다. 고대 사회의 발달은 왕권의 강화와 연동하였는데, 왕실여성의 지위도 그와 연계하여 변화하였다. 다른 하나는 귀족세력과의 관계이다. 왕실여성의 지위는 왕과 귀족세력과의 정치적 역학관계에 따른 타협의 결과물이었다. 왕권과 귀족세력의 정치적 추이에 따라 그 접점에 위치한 왕실여성의 지위가 변화하였다.

왕실여성은 고대사회의 여성에 관한 자료 중에서 가장 큰 비중을 차지하고 있다. 왕실여성은 왕실의 구성원으로서 왕의 계보에 속한 존재였기 때문에 문헌사료에서 비교적 많은 자료가 남겨질 수 있었다. 왕실여성은 자료가 비교적 많음에도 불구하고 존재 양상이 명확하게 밝혀졌다고 보기는 어렵다. 특히 왕실여성의 제도, 후비제가 전론으로 다루어진 적은 없다. 이와 관련하여 기왕의 연구 성과를 검토하고자 한다.

왕실여성에 대한 연구는 크게 세 가지 측면에서 이루어졌다. 하나는 고대라는 시대적 배경에서 여성의 지위에 대한 연구이고, 다른 하나는 정치세력에 소속된 왕실여성에 대한 연구이다. 마지막으로 왕실여성의 칭호와 제도에 관한 연구이다. 첫 번째 연구에서는 고대의 여성은 사제적 역할을 수행했고, 그로 인해 다른 시대에 비해 상대적으로 높은 지위를 가질 수 있었음이 밝혀졌다.[1] 이와 관련하여 신라의 건국시조로서의 알영에 주목하여, 고대 여성의 사제적 지위와 역할을 구체적으로 밝히고자 한 연구도 이루어졌다.[2]

이들 연구에서 고대사회에서의 여성이 사제적 역할을 수행하였고, 그로

---

[1] 崔淑卿·河炫綱,『韓國女性史(古代~朝鮮)』, 이화여대출판부, 1972; 姜英卿,「韓國 古代社會의 女性 -三國時代 女性의 社會活動과 그 地位를 중심으로-」,『淑大史論』11·12합, 1982; 나희라,『신라의 국가제사』, 지식산업사, 2003; 강영경,「신라 上代시기의 女司祭 -女巫와 比丘尼의 역할을 중심으로-」,『여성과 역사』2, 2005.

[2] 김선주,「신라의 알영 전승 의미와 시조묘」,『역사와 현실』76, 2010a; 김선주,「신라 선도성모 전승의 역사적 의미」,『史學研究』99, 2010b; 김선주,「신라의 건국신화와 閼英」,『新羅史學報』23, 2011.

인해 정치·사회적으로 상당히 높은 위상을 가질 수 있었음을 알 수 있었다. 고대사회에서 여성의 종교적 역할이라는 측면은 간과할 수 없는 부분이다. 종교가 고대사회 전반에서 비교적 높은 비중을 갖고 있었던 만큼 종교적 역할을 수행한 여성의 지위 역시 높았다. 이들 연구는 여성의 역할과 지위에 대해 본격적으로 살펴본 연구들이라는 점에서 의의를 찾을 수 있다.

그러나 종교적 위상만으로 고대사회의 전 시기에 걸친 여성의 지위와 역할의 변화를 찾기에는 한계가 있었다. 이에 고대사회의 변화에 따라 여성의 사제적 역할과 지위도 변화하였을 것이라는 점을 고찰한 연구가 이루어졌다.[3] 이 역시 고대사회의 여성의 역할을 종교와 사제적 역할로만 한정하고 있다. 고대사회의 정치·사회적 조건이 변화하였고, 고대여성도 그에 따른 지위와 역할이 변화하였을 것이라는 점이 간과되었다. 고대사회에서 여성의 위상과 역할이 변화하는 양상이 더욱 구체적으로 논증될 필요가 있다고 생각한다.

두 번째 연구에서는 왕과 귀족세력의 정치적 역학관계를 살펴보는 연구가 이루어졌고, 그 접점에 위치한 왕실여성이 언급되었다.[4] 이들 연구에서는 왕실여성이 정치적 행위의 주체라기보다는 그가 속한 정치세력의 일원으로 파악하였다. 그렇기 때문에 왕실여성의 존재 양상을 밝히기에는 한계가 있었다. 최근의 연구에서는 왕실여성의 정치적 행위 자체에 주목한 연구가 다수 이루어졌다.[5] 왕실여성의 정치적 행위로는 왕의 모친으로 '섭정'

---

3 金杜珍,「韓國 古代 女性의 地位」,『한국사시민강좌』15, 일조각, 1994; 전호태,「한국 고대의 여성」,『韓國古代史硏究』12, 1997.
4 金壽泰,『신라중대정치사연구』; 이영호,「新羅의 王權과 貴族社會 -중대 왕의 혼인 문제를 중심으로-」,『新羅文化』22, 2003.
5 김선주,「신라 사회 여성의 정치 활동」,『史學研究』77, 2005; 曺凡煥,「神穆太后」,『서강인문논총』29, 2010; 曺凡煥,「新羅 中代 聖德王代의 政治的 動向과 王妃의 交替」,『新羅史學報』22, 2011a; 曺凡煥,「王妃의 교체를 통하여 본 孝成王代의 정치적 동향」,『韓國史研究』154, 2011b; 曺凡煥,「≪삼국유사≫ 왕력편의 異種記事를 통해 본 中代 新羅의 정치구조 -신라 중대 景德王의 왕비 교체와 정치적 동향을 중심으로-」,『新羅史學報』30, 2014a; 曺凡煥,「신라 中代末 惠恭王의 婚姻을 통하여 본 政局의 변화」,

을 한 행위가 주목되었다. 이와 관련하여 중고기 진흥왕의 어머니인 지소태후只召太后[6]와 중대의 신목태후神穆太后 및 만월태후滿月太后의 정치적 행위와 위상에 대한 연구가 있다.[7] 이들 연구에서는 왕실여성의 정치적 역할에 대해서 구체적으로 논증하였다.

그럼에도 불구하고 이들 왕실여성의 정치적 행위가 왕과 귀족세력의 정치적 역학 관계, 즉 왕실여성이 속한 정치세력의 이해관계에 의한 것으로 파악되었다. 나아가 신라에서 여왕이 존재하였고, 정치적 행위가 이루어졌다는 점으로 인해 여성의 정치적 위상이 비교적 높았다고 보는 것에는 문제가 있다고 보았다.[8]

그동안의 연구에서는 이처럼 여성의 정치 행위를 지속시킬 만한 제도적 요건이 나타나지 않는다는 데서 여성의 정치 행위를 우연한 사건으로 파악하고 있는 것이다. 이러한 점으로 볼 때 고대여성이 정치적 행위를 할 수 있었던 제도적 기반이라는 측면, 즉 고대여성의 제도적 요건에 대한 연구

『新羅文化』43, 2014b; 김수태, 「신라 혜공왕대 만월부인의 섭정」, 『新羅史學報』22, 2011; 장일규, 「응렴의 결혼과 그 정치적 의미」, 『新羅史學報』22, 2011; 김창겸, 「신라 헌강왕과 의명왕후, 그리고 '野合'과 효공왕」, 『新羅史學報』22, 2011; 김선주, 「신라 경덕왕대 삼모부인(三毛夫人)의 생애와 정치적 의미」, 『역사학연구』44, 2011.

6 김선주, 「眞興王의 卽位와 只召太后의 攝政」, 『한국학대학원논문집』제12집, 1997; 김선주, 『신라의 고분문화와 여성』, 국학자료원, 2010.
7 曺凡煥, 앞의 논문, 2010; 김태식, 「'母王'으로서의 新羅 神穆太后」, 『新羅史學報』22, 2011; 김수태, 앞의 논문, 2011.
8 주보돈은 신라에 여왕이 있음에도 불구하고 여성의 정치적 지위가 전반적으로 높았다고 볼 수 없는 것은 신라에서 여성이 관등을 소지하거나 혹은 관료가 결코 될 수가 없었기 때문이라고 하였다. 여성이 관료가 되거나 정치적으로 활약한 어떤 사례도 발견되지 않음은 그 점을 여실히 증명하여 주는 사례이다. 그런 측면에서 본다면 선덕여왕의 즉위는 매우 특이한 사례라고 하였다.(「한국 고대사회 속 여성의 지위」, 『계명사학』21, 2010, 38쪽·49~50쪽). 여성의 정치적 지위 및 위상을 중앙관료로의 진출로만 파악한다면 여왕의 존재만으로 여성의 정치적 위상이 높았다고 파악하기는 어렵다. 그러나 직관지에는 관료로서의 여성의 모습이 찾아진다. 또한 〈丹陽新羅赤城碑〉에서 少女 등의 언급은 율령제적 수취체계 내에서의 여성의 모습 역시 찾아진다. 그뿐만 아니라 왕실여성의 정치적 위상이라는 측면은 관료체계 내에 포함되어 있는 것이 아니므로 고대 사회 내에서 여관(女官)의 유무만으로 여성의 정치적 위상을 가늠할 수는 없다고 생각한다.

는 고대여성의 지위와 역할을 명확히 밝히는 데 있어 중요할 것으로 생각한다.

세 번째로 왕실여성의 제도, 그중에서도 왕의 배우자 서열과 제도에 대한 연구가 이루어졌다. 우선 이노우에 히데오井上秀雄는 신문왕 이후 전후前後 2비妃를 두는 제도가 있었다고 보았다. 신라왕이 율령 체계의 진전에도 불구하고, 절대적인 왕권을 확립하지 못하여 혼인을 통해서 왕권을 확립하려 하였을 것이라 추정하였다.[9] 이는 중대에 왕비의 출궁과 혼인이 빈번한 점을 도식화한 것으로, 왕과 귀족세력의 역학관계에 따른 관례였을 것으로 파악한 것이다.

김창현은 신라 왕실여성의 칭호 변화에 주목한 바 있다. 왕실여성의 칭호가 지증왕 무렵까지는 '부인夫人'이었고, 법흥왕~진흥왕 무렵부터는 '태후太后-비妃-부인夫人'이고, 통일 이후에는 '태후太后-왕후王后-비妃-부인夫人'의 구조였다고 보았다.[10] 여기서 태후는 왕모王母이다. 왕모王母와 왕처王妻의 서열은 왕과의 관계가 모母와 처妻로서 범주가 기본적으로 다르다. 따라서 왕모와 왕처는 왕과의 관계에 의해 결정된 위상 차이기 때문에 왕실여성의 위계 구조로 동시에 다룰 수 없다. 왕실여성의 위계 구조는 왕위 배우자 간의 위계와 지위로 한정되어야 할 것이다.

이영호는 왕비는 궁궐에 들어오기 전 단계인 부인 책봉, 궁궐에서의 왕비 책봉, 다시 왕후 책봉이란 단계를 거쳤는데, 왕비가 왕후로 책봉된 시기는 왕이 즉위한 직후였다고 보았다. 그리고 왕의 배우자는 부인에서 왕비를 거쳐 왕후가 되기도 하지만 출궁 시에는 부인으로 위상이 하강하기도 한다고 보았다.[11] '왕후-왕비-부인'의 위계를 상정하였음을 알 수 있다.[12]

---

9 井上秀雄,『新羅史基礎研究』, 東出版 株式會社, 1974, 354쪽.
10 김창현,「신라왕실과 고려왕실의 칭호」,『韓國古代史研究』55, 2009, 286~290쪽.
11 이영호,「통일신라시대의 王과 王妃」,『新羅史學報』22, 2011, 31~39쪽.
12 안주홍은 한국고대사학회 발표문에서 신라의 후비제를 內職制라는 용어와 혼용하여 사용하였는데, 신라 내직제의 구조는 王后-王妃-夫人, 또는 后(元妃)-諸妃-夫人의 구조

이처럼 이들 신라 왕실여성의 칭호와 서열을 다룬 연구에서는 왕실여성의 위계와 제도에서 '왕후-비-부인'의 일원적인 위계 구조를 상정하였다.

기존 고대 왕실여성에 관한 연구는 제도사적 접근이 거의 이루어지지 않았다. 여성에 관한 사료는 단편적인 데다가 남성 위주의 편향적인 시작으로 기술되어 있어 여성의 실체는 물론 변화 추이를 찾기가 어려웠다. 따라서 여성 존재 양상의 변화 추이를 시기 구분한다거나 단계화하는 작업 역시 이루어지기 어려웠다. 왕실여성 칭호의 존재 양상 및 변화 추이를 제도사적 연구방법을 통해 고찰함으로써 고대에서 여성의 위계가 제도화되는 과정을 살펴보고자 한다. 신라의 왕실여성 칭호의 변천과 그 의미를 고찰하고, 여성의 서열이 위계화되고, 제도화되는 과정을 알아보고자 한다. 이를 위해서 중국과 일본 및 고려의 후비제를 고찰의 범주 안에 포함해 비교사적 접근을 시도하였다.

왕실여성의 지위와 위상을 표상한 것이 칭호이다. 신라의 왕실여성의 칭호는 왕실여성의 위계를 내포하고 있다. 칭호는 그 자체로 대상의 지위와 역할을 표상하므로 사회적 변화를 파악하는 데 중요한 지표가 될 수 있다.[13] 왕실여성의 칭호가 변천되는 과정을 고찰함으로써 왕실여성의 지위 및 역할의 변화를 파악할 수 있다. 왕실여성의 칭호체계의 변천을 통해 왕실여성의 위계가 제도화되는 과정을 고찰하였다.

주목해야 할 것은 왕실여성의 칭호는 왕과의 관계에 기반한 지위와 역할의 표상이라는 점이다. 왕실여성은 왕과의 관계를 기반으로 왕실의 일원으로서 지위와 역할이 규정되었다. 한국 고대사회에서 왕호와 왕권은 시기별

였다고 보기도 하였다(「통일기 신라 왕실의 后妃制 검토」, 〈한국고대사학회 132회 발표문〉, 2013, 5쪽·11쪽).

[13] 이 책에서는 호칭과 칭호를 구분하여 사용하고자 한다. 호칭은 일반적으로 대상을 지칭하는 데 불과하다. 반면 칭호는 그 자체로 특정 대상의 지위와 위상을 표상할 뿐만 아니라 부여된 대상에게 특정한 역할을 기대한다. 즉 칭호는 자타 공인된 지위와 역할을 수반하므로 호칭과 달리 사회적인 의미를 가진다. 여성의 지위를 연구할 때 칭호가 중요 지표가 될 수 있을 것이다.

로 변화하였고, 이는 신라도 마찬가지이다. 고대사회와 왕권의 변화는 왕실여성의 존재 양상과도 연동되었다. 즉 왕실여성의 칭호와 지위는 왕호 및 왕권과 연동성을 가지고 시기별로 변화하였다. 따라서 신라에서 왕실여성의 칭호가 변화하고, 왕실여성의 제도가 성립하는 과정을 살펴보는 것은 고대의 사회적 조건과 왕권의 변화 과정도 고찰하는 통로가 된다.

2. 연구방법과 연구내용

왕실여성은 왕실과 귀족세력의 접점에 위치한다. 왕실여성의 지위 및 정치적 행위는 왕과 귀족세력 간의 역학관계를 고려하여 파악할 필요가 있다. 특히 칭호로 표상된 왕실여성의 지위는 왕실과 귀족세력 간의 역학관계가 표면화된 것이라는 점을 감안하여야 그 의미가 분명해진다. 즉 왕실여성의 칭호와 지위는 표면적으로는 왕실 내부의 서열에 기반한 것이고, 내면적으로는 왕과 귀족세력 간의 역학관계에 따른 타협의 결과물이다. 왕실과 귀족세력, 즉 왕실여성을 포함한 정치세력 간의 역학관계에 따른 지위가 표상된 것이 칭호이다. 신라 왕실여성의 칭호 역시 단순한 존칭이 아닌 역할과 위상을 담보하고 있다.

이 책에서는 신라 왕실여성의 칭호와 제도를 주목한다. 왕실여성은 기본적으로 왕실의 일원으로서 지위와 역할이 규정된다. 왕실여성은 왕과의 관련 하에 왕모王母, 왕비王妃, 왕매王妹, 왕녀王女로서 지위와 역할을 가졌다. 고대 왕실여성의 지위가 왕권의 위상 변화와 연동하면서 변화하였다. 신라의 왕호 및 왕권의 변화, 왕과 귀족 세력 간의 정치적 추이, 골품제 등은 왕실여성의 칭호와 지위의 변화를 야기하였다. 칭호는 그 자체로 대상의 지위와 역할을 표상하는 것이므로 사회적 변화를 파악하는 데 중요한 지표가 될 수 있다.

신라 왕실여성의 서열이 위계화되고, 제도화하는 과정을 왕실여성 칭호의 변천 과정을 중심으로 알아보고자 한다. 신라의 왕실여성 제도는 상고기 이래의 왕실여성의 칭호와 위계를 기반으로 중대에 당제인 후비제도를 수용함으로써 성립되었다. 본 연구에서는 신라에서 왕실여성의 서열이 위계화되는 과정과 중국의 여성칭호가 도입되고 수용되는 과정을 살펴보았다. 또한 신라 중대 이후 당의 후비제가 도입됨에 따라 신라에서 왕실여성의 제도가 성립되고 운영되는 양상을 고찰하였다.

신라 왕실여성의 칭호에 관한 자료는 문헌사료상의 왕실계보 자료가 가장 큰 비중을 차지하고 있다. 왕실계보 자료는 『삼국사기』「신라본기」와 『삼국유사』「왕력」에 주로 나와 있다.[14] 이들 기록은 왕의 부계뿐만 아니라 왕의 모계와 처계도 기록하였는데, 왕의 계보를 밝힘으로써 왕위의 정당성을 천명하기 위한 목적이 강하게 반영되어 작성된 것이었다. 그렇다 하더라도 기록으로 남아 있는 왕실여성의 칭호는 그 자체로 활용의 여지가 있음은 분명하다. 또한 이들 기록과 당대에 남겨진 1차 사료인 금석문 자료를 활용하고자 한다. 금석문 상에 기록된 왕실여성의 칭호는 물론 그 배경을 살펴봄으로써 당대에 왕실여성이 가지던 지위와 역할에 대해 고찰해 볼 것이다. 마지막으로 신라 왕실여성 제도를 더욱 구체적으로 살펴보기 위하여 당 및 고려와의 비교를 통해 살펴보고자 한다. 이를 통해 공시적 의미로

[14] 『三國史記』초기 기록, 특히 기년과 왕계의 신빙성에 대한 논란이 있었다. 초기 기록을 사료로 이용하는 데 있어, 긍정론, 절충론, 불신론으로 논점을 정리하기도 하였다. 그러나 최근 〈蔚珍鳳坪新羅碑〉 등의 고고학적 발견은 『삼국사기』 초기 기록과 합치하는 내용을 담고 있어 『삼국사기』의 사료적 가치를 높였다. 『三國史記』초기 기록 중 왕계에 관련된 부분 역시 개별 논제에 대한 고구가 필요하기는 하나, 『삼국사기』 자체의 논리에 대해서는 신빙할 수 있다고 여겨진다(이강래, 「三國史記論-그 100년의 궤적」, 『강좌 한국고대사』1, 가락국사적개발연구원, 2003, 126쪽). 또한 『三國史記』, 「新羅本紀」 초기 기사는 두 계통에 관한 전승이 하나의 편년체계로 일원화한 결과로 생각된다. 즉 백제의 압력으로 이동하던 구진국=진한계 신라와 경주 중심으로 성장하던 사로국 세력이 아달라왕 때에 경주 분지에서 결합하였고, 두 세력의 전승이 하나의 편년체계로 일원화한 것이 신라의 초기기록이라고 볼 수 있다(金瑛河, 『韓國古代社會의 軍事와 政治』, 高麗大學校 民族文化研究院, 2002, 110~112쪽).

서의 당의 제도와 통시적 의미로서의 고려를 살펴봄으로써 신라 왕실여성의 제도를 구성할 수 있으리라 생각한다.

이처럼 한국 고대사에서 '왕실'과 '제도', 그리고 '여성'은 한국고대사의 특성을 파악하고, 왕권의 특징과 변천을 이해하기에 중요한 주제이다. 연구는 왕실여성 칭호의 변천 과정을 통해 왕실여성의 지위와 역할의 변화를 고찰하였다.

신라의 시기는 『삼국사기』와 『삼국유사』의 시기 구분에 따라 각각 상대, 중대, 하대 또는 상고기, 중고기, 하고기로 나뉜다.[15] 『삼국사기』와 『삼국유사』 모두 공통으로 중요한 기점을 삼는 것은 상대와 중대, 중고기와 하고기, 즉 7세기이다. 『삼국사기』에서는 중대 이후를 중대와 하대로 나누었고, 『삼국유사』에서는 중대 이전을 상고기와 중고기로 나누었다. 이와 같은 사서에서의 시기구분법을 절충하여 이 책에서는 상고기, 중고기, 중대, 하대로 시기구분을 하였고, 각 시기별 왕실여성의 존재 양상을 '칭호' 분석을 통해 알아보고자 하였다. 초점은 '왕실여성의 제도화 과정'이다.

이 책은 신라 왕실여성 칭호의 변천 과정을 통해 신라의 왕실여성 제도인 왕후-비·부인 체계가 성립하는 과정을 신라사의 상고기-중고기-중대-하대의 시기에 따른 단계별 변화로 파악하였다. 즉 왕실여성의 서열이 위계화되고 제도화되는 과정을 신라 왕실여성 제도의 성립배경-성립과 운영-변용이라는 단계를 설정하여 고찰하였다.

---

[15] 신라사의 시기구분은 『三國史記』에서는 上代·中代·下代로 구분하였고, 『三國遺事』에서는 上古·中古·下古로 나누었다. 『三國史記』에서는 赫居世王부터 眞德王까지를 上代라 하고, 武烈王부터 惠恭王까지를 中代라 하였으며, 宣德王부터 敬順王까지를 下代라 일컬었다. 『三國遺事』에서는 박혁거세 거서간부터 智證麻立干까지 上古라 하였고(『三國遺事』卷1 王曆1 第二十二 智訂麻立干. "已上爲上古已下爲中古."), 法興王부터 眞德女王까지 中古라 하였으며, 太宗武烈王부터는 下古라 하였다(『三國遺事』卷1 王曆1 第二十八 眞德女王. "已上中古聖骨 已下下古眞骨."). 『三國史記』와 『三國遺事』의 시기구분에서 공통점은 성골과 진골의 구분이 있었다는 것과 태종무열왕의 즉위를 上代와 中代, 中古와 下古의 시기구분의 경계선으로 잡고 있다는 점이다.

신라 왕실여성 제도의 특성을 후비제의 수용 및 운용되는 과정에서 왕후-비·부인 체계로 제도화되는 과정을 고찰하였다. 이 책은 4부로 구성되었으며, 그 내용은 아래와 같다.

신라 왕실여성 제도의 성립은 중국의 후비제 수용을 전후로 나뉜다. 중대에 후비제를 수용하기 전, 상고기와 중고기에 중국식 왕실여성 칭호를 수용하면서 신라여성의 위계질서가 구성되었다.

1부는 상고기의 부인夫人 칭호의 수용이다. '부인'은 중국의 한자식 외래 칭호로, 부인夫人 칭호가 수용되기 이전에는 'ar'계 칭호가 있었다. 'ar'계의 칭호는 특정 역할과 지위에 있는 인물들에게 쓰였던 존칭이었다. 그 대상은 주로 왕모, 왕비, 왕매, 왕녀 등 사제적 지위를 담당한 자들에 한정되었다. 왕을 비롯한 왕가의 여성들은 일군의 신성 가족으로서 종교적 역할과 그에 따른 위상을 가지고 있었다.

2부는 중고기의 '비妃' 칭호의 등장과 비妃-부인夫人 체계의 성립이다. 법흥왕 대의 금석문인 〈울주천전리서석蔚州川前里書石〉에서 을사명乙巳銘의 '여랑왕女郎王'은 물론 기미명己未銘의 '태왕비太王妃', '왕비王妃', '매왕妹王', '부인夫人' 등의 칭호가 나타나고 있다. 특히 왕실여성의 칭호인 '태왕비', '왕비'가 보이는데, 그 배경으로서 법흥왕 대 '대왕大王' 칭호의 등장을 주목하였다. 〈울주천전리서석〉에서의 '비' 칭호는 기왕의 〈名+夫人〉에서 〈名+妃〉로 변경된 것이었다. 중국식의 칭호인 비妃가 신라식 용법으로 사용되었던 것이다. 아울러 신라식의 칭호인 여랑왕女郎王과 매왕妹王의 칭호도 쓰였음을 알 수 있다. 이와 같은 왕실여성의 칭호는 왕실여성의 지위를 특화함으로써 중고기 왕권을 정당화하는 데 기여를 하였다.

3부는 후비제의 수용과 변용이다. 중대에 왕실여성 칭호로 '태후太后'·'왕후王后' 칭호가 도입되었다. 아울러 왕실여성에게도 추봉과 책봉, 시호 제정이 이루어졌다. 이와 같은 중대 왕실여성의 칭호는 중대 왕권의 한화적 내정개혁의 연장선상에서 이루어졌다. 즉 중대 왕권의 안정과 강화를 목적으로 한 체계 변화의 일환으로 왕실여성의 제도화가 이루어졌던 것이다. 신라 왕실여성의 제도가 중대에 왕후王后 책봉이 제도화되고, 정비正妃 개념이 도입됨으로써 왕후王后-부인夫人 체계로 성립되었다.

중대에 성립된 왕후-부인 체계는 하대의 정치상황 하에서 제도적으로 변용되었다. 하대 전기는 원성왕계의 분지화된 가계 간의 왕위 계승을 둘러싼 갈등이 첨예하였다. 이 시기는 왕권의 정당성을 확보하기 위한 조치의 일환으로 왕의 직계에 대한 추봉 및 책봉이 많이 이루어졌다. 또한 왕실여성의 책봉이 빈번하게 이루어졌다는 특징을 가진다. 이 시기의 왕실여성의 지위는 매우 불안정하였다. 왕실여성이 안정된 지위를 획득하기 위하여 태자를 출산하거나 당으로부터 책봉을 받는 등의 조치가 이루어졌다. 이와 같은 과정을 통해 신라의 후비제는 왕후王后-비妃·부인夫人 체계로 성립되어 운용되었다.

4부는 신라 여성의 제도적 변천이다. 신라의 후비제, 여관제, 종묘제가 성립되는 과정을 통시적으로 고찰하였다. 신라사의 상고기-중고기-중대-하대의 전 시기의 변화를 신라 여성의 제도화, 여성의 지위와 역할이 사회 발전과정과 연동하여 변화하는 지점을 주목하였다. 신라사의 각 시기에 여성의 지위와 역할이 변천하고 있음을 포착하였고, 그것이 가진 의미를 각 시기의 왕권의 성격과 관련하여 규명하였다.

4부의 신라 여성의 제도적 변천의 근간은 후비제后妃制이다. 후비제의 성립과정은 왕과 귀족세력과의 정치적 역학관계에 따른 타협의 결과물이었다. 신라의 왕후王后-비妃·부인夫人 체계는 상고기 이래의 왕실여성의 칭호와 위계를 기반으로 중대에 당제인 후비제도를 수용함으로써 성립되었다. 특히 부인의 칭호는 상고기 초부터 하대 말까지 기혼 여성이 일반적으로 사용하는 칭호였다. 상고기에 부인夫人 칭호가 수용되었고, 중고기에 비妃 칭호가 도입되면서 왕실여성의 제도는 비妃-부인夫人 체계로 운용되었고, 중대에서도 부인 칭호는 왕후, 태후, 왕비 등의 지위를 일컫는 칭호와 동시에 사용되었다. 다만 성덕왕 대 이후 부인 칭호가 관등적 성격을 가지게 되는데, 이후 상층 여성에게 부인 책봉이 이루어지기도 하였다. 왕의 배우자가 출궁될 당시에 부인 책봉을 받는 것은 일원적인 위계 구조 내의 하강이라기보다는 왕실여성의 지위가 탈각됨에 따른 새로운 지위 부여를 위한 책봉이었다.

신라는 당의 후비제를 수용하였으나 당의 내직제와 같은 일원화된 위계제도로 운영하지 않았다. 중대 이후 왕후와 부인의 책봉이 이루어졌는데, 왕후 책봉은 왕실여성과 귀족여성, 그리고 왕실여성 중에서도 정식 배우자 1인인 정비正妃와 다른 배우자 간의 위상 차이를 목적으로 한 것이었다. 책봉冊封 절차를 통해 '대왕의 정식 배우자 1인'으로서의 정비正妃 개념이 수립되었다. 이후 신라의 후비제는 왕후王后-비妃·부인夫人 체계로 정립되었고, 왕의 정비인 왕후가 왕실여성을 포함한 상층 여성의 위계질서 상에서 최상위의 지위를 가졌다.

이처럼 이 책은 왕권과 왕실여성의 상관성을 주목하여 신라사 전반의 권력구조를 고찰하였다. 즉 신라 사회의 발전과정에서 신라 왕실여성의 칭호와 지위의 변화, 왕실여성 제도의 성립과 운영에 관해 전체적으로 조망하였다. 신라 정치세력의 역학관계를 다각도로 분석할 수 있는 인식 틀을 제공하였고, 신라 권력구조에 대한 이해를 심화시켰다.

다만 이 책은 제도사적 관점을 견지하고 있으므로 제도와 실질적인 운영 사이의 괴리가 야기될 수 있으리라 생각한다. 이를 극복하기 위한 비교사적 고찰은 향후의 과제로 기약한다.

1부

부인夫人 칭호의 도입

1. 'ar'-부인夫人 사료의 검토

『삼국사기』 즉위조와 『삼국유사』 왕력편에 왕의 부·모와 처에 대한 기록이 있다. 왕의 모와 처의 부계까지 기술하고 있다는 점이 특징적이다. 『삼국사기』 즉위조와 『삼국유사』의 왕력편의 기록은 일정 정도의 규칙성이 있는 것으로 보아 왕력에 관한 최종 정보를 기록하였을 가능성이 크다. 이들 사료에서 왕실여성의 칭호로 '비妃'와 '부인夫人'의 칭호가 빈번하게 보인다. '비'와 '부인'과 같은 한자식 칭호가 신라 초기부터 사용되었다고 보기는 어렵다. 그럼에도 불구하고 『삼국사기』 즉위조와 『삼국유사』 왕력편의 기록에서 왕실여성의 칭호가 변화하는 경향성을 찾아낼 수 있다는 점이 주목된다. 이들 즉위조와 왕력편에 기록된 왕실여성의 칭호를 통해 고대 사회의 변화에 따른 왕실여성 칭호의 제도화 과정을 살펴보자.

우선 신라 상고기의 여성칭호와 관련된 기사를 모두 제시하고, 사료 자체에 대한 실증적 검토를 할 것이다. 이를 통해 상고기 여성칭호의 존재 양상과 변화 추이를 살펴보고자 한다. 다음은 『삼국사기』 왕의 즉위 기사에 나타나는 왕의 부모와 처에 대한 기록이다.

A-1) 赫居世居西干 5년(B.C.53), 봄 정월에 용이 閼英井에 나타나 오른쪽 옆구리에서 여자아이를 낳았다. 老嫗가 보고서 이상히 여겨 거두어 키웠다. 우물의 이름을 따서 그의 이름을 지었는데, 자라면서 덕행과 용모가 뛰어났다. 시조가 이를 듣고서 맞아들여 妃로 삼으니, 행실이 어질고 안에서 보필을 잘하였다. 당시 사람들은 그들을 二聖이라고 일컬었다.[1]

A-2) 南解次次雄이 즉위하였다. 혁거세의 嫡子이다. (중략) 母는 閼英夫人이고, 妃는 雲帝夫人이다(혹은 阿婁夫人이라고도 한다).[2]

A-3) 儒理尼師今이 즉위하였다. 남해의 太子이다. 母는 雲帝夫人이고, 妃는 日知葛文王의 딸이다(혹은 妃의 姓은 朴氏이고, 許婁王의 딸이라고도 한다).[3]

A-4) 脫解(또는 吐解)尼師今이 즉위하였다. 성은 昔氏이고 妃는 阿孝夫人이었다.[4]

A-5) 婆娑尼師今이 즉위하였다. 儒理王의 둘째아들이고,(혹은 儒理의 동생 奈老의 아들이라고도 한다.) 妃는 金氏 史省夫人이고, 許婁葛文王의 딸이다.[5]

A-6) 祇摩尼師今이 즉위하였다.(혹은 祇味라고도 한다.) 破娑王의 嫡子이다. 母

---

[1] 『三國史記』卷1 新羅本紀1 赫居世居西干 5年. "春正月 龍見於閼英井 右脇誕生女兒 老嫗見而異之 收養之 以井名名之 及長有德容 始祖聞之 納以爲妃 有賢行 能內輔 時人謂之二聖."

[2] 『三國史記』卷1 新羅本紀1 南解次次雄 즉위조. "南解次次雄立 赫居世嫡子也 (중략) 母閼英夫人 妃雲帝夫人(一云阿婁夫人)."

[3] 『三國史記』卷1 新羅本紀1 儒理尼師今 즉위조. "儒理尼師今立 南解太子也 母雲帝夫人 妃日知葛文王之女也(或云 妃姓朴 許婁王之女)."

[4] 『三國史記』卷1 新羅本紀1 脫解尼師今 즉위조. "脫解尼師今立(一云吐解) 姓昔 妃阿孝夫人."

[5] 『三國史記』卷1 新羅本紀1 婆娑尼師今 즉위조. "婆娑尼師今立 儒理王第二子也(或云 儒理第奈老之子也) 妃金氏史省夫人 許婁葛文王之女也."

는 史省夫人이고, 妃는 金氏 愛禮夫人이고, 葛文王 摩帝의 딸이다.[6]

A-7) 逸聖尼師今이 즉위하였다. 儒理王의 長子이고(혹은 日知葛文王의 아들이라고도 한다.) 妃는 朴氏이고, 支所禮王의 딸이다.[7]

A-8) 阿達羅尼師今이 즉위하였다. 逸聖王의 長子이다. (중략) 母는 朴氏이고, 支所禮王의 딸이다. 妃는 朴氏이고, 內禮夫人으로, 祇摩王의 딸이다.[8]

A-9) 伐休尼師今이 즉위하였다.(혹은 發暉라고도 한다.) 姓은 昔氏이고, 脫解王의 아들 仇鄒 角干의 아들이다. 母의 姓은 金氏이고, 只珍內禮夫人이다.[9]

A-10) 奈解尼師今이 즉위하였다. 伐休王의 손자로, 母는 內禮夫人이고, 妃는 昔氏로 助賁王의 妹이다.[10]

A-11) 助賁(혹은 諸貴)尼師今이 즉위하였다. 姓은 昔氏로, 伐休尼師今의 손자이다. 父는 骨正(혹은 忽爭)葛文王이고, 母는 金氏이고, 玉帽夫人으로 仇道葛文王의 딸이다. 妃는 阿爾兮夫人이고, 奈解王의 딸이다.[11]

A-12) 味鄒(혹은 味照) 尼師今이 즉위하였다. 姓은 金氏이다. 母는 朴氏이고, 葛文王 伊柒의 딸이다. 妃는 昔氏이고, 光明夫人으로 助賁王의 딸이다.[12]

A-13) 訖解尼師今이 즉위하였다. 奈解王의 손자로, 父는 于老 角干이고, 母는 命元夫人이고, 助賁王의 딸이다.[13]

---

6 『三國史記』 卷1 新羅本紀1 祇摩尼師今 즉위조. "祇摩尼師今立(或云祇味) 婆娑王嫡子 母史省夫人 妃金氏愛禮夫人 葛文王摩帝之女也."

7 『三國史記』 卷1 新羅本紀1 逸聖尼師今 즉위조. "逸聖尼師今立 儒理王之長子(或云: 日知葛文王之子) 妃朴氏 支所禮王之女."

8 『三國史記』 卷2 新羅本紀2 阿達羅尼師今 즉위조. "阿達羅尼師今立 逸聖長子也 (중략) 母朴氏 支所禮王之女 妃朴氏內禮夫人 祇禮王之女也."

9 『三國史記』 卷2 新羅本紀2 伐休尼師今 즉위조. "伐休(一作發暉)尼師今立 姓昔 脫解王子仇鄒角于之子也 母姓金氏 只珍內禮夫人."

10 『三國史記』 卷2 新羅本紀2 奈解尼師今 즉위조. "奈解尼師今立 伐休王之孫也 母內禮夫人 妃昔氏 助賁王之妹."

11 『三國史記』 卷2 新羅本紀2 助賁尼師今 즉위조. "助賁尼師今立(一云諸貴) 姓昔氏 伐休尼師今之孫也 父骨正(一作忽爭)葛文王 母金氏玉帽夫人 仇道葛文王之女 妃阿爾兮夫人 奈解王之女也."

12 『三國史記』 卷2 新羅本紀2 味鄒尼師今 즉위조. "味鄒尼師今立(一云味照) 姓金 母朴氏 葛文王伊柒之女 妃昔氏光明夫人 助賁王之女."

13 『三國史記』 卷2 新羅本紀2 訖解尼師今 즉위조. "訖解尼師今立 奈解王孫也 父于老角干 母命元夫人 助賁王女也."

A-14) 奈勿(혹은 那密)尼師今이 즉위하였다. 성은 김씨로, 仇道葛文王의 손자이고, 父는 末仇 角干이다. 母는 金氏이고, 休禮夫人이며, 妃는 金氏이고, 味鄒王의 딸이다.[14]

A-15) 實聖尼師今이 즉위하였다. 關智의 후손으로 大西知 伊湌의 아들이다. 母는 伊利夫人(伊는 혹은 企)이고, 昔登保阿干의 딸이다. 妃는 味鄒王의 딸이다.[15]

A-16) 訥祇麻立干이 즉위하였다. 奈勿王의 아들이다. 母는 保反夫人(혹은 內禮吉怖)이고, 味鄒王의 딸이다. 妃는 實聖王의 딸이다.[16]

A-17) 慈悲麻立干이 즉위하였다. 訥祇王의 長子로, 母는 金氏이고, 實聖王의 딸이다.[17]

A-18 炤知(혹은 毗處)麻立干이 즉위하였다. 慈悲王의 長子로, 母는 金氏이고, 舒弗邯 未斯欣의 딸이다. 妃는 善兮夫人이고, 乃宿伊伐湌의 딸이다.[18]

A-19) 智證麻立干이 즉위하였다. 姓은 金氏이고, 이름은 智大路이다(智度路 혹은 智哲老). 奈勿王의 曾孫이고, 習寶葛文王의 子이며, 炤知王의 再從弟이다. 어머니는 金氏이고, 鳥生夫人으로 訥祇王의 딸이다. 妃는 朴氏이고, 延帝夫人으로 伊湌 登欣의 딸이다.[19]

사료 A는 왕을 중심으로 왕의 부와 모, 그리고 처와 처의 부가 순서대로

---

[14] 『三國史記』卷3 新羅本紀3 奈勿尼師今 즉위조. "奈勿(一云那密)尼師今立 姓金 仇道葛文王之孫也 父末仇角干 母金氏休禮夫人 妃金氏 味鄒王女."

[15] 『三國史記』卷3 新羅本紀3 實聖尼師今 즉위조. "實聖尼師今立 關智裔孫 大西知伊湌之子 母伊利夫人(伊一作企) 昔登保阿干之女 妃味鄒王女也."

[16] 『三國史記』卷3 新羅本紀3 訥祇麻立干 즉위조. "訥祇麻立干立 奈勿王子也 母保反夫人 (一云內禮吉怖) 味鄒王女也 妃實聖王之女."

[17] 『三國史記』卷3 新羅本紀3 慈悲麻立干 즉위조. "慈悲麻立干立 訥祇王長子 母金氏 實聖之女也."

[18] 『三國史記』卷3 新羅本紀3 炤知麻立干 즉위조. "炤知(一云毗處)麻立干立 慈悲王長子 母金氏 舒弗邯未斯欣之女 妃善兮夫人 乃宿伊伐湌女也."

[19] 『三國史記』卷3 新羅本紀3 智證麻立干 즉위조. "智證麻立干立 姓金氏 諱智大路(或云智度路 又云智哲老) 奈勿王之曾孫 習寶葛文王之子 炤知王之再從弟也 母金氏鳥生夫人 訥祇王之女 妃朴氏延帝夫人 登欣伊湌女."

기록되었다. 사료 A에서 왕실여성의 경우, 왕의 모와 처를 각각 모母와 비妃로 서술하였는데, 모와 비는 왕모王母와 왕처王妻의 의미로 대구로 기록하였다. 즉 사료 A에서 비는 왕의 배우자를 일컫는 일반명사로 쓰였던 것이다. 이처럼 사료 A에서 왕의 모와 배우자를 각각 모와 비로 기록한 것은 『삼국사기』 즉위조에서 왕력을 기록할 때 나타나는 정형성이다. 『삼국사기』 즉위조에서 왕의 배우자를 비로 일괄하여 기록한 것은 상고기 뿐만 아니라 후대 시기의 즉위조에서도 동일하게 보인다. 즉 『삼국사기』 즉위조에서 모와 대구로 기록된 비의 경우, 왕실여성이 실질적으로 사용했던 칭호가 아닌 왕의 배우자를 의미하는 일반명사로 기록되었던 것임을 알 수 있다.

사료 A에서 '妃'는 혁거세 17년에 알영을 비로 삼았다는 기사와[20] 자비마립간 4년에 서불한 미사흔의 딸을 맞아들여 비로 삼았다는[21] 기사에서도 확인할 수 있듯이 왕의 배우자를 지칭하는 일반명사로 쓰였다. 이로 보아 사료 A에서 보이는 왕실여성의 칭호는 〈名+夫人〉으로 표현되는 '夫人'이다.

그런데 사료 A에서 여성의 이름을 보면, 유사한 음가의 명칭이 반복되어 나타나고 있고 그것이 시기별로 차이를 보이고 있다는 점이 주목된다. 우선 A-1)에서 알영, A-2)에서 알영부인과 운제부인(아루부인), A-4)의 아효부인이 보인다. 이들의 이름과 관련하여 다음의 사료가 주목된다.

B-1)   赫居世 17년(B.C.41), 왕이 六部를 巡撫하였는데, 妃인 閼英이 따라갔다.[22]
B-2)   第1代 赫居世, 妃는 娥伊英 娥英이다.[23]
B-3)   第2代 南海次次雄, 母는 閼英이다.[24]

---

20   『三國史記』卷1 新羅本紀1 赫居世居西干 17年. "王巡撫六部 妃閼英從焉."
21   『三國史記』卷3 新羅本紀3 慈悲麻立干 4年. "春二月 王納舒弗邯未斯欣.女爲妃."
22   『三國史記』卷1 新羅本紀1 赫居世居西干 17年. "王巡撫六部 妃閼英從焉."
23   『三國遺事』卷1 王曆1 第一赫居世. "妃娥伊英 娥英."
24   『三國遺事』卷1 王曆1 第二南海次次雄. "母閼英."

B-4)   第4代 脫解(혹은 吐解)尼叱今, 母는 積女國王의 딸이고, 妃는 南解王의 딸인 阿老夫人이다.[25]

B-5)   이 때 南解王이 脫解가 智人이므로 長公主로서 妻를 삼아주었는데, 그가 阿尼夫人이다.[26]

B-6)   新羅의 宗廟의 제도를 살펴보면, 제2대 남해왕 3년 봄에 처음으로 始祖 赫居世廟를 세웠다. 四時로 제사를 지냈는데, 親妹인 阿老로 하여금 主祭하게 하였다.[27]

B-1), 2), 3)은 알영에 관한 기사이다. B-1)과 3)에서 알영이라 하여 부인의 칭호가 없이 기록되었다. 『삼국유사』의 기록인 B-2)로 보아 알영은 아이영娥伊英 또는 아영娥英이라고도 하였음을 알 수 있다. 다음으로 B-4)와 5)는 남해차차웅의 딸이자 탈해니사금의 처에 대한 서술이다. 『삼국사기』인 A-4)에서 아효부인이라고 하였고, 『삼국유사』인 B-4)에서는 아로부인, 또는 B-5)의 아니부인이라고 하였다. 아효부인, 아로부인, 아니부인이 모두 동일인물의 이름이었던 것이다. 마지막으로 B-6)에서 남해왕의 누이동생인 아로가 보인다. 이처럼 A-1)과 B-2)의 알영(아이영, 아영), A-2)의 운제(아루), A-4)와 B-4),5)의 아효(아로, 아니), B-6)의 아로 등 'ar'이라는 유사한 음가의 이름이 혁거세거서간, 남해차차웅과 탈해니사금 시기에 거듭 나타나고 있다.

또한 이 시기에 여성이 부인 칭호가 덧붙여지지 않고, 이름만으로 일컬어지는 경우가 보여 주목된다. 특히 알영의 경우 『삼국유사』의 왕력편에서는 A-1), B-1), 2)의 혁거세의 처와 B-3)의 남해의 어머니로 기록되었을 때

---

[25] 『三國遺事』卷1 王曆1 第四代 脫解(一作吐解)尼叱今. "母積女國王之女 妃南解王之女 阿老夫人."

[26] 『三國遺事』卷1 紀異2 第四南解王. "時南解王之脫解是智人 以長公主妻之 是爲阿尼夫人."

[27] 『三國史記』卷31 雜志1 祭祀. "按新羅宗廟之制 第二代南解王三年春 始立始祖赫居世廟 四時祭之 以親妹阿老主祭."

'夫人' 칭호 없이 이름만 기록되었다. 알영은 A-2)의 남해왕 즉위조에 어머니인 알영부인이라 하여 부인이 덧붙여져 있다. 『삼국사기』 즉위조 기록의 정형성으로 보아 부인 칭호가 일괄적으로 소급되었을 가능성이 크다. 알영의 경우, 부인 칭호 없이 그 자체로 쓰였으리라는 점을 유추할 수 있다.

또한 B-6)의 혁거세거서간의 딸이자 남해차차웅의 누이인 아로 역시 부인 칭호 없이 기록되었다. 이를 통해 본다면 혁거세, 남해차차웅, 탈해니사금 시기에는 대체로 유사한 음가인 'ar'계를 이름으로 쓰고 있었고, 부인夫人이 일반적인 칭호로 쓰이지 않았던 것으로 여겨진다. 즉 신라 초기 여성의 명칭이 'ar'계였다는 점과 부인 칭호 없이 'ar'계 이름만으로 쓰였던 것이다. 그리고 이는 혁거세거서간, 남해차차웅, 탈해니사금 시기 여성칭호의 특징이었음을 알 수 있다.

다음으로 A-3)과 A-5)부터 A-19)에 이르기까지 왕의 모母와 처妻를 기록하는 데 있어 여성의 성씨와 부父의 명칭을 적고 있어서 주목된다. 왕의 모와 처에 대한 정보를 알리는 데 있어 그의 출신으로서 성씨와 부를 밝히는 것이 중요해졌음을 알 수 있다. 이처럼 여성의 성씨와 부의 이름을 기록하였던 것으로 보아 이들 왕실여성의 출신이 왕과 다른 계열이었음을 유추할 수 있다. 이 시기의 왕실여성의 명칭으로 'ar'계는 보이지 않는다. 대신 A-6)의 애례부인, A-8)의 내례부인, A-9) 지진내례부인, A-10)의 내례부인, A-14)의 휴례부인, A-16)의 내례길포가 등장한다. 이와 관련하여 다음의 『삼국유사』 왕력편의 사료가 주목된다.

C-1) 제7대 逸聖尼叱今, 妃는 □禮夫人으로 日知葛文王의 딸이다. □□禮夫人은 祇磨王의 딸이다. 母는 伊刊生夫人으로, 혹은 □□王夫人이라 하며 朴氏이다.[28]

---

28 『三國遺事』卷1 王曆1 第七 逸聖尼叱今. "妃□禮夫人 日知葛文王之女 □□禮夫人 祇磨王之女 母伊刊生夫人 或云□□王夫人 朴氏."

C-2) 제13대 味鄒尼叱今, 母는 生乎 혹은 述禮夫人으로 伊非葛文王의 딸이며, 朴氏이다.[29]

C-3) 제18대 實聖麻立干 또는 實主王・寶金이라고도 한다. 父는 미추왕의 동생 大西知角干이고, 母는 禮生夫人 昔氏이고, 登也 阿干의 딸이다. 妃는 阿留夫人이다.[30]

C-4) 제19대 訥祇麻立干 또는 內只王이라고도 하며, 김씨이다. 父는 奈勿王이고, 母는 內禮希夫人 金氏이고, 未鄒王의 딸이다.[31]

C-5) 제20대 慈悲麻立干 金氏이다. 父는 訥祇王이고, 母는 阿老夫人(혹은 次老夫人)이고, 實聖王의 딸이다.[32]

사료 C-1)의 비인 □례부인과 □□례부인, 그리고 C-2)의 미추니사금의 모인 생호 혹은 술례부인은 모두 예禮계의 이름을 갖고 있다. 또한 C-3)에서 실성니사금의 모인 예생부인과 처인 아류부인, C-4)에서 눌지마립간의 모인 내례희부인, 그리고 C-5)에서 자비마립간의 모인 아로부인(차로부인)의 존재가 보인다. 사료 A-16)에서 눌지마립간의 모인 보반부인에 대해서 혹은 내례길포라 한다고 하였다. C-4)에 의하면, 눌지마립간의 모는 내례희부인이라고도 칭해졌음을 알 수 있다. A-15)의 석등보아간이 C-3)의 석씨인 등야 아간과 동일인물이었을 것이다. 이에 A-15)의 이리부인이 C-3)에서는 예생부인과 동일인물이었을 것이라 여겨진다. 또한 C-5)에서 자비마립간의 모가 아로부인 또는 차로부인이라 하여 'ar'계의 이름을 가졌음을 알 수 있다.

---

[29] 『三國遺事』卷1 王曆1 第十三 味鄒尼叱今. "母生乎 一作述禮夫人 伊非葛文王之女 朴氏."

[30] 『三國遺事』卷1 王曆1 第十八 實聖麻立干. "一作實主王 又寶金 又父未鄒王弟大西知角干 母禮生夫人 昔氏 登也阿干之女也 妃阿留夫人."

[31] 『三國遺事』卷1 王曆1 第十九 訥祇麻立干. "一作內只王 金氏 父奈勿王 母內禮希夫人 金氏 未鄒王女."

[32] 『三國遺事』卷1 王曆1 第二十 慈悲麻立干. "金氏 父訥祇 母阿老夫人 一作次老夫人 實聖王之女."

이처럼 내례의 동일한 명칭이 반복되어 나타나는 점, 이리가 예생이라는 한자식 명칭으로 기록되었고, 내례길포가 내례희부인이라 하였다는 점이 주목된다. 또한 C-4)에 의하면, 눌지마립간의 처이자 자비마립간의 모가 아로부인이었다. 이후 'ar'계의 명칭이 보이지 않는다. 이로 보아 상고기 왕실여성의 칭호는 초기의 'ar'계의 명칭이 예禮계의 한자식 명칭으로 변화되었고, '내례內禮'의 명칭에 부인(夫人)의 칭호가 부가된 것임을 알 수 있다. 'ar'계의 고유 칭호가 한자식의 예禮계로 바뀐 것은 이는 한자식의 칭호인 '부인夫人' 칭호의 수용과 연관된 것이다. 이제 상고기 여성 칭호의 변화 배경과 의미, 그리고 부인 칭호의 수용과 소급 시기에 대해서 살펴보고자 한다.

2. 'ar'계 칭호의 기원과 신성성

신라 초기에 왕실여성의 이름으로 'ar'계의 칭호가 주로 나타났다. 'ar'계 칭호의 기원과 의미에 대해서 알아보자. '알(閼, ar)'의 음운상 어원을 밝히고자 하는 연구가 많이 이루어졌다.[33] '알閼'은 알천閼川이라는 지명에서 나왔다고 보기도 하고,[34] 알[卵]을 의미함과 동시에 곡류나 알곡과도 의미가 통용된다고 보기도 하였다.[35] 이러한 논의에 더하여 동사로서 '알다[知]', '열다[開]'의 의미를 부가하기도 하였다.[36] 이처럼 기왕에는 '알閼'의 어원에 대해 '곡물의 알곡'이라는 의미를 지닌 것으로, 초기 신라에서 곡령穀靈은 인간의 출생, 성혼의 원리를 의미하는 것이었다. 이러한 의미로 농경사회에서 사령자司靈者로서 의례를 행하는 왕과 왕비는 '곡물'을 뜻하는 'ar'에서 유래한 'ar'

---

[33] 末松保和, 「新羅上古世系考」, 『新羅史の諸問題』, 東洋文庫, 1954, 81~82쪽·97~98쪽.
[34] 前間恭作, 「新羅王の世次と其名について」, 『東洋學報』 15-2, 1925, 195쪽.
[35] 三品彰英, 『古代祭政と穀靈信仰』, 平凡社, 1975, 42~46쪽.
[36] 末松保和, 앞의 책, 1954, 106~107쪽.

계의 이름을 갖게 된 것이라고 보았던 것이다.[37] 이처럼 'ar'계의 이름은 왕모·왕매·왕비뿐만 아니라 알지(閼智) 등의 왕 역시 농경사회에서 사령자적 성격을 지닌 인물들에게 그 직능에 따라 붙여진 것으로 파악했었다. 'ar'계 이름을 가진 초기 왕실여성들 역시 곡령을 제사하는 사제적 직능에 따라 유사한 이름이 부여되었던 것으로 보았다.[38]

왕과 왕비의 이름에 대한 초기 음운학적 연구는 신라 초기 기록에 대한 불신을 전제로 한 것이다.[39] 이는 『삼국사기』 초기 기록을 역사적 사실이 아닌 신화시대로 파악하였다는 한계를 가진다. 이는 공통된 음운 즉 'ar'계의 이름을 가진 왕과 왕비의 이름이 가지는 역사성을 정확히 파악하지 못한 것이라 생각한다.[40] 그러므로 이 시기의 'ar'계의 이름이 가진 의미를 파악할 필요가 있다.

사료에서 보이는 'ar'계 명칭을 살펴보면, 알영의 경우 그가 발견된 알영정의 명칭을 따서 이름을 지었다고 하였다.[41] 알지는 우리말로 어린 아기(小兒)를 뜻한다고 하였다.[42] 그 유래가 지역명 내지 일반명사인 '아기'가 고유

---

37 三品彰英, 앞의 책, 1975, 42~46쪽.
38 초기에 'ar'계 이름이 王妃와 王妹 모두에게 있는 경우, 그들이 수행하는 왕실제사 내에서의 기능이 상통하기 때문이었던 것으로 보기도 하였다. 즉 사제적 직과 지위에 때로는 왕비가, 때로는 왕매가 있었기 때문이었던 것으로 보았다(三品彰英, 앞의 책, 1975, 217~220쪽).
39 이들 일본 사학자들은 이 'ar'계 명칭에 대해 신라 초기 기록을 불신하는 입장에서 논지를 전개하고 있다. 즉 奈勿 이전은 역사시대 아닌 전설시대라는 전제 하에 파악하고 있다. 전간공작의 경우 堯女 즉 堯의 娥皇과 女英에서 그 글자를 취해 만든 것이라 했고, 末松保和 역시 이 입장을 따르고 있다.
40 김철준은 초기 신라의 기록을 긍정하는 입장에서 초기 왕과 왕비 이름에 대한 연구를 한 바 있다. 공통된 이름이 나오는 것에 대해 허구적 사실로만 치부할 것이 아니라 '신화의 재생산'으로 파악해야 하며, '재생산된 신화'는 그 자체로 설명하는 실체가 따로 있는 것이기에 역사적 사실로 존중되어야 한다고 보았다(『韓國古代社會硏究』, 서울대학교출판부, 1990, 188~189쪽).
41 『三國史記』卷1 新羅本紀1 赫居世居西干 5年. "龍見於閼英井 右脇誕生女兒 老嫗見而異之 收養之 以井名名之."
    『三國遺事』卷1 紀異2 新羅始祖 赫居世王. "時日沙梁里閼英井〈一作娥利英井〉邊有雞龍現 而左脇誕生童女 (중략) 女以所出井名名之."

명사화된 것이라고 설명하고 있다. '아지'가 일반적으로 아기라는 말로 쓰이는 것은 김유신의 누이이자 김춘추의 처인 문희의 어린 시절 이름이 '아지阿之'였던 것에서도 알 수 있다.[43] 'ar'계의 어원은 지명일수도, '아기'라는 일반명칭일 수도 있다. 다만 일반명사가 신성시됨에 따라 고유명사화되는 계기를 주목해야 할 것이다. 왕실여성의 'ar'계의 명칭은 알영의 신성성을 계승하는 의미였을 것이라 생각한다. 'ar'계의 명칭이 왕과 왕비, 왕모의 이름으로 많이 등장하는 이유는 'ar' 접두어에 담긴 신성성에 기인한 것이었다.

신라 초기는 박혁거세를 시작으로 김알지, 석탈해 등 신라 3성三姓 시조가 연달아 등장한 시기였다. 알영은 혁거세거서간의 처이자 남해차차웅의 모였다. 운제부인, 즉 아루부인은 남해차차웅의 처이자 유리니사금의 모였다. 또한 아효부인(아니부인, 아로부인)은 남해차차웅의 딸이자, 탈해니사금의 처였다. 아로는 혁거세거서간의 딸이자, 남해차차웅의 누이였다. 다만 유리니사금의 처는 이름이 전해지고 있지 않은데, 처의 아버지 명칭이 일지갈문왕 내지, 허루왕, 사요왕 등으로 혼재되어 전해지는 것으로 보아 왕과 다른 집단의 세력이었을 가능성을 유추할 수 있다.

이처럼 신라 초기의 왕실여성인 혁거세거서간의 처와 딸, 남해차차웅의 모와 처, 그리고 딸, 유리니사금의 모, 탈해니사금의 처가 'ar'계의 명칭을 가지고 있었는데, 왕을 중심으로 왕의 배우자와 딸이 'ar'계의 명칭을 갖고 있었던 것이다. 또한 남해차차웅과 유리니사금의 처를 제외하고는 모두 혈연적으로 신라 시조인 혁거세와 알영의 계보를 잇고 있음이 주목된다. 'ar'계의 명칭을 가진 여성들이 모두 왕과 직접적으로 연관성을 가짐과 동시에 신라시조 혁거세의 비妃였던 알영閼英과 혈연적 친연성을 가진 존재들이었던 것이다. 이로 보아 상고기 'ar'계 여성의 신성성은 왕과의 연계성, 또는 건국시조인 알영과의 친연성으로부터 비롯되었을 것으로 여겨진다.

---

42 『三國遺事』卷1 紀異2 金閼智 脫解王代. "閼智卽鄕言小兒之稱也."
43 『三國遺事』卷1 紀異2 金庾信. "妹曰文姬 小名阿之."

이들 신라 초기의 왕비인 혁거세의 처인 알영과 남해의 처인 운제부인은 각각 성모聖母로서 숭앙되었다. 알영은 혁거세와 더불어 성인이었으며,[44] 서술성모西述聖母 또는 선도성모仙桃聖母와의 일화가 전해지고 있었다.[45] 남해 차차웅의 처인 운제부인에 대해서『삼국유사』기이편에 세주로, 운제산성모雲梯山聖母라고 하는데, 가뭄 때 기원하면 응함이 있었던 것으로 알려졌다고 덧붙여져 있다.[46] 이는『삼국유사』를 작성한 시기인 고려 때의 운제부인에 대한 기우祈雨신앙을 기록했을 가능성이 크다. 신라의 운제부인에 대한 신성성이 고려 시기까지 전해져 기록되었을 것임을 유추할 수 있다. 이처럼 신라 초기의 왕비인 알영과 운제부인은 성모로서 신앙의 대상이었다.

이와 같은 신라 초기 왕비의 신성성은 신라 초기의 왕이 무적 '巫的' 존재로서 신성시되고 있었다는 점과도 상통한다. 초기 신라왕은 무당을 일컫는 차차웅의 왕호로도 알 수 있듯이 무적 사제왕巫的 司祭王이었다. 종교적 능력에 의해 정치적 지배자로서의 정당성과 권위를 인정받고 있었다. 왕의 중요한 임무 가운데 하나가 종교적인 일이었던 것이다.[47] 이처럼 종교적 능력과 역할이 중요시되는 것은 왕비 역시 마찬가지였다. 이는 지마니사금이 태자일 때 태자비를 선정하는 과정에서 그 후보자의 춤추는 모습을 보고 선택하였다는 일화를 통해서도 알 수 있다.[48] 태자비의 선정 기준이 춤이었

---

44 『三國史記』卷1 新羅本紀1 赫居世居西干 5年. "時人謂之二聖."
『三國史記』卷1 新羅本紀1 赫居世居西干 53年. "東沃沮使者來獻良馬二十匹 日寡君聞南韓有聖人出 故遣臣來享."
『三國史記』卷1 新羅本紀1 南解次次雄 元年. "秋七月 樂浪兵至 圍金城數重 王謂左右曰:「二聖棄國 孤以國人推戴 謬居於位 危懼若涉川水 今隣國來侵 是孤之不德也 爲之若何」左右對曰:「賊幸我有喪 妄以兵來 天必不祐 不足畏也」賊俄而退歸."

45 『三國遺事』卷1 紀異2 新羅 始祖 赫居世王. "〈說者云 是西述聖母之所誕也 故中華人讚仙桃聖母有娠賢肇邦之語是也 乃至雞龍現瑞 産閼英 又焉知非西述聖母之所現耶〉."

46 『三國遺事』卷1 紀異2 第二 南解王. "妃雲帝夫人〈一作雲梯 今迎日縣西有雲梯山聖母 祈旱有應〉."

47 나희라,『신라의 국가제사』, 지식산업사, 2003, 110~117쪽.

48 『三國史記』卷1 新羅本紀1 祇摩尼師今 즉위조. "妃金氏愛禮夫人 葛文王摩帝之女也 初婆娑王獵於楡湌之澤 太子從焉 獵後過韓歧部 伊湌許婁饗之 酒酣 許婁之妻携少女子出

다는 점이 주목된다. 춤은 제의 시에 엑스터시에 진입하기 위한 필수적인 요소였다. '巫'라는 글자 역시 '여자로서, 무형無形을 섬기어 강신降神을 춤으로 표현하는 자를 일컫는다. (글자의 모양은) 사람이 양 소매를 들어 춤을 추는 것을 형상화한 것이다.'라고 한다.⁴⁹ 이처럼 초기 왕비는 왕과 더불어 사제적 직능을 기반으로 한 신성한 존재였다.⁵⁰

초기 왕실여성으로서 사제적 직능을 행하는 이들로 왕녀가 주목된다. 왕녀 역시 사제적 기능을 담당한 신성한 존재였다. B-6)의 혁거세의 딸이자 남해왕의 누이인 아로는 혁거세의 묘인 시조묘에 제사를 지내는 역할을 담당하였다. 또한 B-4)와 5)의 남해의 딸이자 아효(아로, 아니)는 왕의 딸로서 탈해의 왕비였다. 이들 모두 'ar'계의 명칭을 가지고 있었던 것이다. 이 외에도 유리왕 대의 왕녀 2인에 관한 사료가 있다.

儒理尼師今 9년(32), 왕이 6부를 정하고 나서 가운데를 나누어 둘로 만들고 왕의 딸 두 사람으로 하여금 각각 部 안의 여자들을 거느리고 무리를 나누어 편을 짜서 가을 7월 16일부터 매일 아침 大部의 뜰에 모여서 길쌈을 하도록 하여 밤 10시경에 그치는데, 8월 15일에 이르러 그 공적의 많고 적음을 헤아려 진 편은 술과 음식을 차려서 이긴 편에게 사례하였다. 이에 노래와 춤과 온갖 놀이를 모두 행하는데 그것을 嘉俳라 하였다. 이 때 진 편에서 한 여자가 일어나 춤을 추며 탄식해 말하기를 "會蘇 會蘇"라고 하였는데, 그 소리가 슬프고도 아름다워 후대 사람들이 그 소리를 따라서 노래를 지어 會蘇曲이라 이름하였다.⁵¹

舞 摩帝伊湌之妻亦引出其女 太子見而悅之 許婁不悅."
49　許愼,『說文解字』"巫女能事無形 而舞降神者也 象人兩袂舞形"
50　姜英卿은 아로와 운제부인이 직접 제의를 드리고 있는 것에 주목하여 신라 초기 女司祭의 존재에 대하여 주목하였다(「韓國 古代社會의 女性 -三國時代 女性의 社會活動과 그 地位를 중심으로-」,『淑大史論』 11·12합집, 1982, 170쪽).
51　『三國史記』卷1 新羅本紀1 儒理尼師今 9年. "王旣定六部 中分爲二 使王女二人各率部內女子 分朋造黨 自秋七月旣望 每日早集大部之庭 績麻乙夜而罷 至八月十五日 考其功之多小 負者置酒食 以謝勝者 於是 歌舞百戲皆作 謂之嘉俳 是時 負家一女子 起舞歎曰

위의 사료에서 유리의 딸인 왕녀 2인은 이름이 기록되어 있지 않다. 그러나 축제적 성격의 가배嘉俳를 주관하였던 것으로 보아[52] 이들 역시 왕실의 일원으로서 사제적 직능을 행했던 것이라 여겨진다. 시조묘 제의의 주관자인 혁거세의 왕녀 아로, 탈해의 왕비가 된 남해의 왕녀 아효, 가배라는 축제적 성격의 제의를 주관했던 유리의 왕녀들로 보아 초기 신라의 왕녀들은 사제적 직능을 수행하는 'ar'계 명칭의 소유자들이었던 것이다.

이들 외에 초기 사료에서 주목되는 여성들이 있다. 혁거세의 배우자인 알영을 알영정閼英井에서 거두어 길렀던 노구老嫗의 존재[53]와 그리고 탈해를 거두어 길렀던 바닷가의 노모老母가[54] 그들이다. 알영정에서 알영을 거두어 기른 노구는 물론 탈해를 거두어 길렀던 노모 역시 사제적 능력을 소유한 것으로 여겨진다. 탈해를 기른 노구는 탈해가 있는 궤가 실린 배를 발견하고, 그 궤를 열기 전에 흉한지 길한지를 알 수 없어 하늘을 향해 서약하는 의식을 치렀다.[55] 여기서 이들 노구가 발견하고 거두어 기른 아이가 알영과 탈해로서 신라의 신화적 존재들이었다. 이로 보아 이들 노구가 알영과 탈해의 성스러움을 알아볼 수 있는 능력을 가지고 있었던 존재들이었다는 점을 알 수 있다. 신라에서의 노구는 사제적 직능을 가진 존재였던 것이다.[56]

『會蘇 會蘇』其音哀雅 後人因其聲而作歌 名會蘇曲."
52 유리왕의 王女 2人은 6부를 둘로 나누어 각 부의 여자들을 거느리고 한 달여간 길쌈을 하고 승패를 가른 후 온갖 놀이를 행하였다고 하였다. 집단노동이 필요한 길쌈대회를 왕의 소속부[大部]에서 王女를 주축으로 열고 있는 것으로 보아 이는 국가적 농경의례이자 경쟁과 화합을 통한 갈등 해소를 위한 고대적 축제였다(이현주, 「新羅 上古期 王妃族의 등장과 추이」, 『史林』31, 2008, 114쪽).
53 『三國史記』卷1 新羅本紀1 赫居世居西干 5年. "春正月 龍見於閼英井 右脇誕生女兒 老嫗見而異之 收養之 以井名名之."
54 『三國史記』卷1 新羅本紀1 脫解尼師今 즉위조. "時 海邊老母以繩引繫海岸 開樻見之 有一小兒在焉 其母取養之 及壯 身長九尺 風神秀朗 智識過人."
    『三國遺事』卷1 紀異2 第四 脫解王. "至於雞林東下西知村阿珍浦〈今有上西知下西知村名〉時浦邊有一嫗 名阿珍義先 乃赫居王之海尺之母."
55 『三國遺事』卷1 紀異2 第四脫解王. "而未知凶乎吉乎 向天而誓爾 俄而乃開見."
56 崔光植은 老嫗를 神母의 존재와 연관된 것으로 보았으며, 豫知와 占卜을 행하는 샤만

동명왕편에서는 신모神母라고 칭해졌던 고구려의 유화 역시 지혜를 가진 존재로 기록되었다. 『삼국사기』에서 좋은 말을 선별해 내는 지혜가 주몽의 능력으로 기록되었다.[57] 그런데 동명왕편에 인용된 『구삼국사』에 의하면 주몽의 어머니인 유화가 주몽이 좋은 말을 선별하는 데에 도움을 주었고, 주몽이 남하할 때 오곡 종자를 전해주기도 하였다.[58] 고대 사회에서 노구老嫗와 신모神母의 좋은 것을 구별해내는 지혜가 성스러움의 요건 중 하나였으리라는 점을 유추할 수 있다.

이처럼 노모의 역할이 어린아이를 발견하고, 잘 기름으로써 훌륭히 성장시키고 있다는 데에 있다는 점이 주목된다. 즉 출산과 양육이라는 여성 행위의 본래 의미에 신성성이 부가되고 있는 것이다. 그런데 사료상 단순히 어미로서의 모가 아닌 '늙은 어미'인 노모 내지 노구로 표현되고 있다는 것은 '경험이 많은 성숙되고 숙련된 어미'라는 것을 강조한 표현으로 생각된다. 여성만의 고유 노동인 출산과 양육 행위에 대한 신성성은 곧 자연의 생산력에 대한 숭배와 직결되었을 것이다. 여기서 혁거세의 해척지모海尺之母인 탈해 노모의 이름이 아진의선阿珍義先이라는 점이 주목된다.[59] 사제적 직

(Shaman)으로 이해하였다(「三國史記 所載 老嫗의 性格」, 『史叢』 25, 1981, 8~9쪽). 金杜珍은 탈해를 거두어 기른 老母가 박혁거세의 海尺母로 나오는데, 海尺母는 아마 동해변 아진포 지역에서 제의를 주관했던 자의 관직명이었을 것이며, 해척모인 노모는 제관이었을 것이라고 하였다(「新羅 昔脫解神話의 形成基盤 -英雄傳說의 性格을 중심으로-」, 『韓國學論叢』 8, 1986, 15~16쪽).

57 『三國史記』 卷13 高句麗本紀1 始祖 東明聖王 즉위조. "王不聽 使之養馬 朱蒙知其駿者 而減食令瘦 駑者善養令肥 王以肥者自乘 瘦者給朱蒙."

58 『東國李相國集』 卷3 古律時 東明王篇. "士之涉長途 須必憑駿駬 相將往馬閑 卽以長鞭 捶 羣馬皆突走 一馬騂色斐 跳過二丈欄 始覺是駿驥 潛以針刺舌 酸痛不受飼 不日形甚癯 却與駑駘似 爾後王巡觀 予馬此卽是 得之始抽針 日夜屢加餧."

59 탈해가 鷄林 동쪽 河西知村 阿珍浦(지금(고려)도 上西知村下西知村 이름이 있다.)에 이르렀다. 그때 갯가에 한 노파(一嫗)가 있었는데, 이름이 아진의선인 혁거세왕의 海尺之母라고 하였다. 여기서 아진포라는 지명과 아진의선이라는 老母의 이름이 같다는 점이 주목된다. 연고가 있는 지명에 따라 아진의선이라는 이름을 칭했다고 볼 수도 있으나, 아진의선에 관한 일화로 인해 지명이 아진포로 되었을 가능성 역시 있기 때문이다. 시기가 상고 시기라는 점, 또 일화가 석씨 시조인 탈해니사금의 등장을 알려주고

능을 가진 노구인 아진阿珍 역시 기왕의 알영을 위시한 'ar'계 명칭에 포함될 수 있으리라 생각한다. 이로 볼 때 신라 초기의 왕실여성의 칭호는 알영을 기원으로 하는 'ar'계 명칭이었고, 이는 신라에서 한자식 칭호인 부인夫人이 수용되기 이전에 왕실여성을 일컫는 고유 칭호였다.[60] 즉 'ar'계 칭호가 알영을 비롯한 왕실여성으로서 신성한 사제적 직능을 가진 자들에 대한 일반적인 존칭으로 사용되었는데, 그 대상은 주로 알영과 혈연적 친연성을 가진 존재들인 왕모와 왕비, 왕녀였음을 알 수 있다.

신라 초기에는 '부인' 칭호가 아닌 'ar'계의 명칭 자체가 존칭으로써 특정 역할과 지위에 있는 인물들에게 쓰였다. 특히 초기 왕비의 'ar'계 이름은 왕비의 사제적 성격을 반영한 칭호였다. 초기 왕호가 거서간, 차차웅, 니사금으로 일컬어졌던 것과 마찬가지로 초기 왕비호는 알영을 위시한 'ar'계 칭호였던 것이다. 즉 알영, 아루, 아로 등 'ar'계의 명칭 자체가 왕비 및 왕모에 대한 일반적인 존칭이었고, 이는 아마도 건국 신화에서의 알영으로부터 유래된 칭호일 것이라 생각된다. 그로 인해 'ar'계의 명칭은 알영을 비롯한 왕실여성으로서 신성한 사제적 직능을 가진 자들에 대한 일반적인 존칭으로 사용되었던 것이다. 또한 초기 신라에서는 왕비와 왕모가 주로 사제적 역할을 담당하였으므로, 'ar'계가 이들의 칭호로서 기록되었으리라 여겨진다.

있다는 점 등을 미루어 볼 때 기원에 관한 일화에 의해 지명이 붙여진 경우라 봐도 좋을 듯 하다.

[60] 백제에서도 왕과 왕비의 칭호가 고유어로 일컬어졌음을 알 수 있다. 『周書』 百濟傳에 따르면, 왕의 姓은 夫餘氏로 於羅瑕라 부르며, 백성들은 鞬吉支라고 부르는데, 이는 중국 말로 왕을 뜻하는 것이라고 하였다. 또한 왕의 아내는 於陸이라 칭하는데, 이는 중국 말로 왕비라는 뜻이라고 하였다(『周書』 卷49 列傳41 異域 上 百濟). 중국식 칭호인 왕과 왕비라는 칭호가 수용되기 이전에 이미 고유어로서 왕과 왕비를 부르는 칭호가 있었음을 확인할 수 있다.

3. 예禮계 칭호와 내례부인內禮夫人의 직제적 성격

아로 등 'ar'계의 이름과 내례 등 예禮계열의 이름은 그 음운상 매우 유사하다. 내례에서 '내'를 훈독訓讀하여 아례(아로)로도 볼 수 있다는 점이 이미 지적된 바 있다.[61] 또한 예禮계열의 여성 이름들 역시 'ar'계열과 음운상 유사하므로 동일한 계열의 이름으로 파악하기도 하였다.[62] 신라 초기 기록에서의 사회적 성격과 변화에 주목하여 왕 및 왕비 이름이 내포하고 있는 역사적 의미를 살펴보아야 할 것이다. 이러한 점에서 'ar'계의 칭호가 예禮계의 칭호로 변화하는 양상과 의미를 살펴보고자 한다.

사료 A-8) 아달라니사금의 처, A-9)의 벌휴니사금의 모, 그리고 A-10)의 나해니사금의 모, A-16)의 눌지마립간의 모가 '내례內禮'라는 동일한 이름을 쓰고 있다. 이 중 눌지마립간의 모인 내례內禮만이 시간적 격차가 있고, 아달라니사금의 처, 벌휴니사금의 모, 나해니사금의 모는 각 왕대가 각각 8대, 9대, 10대로 연이어 나타난다. 이전에는 일반명사로서 내례부인內禮夫人 칭호의 직제적 성격에 대해 주목하지는 않았다. 단지 개개의 고유 인명으로서 그가 속한 집단 내지 정치세력에만 주의를 기울였을 뿐이다.[63] 내례부인內禮夫人은 그 소속 집단에 따라 동일인물 내지 동명이인으로서 파악되었던 것이다.

그러나 이들 내례부인內禮夫人을 모두 동일인물로 파악하기에는 무리가 있다. 아달라니사금의 처인 내례부인은 박씨이고, 벌휴니사금의 모는 김씨로, 우선 양자 간의 성이 다르다. 또한 벌휴니사금과 나해니사금은 조손의 관계이므로, 양자의 모가 동일 인물일 가능성은 희박하다. 신라 상고기 왕계는 아달라니사금을 끝으로 박씨왕계에서 석씨왕계로 넘어갔다. 이처럼

---

61 나희라, 『신라의 국가제사』, 지식산업사, 2003, 124쪽.
62 末松保和, 앞의 책, 1954, 80~93쪽; 김철준, 『韓國古代社會研究』, 서울대학교출판부, 1990, 174쪽; 나희라, 앞의 책, 2003, 124쪽.
63 李鍾旭, 『新羅上代王位繼承硏究』, 嶺南大學校出版部, 1980, 70~71쪽・83쪽.

단절적인 왕계 변환의 중심에 공통으로 내례부인內禮夫人의 존재가 두드러지게 나타나고 있는 것이다.

여기서 벌휴니사금의 모인 김씨 지진내례부인이 주목된다. 〈金氏+只珍+內禮夫人〉이라 기재되어 있는 것으로 보아 소속이 김씨 집단임을 알 수 있다. 내례부인內禮夫人 앞에 붙은 '지진只珍'이 원래 명칭이고, 내례부인內禮夫人은 후에 덧붙여졌을 가능성이 있다. 앞서 한기부 출신의 왕비였던 A-5)의 파사니사금의 처인 사성부인과 A-6)의 지마니사금의 처인 애례부인은 모두 성이 김씨였다. 벌휴니사금의 모 역시 김씨이다. 첫 석씨왕인 벌휴니사금의 왕권의 정당성을 왕비족단의 일원이었던 모에 의해 지지받았을 가능성이 있다. 그러므로 벌휴니사금이 왕위에 오른 후, 왕모가 된 김씨인 지진에게 내례부인內禮夫人의 칭호가 덧붙여졌던 것이다. 벌휴니사금 이후 즉위하는 나해니사금의 모 역시 내례부인內禮夫人이었던 것 역시 '내례內禮'가 특정 인물의 고유 명칭이 아니라 역할에 따른 칭호였을 것이라 여겨진다.

이 시기에는 이전 시기의 알영과 운제부인과 같이 숭배 대상으로서의 왕실여성의 모습을 찾기 힘들다. 이전에 신앙의 대상이자 사제였던 왕실여성의 존재가 점차 사제적 직능만 남게 되었던 것을 반영한 것이라 여겨진다. 즉 'ar'계 여성들의 신성성이 점차 탈각되어 가고, 사제적 직능만이 남아 예禮계열의 칭호로 계승되었다. 왕비 내지 왕모로서 사제적 직능을 수행하는 자가 '내례부인'으로서의 칭호와 지위를 가지게 되었다. '내례부인'이 점차 사제적 직능을 일컫는 직제적 성격을 가진 칭호가 되었던 것이다.

사료 A-6)에서 A-17)까지의 여성들이 '성씨+이름+부인, 부의 명칭'이라는 정형성을 가지고 기록되어 있다. 여기서 부인의 성씨와 부인의 부를 기록함으로써 왕비의 출신이 왕과 다른 계열임을 확연하게 드러내었다. 이 시기는 왕비의 부가 갈문왕으로 책봉 받던 시기이다.[64] A-3)에서 세주로,

---

64 이기백은 갈문왕으로 책봉 받는 대상의 자격이 시기별로 변화를 보인다는 점을 고찰한 바 있다. 혁거세부터 일성까지는 왕비의 부가, 일성부터 실성까지는 왕의 부 또는 왕모

유리니사금의 부가 혹은 허루왕이라고도 한다고 기록하였다. 또한 A-5)에서 파사니사금 처의 부로 허루갈문왕이 나온다. 이처럼 허루가 유리니사금과 파사니사금 대에 처의 부로서 기록되어 있다는 점이 주목된다. 또한 지마니사금이 태자비를 맞이하는 일화에서도 허루가 보인다. 다음은 관련 사료이다.

> 祇摩尼師今(혹은 祇味)이 즉위하였다. 파사왕의 嫡子이고, 어머니는 史省夫人이다. 왕비는 김씨 愛禮夫人으로 葛文王 摩帝의 딸이다. 일찍이 파사왕이 楡湌의 못 가에서 사냥할 때 태자가 따라갔다. 사냥을 마친 후에 韓歧部를 지나게 되었는데, 이찬 許婁가 잔치를 베풀었다. 술이 얼근하게 취하자 허루의 아내가 어린 딸을 데리고 나와서 춤을 추었다. 이찬 摩帝의 아내 역시 자기 딸을 이끌고 나왔는데, 태자가 보고서 기뻐하였다. 허루가 언짢아하자, 왕이 허루에게 말하였다. "이곳 땅이름이 大庖인데, 공은 이곳에서 잘 차린 음식과 맛 좋은 술을 마련하여 잔치를 열어 즐겁게 해주었으니 마땅히 酒多의 위계를 주어 이찬보다 위에 있게 하겠다." 그리고는 마제의 딸을 태자의 짝으로 삼았다. 酒多는 후에 角干이라 일컬어졌다.⁶⁵

위의 사료에서 파사니사금 대에 태자비의 자리를 놓고 경합을 벌이는 대상으로 이찬 허루가 나오고 있다. 결국 태자의 마음을 얻은 이찬 마제의 딸이 태자비가 되었다. 허루가 비록 지마니사금 대에는 실패하였지만, 왕비의 부로서 3대에 걸쳐 거론되고 있는 것이다. 위의 사료에 의하면, 태자비의 부로서의 지위를 갖지 못한 허루가 언짢아하자, 왕이 주다酒多의 위계를

의 부가 갈문왕으로 책봉되고 있는 것이다(『新羅政治社會史硏究』, 一潮閣, 1974, 8~11쪽·14~15쪽).

65 『三國史記』卷1 新羅本紀1 祇摩尼師今 즉위조. "祇摩尼師今立(或云祇味) 婆娑王嫡子 母史省夫人 妃金氏愛禮夫人 葛文王摩帝之女也 初 婆娑王獵於楡湌之澤 太子從焉 獵後過韓歧部 伊湌許婁饗之 酒酣 許婁之妻携少女子出舞 摩帝伊湌之妻亦引出其女 太子見而悅之 許婁不悅 王謂許婁曰 此地名大庖 公於此置盛饌美醞 以宴衍之 宜位酒多在伊湌之上 以摩帝之女配太子焉 酒多後云角干."

주어 달래었다고 한다. 왕비의 부인 허루의 위상을 알 수 있다. 허루는 왕王, 갈문왕葛文王, 이찬伊湌, 주다酒多로 일컬어졌다. 이찬과 주다가 위계라는 점을 감안할 때, 왕 또는 갈문왕이 칭호였을 것이다. 허루갈문왕을 허루왕, 마제갈문왕을 마제왕이라고 한 용례로 보아 왕과 갈문왕은 동일한 칭호로 생각해도 좋을 듯하다.[66] 이로 볼 때 이 시기 허루세력이 왕비족, 즉 왕비를 매개로 왕실과 연합한 정치세력이었음을 알 수 있다.[67]

이와 관련하여 파사니사금 시기가 주목된다. 파사니사금 대에는 전쟁 수행 능력이 제고됨에 따라 신라의 공격 전쟁이 본격화되었고,[68] 주변 소국을 병합함과 동시에 국가의 지배 체계도 정비하기 시작하였다.[69] 즉 신라가 영역의 확대, 그리고 확대된 영역을 지배하기 위해 체계를 정비한 시기였다. 왕비족은 왕과 연합한 정치세력이었다.[70] 파사니사금 대 이후의 영토 확장으로 인해 왕이 다른 정치세력과의 연합을 통해 대내외적인 국가 체계를 확장하는 과정에 있었던 것이다. 이러한 과정에서 왕비의 소속 성씨와 부계를 명시하게 되었으리라 생각된다.

초기의 왕실여성의 칭호는 'ar'계였다. 그 대상은 왕비와 왕모, 왕녀, 왕매에 한정되었을 것이다. 'ar'계 칭호가 왕실여성의 신성성을 담보로 한 사제적 직능을 가진 여성들의 칭호였다. 반면 점차 신성성이 탈각됨에 따라 사제적 직능만이 남게 된 것이다.[71] '내례부인'은 사제적 직능이 직제화되었음을 보여준다. 왕비이든 왕모이든 사제적 직능을 담당한 인물이 '내례부인'의 칭호를 칭했던 것이다. 'ar'계 칭호를 기혼과 미혼 여부를 가리지 않

---

66 今西龍, 앞의 책, 1933, 250쪽.
67 이현주, 「新羅 上古期 王妃族의 등장과 추이」, 『史林』 31, 2008, 123~125쪽.
68 金瑛河, 『韓國古代社會의 軍事와 政治』, 高麗大學校 民族文化硏究院, 2002, 79~82쪽.
69 김영하, 앞의 책, 2002, 109~110쪽.
70 이기백, 앞의 책, 1974, 8~11쪽·19~20쪽.
71 나희라는 초기 신라에서 왕의 사제권의 일부를 왕실여성이 분담받은 것이며, 이에 종교 전문가로서의 'ar'계 왕실여성이 왕실 최고 임무의 하나인 종교적 임무를 수행한 것이라 이해하고 있다(앞의 책, 2003, 119~130쪽).

고, 여성 자신의 역할과 위상에 따라 쓸 수 있었다. 부인夫人은 기혼 여성에 대한 존칭이다. 'ar' 칭호와는 달리 '부인' 칭호의 사용은 기혼 여성, 특히 왕과 직결된 여성인 왕비 및 왕모에게만 한정된 것이었다. 예禮계열의 여성들에게서는 신성화된 사제적 직능의 보유자로서의 모습이 그다지 보이지 않는다. 신라가 소국을 벗어나 고대국가로서 형성되던 시기였다. 왕권의 강화와 역할의 변화가 야기되던 시기였다. 왕비 및 왕모의 지위 역시 이전보다 왕에게 종속된 지위를 가질 수밖에 없었던 것이다.

『삼국사기』와 『삼국유사』의 문헌 사료에서 가장 많이 보이는 칭호는 '부인夫人'이다. 그러나 거서간, 차차웅, 니사금 등 신라 고유의 존칭이 왕호였던 시기에 여성 존칭으로서 중국식 '부인夫人' 칭호를 사용하였다고 보기는 어렵다. '부인夫人' 칭호가 수용되기 이전에는 알영, 아로 등 'ar'계의 명칭 자체가 존칭으로써 특정 역할과 지위에 있는 인물들에게 쓰였던 것으로 보인다. 'ar'계 여성들은 사제적 직능자일 뿐만 아니라 그들 존재 자체가 숭앙의 대상이었다. 이후 왕실여성의 신성성이 점차 탈각됨에 따라 사제적 직능만이 남게 된 것이다. 니사금기에는 왕실여성의 칭호로 '내례부인內禮夫人'이 보이는데, 이는 왕실여성의 사제적 직능이 직제화 되었음을 보여준다. '지진'의 경우처럼 왕비이든 왕모이든 사제적 직능을 담당한 인물이 '내례부인'의 칭호를 칭했던 것이다.

또한 사료에서 'ar'계의 명칭이 예禮계열의 '내례부인內禮夫人'으로 변화되었음을 확인할 수 있었다. 이후 왕비 및 왕모의 칭호인 '내례부인'이 점차 세주로 기록되거나 아예 기록되지 않게 되었다. 대신 보반부인, 선혜부인 등의 명칭이 전면에 기록되거나, 다만 미추왕의 딸, 실성왕의 딸, 서불한 미사흔의 딸, 이벌찬 내숙의 딸 등으로만 기록되고 있다. '내례부인'이라는 칭호가 표상하였던 사제적 직능이 약화되었던 것이다. '내례부인'은 'ar'계에서 부인夫人의 칭호로 변화하는 과정에서 등장한 과도기적 성격의 칭호였다.

4. 부인夫人 칭호의 수용과 소급 시기

황남대총 북분에서 발견된 과대銙帶에는 '부인대夫人帶'라는 글자가 새겨져 있다. 황남대총이 조성된 시기 신라에서 '부인'의 칭호가 실제로 쓰였음을 알 수 있다. 이에 황남대총의 조성 시기를 살펴봄으로써 신라에서의 부인 칭호의 수용 시기를 추정해 보고자 한다.

우선 황남대총은 적석목곽분이다. 적석목곽분은 4세기 전반에 출현하여 6세기 초까지 조성된 묘제였다.[72] 즉 적석목곽분의 실제 축조 시점은 나물니사금 대(356~401)에서 지증왕 대(500~513)에 걸친 기간으로 보고 있다.[73] 황남대총은 적석복곽분으로, 남분과 북분의 표형분이다. 황남대총의 남분에는 60여 세의 남성 인골이 발굴되었고, 북분에서는 '부인대夫人帶'가 새겨진 명문 과대가 출토되었다.[74] 이에 따라 부부묘夫婦墓였을 것으로 추정되며, 황남대총의 규모로 보아 왕릉으로 추정되었다.

황남대총인 남분이 북분보다 먼저 조성되었고, 남분이 남성의 묘이기 때문에 남분의 조성 시기와 주인공에 대해서 주목되었다. 남분의 조성시기와 매장 주인공을 5세기 전엽으로 비정하여[75] 나물니사금[76]으로 보거나,

---

72 신라 적석목곽분의 편년에 대한 여러 설이 있다. 편년의 연한이 3세기 말부터 7세기에 이르는 시기를 한정하고 있는데, 대체로 4세기 전반기 中頃부터 6세기 초에 해당하는 시기가 상정되는 듯하다(崔秉鉉, 『新羅古墳研究』, 一志社, 1992, 352~373쪽 참조). 최병현은 적석목곽분을 마립간기의 묘제로 보았고, 이는 신라 김씨왕조의 성립과 연관되었다고 파악하였다(앞의 책, 1992, 378~381쪽).
73 최병현은 왕릉으로서는 지증왕릉이 마지막 적석목곽분이었고, 법흥왕의 재위 연간에 경주의 묘제가 積石木槨墳으로부터 橫穴式石室墳으로 교체되었다고 보았다. 이는 법흥왕 대의 사회 및 의식 개혁, 즉 520년의 율령반포와 527년의 불교공인 등에 수반되어 일어난 상층 묘제의 혁명적 전환이었다고 파악하였다(앞의 책, 1992, 373쪽).
74 金正基 外, 『皇南大塚(北墳)發掘報告書』, 文化財研究所, 1985.
75 由水常雄, 「古新羅古墳出土의 로만글라스에 대하여」, 『朝鮮學報』 80, 1976; 李熙濬, 「경주 皇南大塚의 연대」, 『嶺南考古學』 17, 1995, 33~67쪽; 李鍾宣, 『古新羅王陵研究』, 學研文化社, 2000, 143쪽.
76 이종선, 앞의 책, 2000, 143쪽; 이희준, 앞의 논문, 1995, 33~67쪽.

5세기 중엽으로 비정하여 눌지마립간[77]으로 보는 견해가 다수였다. 2006년 영남고고학회 학술발표대회에서 황남대총 남분의 시료를 분석한 결과 A.D. 420~520이라는 연대가 도출되었다.

또한 최근 황남대총 유물의 방사성탄소연대를 통해 남분이 눌지마립간과 자비마립간의 재위 기간에 조성되었을 것이라고 비정하기도 하였다.[78] 이로 볼 때 458년에 죽은 눌지마립간의 무덤일 가능성이 가장 클 것으로 여겨진다. 그렇다고 한다면 황남대총의 북분의 주인공은 눌지마립간의 처이자 자비마립간의 모인 내례부인이었을 것이다.

이처럼 황남대총 북분에서 출토된 '부인대夫人帶'의 명문이 새겨진 과대로 보아 마립간기의 왕의 배우자 칭호는 '부인'이었음을 알 수 있다. 부인이 왕비를 지칭하는 칭호로 쓰였던 것은 백제의 무령왕릉에서 출토된 은제 팔찌에 새겨진 '대부인大夫人'의 명문에서도 알 수 있다.[79] 또한 고구려에서도 안원왕 시기에 '정부인正夫人·중부인中夫人·소부인小夫人'의 존재가 사료에서 확인되는데,[80] 이 시기 삼국에서 왕의 배우자, 즉 왕비의 칭호로서 '부인'을 사용하고 있었음을 알 수 있다.

마립간기의 신라는 고구려와의 관계가 밀접하였다. 나물니사금부터 실성니사금을 거쳐 눌지마립간에 이르는 시기는 정국이 불안정한 시기였다. 대외적으로 신라는 고구려에 종속되어 있던 시기였다. 나물니사금 22년(377) 봄에 고구려 사신과 더불어 입조하였으며,[81] 26년(381)에 전진前秦과 교

---

[77] 김용성, 「皇南大塚 南墳의 年代와 被葬者 檢討」, 『韓國上古史學報』 42, 2003; 김용성, 『신라 왕도의 고총과 그 주변』, 학연문화사, 2009, 76~84쪽.

[78] 이창희, 「방사성탄소연대로 본 皇南大塚南墳과 須惠器의 실연대 : 방사성탄소연대의 적용방법과 타당성 재고」, 『古文化』 79, 2012, 58쪽.

[79] "庚子年二月多利作大夫人分二百三十主耳."

[80] 『日本書紀』 卷19 欽明天皇 7年(546). "是歲 高麗大亂 凡鬪死者二千餘 百濟本記云 高麗 以正月丙午 立中夫人子爲王 年八歲 狛王有三夫人 正夫人無子 中夫人生世子 其舅氏 麤群 也 小夫人生子 其舅氏細群 及狛王疾篤 細群 麤群 各欲立其夫人之子 故細群死者 二千餘人也."

[81] 『資治通鑑』 卷104 晉紀6 孝武帝 太元 2年. "春 高句麗 新羅 西南夷 皆遣使入貢于秦."

류한 기록이 남아 있다.[82] 신라는 중국과의 직접적인 교류를 시도하였다. 그러나 이 시기 전진과의 통교는 고구려의 주선에 의한 것으로 여겨진다. 당시 신라는 고구려에게 간섭을 받는 종속적인 관계에 놓여 있었다.[83] 〈광개토왕릉비〉에 따르면, 399년에 나물니사금이 구원을 요청하였고, 400년에 광개토대왕이 원군을 파견하였음을 알 수 있다.[84] 이로 인해 고구려와 신라의 관계는 기왕의 복속 관계에서 조공관계로 더욱 강화되었다.[85]

이와 같은 고구려와의 관계는 국내 정세에도 영향을 미치고 있었다. 당시 신라는 왕위 계승권을 둘러싸고 나물계와 실성계 사이의 갈등이 격화되었던 시기였다. 실성은 나물 및 그 직계세력과 정치적으로 대립했던 정국 구도에서 고구려 세력을 배경으로 즉위할 수 있었으나, 그들을 완전히 제압하지는 못했다.[86] 실성에 이어 즉위한 나물의 아들인 눌지 역시 고구려 군사의 지지를 배경으로 즉위할 정도로 이 시기 고구려가 신라에 미치는 영향력은 매우 강했다. 이와 같은 상황에서 신라에 미치는 고구려의 영향은 단순히 군사력만은 아니었을 것이다. 신라는 고구려를 통해 국제 정세 및 문화를 접하였고, 그로 인해 체계 변화가 야기되었으리라 짐작된다.

마립간기의 신라는 고구려를 통해 한문화를 수용하였고, 이는 신라 내부

---

[82] 『三國史記』卷3 新羅本紀3 奈勿尼師今 26年. "春夏旱 年荒民飢 遣衛頭入苻秦 貢方物 苻堅問衛頭曰 卿言海東之事 與古不同 何耶 答曰 亦猶中國 時代變革・名號改易 今焉得同."

[83] 김영하,「廣開土大王陵碑의 정복기사해석」,『韓國古代史研究』66, 2012, 213~214쪽.

[84] 〈廣開土王陵碑〉(생략) 羅城加太羅谷男女三百餘人自此以來朝貢論事九年己亥百殘違誓 與倭和」
通王巡下平穰而新羅遣使白王云倭人滿其國境潰破城池以奴客爲民歸王請命太王恩慈矜 其忠誠」
□遣使還告以□計十年庚子教遣步騎五萬往救新羅從男居城至新羅城倭滿其中官軍方至 倭賊退」(중략)安羅人戌兵昔新羅寐錦未有身來論事□國上廣開土境好太王□□□□寐 錦□□僕勾」□□□□朝貢(韓國古代社會研究會篇, 盧泰敦,〈廣開土王陵碑〉『譯註 韓 國古代金石文』1, 駕洛國事蹟開發研究院, 1992).

[85] 김영하, 앞의 논문, 2012, 241~242쪽.

[86] 장창은,『신라 상고기 정치변동과 고구려 관계』, 신서원, 2008, 96~98쪽.

의 변화를 야기했을 것이다. 가장 큰 변화는 왕호인 마립간麻立干으로도 알 수 있듯이 신라 내부의 위계질서가 정립되기 시작했다는 점이다. 위계는 위상 차이에 의한 구분을 가시화하는 것이다. 마립간기에 왕실여성이 부인 夫人 칭호를 사용하고 있었는데, 이는 왕실여성의 위상을 드러내는 칭호였을 것이다. 그리고 마립간기의 부인 칭호의 위상은 고구려를 통한 한문화로부터 비롯된 것으로 여겨진다.

고구려에 오경五經이 있었다는 기록이 『남제서』에서 처음 보인다.[87] 『춘추』 이후 당대에 기술된 『주서』, 『북사』[88]에서 역시 고구려에 오경을 비롯한 여러 서적이 있었다고 기록하였다. 또한 후진後晉 시기에 쓰인 『구당서』에서는 고구려뿐만 아니라 백제에도 오경이 있었다고 하였다.[89] 중국의 오경은 『시경』, 『서경』, 『주역』, 『예기』를 일컫는다. 주례가 실린 『예기』가 고구려에 남제南齊 시기(479~502)에 이미 있었으리라 여겨진다. 또한 고구려 장수왕 54년(466)에는 북위北魏와의 관계에서 육궁六宮을 채우라는 중국의 요구를 받은 사례 등이 보인다.[90] 육궁은 천자를 모시는 황후와 비빈이 거처하는 궁으로, 황후와 비빈 자체를 일컫기도 한다. 고구려에서는 5세기에 육궁에 대한 이해가 이미 있었음을 유추할 수 있다. 고구려 유리명왕 31년(12)에 한의 왕망과 고구려 군사 징발을 둘러싼 갈등이 나오는데,[91] 이는 고구려와 한과의 밀접한 관계를 알려준다. 이로 보아 고구려에 중국의 후비

---

87 『南齊書』 卷58 列傳39 高麗國. "知讀五經."

88 『周書』 卷49 列傳41 異域上 高麗. "書籍有五經·三史·三國志·晉陽秋."
    『北史』 卷94 列傳82 高句麗. "書有五經·三史·三國志·晉陽秋."

89 『舊唐書』 卷199上 列傳149上 高麗. "其書有五經及史記·漢書·范曄後漢書·三國志孫盛晉春秋·玉篇·字統·字林又有文選 尤愛重之."
    『舊唐書』 卷199上 列傳149上 百濟國. "其書籍有五經·子·史."

90 『三國史記』 卷18 高句麗本紀6 長壽王 54年. "魏文明太后 以顯祖六宮未備 教王令薦其女."
    『魏書』 卷100 列傳88 高句麗. "後文明太后以顯祖六宮未備 敕璉令薦其女."

91 『三國史記』 卷13 高句麗本紀1 瑠璃明王 31年. "漢王莽發我兵伐胡 吾人不欲行 強拍遣之 皆亡出塞."

에 대한 이해가 이른 시기부터 전해졌을 가능성이 큰 것이다.

고구려에서 '夫人' 칭호가 처음으로 등장하는 것은 『삼국사기』 고구려본기에 의하면, 중천왕 4년(251)의 관나부인貫那夫人이다.[92] 그러나 왕후王后는 민중왕 5년(48)부터, 왕태후王太后는 태조대왕 즉위년(53)부터 소후少后는 산상왕 7년(203)부터 나오고 있다. 이러한 용어가 쓰이고 있는 것으로 보아 한자식 여성 칭호인 부인夫人 역시 비교적 이른 시기부터 쓰이고 있었을 것으로 보인다. 고구려가 왕실여성의 칭호인 부인夫人을 비교적 이른 시기부터 사용할 수 있었던 것은 한과의 밀접한 교류에 의한 것이었을 가능성을 유추할 수 있다.

신라에서도 한문화의 도입은 이른 시기부터 나타난다. 한문화가 한반도로 확산된 시기는 기원전 1세기 낙랑군을 비롯한 한사군의 설치가 계기가 되어 이루어졌다. 조선 유민들의 파상적 유입으로 인한 한문화의 전래가 있었음은 고고학적 유물로도 입증된다. 1세기의 고분인 경남 창원 다호리 고분에서 문자생활을 시사하는 붓과 삭도削刀가 함께 출토되기도 하였다.[93] 또한 『삼국사기』에 의하면 조선 유민이 산골짜기에 나뉘어 살며 6촌을 이루고 있었다고 할 뿐만 아니라,[94] 남해차차웅 대에 '예왕지인穢王之印'이 발견되었다는 기록이 있는데[95] '예왕지인'은 한나라 때에 부여에서 쓰이던 것이다.[96] 이로 보아 신라의 한문화에 익숙하던 고조선 유민들이 파상적으로 유입됨에 따라 고조선의 문물과 문화 역시 유래했으리라는 점을 짐작할 수 있다. 신라에서도 비교적 이른 시기에 한문화를 접하고 있었던 것이다. 그러나 한문화의 도입과 수용 및 정착은 시기 면에서 차이가 있을 수 있다.

---

92 『三國史記』卷17 高句麗本紀5 中川王 4年. "貫那夫人 顏色佳麗 髮長九尺 王愛之 將立以爲小后."

93 李健茂 외, 「義昌 茶戶里遺蹟 發掘進展報告」(Ⅰ), 『考古學誌』 1, 25쪽.

94 『三國史記』卷1 新羅本紀1 赫居世居西干 즉위조. "先是 朝鮮遺民分居山谷之間 爲六村."

95 『三國史記』卷1 新羅本紀1 南解次次雄 16年. "北溟人耕田 得濊王印 獻之."

96 『三國志』卷30 魏書30 東夷傳30 夫餘. "其印文言 濊王之印 國有故城名濊城 蓋本濊貊之地."

도입은 이른 시기에 되었더라도 제도로서 수용되고 정착되는 단계는 보다 후대일 수 있다는 점을 감안해야 한다. 신라에서 부인夫人 칭호가 왕모 및 왕비의 칭호로서 정착된 것은 마립간기였을 것으로 생각된다. 그러나 그 이전 시기인 니사금기에 '부인' 칭호가 도입되었을 가능성을 배제할 수는 없다.

그렇다면 중국의 '부인' 칭호가 신라에 어떠한 의미로 수용되었는지를 살펴보고자 한다. 중국에서 부인이 황제 정처正妻의 칭호로서 사용되었던 것은 순임금 때이다. 순임금은 정식 혼인을 치르지 못하였기 때문에 그의 배우자는 모두 정처임에도 불구하고 부인이라 일컬어졌던 것이다.[97] 이후 중국에서 부인은 황제의 첩이나 제후의 부인을 지칭하는 칭호였다.[98] 그런데 신라에서의 부인은 중국에서의 용법과는 달리 왕모 또는 왕처의 칭호로 사용되었다. 이 점을 미루어 보아도 신라의 부인 칭호는 중국이 아닌 고구려를 통해 수용되었을 가능성이 높음을 알 수 있다.

부인夫人이 왕모 및 왕처의 지위를 표상하는 칭호로서 정착된 것은 마립간기였다. 그런데 사료 A에서는 부인夫人 칭호가 알영부터 나오고 있다. 사료 A에서는 초기 기록부터 부인夫人이 칭호로 나오고 있다. 신라 고유의 존칭이 왕호였던 시기에 여성 존칭으로서 한자식의 부인夫人 칭호가 사용되었다고 보기는 어려울 듯하다. 또한 부인夫人과 성씨姓氏의 사용은 부분적일지라도 중국식 문화의 수용이 전제되어야 가능하다. 신라에서 성씨의 사용은 비교적 후대에 이루어졌던 것으로 추정된다.[99]

---

[97] 『通典』卷34 職官16 后妃及內官命婦附. "昔帝嚳有四妃 以象后妃四星 其一明者爲正妃 餘三小者爲次妃 帝堯因焉 至舜 不告而娶 不立正妃 但三妃而已 謂之夫人."

[98] 『通典』卷34 職官16 后妃及內官命婦附. "漢興 因秦之稱 帝祖母稱太皇太后 帝母稱皇太后 正嫡稱皇后 (생략) 妾皆稱夫人 (생략) 凡三代之制 諸侯之婦曰夫人 夫之言扶."

[99] 『北齊書』에 565년 金眞興 책봉 기사가 처음으로 나오는데, 이는 신라에서 한자식 성씨 사용의 下限으로써 그 이전의 것은 계보에 따라 소급 적용된 것으로 보인다고 한다. 또한 朴·昔 兩姓 역시 金姓과 더불어 혹은 뒤이은 시기인 6세기 중엽 및 후반 무렵에 사용되기 시작한 것으로 보았다(李純根, 「新羅時代 姓氏 取得과 그 意味」, 『韓國史論』

그뿐만 아니라 상고기에 보이는 왕호는 A-1)의 거서간, A-3)의 차차웅, A-4)~A-15)에서의 니사금과 A-16)~A-19)의 마립간이다. 거서간은 '거슬한居瑟邯'이라고도 하였는데,[100] 이는 신라 시조인 혁거세로부터 비롯된 왕호였다.[101] 차차웅은 '자충慈充'이라고도 하였는데, 김대문에 따르면, 차차웅은 무당을 이르는 말로, 귀신을 섬기고 제사를 숭상하는 자라고 하였다.[102] 니사금은 잇금[齒理]을 일컫는다. 남해왕의 사후에 탈해와 유리(노례)가 왕위를 두고 떡을 물어 이가 많은 사람이 먼저 왕위에 오른 것에서 연유한 왕호이다.[103] 마립간은 말뚝을 일컫는데, 왕의 말뚝이 주가 되어 신하의 말뚝을 그 아래에 배열하였던 것에서 비롯된 말이라고 한다.[104] 이처럼 신라에서 거서간은 신라 시조의 성스러움으로부터 비롯된 것이고, 차차웅은 귀신을 섬기고 제사를 숭상하는 무당, 그리고 니사금은 이가 많은 성스럽고 지혜로운 사람인 연장자, 마립간은 위계가 가장 높은 사람을 의미하는 말이었다. 신라의 상고기에서는 존호 자체가 당시에 지배자의 칭호로 사용되었던 것이다.

이로 볼 때 초기 기록에서의 '부인' 칭호와 성씨는 당대에 사용된 것이 아니라 후대의 여성 칭호가 일괄적으로 소급 적용되었으리라 여겨진다. 신라에서 처음 국사國史를 편찬하였던 것은 진흥왕 때이다. 진흥왕 6년(545)에 대아찬 거칠부 등에게 명하여 국사를 편찬하게 하였다.[105] 초기의 왕실여성

6, 1980, 15~20쪽).

[100] 『三國遺事』卷1 紀異2 新羅始祖 赫居世王. "位號曰居瑟邯(或作居西干 初開口之時 自稱云 閼智居西干一起 因其言稱之 自後爲王者之尊稱."

[101] 『三國遺事』卷1 王曆1 第二南解王. "南海居西干 亦云次次雄 是尊長之稱 唯此王稱之."

[102] 『三國史記』卷1 新羅本紀1 南解次次雄 즉위조. "次次雄 或云慈充 金大問云:「方言謂巫也 世人以巫事鬼神 尙祭祀 故畏敬之 遂稱尊長者 爲慈充."

[103] 『三國史記』卷1 新羅本紀1 儒理尼師今 즉위조. "脫解曰「神器大寶 非庸人所堪 吾聞聖智人多齒」試以餠噬之 儒理齒理多 乃與左右奉立之 號尼師今."

[104] 『三國史記』卷3 新羅本紀3 訥祇麻立干 즉위조. "金大問云 麻立者 方言謂橛也 橛謂諴操 準位而置 則王橛爲主 臣橛列於下 因以名之."

[105] 『三國史記』卷4 新羅本紀4 眞興王 6年. "秋七月 伊湌異斯夫奏曰 國史者 記君臣之善惡 示褒貶於萬代 不有修撰 後代何觀 王深然之 命大阿湌居柒夫等 廣集文士 俾之修撰."

에게 일괄적으로 부인 칭호를 소급하였던 것은 이 시기였을 것으로 생각된다. 중국식 성씨의 도입이 후대였으나 각 집단의 친족 의식에 의해 상고기로 소급되어 기록하는 것이 가능하였다. '부인' 칭호 역시 일정 기준에 합당한 여성들에게 일괄적으로 적용되었으리라는 점을 유추할 수 있다. 그리고 사료 A로 보아 부인夫人 칭호의 소급 대상은 왕의 모母와 처妻였음을 알 수 있다.

2부

비妃 칭호의 등장과 비妃-부인夫人 체계

1. 비妃-부인夫人 사료의 검토

중고기의 여성 칭호는 『삼국사기』와 『삼국유사』의 문헌사료뿐만 아니라 법흥왕 대의 금석문인 〈울주천전리서석蔚州川前里書石〉에서도 보인다. 이들 사료에서 보이는 여성 칭호의 존재 양상과 변화, 그리고 그것이 의미하는 바에 대해서 살펴보고자 한다. 우선 『삼국사기』와 〈울주천전리서석〉에서 여성 칭호와 관련된 기사를 모두 제시하고, 사료 자체에 대한 실증적 검토를 할 필요가 있다. 다음은 『삼국사기』 중고기 왕의 즉위 기사에서 보이는 부·모와 처에 대한 기록이다.

A-1) 法興王이 즉위하였다. 諱는 原宗이고,(『册府元龜』에서는 姓은 募, 名은 泰) 지증왕의 맏아들이다. 母는 延帝夫人이고 妃는 朴氏 保刀夫人이다.[1]

1　『三國史記』 卷4 新羅本紀4 法興王 즉위조. "法興王立 諱原宗(『册府元龜』 姓募名泰) 智證王元子 母延帝夫人 妃朴氏保刀夫人 王身長七尺 寬厚愛人."

A-2) 眞興王이 즉위하였다. 諱는 三麥宗(혹은 深麥夫)이고, 즉위 당시 나이가 7세였다. 法興王의 동생인 葛文王立宗의 아들이다. 母는 夫人 金氏로, 법흥왕의 딸이고, 妃는 朴氏 思道夫人이다. 왕이 어렸으므로 王太后가 섭정하였다.[2]

A-3) 眞智王이 즉위하였다. 諱는 舍輪(혹은 金輪)이고 眞興王의 次子이다. 母는 思道夫人이고, 妃는 知道夫人이다.[3]

A-4) 眞平王이 즉위하였다. 諱는 白淨이고, 眞興王의 太子인 銅輪의 아들이다. 母는 金氏 萬呼夫人(혹은 萬內)이고, 葛文王立宗의 딸이다. 妃는 金氏 摩耶夫人으로 葛文王福勝의 딸이다.[4]

A-5) 善德王이 즉위하였다. 諱는 德曼이고, 眞平王의 長女이다. 母는 金氏 摩耶夫人이다.[5]

A-6) 眞德王이 즉위하였다. 名은 勝曼이고, 眞平王의 母弟인 國飯(혹은 國芬) 葛文王의 딸이다. 母는 朴氏 月明夫人이다.[6]

사료 A에서 왕의 모母와 처妻를 지칭할 때 각각 모母와 비妃로 일컫고 있다. 『삼국사기』 즉위조에서의 비는 모와 대구對句로 기록하여, 왕의 배우자를 지칭하는 일반명사로 쓰였다. 이로 볼 때 사료 A에서 왕실여성의 칭호로 쓰인 것은 〈名+夫人〉에서의 '夫人'이었음을 알 수 있다.

사료 A에 의하면, 중고기에 왕의 모와 처가 모두 부인을 칭하고 있다. 특

---

2 『三國史記』卷4 新羅本紀4 眞興王 즉위조. "眞興王立 諱三麥宗(或作深麥夫) 時年七歲 法興王弟葛文王立宗之子也 母夫人金氏 法興王之女 妃朴氏思道夫人 王幼少 王太后攝政."

3 『三國史記』卷4 新羅本紀4 眞智王 즉위조. "眞智王立 諱舍輪(或云金輪) 眞興王次子 母思道夫人 妃知道夫人."

4 『三國史記』卷4 新羅本紀4 眞平王 즉위조. "眞平王立 諱白淨 眞興王太子銅輪之子也 母金氏萬呼(一云萬內)夫人 葛文王立宗之女妃金氏摩耶夫人 葛文王福勝之女."

5 『三國史記』卷5 新羅本紀5 善德王 즉위조. "善德王立 諱德曼 眞平王長女也 母金氏摩耶夫人."

6 『三國史記』卷5 新羅本紀5 善德王 즉위조. "眞德王立 名勝曼 眞平王母弟國飯(一云國芬)葛文王之女也 母朴氏月明夫人."

히 A-2)의 모는 '부인 김씨'라는 기록은 '부인'이 칭호였음을 명확히 알려주는 사료로 보인다. '부인'은 상고기에 수용되어 일반적으로 사용되었던 칭호였던 것이다. 그런데 사료 A에서 왕태후王太后의 칭호가 보여 주목된다. A-2)에서 진흥왕의 모는 부인 김씨인 법흥왕의 딸이라고 하고, 뒤이어 왕이 어렸으므로 왕태후가 섭정하였다고 기록되어 있다. 진흥왕의 모에 대한 기록은 『삼국유사』에서도 보인다. 다음은 『삼국유사』에서 진흥왕의 모母에 대한 기록이다.

B-1) 제24대 眞興王은 이름이 彡麥宗이고, 혹은 深□이라고도 하며, 金氏이다. 父는 法興王의 동생인 立宗葛文王이고, 母는 只召夫人으로 혹은 息道夫人이라고 한다.[7]

B-2) 제24대 眞興王은 즉위할 때 나이가 15세이어서 太后가 攝政을 했다. 太后는 法興王의 딸이고, 立宗葛文王의 妃이다.[8]

사료 B-1)은 왕력편으로, 진흥왕의 모가 지소부인 또는 식도부인이라고 하였다. B-2)는 기이편으로, 태후가 섭정하였는데, 태후가 곧 법흥왕의 딸이고, 입종갈문왕의 비라고 하였다. 『삼국유사』 왕력의 기록에서는 태후의 칭호가 보이지 않는다. 다만 지소 또는 식도부인이라 하여 그의 칭호가 '부인'이었음을 알 수 있다. 반면 B-2)에서는 태후太后와 비妃라고 칭했다. 왕모로서의 태후, 그리고 갈문왕의 처로서 비의 칭호를 언급하고 있다. 이들 칭호가 신라 중고기에 실제로 사용되었는지 여부에 대해서 알아볼 필요가 있다.

우선 태후太后, 또는 왕태후王太后의 칭호이다. A-2)에서는 진흥왕의 모가

---

[7] 『三國遺事』 卷1 王曆1 第二十四 眞興王. "第二十四眞興王 名彡麥宗 一作 深□ 金氏 父卽法興之弟 立宗葛文王 母只召夫人 一作 息道夫人."

[8] 『三國遺事』 卷1 紀異2 眞興王. "第二十四 眞興王 卽位時年十五歲 太后攝政 太后乃法興王之女子 立宗葛文王之妃."

부인 김씨이며, 왕태후가 섭정을 하였다고 하였다. 중고기에서 왕모의 칭호로서 왕태후 또는 태후의 칭호는 A-2)와 B-2)에서만 보이며, 진흥왕의 모를 지칭하였다. 이로 보아 왕태후의 칭호가 이 시기에 실질적으로 쓰였다기보다는 『삼국사기』와 『삼국유사』가 작성된 시기인 고려시대의 인식을 반영하였을 가능성이 크다. 진흥왕 대에 섭정한 왕모를 지칭하기 위하여 고려시대의 왕태후, 또는 태후의 칭호를 사용하였으리라 여겨진다.

다음으로 비妃의 칭호이다. B-2)에서 입종갈문왕의 처를 비로 기록하였다. 이와 같은 표현이 고려시대의 인식을 반영한 것인지, 신라 중고기에 실질적으로 사용되었던 표현인지를 살펴볼 필요가 있다. 우선 왕이 아닌 갈문왕의 처를 비로 표현하였는데, 이는 고려시대의 인식으로 보기는 어려울 것으로 보인다. 그뿐만 아니라 중고기에 작성된 다음의 〈울주천전리서석〉의 명문에서 갈문왕의 처를 비로 칭한 사례가 보인다. 다음은 〈울주천전리서석〉 명문이다.

C-1) 乙巳年에 沙喙部의 葛文王이 찾아 놀러 와 처음으로 골짜기를 보았다. 古谷인데, 이름 없는 골짜기이므로, 좋은 돌을 얻어 (글을) 짓고 書石谷으로 이름을 삼아 글자를 만들었다. 더불어 놀러 온 이는 ⓐ友妹麗德光妙於史鄒女郎王이다. 食多煞作功人은 尒利夫智 大奈麻와 悉淂斯智大舍帝智이며, 作食人은 ⓑ榮知智 一吉干支의 妻 居知尸奚夫人과 ⓒ眞宍智 沙干支의 妻 阿兮牟弘夫人이고, 作書人은 慕慕尒智 大舍帝智이다.[9]

C-2) 지난[過去] 乙巳年 六月 十八日 昧에 沙喙部의 徙夫知葛文王과 ⓐ妹인 於史鄒女郎王이 함께 온 이래 이후 □□八□年이 지나갔다. ⓑ過去妹王考妹王過人 丁巳年에 王이 죽었다. ⓒ其王妃只沒尸兮妃가 사랑하고

[9] 〈蔚州川前里書石 乙巳銘〉 "乙巳(年)沙喙部葛 文王覓遊來始淂見谷□ 之古谷无名谷善石淂造書 之以下爲名書石谷字作之 幷遊 友妹麗德光妙於史 鄒女郎王之 食多煞作功人 尒利夫智奈□ 悉淂斯智大舍帝智作食人 榮知智壹吉干支妻居知尸奚夫人 眞肉智沙干支妻阿兮牟弘夫人 作書人慕ㄷ尒智大舍帝智."(韓國古代社會研究會篇, 李文基, 〈蔚州川前里書石〉 『譯註 韓國古代金石文2』, 駕洛國史蹟開發研究院, 1992, 155~159쪽).

그리워하여 己未年 七月 三日에 ⓓ其王与妹 書石을 봤었던 것을 보러 계곡에 왔다. 이때 함께 셋이 왔는데, ⓔ另卽知太王妃 夫乞支妃와 徙夫知王子郎인 深麥夫知가 함께 왔다. 이때 □作功臣은 喙部 知礼夫知 沙干支와 □泊六知 居伐干支이며, 禮臣은 丁乙尒知 奈麻이다. 作食人은 ⓕ眞宍知 波珍干支의 婦 阿兮牟呼夫人과 ⓖ尒夫知 居伐干支의 婦인 一利等次夫人과 ⓗ居礼次 □干支의 婦인 沙爻功夫人으로 나누어 함께 지었다.[10]

C-1)은 〈울주천전리서석〉의 을사명(원명)이고, C-2)는 기미명(추명)이다. 명문의 간지로 미루어 보아 C-1)의 을사년은 법흥왕 12년(525)이고, C-2)의 기미년은 법흥왕 26년(539)임을 알 수 있다.[11] 〈울주천전리서석〉의 명문은 내용상 두 부분으로 나뉜다. 전반부는 왕실인사들이 서석곡書石谷에 놀러 온 유래를 기록한 것이고, 후반부는 C-1)에서는 작공인作功人과 작식인作食人, 작서인作書人, C-2)에서는 작공신作功臣, 예신禮臣, 작식인作食人의 이름을 나열하였는데, 이들은 수행원이었을 것으로 여겨진다.

〈울주천전리서석〉 명문에 나오는 여성칭호는 여랑왕女郎王, 매왕妹王, 비妃, 태왕비太王妃, 그리고 부인夫人이다. 여기서 문헌사료에서 보이는 칭호는 비妃와 부인夫人이다. 이들 칭호가 금석문 상에서 어떻게 사용되었는지 살펴볼 필요가 있다. 우선 비妃 칭호로, 이는 C-2)의 'ⓒ其王妃只沒尸兮妃'와 'ⓔ另卽知太王妃夫乞支妃'에서 보인다. 그의 왕비인 지몰시혜비와 모즉지 태왕비인 부걸지비로 해석된다. 여기서 칭호는 비妃로 〈名+妃〉의 형식으

---

10 〈蔚州川前里書石 己未銘〉 "過去乙巳年六月十八日昧沙喙部徙夫知葛文王妹於史鄒女郎王共遊來以後□年八巳年過去妹王考妹王過人丁巳年王過去其王妃只沒尸兮妃愛自思己未年七月三日其王与妹共見書石叱見來谷此時共三來 另卽知太王妃夫乞支妃徙夫知王子郎深麥夫知共來此時□作功臣喙部知礼夫知沙干支□泊六知居伐干支礼臣丁乙尒知奈麻作食人眞肉知波珍干支婦阿兮牟呼夫人尒夫知居伐干支婦一利等次夫人居礼次□干支婦沙爻功夫人分共作之."(韓國古代社會研究會篇, 앞의 책, 1992, 159~162쪽).

11 武田幸男, 「金石文資料からにた新羅官等制」, 『江上波夫教授古稀記念論文集』歷史篇, 1977, 62~64쪽; 金龍善, 「蔚州 川前里書石 銘文의 研究」, 『歷史學報』 81, 1979, 19~22쪽.

로 나타나고 있다.

이들 서석에 기록된 인물 중 왕실 인사들은 사료에서도 보인다. 우선 C-1)에서 처음 등장하는 인물은 사탁부의 갈문왕으로, C-2)의 사부지갈문왕과 동일인물이다. 이 사부지갈문왕은 〈울진봉평신라비〉(524)에 보이는 사탁부 사부지갈문왕과 동일인이다. 문헌 사료에서 법흥왕의 동생으로서 갈문왕의 칭호를 가졌던 인물로서 입종갈문왕이 있다.[12] 또한 사료에서 지소부인의 배우자가 입종갈문왕이라고 나오고 있다. C-2)의 지몰시혜비는, '只沒尸兮'가 사료상의 '只召'와 자구상 그대로 대응된다. 기미명에서 '其王妃 只沒尸兮妃'에서 '其王'은 지몰시혜비, 즉 지소부인의 배우자였던 입종을 지칭한 것일 것이다.[13] 즉 C-2)에서 사부지갈문왕과 지몰시혜비는 각각 입종갈문왕과 지소부인으로 추정된다.[14] 지소부인은 진흥왕 즉위 당시 섭정한 왕태후로서,[15] 법흥왕의 딸이자 입종갈문왕의 비였다. 지소부인 김씨는 법흥왕의 딸이자 진흥왕의 모였던 것이다.[16]

---

12 『三國史記』卷4 新羅本紀4 眞興王 즉위조. "法興王弟葛文王立宗之子也."
　『三國遺事』卷1 王曆1 第二十四 眞興王. "父即法興之弟立宗葛文王."
13 김용선, 앞의 논문, 1979, 15~18쪽.
14 李文基, 「蔚州川前里書石原銘・追銘의 再檢討」, 『歷史敎育論集』 4, 1983, 129쪽; 文暻鉉, 「蔚州 新羅 書石銘記의 新檢討」, 『慶北史學』 10, 1987, 27쪽.
15 진흥왕 즉위 시 섭정했던 王太后에 대해서는 논란이 있었다. 사료상의 해석에 따라 전왕인 법흥왕의 왕비 보도부인이 섭정했던 것으로 보는 견해와(李丙燾, 『國譯 三國史記』, 乙酉文化社, 1977, 56쪽; 李明植, 「新羅 中古期의 王權 强化過程」, 『歷史敎育論集』 13・14, 1990, 101~102쪽) 진흥왕의 母인 지소부인으로 파악한 견해로 나뉘었다(김선주, 「眞興王의 即位와 只召太后의 攝政」, 『韓國學大學院論文集』 12, 1997; 『신라 고분문화와 여성』, 국학자료원, 2010, 17~18쪽; 고현아, 「신라 원화제 시행의 배경과 성격」, 『역사와 현실』 67, 2007, 113쪽). 최근에는 〈울주천전리서석〉의 명문 상에서 진흥왕 즉위 전에 이미 지소부인이 서거하였던 것으로 해석하여 법흥왕의 妃인 태왕비가 왕태후로 칭해졌던 인물이라 본 견해도 있었다(朴南守, 「蔚州 川前里 書石銘에 나타난 眞興王의 王位繼承과 立宗葛文王」, 『韓國史硏究』 141, 2008, 26~28쪽).
16 『三國遺事』卷2 紀異2 眞興王. "第二十四 眞興王 即位時年十五歲 太后攝政 太后乃法興王之女子 入宗葛文王之妃."
　『三國史記』卷4 新羅本紀4 眞興王 즉위조. "母夫人金氏 法興王之女."
　『三國遺事』卷1 王曆1 第二十四眞興王. "母只召夫人."

또한 C-2)의 령즉지태왕비 부걸지비[17] 역시 문헌 사료에 나타나고 있는 인물이다. 이는 '모즉지태왕비인 부걸지비'임을 알 수 있는데, 여기서 모즉지태왕은 법흥왕을 지칭한다. 『양서』와 『책부원귀』에 법흥왕의 이름을 '募秦'이라 기록하였는데,[18] '모즉지'와 '모진'은 그 자구상 그대로 대응된다. 그리고 법흥왕의 비는 문헌 사료에서 보도부인[19] 또는 파도부인이라[20] 나온다. C-2)의 부걸지비와 사료상의 보도는, '夫'는 '保'와 '乞'은 '刀'와 각각 자구상 대응된다.[21] 그뿐만 아니라 〈울주천전리서석〉의 을사년과 기미년이 각각 법흥왕의 치세 기간이다. 즉 모즉지태왕비인 부걸지비는 법흥왕의 비인 박씨 보도부인으로 추정된다.

마지막으로 문헌사료에서 보이는 인물로 C-2)의 기미명에서 지몰시혜비와 모즉지태왕비인 부걸지비와 함께 서석곡에 행차했던 '徙夫知王子郞 深麥夫知', 즉 '사부지왕자랑인 심맥부지'가 주목된다. 문헌 사료에서 진흥왕의 이름은 '삼맥종' 또는 '심맥종'이고,[22] 입종갈문왕의 아들이었다. 심맥부지와 이름이 자구상 대응될 뿐만 아니라 부친이 사부지갈문왕, 곧 입종갈문왕이라는 점에서 심맥부지가 진흥왕이었음을 알 수 있다. 사부지갈문왕, 즉 입종갈문왕의 아들인 심맥부지인 것이다.[23] 즉 기미명에 등장하는 사부지갈문왕은 입종갈문왕이고, 모즉지태왕은 법흥왕이다. 즉 모즉지태왕비

---

17 夫는 保와 乞은 刀와 각각 대응시킬 수 있다 생각하여 부걸지비를 법흥왕의 妃인 朴氏 保刀(巴刀)夫人으로 비정한 바 있다. 只召夫人과 只須尸兮妃를 동일한 인물로 상정하였다(金龍善, 앞의 논문, 1979, 17~19쪽).

18 『梁書』卷54 列傳48 諸夷新羅傳. "王募名秦始使."
『册府元龜』卷996 外臣部. "新羅王募秦."
『三國史記』卷4 新羅本紀4 法興王 즉위조. "法興王立諱原宗(册府元龜姓募名秦)."

19 『三國史記』卷4 新羅本紀4 法興王 즉위조. "妃朴氏保刀夫人."

20 『三國遺事』卷1 王曆1 第二十三 法興王. "妃巴刀夫人."

21 金龍善은 『訓蒙字會』에 「乞」의 音은 「걸」, 「刀」의 訓은 「갈」로 되어 있으므로, 乞과 刀의 音과 訓이 같음을 유추한 바 있다(앞의 논문, 1979, 19쪽).

22 『三國遺事』卷1 王曆1 第二十四 眞興王. "名 彡麥宗 一作 深□."

23 문경현, 앞의 논문, 1987, 26~28쪽.

인 부걸지비는 법흥왕비인 보도부인을 지칭하는 것이고, 지몰시혜비는 법흥왕의 딸이자 입종갈문왕의 비妃인 지소부인을 일컫는다. 심맥부지는 입종갈문왕과 지소부인의 아들인 진흥왕이다.

이처럼 〈울주천전리서석〉에서 비妃의 칭호가 보인다.[24] 〈울주천전리서석〉에서의 비妃는 왕의 비妃의 의미가 아닌 부인夫人과 대비되는 왕실여성의 칭호로서의 비妃였다. 지소부인은 갈문왕의 처인 동시에 법흥왕의 딸이었다. 그렇기 때문에 작식인作食人과 대비되는 왕실여성이자 갈문왕의 처로서 비를 칭할 수 있었으리라 여겨진다. 중고기 문헌 사료에서도 비妃의 칭호가 보인다. 다음은 관련 사료이다.

> D-1) 眞興王 14년(553), 겨울 10월에 왕이 백제왕의 딸을 맞아들여 小妃로 삼았다.[25]
>
> D-2) 眞平王 36년(614), 永興寺의 흙으로 만든 불상이 저절로 무너지더니 얼마 안 있어 眞興王妃인 비구니가 죽었다.[26]
>
> D-3) 眞興王 37년(576), 가을 8월에 왕이 죽었다. (중략) 王妃 또한 그것을 본받아 비구니가 되어 永興寺에 머물다가 죽으니, 나라 사람들이 예를 갖추어 장사 지냈다.[27]

사료 D는 모두 진흥왕 대의 기록이다. D-1)에서 소비小妃, D-2)에서 진흥왕비眞興王妃, D-3)에서 왕비王妃의 칭호가 보인다. D-1)의 소비小妃는 상대적인 개념으로서 대비大妃 또는 정비正妃인 왕비王妃를 상정한 칭호이다. 또한 D-2)의 진흥왕비는 진흥왕의 비를 일컫는 것으로, D-3)의 왕비와 상통

---

[24] 金龍善은 〈蔚州川前里書石〉의 銘文으로 보아 신라사회에서 갈문왕의 夫人도 妃로 불렸을 것이라고 보았다(앞의 논문, 1979, 17~18쪽).

[25] 『三國史記』卷4 新羅本紀4 眞興王 14年. "冬十月 娶百濟王女爲小妃."

[26] 『三國史記』卷4 新羅本紀4 眞平王 36年. "永興寺塑佛自壞 未幾 眞興王妃比丘尼死."

[27] 『三國史記』卷4 新羅本紀4 眞興王 37年. "秋八月 王薨 (중략) 王妃亦効之爲尼 住永興寺 及其薨也 國人以禮葬之."

하는 칭호이다. 사료 D의 소비와 진흥왕비, 그리고 왕비에게서 비는 왕의 배우자를 일컫는 일반명사로 쓰이고 있다. 고유명사인 칭호로 파악하기는 무리이다. 그럼에도 불구하고 〈울주천전리서석〉에서 비의 칭호가 보이고, 사료 D가 진흥왕 대를 배경으로 하고 있으므로, 중고기에 비妃의 칭호가 없었다고 보기는 어렵다.

이로 볼 때 B-2)에서 '입종갈문왕의 비妃'라는 표현이 이 시기 신라에서 사용되었으리라는 점을 부정하기는 어렵다. 그러나 사료 A에서 알 수 있듯이 일반적으로 쓰이는 실질적인 칭호는 부인夫人이었고, 비妃는 부인과 차별되는 왕의 배우자 칭호로서 인식되었을 가능성이 크다. 이처럼 상고기에는 왕실여성의 칭호로 부인夫人만 사용되었는데, 그에 반해 중고기에는 부인夫人을 포함하여 비妃, 여랑왕女郎王과 매왕妹王 등의 칭호가 보인다. 상고기와 달리 중고기에 비를 비롯한 여러 칭호가 등장하는 배경과 의미를 살펴보자.

2. 부인夫人 칭호의 확대

문헌 사료에서 가장 많이 등장하는 여성 칭호는 부인夫人이다. 사료 A에서 왕모와 왕처가 〈名+夫人〉이라 하여 부인의 칭호를 사용하고 있다. 앞서 살펴보았듯이 부인夫人이 왕실여성의 지위를 표상하는 칭호로서 수용, 정착된 시점은 마립간기였을 것이라 여겨진다. 이처럼 상고기에는 부인夫人 칭호가 기혼의 왕실여성에게 사용되었던 것이다. 그런데 마립간기에 왕실 직계가 아님에도 불구하고 부인夫人 칭호를 사용한 예가 보인다. 다음은 관련 사료이다.

미해는 바다를 건너와 강구려에게 먼저 나라를 알리게 하였다. (눌지)왕은 놀랍고도 기뻐 백관에게 명하여 屈歇驛에서 맞이하게 하였다. 왕도 친아우 보해와 함께 南郊에서 맞이하여, 대궐로 들어가 잔치를 베풀고 국내에 사면령을 내렸으며, (제상)의 아내를 책봉하여 國大夫人으로 삼고, 그의 딸을 미해공부인으로 삼았다.[28]

이는 눌지마립간 대 김제상 혹은 박제상의 일화이다.[29] 눌지마립간은 즉위한 이후 실성마립간 당시 고구려와 왜에 인질로 보내졌던 나물왕의 두 동생인 복호와 미사흔을 신라로 데려오고자 했다. 박제상은 그 과업을 달성했고, 이에 눌지마립간이 그 공로를 치하하였다. 포상 방법에 대한 기록에 약간의 차이가 있는데,『삼국사기』에서는 죽은 박제상에게 대아찬을 추증하여 주고, 그 가족에게 후히 물품을 내렸으며, 아울러 미사흔이 제상의 둘째 딸을 맞아 아내로 삼게 하였다고 한다.[30]『삼국유사』기이에서는 제상이 대아찬으로 추증되었다는 기사가 빠지고, 대신 제상의 공로를 치하하여 그의 아내와 딸을 책봉하여 아내는 국대부인國大夫人으로, 딸은 미해공부인 美海公夫人으로 삼았다고 한다. 기혼 여성의 부인夫人의 칭호에 '國大', '□□公' 등의 수식어가 덧붙여지고 있다. 또한 국대부인과 미해공부인이라는 칭호가 모두 남편의 신분에 상응하는 위계적 직제였다는 점이 주목된다.

여성이 남편의 신분에 상응하는 위계적 직제를 갖는다는 것은 외명부外命婦에 해당하는 것으로써 이 시기에 그러한 직제가 완비되어 있었는지는 의문이다. 또한 이 용어의 개념과 용도가 신라 시대 당시의 것인지『삼국유사』가 기술된 시점인 고려시대의 것인지도 또한 염두에 두어야 한다.『고

---

28 『三國遺事』卷1 紀異2 奈勿王 金堤上. "美海渡海而來 使康仇麗先告於國中 王驚喜 命百官迎於屈 歇驛 王與親弟寶海 迎於南郊 入闕說宴 大赦國內 册其妻爲國大夫人 以其女子爲美海公夫人."

29 『三國史記』卷45 列傳5 朴堤上에는 박제상이라고 기록되어 있다. 성이 각각 金과 朴으로 혼용되어 있으나, 동일인물의 같은 사건에 대한 기록임은 틀림없다.

30 『三國史記』卷45 列傳5 朴堤上. "大王聞之哀慟 追贈大阿飡 厚賜其家 使未斯欣娶其堤上之第二女爲妻 以報之."

려사』, 「백관지」 내직조에 문종(1047~1083) 때 내직제 정비에 관한 기록 다음에 세주로, 외명부는 공주, 대장공주가 정1품이었고, 국대부인은 정3품이며, 군대부인과 군군은 정4품이고, 현군은 정6품이었다는 기록이 적혀 있다.[31] 여기에 외명부로서 정3품 국대부인이라는 명칭이 등장한다. 고려의 문종 대 내직제 정비가 비록 이전의 제도를 확정한 것에 지나지 않는다고 감안하더라도 외명부적 직제는 부인 계열의 여타 존칭에 비해 비교적 늦게 나타난 것이었음을 짐작할 수 있다. 따라서 눌지마립간 당시 국대부인을 외명부의 직제로 파악하기는 다소 무리다. 국대부인이라는 칭호를 비록 제도적 속성을 가진 직제로서 파악하기는 어려우나 이 존칭의 동기가 다름 아닌 박제상의 공로에 따라 주어진 것이라는 점은 주목할 만하다. 박제상 처에 대한 특별 예우로서 일반 부인夫人 칭호와의 차별성에 중점을 둔 칭호라 보인다.

사실 박제상의 처는 실성마립간의 딸로서 이미 왕실여성의 일원이었다. 사료 상에서 실성왕의 딸이 2명 등장한다. 그 하나는 눌지마립간의 처이자 자비마립간의 모인 아로(차로)부인이고, 다른 하나는 박제상의 처인 치술신모鵄述神母이다. 『삼국유사』 왕력에 실성이 치술의 부라고 적시되어 있고,[32] 이 치술이 박제상의 처라는 것이 『삼국유사』 기이에 나오고 있다.[33] 박제상의 처인 치술신모는 실성마립간의 딸로서 왕녀였다. 즉 실성마립간의 두 딸은 왕녀로서 하나는 왕비가 되고, 하나는 신모가 된 것이다. 따라서 박제상 처의 '국대부인' 칭호는 왕녀인 치술에게 남편의 공을 치하하여 포상하는 의미로 '국대'라는 수식어를 덧붙여 내려주었을 것이다. 다만 '국대부인

---

31 『高麗史』 卷77 志31 百官2 內職. "外命婦 公主大長公主正一品 國大夫人正三品 郡大夫人郡君正四品 縣君正六品."
32 『三國遺事』 卷1 王曆1 實聖麻立干. "王即鵄述之父."
33 『三國遺事』 卷1 紀異2 奈勿王 金堤上. "初堤上之發去也 夫人聞之追不及 及至望德寺門南沙上 放臥長號 因其沙曰長沙 親戚二人 扶腋將還 夫人舒脚坐不起 名其地曰伐知旨 久後夫人不勝其慕 率三娘子上鵄述嶺 望倭國痛哭而終 仍爲鵄述神母 今祠堂存焉."

國大夫人'이 고려 외명부의 정3품의 칭호라는 것을 감안하면 후대의 칭호가 소급되었을 가능성을 배제할 수 없다.

또한 미해공의 처가 된 박제상의 딸 역시 미해공부인美海公夫人이라 일컬어지고 있는데,[34] 박제상의 딸인 경우, 왕녀였던 그의 모와 달리 왕실 직계가 아니었다. 그렇기 때문에 왕제王弟인 미해공의 처로 삼아준 것 자체가 포상일 수 있었다. 미해공의 처가 됨으로써 '□□□부인'이라는 칭호와 지위를 부여받을 수 있었던 것이다. 이들 국대부인이나 미해공부인은 이전의 부인 칭호와는 달리 '국대'와 '미해공'으로 수식되어 있는데, 그 칭호의 대상이 왕비나 왕모가 아니라는 점, 또한 남편의 지위에 따라 부여된 칭호라는 특징을 가지고 있다. 이는 이전에는 '부인' 칭호가 왕비 및 왕모에 한정되었던 것에 반해 대상이 더욱 넓은 범주로 확대되는 경향을 보여 준다.

중고기에 들어서면서 왕실여성이 아님에도 '부인' 칭호를 사용한 예가 보인다. C의 〈울주천전리서석〉의 수행원 중 '작식인作食人'으로 기록된 인물들이 그들이다. C-1)의 영지지 일길간지의 '妻 居知尸奚 夫人'과 진류지 사간지의 '妻 阿兮牟弘夫人', C-2)의 진류지 파진간지의 '婦 阿兮牟呼 夫人'과 이부지 거벌간지의 '婦 一利等次 夫人', 거례차 □간지의 '婦 沙炙功 夫人'은 작식인이라는 명칭으로 보아 서석곡에 행차했을 때 '作食', 즉 서석곡 행차 시 음식물을 준비, 제공하는 임무를 맡았던 것으로 보인다.[35] 이들은 서석곡에 행차한 왕실인사를 수행한 여성들로, 모두 남성 배우자의 처妻 또는 부婦인 〈名+夫人〉의 형식으로 기록되었다.

---

[34] 미해공부인의 칭호를 '미해공의 부인' 내지 '미해공의 공부인'이라 볼 여지가 있다. 후자의 경우 왕공후제도의 성립이 전제되어야 가능한 칭호이다. 왕공후의 제도는 중국의 漢代에 확립되어 후대로 이어져 온 제도이고, 또한 백제의 경우 王・侯號制의 성립 시기를 근초고왕 대, 적어도 개로왕 대로 보고 있다(盧重國,「百濟의 王・侯號, 將軍號 制와 그 運營」,『百濟研究』55, 2012, 232쪽). 신라에서는 제도로서의 왕공후의 칭호를 살펴볼 수는 없으나, 마립간기의 대외관계로 보아 일반 夫人 칭호와 구별되는 美海公夫人이라는 칭호 자체를 부인할 필요는 없다.

[35] 김용선, 앞의 논문, 1979, 28쪽.

여타 신라 6세기 금석문에서 보이는 인물의 정보를 기록한 양상과 비교하였을 때, 남성 배우자의 정보를 기록한 양식이 동일하다. 즉 신라 금석문에서 인명은 〈職名+部名+人名+官等〉, 혹은 〈所屬+人名+官等〉으로 표기된다. 또한 이름이 계속되는 부분에서 동일한 '부部의 소속'이 연속할 때는 부명部名이 생략되는 것이 통례였다.[36] 〈울주천전리서석〉에서도 등장인물의 정보가 동일한 배열로 표기되었다. 다만 C-1)에서는 등장인물의 소속부가 기록되어 있지 않았으나 C-2)에서는 작공신作功臣인 '知礼夫知 沙干支'의 소속부만 탁부로 나오고 있다.

사료 C에 의하면, 여성 수행원에 대해서는 남성 배우자의 처妻 또는 부婦인 〈名+夫人〉로 기록하였다. 이들 여성은 작식인作食人의 직명과 배우자의 기록과 함께 기록하였다. 즉 〈男性名+官等+妻(婦)+女性名+夫人〉의 형식으로 기록되어 있는 것이다. 남성의 기록과는 달리 부명部名이 생략되어 있다. 이에 대해 명문의 중심인물인 사탁부 사부지갈문왕과 소속부가 같으므로 생략하였다고 보기도 하였다.[37] 그보다는 배우자의 소속부와 같기 때문에 생략하였다고 보는 편이 옳을 듯하다. 또한 C-1)의 경우 수행원의 소속부명이 전혀 나타나 있지 않고, C-2)의 경우 첫 번째 수행원인 □작공신인 탁부 지례부지 사간지라고 나오고 있다. 이후 나오는 C-2)의 인물들은 모두 같은 소속부이기 때문에 기록을 생략한 경우로 보아야 할 것이다.

이들 작식인은 금석문 상에 나타난 바로는 이들 여성이 왕실 일원을 수행하는 역할을 담당했던 것임은 분명하고, 이들 역시 '부인' 칭호를 칭하고 있었던 것이다. 이로 볼 때 중고기에는 '부인' 칭호가 더 이상 왕실여성만의 전유물이 아니었음을 알 수 있다.

여기서 작식인인 여성들을 기록하는 데 있어 규칙이 있었던 점이 주목된

---

36 武田幸男, 앞의 논문, 1977, 61~65쪽; 李文基, 「金石文資料를 통하여 본 新羅의 六部」, 『歷史敎育論集』 2, 1981, 104~109쪽.
37 이문기, 앞의 논문, 1983, 138쪽.

다. 남성 배우자 관등의 등급순으로 기록되어 있는 것이다. C-1)에서는 일길간지(7위), 사간지(8위)의 순으로, C-2)에서는 파진간지(4위), 거벌간지(9위), □간지의 순서로 나열되었다. 즉 높은 관등의 순서대로 기록하고 있는데, 남성 배우자 관등의 서열이 여성에게도 동일하게 적용되고 있다는 점을 알 수 있다. 진륙지[38]의 처인 아혜모홍 부인(아혜모호 부인)이 작식인으로서 을사명과 기미명 모두에 등장하고 있다. 남편인 진륙지가 C-1)에서 8위인 사찬의 지위에 있었는데, C-2)에서는 4위의 파진찬의 지위로 관등이 올랐음을 알 수 있다.

중고기 여성 지위의 결정 요인 중 배우자의 관등이 가장 큰 요인이었을 가능성이 있다. C-1)에서 7위인 일길찬의 처인 거지시해 부인이 당시 8위 사찬의 처였던 아혜모홍 부인의 앞에 기록되어 있었는데 반해 C-2)에서 4위의 파진찬의 처인 아혜모호 부인이 9위의 급찬 앞에 기재되어 있다. 이처럼 배우자의 관등에 따라 여성의 서열이 결정되었다는 점은 주목된다. 그뿐만 아니라 여성 내부에도 서열에 따른 위계질서가 있었다는 점을 알 수 있다. 직임을 수행하는 데 있어 서열에 따라 역할이 달라졌을 것이라 생각된다. 이는 〈울주천전리서석〉 을축명에서도 알 수 있다.

E-1) 乙丑年 九月에 沙喙部의 干西□夫智 彼功干支의 妻인 夫人 阿刀郞女가 谷을 보러올 때[39]

E-2) 癸亥年 二月 八日 沙喙部의 □凌智 小舍의 婦인 非德刀가 놀러 왔을 때 쓰다.[40]

---

[38] 〈蔚珍鳳坪新羅碑〉에서의 愼宍智 居伐干支와 동일 인물로 추정된다(韓國古代社會研究會篇, 앞의 책, 1992, 159쪽).

[39] 〈蔚州川前里書石 乙丑銘〉 "乙丑年九月中 沙喙部 干西□夫智 彼功干支 妻 夫人 阿刀郞女 谷見"(韓國古代社會研究所編, 앞의 책, 1992, 165~167쪽).

[40] 〈蔚州川前里書石 癸亥銘〉 "癸亥年二月八日 沙喙部 □凌智 小舍 婦 非德刀 流行時書"(韓國古代社會研究所編, 앞의 책, 1992, 167~168쪽).

E-1) 을축명은[41] 사탁부 간서□부지 피공간지의 처인 부인 아도랑녀阿刀郎女가 서석곡에 방문한 사실을 기록한 것이다. E-2) 계해명은[42] 사탁□ 능지소사의 부婦인 비덕도非德刀가 서석곡에 놀러 왔던 사실을 기록하였다. 서석곡을 방문한 당사자가 두 명문 모두 여성인데, E-1)에서는 아도랑녀이고, E-2)에서는 비덕도이다. E-1)와 E-2) 모두 남성 배우자의 소속으로서 자신의 신분을 밝히고 있다. E-1)은 〈소속부+男性名+官等+妻+夫人〉이라 하였고, E-2)는 〈소속부+男性名+官等+婦〉라고 하였다. 각각 사탁부 소속의 피공 간지인 간서□부지의 처와, 사탁부 소속 릉지소사의 부라고 본인을 소개한 것이다. 이로 볼 때 기혼 여성에 대한 기록은 〈部名+男性名+官等+妻(婦)+名〉가 기본 원칙이었음을 알 수 있다.[43]

이처럼 남성 배우자의 소속부와 이름, 관등이 해당 여성의 주요 정보로서 기록되었다. 다만 '부인' 칭호가 각각 달리 기록되어 있어 주목된다. 자료 C에서 〈名+夫人〉이라 기록하였고, E-1)에서 〈夫人+名〉이라 하였다. E-2)에서는 '부인'이 기록되어 있지 않았다. 이는 기혼 여성의 존칭인 부인夫人 칭호 자체가 신분의 표시였음을 알려 준다. 즉 부인夫人 칭호는 일정 범주의 대상만이 칭할 수 있었던 것이라 생각된다. 부인夫人 칭호를 쓸 수 있음을 강조하였던 것이고, E-2)의 경우 부인夫人 칭호를 칭할 수 없었던 것이다. 부인夫人을 칭할 수 있었던 일정 범주의 대상이 있었을 것이라 생각된다. E-1)의 아도랑녀의 경우, 그의 배우자는 피공간지, 즉 '간지干支' 급이었는데 반해 E-2)의 비덕도의 배우자는 □릉지 '小舍'였다. 부인夫人 칭호는 '간군干郡' 이상의 배우자에게만 적용되는 칭호였음을 알 수 있다.

---

41 乙丑年은 진흥왕 6년(545)으로 추정된다(韓國古代社會硏究會篇, 앞의 책, 1992, 153쪽).
42 癸亥年은 진평왕 25년(603)이나 혹은 진흥왕 4년(543)으로 추정된다(韓國古代社會硏究會篇, 앞의 책, 1992, 167~168쪽).
43 深律行德은 〈울주천전리서석〉에서 男性名+그 男性과의 관계를 나타내는 말(+稱號)+人名(+稱號)란 書式이 성립하는데, 이는 女性이나 幼少 男性을 표기하기 위한 書式이라고 보았다(「韓半島 出土 金石文에 보이는 親族呼稱에 대해서 -川前里書石銘文을 中心으로-」, 『新羅文化祭學術發表論文集』 23, 2002, 157쪽).

상층 여성들에게 서열의 의미는 이들이 담당한 직임이 있었다는 점에서도 확연해진다. 을사명과 기미명의 여성 수행인들은 작식인이라는 특정 직임을 담당한 여성들이었다. 남성 배우자의 소속과 관등을 차용하여 본인의 소속을 밝히고는 있지만, 그들이 맡은 직임은 배우자와는 별개의 역할이었던 것으로 생각된다.

　다음으로 남성 배우자의 관계를 표현한 말이 C-1)과 E-1)에서는 처妻로, C-2)와 E-2)에서는 부婦로 기록되어 있다는 점이 주의를 끈다. 이와 관련하여 C-1)에서 남성 수행원의 직임이 작공인作功人과 작서인作書人으로 기록된 것에 반해 C-2)에서는 작공신作功臣과 예신禮臣으로 변화하였다는 점과 연관되어 살펴보기도 하였다. 즉 C-1)에서는 '~人'으로 나오지만 E-2)에서는 '~臣'으로 나오고 있다. 역할이 유사한 데 비하여 칭호가 차이를 보인다. 이를 수행원의 성격과 관련하여 그 소속 인물 내지 중심인물의 위상에 따른 차이로 파악하였던 것이다.[44] 기왕의 연구에서는 C-1)의 처妻와 C-2)의 부婦도 모두 '아내'를 뜻함에도 불구하고, 구태여 다른 용어를 쓴 것에 대해 양자 간에 격의 차이가 있었다고 파악하였다. 각 수행원이 소속된 중심인물, 즉 갈문왕과 왕의 격의 차이가 수행원 직명의 차이로 이어졌다고 보았던 것이다.

　C-1) 을사명과 C-2) 기미명에서 여성 수행원인 작신인은 모두 '간지'의 배우자였고, '부인'이었다. 이로 볼 때 처妻와 부婦의 사용을 작식인 개인의 신분에 따른 것이라 보기는 어렵다. 따라서 이들이 소속된 중심인물의 신분 변화에서 이와 같은 칭호 상의 차이를 찾고자 하였다. 그런데 E-1)의 아도

---

[44] 김용선은 수행원을 家臣적 성격을 가진 것으로 보았는데, 여성 수행원 역시 동일선상에서 파악하고 있다. 즉 妻는 입종갈문왕의 수행원에게, 婦는 진흥왕을 수행하였던 인물들에게 사용한 것으로, 신라에서는 妻와 婦가 어느 정도 격차가 있는 용어였다고 보았다(앞의 논문, 1979, 29쪽). 이문기는 수행원이 가신적 성격을 가졌다고 보지는 않으나, 중심인물의 지위가 다르기 때문에 妻와 婦라는 표기상의 차이가 생긴 것으로 보았다(앞의 논문, 1983, 138쪽).

랑녀는 처로서 '부인'을 칭하고 있는 데 반해, E-2) 계해명의 비덕도는 '부인'의 칭호 없이 '婦'로 기록되고 있다. 이는 앞서 살펴본 바처럼 '부인'의 칭호가 '간干'급의 배우자에게만 한정되었기 때문이었을 것으로 여겨진다. '간'급의 배우자, 즉 상층 여성인 아도랑녀는 부인으로서 처妻로서 기록되었다.

이로 볼 때 처妻는 남성의 배우자인 여성을 일컫는 일반명사로 쓰였을 가능성이 크다. 반면 부婦는 C-2)의 '~臣' 등의 표현과 더불어 쓰였고, 또한 E-2)에서 소사의 배우자를 일컫는 것으로 쓰인 것으로 보아, 한자에 대한 이해도가 높아진 것에 의한 표현이거나 또는 남성 신臣의 의미에 대비되는 종속적 의미가 좀 더 강하게 부가된 표현이었을 것으로 생각된다.

이처럼 상고기에는 최상층 왕실여성이 전유했던 '부인' 칭호가 중고기에는 점차 왕실여성뿐만 아니라 '간'의 배우자인 상층 여성의 칭호로 확산되는 양상을 보였다. 부인夫人 칭호의 변화와 관련하여 단초를 마련할 다음의 사료가 주목된다.

> 智證麻立干이 즉위하였다. 姓은 金氏이고, 諱는 智大路(혹은 智度路 또는 智哲老)이다. 나물왕의 曾孫으로 習寶葛文王의 아들이고, 炤知王의 再從弟이다. 母는 金氏이고, 鳥生夫人으로 訥祗王의 딸이다. 妃는 朴氏이고, 延帝夫人으로 伊湌 登欣의 딸이다.[45]

위의 사료에서 지증왕의 처는 연제부인延帝夫人 또는 영제부인迎帝夫人이었다. 『삼국유사』에 지증왕의 혼인에 관한 일화가 실려 있는데, 모량부 상공相公의 딸을 수레를 보내 궁중으로 맞아들이고, 황후皇后로 봉하였다.[46] 『삼국유사』의 설화에서는 왕이 즉위 후에 배필을 맞았던 것으로 기록되어 있다.

---

[45] 『三國史記』卷4 新羅本紀4 智證王 즉위조. "智證麻立干立 姓金氏 諱智大路(或云智度路 又云智哲老) 奈勿王之曾孫 習寶葛文王之子 炤知王之再從弟也 母金氏鳥生夫人 訥祗王之女 妃朴氏延帝夫人 登欣伊湌女."

[46] 『三國遺事』卷1 紀異2 智哲老王. "王遣車邀入宮中 封爲皇后 群臣皆賀."

지증왕이 즉위 당시 나이가 64세였고, 즉위 연도 역시 논란이 있으므로, 설화적 성격을 띤 이 기록을 그대로 취신하기는 어렵다. 왕이 배필을 맞은 시점도 즉위 전후인지 확실하지 않다. 그럼에도 불구하고 '영제부인'의 '迎帝'의 "황제를 맞이한다"는 한자적 의미로 보아 지증왕의 비, 즉 왕비로서 일컬었던 칭호였음을 알 수 있다. 즉 '영제부인'의 칭호는 지증왕 즉위 후에 '지증왕의 배우자' 칭호로서 부여되었던 것이다.

영제부인은 왕의 배필이라는 한자적 의미를 담은 칭호였다. 이는 원래의 이름에 부인의 칭호를 덧붙인 것이 아니라, 왕의 배필로서 부여된 칭호인 것이다. 지증왕이 4년(503)에 국호國號와 왕호王號를 각각 신라와 신라국왕으로 개칭하였는데, 그 논의 중 "有國家者는 皆稱帝稱王"이라 한다고 하였다.[47] 신라에서 왕호를 정하는 데 있어 제帝와 왕王을 동일시했으리라 여겨진다. 왕호를 신라국왕新羅國王이라 하였고, 이와 아울러 왕 배필의 칭호 역시 영제부인迎帝夫人으로 개칭했을 것이라 여겨진다.

이처럼 중고기에는 부인夫人 칭호가 왕실여성은 물론 간군干郡의 배우자인 상층 신분의 여성들에게도 확산되어 사용되었다. 상층 신분의 여성들이 '부인' 칭호를 사용함에 따라 점차 왕실여성들은 그들의 지위를 표상할 새로운 칭호가 필요하게 되었다. '영제부인'은 '迎帝'의 수식어에 의해 '왕의 배우자' 지위를 일컫는 칭호가 되었다. 이처럼 중고기의 왕실여성은 〈名+夫人〉에서 부인을 수식하는 이름[名]을 개칭함으로써 고유한 지위를 나타내고자 하였다.

---

47 『三國史記』卷4 新羅本紀4 智證王 4年. "冬十月 群臣上言 始祖創業已來 國名未定 或稱斯羅 或稱斯盧 或言新羅 臣等以爲; 新者德業日新 羅者網羅四方之義 則其爲國號宜矣 又觀自古有國家者 皆稱帝稱王 自我始祖立國 至今二十二世 但稱方言 未正尊號 今群臣一意 謹上號新羅國王 王從之."

3. 매왕妹王의 칭호적 성격

〈울주천전리서석〉 명문인 사료 B에서 부인과 비 이외에 '매왕妹王'과 '여랑왕女郞王'이 보인다. 사료 C의 내용으로 보아 여성인 왕실 인물임을 알 수 있는데, 사료에서는 이 '妹', 즉 누이에 해당하는 인물이 누구인지 명확히 나타나지 않는다. C-1)의 ⓐ '友妹 麗德光妙 於史鄒女郞王'과 C-2)의 ⓓ'妹 於史鄒女郞', ⓔ'妹王考妹王過人', ⓖ'妹'와 같이 4번이나 거듭 언급되고 있다. 이 '妹'가 등장하는 명문 중 ⓐ와 ⓓⓔ부분은 판독과 해석에서 많은 논란이 있었던 부분이므로 이를 중심으로 살펴봄으로써 매왕과 여랑왕이 의미하는 바를 알아보고자 한다.

우선 C-1)의 ⓐ '友妹 麗德光妙 於史鄒女郞王之'라는 문구를 살펴보고자 한다. 이 부분은 유독 판독과 해석상의 논란이 많은 부분이다. 글자 판독상의 문제로는 '於史鄒女郞王之'에서는 두 가지 논의가 있었다. 우선 '女'에 대한 판독 여부이다. '安'으로도 판독된 바 있으나,[48] 자형을 보면, '女字' 위의 '宀'은 인위적으로 새긴 자형으로 보이지 않기 때문에 '女'로 판독하는 것이 옳을 듯하다. 다음 '王'에 대한 판독인데, '三', 또는 '主', 그리고 '王'으로 판독된다. 이는 해석상의 논란도 야기하는 부분이다. '主'라고 판독할 경우 이를 동사로 보아 '주관하다'라는 해석이 가능하다.[49] 또는 기미명의 내용과 비교하여 '三'이라 판독하기도 하였는데, '을사년에 사부지갈문왕, 그의 妹, 於史鄒女郞 3인이 함께 놀러 왔었다는[三共遊來]'[50] 해석이 가능하다. 이처럼

---

48 於史鄒安郞으로 판독하기도 하고(金龍善, 앞의 논문, 1979, 23쪽; 李文基, 앞의 논문, 1983, 135쪽), '安'을 '女'로 고쳐 於史鄒女郞으로 판독하고 하기도 하였다(文暻鉉, 앞의 논문, 1987, 14쪽; 李宇泰「蔚州川前里書石 原銘의 再檢討」, 『國史館論叢』 78, 1997, 앞의 논문, 53쪽).

49 武田幸男은 '主之'로 판독하여 主宰, 주관하였다는 의미로 해석하였다(앞의 논문, 1993, 11쪽).

50 '三之'로 판독하여 세 명으로 해석하기도 한다(김용선, 앞의 논문, 1979, 23쪽; 李文基, 앞의 논문, 1983, 135쪽; 李宇泰, 앞의 논문, 1997, 57쪽).

이 '三'을 3인으로 해석하는 데 얽매여 을사년 서석에 놀러 온 3인을 밝혀내고자 하는 연구들이 많이 이루어졌다. 을사년 서석곡에 행차한 3인을 알아내기 위해 '友妹'의 경우, '友와 妹'인 것으로 이해하여, '麗德光妙'와 '於史鄒安郞'을 각각의 인물에 대입하고, 사부지갈문왕과 더불어 3인이라 해석하였다.[51] 또한 '友妹인 麗德과 光妙, 그리고 於史鄒女郞 3인'이라고 해석하여 '사부지갈문왕의 友인 승려 麗德, 光妙와 妹인 於史鄒女郞'이라고 이해하기도 하였다.[52]

그러나 이후 '三'이 '王'으로 판독됨에 따라, '어사추여랑왕'을 인명[53] 또는 존칭으로 파악하였다.[54] C-1)의 ⓐ 부분의 탁본을 보면 가운데 세로획이 보인다. 이로 보아 '王' 내지 '主'일 가능성이 크다. 글자 위의 삐침이 인위적인 것으로 보이지 않을 뿐만 아니라 같은 비문 내의 '王'자와 자형이 유사하므로 '王'으로 보아야 할 것이라 생각한다. 즉 '於史鄒女郞王之'로 판독할 수 있을 것이다. '三'이라는 자구에 얽매이지 않는다면 해석상에서도 다른 이해가 가능하다. 즉 을사년 서석곡에 갔었던 인물을 사부지갈문왕과 어사추여랑왕 외에 또 다른 1인을 설정할 이유는 없는 것이다. 이에 을사년 서석곡에 갔던 이들을 사부지갈문왕과 어사추여랑왕의 2인으로 파악할 수 있으리라 생각한다.[55] 어사추여랑왕 앞의 '友妹'에서 '友'는 '妹'를 형용하는 말로 볼 수 있으므로 이 둘을 굳이 나누어 해석할 이유는 없을 것으로 보인다.

---

51 '三'이라 판독하고, 사부지갈문왕과 友와 妹의 3인으로 해석하려는 견해도 있다(김용선, 앞의 논문, 1979, 23~24쪽; 이문기, 앞의 논문, 1983, 140쪽).
52 李宇泰, 앞의 논문, 1997, 56~59쪽.
53 李喜寬은 '於史鄒女郞三' 자체를 인명으로 파악하고 있다(「新羅 上代 智證王系의 王位 繼承과 朴氏王妃族」, 『東亞研究』 20, 1990, 87~88쪽).
54 문경현이 '王'으로 판독하여 님이라는 뜻의 존칭어미로 본 이후(앞의 논문, 1987, 30쪽), 李宇泰는 於史鄒를 이름으로 女郞을 왕실의 여자를 지칭하는 높임말로 보았다(앞의 논문, 1997, 59쪽). 또한 주보돈은 女郞王은 美稱으로서, 지위나 신분을 나타내주는 존칭이었을 것으로 파악하였다(『금석문과 신라사』, 지식산업사, 2002, 125~126쪽).
55 文暻鉉, 앞의 논문, 1987, 14쪽; 李喜寬, 앞의 논문, 1990, 88쪽; 武田幸男, 앞의 논문, 1993, 11쪽; 주보돈, 앞의 책, 2002, 123~124쪽.

다음은 C-2)의 '徙夫知葛文王의 ⓐ妹인 於史鄒女郎王, ⓔ 妹王考妹王過人'에 해당하는 부분이다. C-1)은 을사년 사탁부 소속의 사부지갈문왕과 '友妹 麗德光妙 於史鄒女郎王'이 서석곡에 갔던 사실을 기록한 것이다. 을사년에 이들이 서석곡을 방문했던 사실이 C-2)의 기미명에도 기록되어 있다. 기미명은 을사년 당시의 일을 재기록한 것으로서, 관련 부분을 그대로 옮겨 놓은 것이 아니라 보완하여야 할 부분은 보완하고 축약하여야 할 부분은 축약하는 방식을 취하고 있다.[56] C-2)의 ⓓⓔ가 그 내용이다. C-2)에서 '乙巳年六月十八日昧 沙喙部徙夫知葛文王妹於史鄒女郎王共遊來'라 하였다. 앞서 을사명에서 을사년이라고만 하였는데, 기미명에서는 명확하게 6월 18일이라는 날짜를 부기하고 있다. 또한 을사명에서 사탁부갈문왕이라고만 적었던 것을 사탁부의 사부지갈문왕이라 기록하고 있다.[57] C-1)의 ⓐ에서 '友妹麗德光妙於史鄒女郎王'으로 지칭하였던 부분을 여기서는 '妹於史鄒女郎王'으로 축약하였다.

또 C-2) ⓓ에서는 '其王與妹'라 하여 '妹'라고 더욱 축약하였다.[58] 따라서 사부지갈문왕과 '書石'을 보러 온 '妹'는 1인으로서 이름은 '於史鄒'였음을 알 수 있다. C-1)의 ⓐ에서의 '友妹 麗德光妙'는 어사추 여랑왕을 가리킨 수식어였던 것이다. '友妹인 麗德光妙한 於史鄒女郎王'으로 해석할 수 있다.[59] 또한 말미의 '之'의 경우, 종결 어미[60] 내지 동사로서 '가다'로 해석할 수 있

---

56 주보돈, 앞의 책, 2002, 120쪽.
57 이에 대해 原銘에서 사탁부갈문왕이 사부지갈문왕 하나이므로 사탁부갈문왕이라고만 칭해도 되었는데 반해 追銘 시점에서는 사부지갈문왕의 죽음으로 인해 새로운 사탁부갈문왕이 생겼고, 이들 사이의 혼동을 막기 위해 사탁부사부지갈문왕이라 구체적으로 호칭한 것이라 본 바 있다(주보돈, 앞의 책, 2002, 121쪽).
58 '其王與妹'로 판독된다. 이로 인해 을사명의 '사부지갈문왕과 妹', 즉 其王은 입종갈문왕을 지칭한 것을 알 수 있었다.
59 友妹와 麗德光妙를 어사추여랑을 수식하는 것으로 파악하였다(문경현, 앞의 논문, 1987, 29쪽; 이희관, 앞의 논문, 1990, 88쪽).
60 을사명에서는 之를 종결사로 사용하여 그 자체로 문장 구분을 하고 있다는 점이 특징적이다(주보돈, 앞의 책, 2002, 119~120쪽).

을 것이다. 글자 판독과 己未銘의 내용에 따라 을사명의 '友妹 麗德光妙 於 史鄒女郎王之'는 '友妹인 麗德光妙한 於史鄒 女郎王이다.' 혹은 '갔다.'로 해석할 수 있다.

'友妹인 麗德光妙 於史鄒女郎王'은 누구인가. 사부지갈문왕이 '友妹'라 칭한 것으로 보아 그와 친족관계에 있는 사람임을 알 수 있는데, C-1) 말미의 '妻'나 C-2)의 말미에 '婦'로 보아 아내를 지칭하는 것은 아님을 짐작할 수 있다.[61] 마지막으로 '麗德光妙'가 이두식 표현이라기보다는 불교식 표현으로 보인다. 다만 법흥왕비의 법명이 묘법妙法[62]과 법류法流[63]로 나오고 있는 것으로 보아 법명을 받은 입종갈문왕과 가까운 관계의 왕실여성, 즉 지증왕의 왕녀로서, 법흥왕과 입종갈문왕의 누이였을 것으로 추정된다. 즉 C-1)의 ⓐ '友妹'와 C-2)의 ⓐ, ⓑ, ⓓ에서의 '妹', '妹王' 등은 모두 동일인물을 지칭하는 것으로 보인다. 을사년에 사부지갈문왕과 함께 간 인물은 어사추여랑왕이었다. 사부지갈문왕의 누이였던 어사추여랑왕은 아울러 지증왕의 딸이자 법흥왕의 누이였다. '왕녀王女'이자 '왕매王妹'였던 것이다.

여기서 C-1)의 ⓐ와 C-2)의 ⓐ의 '於史鄒 女郎王'이 주목된다. '女郎'은 C-2)의 '徙夫知王子郎 深麥夫知'에서 '子郎'이 왕자(아들)를 일컫는 말과 비교하여[64] 딸의 의미를 가진 것으로 보인다. '여랑女郎'은 '랑娘'과 같은 용법으로 사용되었다고 보인다. 또한 '랑娘'은 광명랑光明娘,[65] 도화랑桃花娘,[66] 도유나랑都唯那娘,[67] 김춘추의 딸인 고타소랑古陀炤娘,[68] 귀승랑貴勝娘[69] 등에서 보인

---

61 문경현은 여기에서 妹는 누이뿐만 아니라 연인·아내의 뜻으로 쓰였다고 보았는데(앞의 논문, 1987, 29~32쪽), 〈蔚州川前里書石〉 명문에서 아내를 뜻하는 말로 妻와 婦가 쓰인 것으로 보아 아내의 의미로 보기에는 다소 무리가 있다. '우애 좋은 누이'의 의미로 이해된다.
62 『三國遺事』卷3 興法3 原宗興法·厭髑滅身. "初興役之乙卯歲 王妃亦創永興寺 慕史氏之遺風 同王落彩爲尼 名妙法 亦住永興寺 有年而終."
63 『三國遺事』卷1 王曆1 第二十三 法興王. "妃巴刀夫人 出家名法流 住永興寺."
64 文暻鉉, 앞의 논문, 1987, 21쪽; 深津行德, 앞의 논문, 2002, 157쪽.
65 『三國遺事』卷1 王曆1 第十三 味鄒尼叱今. "妃諸賁王之女光明娘."
66 『三國遺事』卷1 紀異2 桃花女 鼻荊郎. "前此 沙梁部之庶女 姿容艶美 時號桃花娘."

다. 아가씨라는 의미의 '랑'은 이름 뒤에 붙는 칭호로, 주로 미혼의 여성에게 쓰였는데, 딸이라는 의미의 '女'와 혼용되어 사용되었다.[70] 또한 미추왕의 처인 광명랑과 헌덕왕의 처인 귀승랑으로 보아 혼인 전에는 '랑娘'이라 했다가 혼인 후 왕비로서 '부인'의 칭호를 썼음을 알 수 있다.

기왕의 연구에서도 어사추 여랑의 여랑女郎을 심맥부지의 자랑子郎에 대응하는 말로 파악하여, 아드님에 대응되는 따님의 뜻으로 쓰인 것으로 본 바 있다.[71] 〈광개토대왕비〉의 '母河伯女郎'의 용법과 마찬가지로 '사부지갈문왕과 그의 누이인 어사추와 그녀의 딸'인 것이라 이해할 수 있다고 보았다.[72] 그러나 '따님'의 뜻이 전화된 '미혼의 아가씨'라는 뜻도 내포된 여랑女郎, 즉 랑娘이라 이해할 때 '父名+女郎'은 물론 '女性名+娘' 역시 통용되었으리라고 생각된다. 또한 기미명에서 을사년의 일이 언급될 때 사부지갈문왕과 '妹'의 2인만이 거론되고 있으므로, '어사추여랑왕' 즉 '女性名인 어사추+칭호인 여랑왕'이라 이해된다. 즉 어사추라는 이름에 '따님' 또는 미혼 여성을 의미하는 '아가씨'라는 일반적인 의미의 여랑女郎, 즉 '랑娘'이 덧붙였던 것임을 알 수 있다. 그리고 존칭 어미로서 '왕王'을 더함으로써 왕녀王女의 존칭으로 사용하였던 것이다.

여성 칭호에 '王'호가 붙은 경우는 여랑왕女郎王 외에 기미명의 매왕妹王이라는 칭호에서도 보인다. 기미명의 '妹王考妹王過人' 구절을 어떻게 해석하느냐에 따라 많은 논란이 있었다. '妹王考'와 '妹王'이라 판독하고, 각각 습보갈문왕과 지증왕이라 보기도 하였고,[73] '妹夫인 王'의 의미로 사부지갈문

---

67 『三國史記』卷40 雜志9 職官 下. "都唯那娘一人 阿尼."
68 『三國史記』卷4 列傳1 金庾信 上. "春秋公女子古陁炤娘."
69 『三國遺事』卷1 王曆1 第四十一 憲德王. "妃貴勝娘."
70 이현주, 「신라 상고 시기 '부인(夫人)' 칭호의 수용과 의미」, 『역사와현실』 86, 2012, 189쪽.
71 문경현, 앞의 논문, 1987, 29쪽; 朴南守, 앞의 논문, 2008, 12~14쪽.
72 朴南守, 앞의 논문, 2008, 12~14쪽.
73 李文基, 앞의 논문, 1983, 130~133쪽.

왕의 매부로서 모즉지태왕을 일컬은 것이라 파악하기도 하였다.[74] 그러나 앞서 살펴본 것처럼 〈울주천전리서석〉 상의 '妹'는 모두 동일인물을 지칭한 것으로 보인다. 매왕妹王의 '妹'는 어사추여랑왕을 지칭한 것이라 보아야 할 것이다.[75] 즉 여랑왕女郞王과 매왕妹王 모두 어사추를 지칭한 칭호였다.[76] '여랑왕'과 '매왕' 외에 여성 칭호에 '왕王'호가 붙는 경우는 아직 이 사례 외에 찾아지지 않는다. 그럼에도 불구하고 여성에게 '왕王'호가 칭호로서 사용되었다는 점 자체는 매우 유의미하다.

이 시기 '왕王'호의 성격에 대한 논란이 있다. 일반적인 존칭으로서 '님'의 훈독이었는지,[77] 아니면 '왕王'으로서 존칭의 의미를 가졌던 것인지 여부이다.[78] 중고기 금석문에서 '王'은 〈영일냉수리비〉의 '此七王等'이라는 구절 등에서 보인다. 금석문 상에서 보이는 '王'은 왕의 고유 칭호가 아닌 왕을 포함한 포괄적인 범위의 상위 계층의 사람들이 칭했던 것으로 이해된다. 즉 간지를 칭했던 고위 '京位者' 역시 '王'이라 칭하고 있어 일반적인 존칭이었을 것이라고 이해하였다. 그렇다고 하더라도 지증왕 대의 '신라국왕'이라는 칭호를 추인하는 것과 법흥왕 대의 '대왕' 칭호의 등장 등으로 미루어 보

---

74 金昌鎬, 「新羅中古金石文의 人名表記(Ⅰ)」, 『大丘史學』 22, 1983, 8~11쪽.
75 '妹'를 어사추여랑과 동일시한 것으로 다음의 견해들이 있다. '妹와 王'으로 보아 사부지갈문왕의 처로서 후에 지몰시혜비가 된 어사추여랑을 지칭한 것이라 보기도 하였다(문경현, 앞의 논문, 1987, 30~35쪽). 武田幸男 역시 '妹王'로 판독하기는 하였으나 妹를 於史鄒女郞과 동일 인물로 파악하였다(앞의 논문, 1993, 13쪽). 또한 주보돈은 '妹王'을 왕의 누이에 대한 존칭으로 보았다(앞의 책, 2002, 131~133쪽).
76 '妹王'을 왕녀가 죽은 후 추봉된 칭호라 본 견해도 있다(朴南守, 앞의 논문, 2008, 19~20쪽). 그러나 생전에 사용된 칭호였던 '女郞王'과 같은 용법의 '妹王'은 왕제인 갈문왕과 비견되는 칭호로서 생사를 막론하고 칭해졌던 것으로 여겨진다.
77 王이라는 것은 님이란 표기로 主나 君과 같은 표현이라 보았다. 主나 君이나 王은 모두 君主(君王)의 뜻으로 같은 어의를 가진 것이라 보았다(문경현, 앞의 논문, 1987, 30쪽). 강종훈과 노중국 역시 금석문 상의 '王'을 '님'이라 해석하고 있다(강종훈, 「울주천전리서석명문에 대한 일고찰」, 『울산사학』 1, 1999; 노중국, 「신라 中古期 儒學 사상의 수용과 확산」, 『大丘史學』 93, 2008, 8~9쪽).
78 妹王은 그 자체가 존칭으로서 왕의 여동생을 妹王이라 불렀을 가능성을 상정하고 있다(주보돈, 앞의 책, 2002, 132쪽).

아 '王'이 가진 고유의 칭호적 성격 역시 간과할 수는 없다. 기왕의 '干'이라 일컬어졌던 고위의 귀인층들이 '王'을 칭하게 됨에 따라 그와 구분되는 격상된 칭호로서의 '대왕' 칭호가 등장하게 되었음을 유추할 수 있다. 신라 고유의 칭호와 구분되는 '왕王'호의 등장, 그리고 '왕王'호가 남발됨에 따라 단순 존칭으로 사용되는 경향의 증가, 이러한 상황 하에 그의 격상된 표현으로서 '대왕大王' 칭호가 등장하였던 것이다.

그럼에도 왕호가 단순히 존칭이 아닌 칭호로서의 성격을 가지고 있었다는 것은 을사명의 갈문왕이 기미명에서 왕으로 격상되었다는 점에서 알 수 있다. 이는 갈문왕과 왕 사이의 위상 차이를 보여준다.[79] 여랑왕女郎王 내지 매왕妹王 역시 왕호가 존칭으로 사용됨에 따라 등장한 칭호였다. 즉 6세기 초까지 '王'호는 왕만이 칭할 수 있었던 고유 존칭은 아니었다. 그렇다고 할지라도 '王'을 칭할 수 있는 자격 조건은 있었을 것으로 생각된다. '干'이라 칭해지는 고위 관인층은 물론 왕의 근친으로서 형제王弟와 누이王妹 역시 '王'호를 칭할 수 있었던 것이다.

어사추는 지증왕의 왕녀王女이자 법흥왕의 왕매王妹였다. 왕의 근친인 어사추가 '王'호를 칭할 수 있었으리라는 점은 유추가 가능하다. 그런데 어사추의 칭호가 을사명에서는 여랑왕女郎王이라 칭해졌던 반면 기미명에서는 매왕妹王이라 칭해지고 있다는 점이 주목된다. 을사명과 기미명 당시 모두 법흥왕의 치세 기간임에도 불구하고, 여랑왕女郎王은 지증왕의 '왕녀'로서,

---

[79] 사부지갈문왕의 칭호가 〈울주천전리서석〉에서 갈문왕과 왕으로 나오고 있다. 사부지갈문왕은 을사명에서는 갈문왕으로 칭해졌다. 기미명에서는 을사년의 내용을 상고할 때는 갈문왕이라 칭해졌으나, 기미년 당시 그의 아들 심맥부지를 거론할 때 사부지왕으로 칭해졌다. 기미년 당시 사부지갈문왕의 처인 왕비 지몰시혜비와 그 아들인 왕자랑 심맥부지에서 알 수 있다시피 기미년 당시 사부지의 칭호는 왕이었음을 알 수 있다. 다만 '왕'호가 갈문왕의 '갈문'이 생략되어 기록된 것인지, 갈문왕에서 왕으로의 격상인지 여부는 의문의 여지가 있다. 이전의 갈문왕은 왕의 호와는 구분되었을 것임은 분명하다. '대왕'호가 등장한 이후의 변화라는 점을 감안하면, 이전의 갈문왕과 구분되는 칭호로서의 '왕'호였을 것임을 알 수 있다.

매왕妹王은 법흥왕의 '왕매'로서 부여된 칭호라는 점에서 차이가 있다. 즉 칭호를 부여한 주체가 각각 달라진 것이다. 이는 법흥왕 치세 초기의 기록인 을사명과 법흥왕 후기의 기록인 기미명 사이의 왕실 칭호 변화와 관련된 것이라 이해된다. 을사명에서 왕제인 사부지갈문왕과 왕매인 어사추여랑왕은 기미명에서 각각 사부지왕과 매왕으로서 칭해졌다.[80] 기미명에서 등장하는 왕실 인사들의 일괄적인 칭호 변화에 의해 여랑왕에서 매왕으로의 칭호 변화가 나타나게 된 것임을 알 수 있다. 또한 지증왕의 왕녀인 어사추에 대한 고유 존칭이었던 여랑왕女郎王이 매왕妹王이라는 보다 일반적인 칭호로 전화했을 가능성도 유추할 수 있다.

즉 법흥왕 초기의 '여랑왕'이 어사추를 비롯한 지증왕 직계인 여성의 존칭이었다고 한다면, 법흥왕 후기의 매왕妹王은 법흥왕 대 이후 '王妹'의 일반적인 칭호로서 사용되었을 가능성이 있는 것이다. 매왕妹王은 특정 인물에 대한 고유 명칭이 아닌 사회적 지위와 역할에 따라 부여되는 칭호적 성격을 가진 것이었으리라 생각된다. 이처럼 여랑왕女郎王과 매왕妹王은 신라 상고기 이래의 왕녀 및 왕매의 역할과 지위가 반영된 칭호였다고 보인다.

상고기의 왕녀와 왕매는 사제적 기능을 담당한 신성한 존재였다. 시조묘 제의를 행했던 혁거세거서간의 딸이자 남해차차웅의 누이인 아로, 가배를 주관한 유리왕의 왕녀 2인, 남해차차웅의 딸이자 탈해니사금의 처인 아효 등은 왕실 직계로서 사제적 직능을 담당했다.[81] 신라 상고기에 왕실 직계 여성은 사제적 직능에 따른 위상을 가졌다. 이에 신라 중고기에서 왕실 직계 여성은 여랑왕女郎王과 매왕妹王의 칭호를 사용하였던 것이다.

---

80 입종이 갈문왕으로 책봉된 것은 진흥왕의 父 자격으로서가 아니라 법흥왕의 弟 자격으로 인한 것이라 보고 있다(李鐘旭, 『新羅上代王位繼承研究』, 嶺南大學校 民族文化硏究所, 1980, 257~261쪽). 또한 지증왕의 직계로서 왕위에 오르지 않은 왕자의 자격으로 갈문왕의 책봉을 받았을 가능성 역시 상정해 볼 수 있을 것이다.
81 이현주, 「新羅 上古期 王妃族의 등장과 추이」, 『史林』 31, 2008, 113~114쪽.

4. 비妃-부인夫人의 서열화

『삼국사기』에서 왕의 즉위 기사인 사료 A에서는 왕의 모와 처의 칭호가 일괄적으로 부인으로 나오고 있다. 그런데 사료 B-2)와 C-2)에서는 비의 칭호가 나오고 있어 이 시기 왕실여성의 칭호에 변화가 있었음을 알려준다.

우선 문헌 사료인 A에서는 왕모와 왕처는 모두 〈名+夫人〉의 형식으로 기록되었는데, 여기서 이들의 칭호는 '夫人'이었다. 반면 C의 〈울주천전리서석〉에서 '其王妃 只沒尸兮妃와 另卽知太王妃 夫乞支妃'에서 비妃 칭호가 보인다.

그러나 신라 중고기에 사용된 비妃 칭호는 중국식 칭호임에도 불구하고, 중국에서 사용되는 용법으로 사용되지는 않은 듯하다. 즉 중국에서의 '王妃'는 제후의 배우자를 지칭한다. 그러나 신라에서는 왕의 비妃, 그리고 대왕의 비妃, 즉 왕 및 대왕(大王, 太王)의 배우자를 지칭하는 것으로 사용되었던 것이다.

또한 비妃 칭호를 사용하는 용법 역시 중국식 그대로를 따른 것이 아니라 신라식의 변용이 이루어졌음을 알 수 있다. C-2)에서 '지몰시혜비'와 '모즉지태왕비'가 나온다. 즉 '그 왕의 비인 〈只沒尸兮+妃〉와 另卽知太王의 妃인 〈夫乞支+妃〉'이다. 여기서 '비'는 '부인'을 대체하는 용어로 쓰였는데,[82] 즉 〈名+夫人〉에 대비되는 칭호로서 〈名+妃〉가 사용되었다. 여기에서 비妃는 기왕의 부인夫人을 대체하는 칭호로서 〈名+妃〉의 형식으로 사용한 것이다.

사료 C의 〈울주천전리서석〉에서는 작식인인 부인이 나온다. 사료 C에서 '비'와 '부인'은 각각 여성 왕실인사와 여성 수행원의 지위를 구분하는 칭

---

[82] 지증왕 14년(514)의 〈蔚州川前里書石〉 癸巳銘에서는 기왕에 '王夫'로 판독하던 것을 '王夫人'으로 판독한 견해가 있어 주목된다(武田幸男,「蔚州書石「癸巳六月銘」の研究-新羅・沙喙部集團の書石谷行」,『朝鮮學報』 168, 1998, 17~19쪽). 왕의 배우자를 왕의 부인, 즉 '王夫人'이라 칭했을 가능성을 상정해 볼 수 있다. 그렇다고 한다면 이 또한 신라에서 妃가 夫人과 같은 용법으로 사용되었음을 알려주는 사례로 볼 수 있다.

호로 사용하였다. 그중 비妃는 부인夫人과 달리 왕실인사, 그중에서도 왕의 배우자만이 한정적으로 사용할 수 있는 칭호였다. 이처럼 상고기와는 달리 중고기에는 부인夫人 칭호가 왕실여성을 포함한 상층 여성에게 확대되어 사용되었다. 이에 왕실여성들을 구분하고, 이들의 지위를 나타내기 위한 칭호로서 비妃 칭호를 수용하였던 것이다.

비妃 칭호는 법흥왕 대 대왕大王 칭호와 맞물려서 등장하고 있다. '비' 칭호의 등장 배경이 중고기 왕권과 연동된 것임을 알 수 있다.『삼국유사』에서 상고기와 중고기의 분기점을 법흥왕 대로 설정하였으나, 중고 왕권은 왕계 상 지증왕계의 왕위 계승이 지속되었다. 〈영일냉수리신라비〉에 따르면, 지증왕은 즉위 직후 매금왕寐錦王이나 지도로갈문왕至都盧葛文王을 칭했음을 알 수 있다.[83]『삼국사기』에 지증왕 4년(503)에 신라라는 국호와 신라 국왕의 칭호를 확정하였다는 기록이 보인다.[84] 지증왕이 즉위한 지 4년에 이르러서야 비로소 왕권의 정당성을 표방하였던 것임을 짐작할 수 있다. 지증왕은 소지마립간의 재종제再從弟였다. 사료에 의한 것처럼 소지마립간이 왕위를 계승할 만한 아들이 없었다고 하더라도 지증왕보다 왕위 계승 서열이 높은 자들이 있었으리라는 것이다. 지증왕의 왕위 계승이 왕위 계승 서열의 우위에 따른 정당한 것이 아니었음을 알 수 있다.[85] 지증왕은 즉위 후 왕권의 정당성을 확보할 필요가 있었고, 그 일환으로 국호 및 왕호를 개칭했던 것이다.

법흥왕은 지증왕의 맏아들로서 왕위를 계승하였다. 법흥왕 역시 지증왕계로서 왕권의 정당성이라는 측면은 중요시되었을 것이라 생각한다. 지증

---

83 지증왕 4년(503)의 비문으로 비정된다(韓國古代社會硏究會篇, 앞의 책, 1992, 4쪽).
84 『三國史記』卷4 新羅本紀 第4 智證王 4년. "群臣上言「始祖創業已來 國名未定 或稱斯羅 或稱斯盧 或言新羅 臣等以爲; 新者德業日新 羅者網羅四方之義 則其爲國號宜矣 又觀自古有國家者 皆稱帝稱王 自我始祖立國 至今二十二世 但稱方言 未正尊號 今群臣一意 謹上號新羅國王」王從之."
85 李喜寬, 앞의 논문, 1990, 73~75쪽.

왕 직계 왕실 일원의 위상 확보를 통해 중고 왕실의 지위를 공고히 하고자 하였던 것으로 여겨진다. 법흥왕 초기인 〈울주천전리서석〉 을사명에서 갈문왕과 여랑왕의 칭호는 지증왕 직계로서 왕실 일원의 위상을 높이고자 부여된 칭호였던 것이다. 법흥왕 후기인 〈울주천전리서석〉 기미명에서의 칭호는 왕실 일원들을 보다 특화하였다. 사부지갈문왕과 어사추여랑왕은 각각 사부지왕과 매왕으로, 모즉지태왕과 모즉지태왕비로, 사부지갈문왕의 처는 왕비로, 사부지갈문왕의 아들은 왕자랑으로 칭호의 변화를 보인다. 현왕인 법흥왕과 법흥왕비가 각각 태왕과 태왕비로 일컬은 데에 따른 일괄적인 칭호 변화였다.

'태왕太王'은 〈울주천전리서석〉 을묘명(535)의 '성법흥태왕聖法興太王'이라는 명문에서 보인다.[86] 여기에서 을묘년은 법흥왕 22년(535)이다. 금석문에서는 '大'와 '太'가 동일한 것으로 혼용되어 쓰인다.[87] 고구려에서는 〈광개토왕릉비〉에서 "號爲永樂太王"이라 하여 장수왕 2년(414)에 이미 '대왕' 칭호가 보인다. 〈광개토왕릉비〉에 따르면, 399년 나물니사금의 구원 요청과 400년 광개토대왕의 원군 파견으로 인해 고구려와 신라의 관계는 기왕의 복속 관계에서 조공 관계로 더욱 강화되었음을 알 수 있다.[88] 신라는 이미 고구려의 '大王' 칭호를 접하여 알고 있었을 것이다.[89] 그러나 법흥왕 대에 이르러서야 비로소 '大王'을 칭할 수 있었던 것으로 보인다. 이후 진흥왕 대의 금석문인 〈북한산신라진흥왕순수비〉[90] · 〈황초령신라진흥왕순수비〉[91] · 〈마운

---

86 "乙卯年 八月 四日 聖法興大王 때에 道人 比丘僧 安及以와 沙彌僧 首乃至, 居智伐村의 衆士 □人等"(韓國古代社會硏究會篇, 앞의 책, 1992, 164~165쪽). 명문상의 乙卯年은 법흥왕 22년(535)으로 추정된다.
87 李文基, 「6세기 新羅「大王」의 成立과 그 國際的 契機」, 『新羅文化祭學術發表論文集』 9, 1988, 326~327쪽.
88 김영하, 「廣開土大王陵碑의 정복기사해석」, 『韓國古代史硏究』 66, 2012, 241~242쪽.
89 신라의 '大王'이라는 칭호는 고구려와의 복속 관계에서 벗어난 신라 自尊의 표현이었다. 즉 신라 '大王'의 칭호는 고구려 大王의 존재를 의식한 데서 비롯되었던 것이라 생각된다(이문기, 앞의 논문, 1988, 340~341쪽).
90 〈北漢山新羅眞興王巡狩碑〉 "(上缺)眞興太王及衆臣等巡狩□□之時記"(韓國古代社會硏

령신라진흥왕순수비〉[92]에서 각각 '태왕太王'의 명문이 보인다. 법흥왕은 강화된 왕권의 표상으로서 '대왕大王'이라는 칭호를 사용함으로써 중고 왕실의 지향을 표출하고자 하였다.[93] 〈울주천전리서석〉 기미명에서의 왕실여성 칭호인 '비妃'와 '태왕비太王妃'는 각각 왕실남성의 칭호인 '왕王'과 '태왕太王'에 대응하는 칭호로, 왕호의 변화와 연동되어 왕실여성의 칭호도 변화한 것임을 알 수 있다.

이처럼 왕실여성의 칭호는 왕호 칭호의 변동과 연동되어 이루어졌다. 지증왕 대에 왕비였던 박씨 연제부인은 왕의 부인이라는 의미의 영제부인迎帝夫人이라 개칭하였다. 법흥왕 대 초기였던 을사명에서의 '어사추여랑왕'은 지증왕 직계로서 왕녀의 의미인 여랑왕女郎王이라는 칭호를 칭하였다. 지증왕의 처와 딸의 칭호인 영제부인과 어사추여랑왕은 이처럼 특정 개인에게 칭해지는 고유 명사로서 존칭적 의미가 강하였던 것이다. 반면 법흥왕 후기의 명문인 기미명에서 매왕妹王과 〈名+妃〉의 칭호는 특정 개인이 아닌 특정 지위에 따라 일반 명사화된 칭호였다. 즉 특정 개인에게 부여되는 존칭이 아닌 각각 왕의 누이 및 태왕과 왕의 배우자 지위에 해당하는 칭호가 부여되었던 것이다. 이는 왕실여성이 왕을 중심으로 한 관계로 규정되는 칭호를 가졌음을 의미한다.

그러나 A에서 알 수 있듯이 금석문과는 달리 사료에서는 왕실여성의 칭호가 부인夫人으로 일관되게 기록되었다. 법흥왕의 모와 처는 각각 연제부

究會篇, 앞의 책, 1992, 68~74쪽).

91 〈黃草嶺新羅眞興王巡狩碑〉"八月廿一日癸未眞興太王□□管境刊石銘記也"(韓國古代社會研究會篇, 앞의 책, 1992, 75~84쪽).

92 〈磨雲嶺新羅眞興王巡狩碑〉"□□□興太王巡狩"(韓國古代社會研究會篇, 앞의 책, 1992, 85~96쪽).

93 신라의 '大王' 칭호는 중고 왕권이 효율적인 권력분산을 통해 이제까지 왕권의 성장을 제약하던 귀족세력을 약화시킨 반면에 귀족세력에 대해 점차 초월적인 존재로 전환하고 있었음을 알 수 있는 지표이다(金瑛河, 『韓國古代社會의 軍事와 政治』, 高麗大學校 民族文化研究院, 2002, 245~246쪽).

인과 보도부인이고, 진흥왕의 모와 처는 각각 지소부인과 사도부인이다. 진지왕의 모와 처는 사도부인과 지도부인이며, 진평왕의 모와 처는 만호부인과 마야부인이다. 선덕왕과 진덕왕의 모 역시 각각 마야부인과 월명부인으로 나온다. 이처럼 사료로 보아 중고기에도 〈名+夫人〉이 왕실여성의 칭호로 일반적으로 쓰였음을 알 수 있다.

또한 중고기에 왕실여성이 부인 칭호를 일반적으로 사용하였을 것이라는 점은 〈名+夫人〉에서 이름[名]을 개칭한 사례가 많이 보인다는 점에서도 알 수 있다. 진평왕의 처이자 선덕왕의 모인 마야부인의 이름은 석가모니 모의 이름이다. 이는 진평왕이 전륜성왕을 일컬었던 것과 아울러 석가모니의 모인 마야부인으로 명칭을 개칭하였을 것임을 유추할 수 있다. 왕실여성의 개칭은 앞서 살펴본 지증왕 대 영제부인의 사례에서도 알 수 있다. 왕의 배우자로서 왕위의 정당성을 지지하기 위한 개칭이었던 것이다. 또한 진평왕의 모인 만호부인은 만호 또는 만녕부인이라고도 하였을 뿐만 아니라 행의行義라는 이름 역시 지녔음을 알 수 있다. 또한 선덕여왕과 진덕여왕 역시 이름이 각각 덕만德曼과 승만勝曼이라는 이름을 가지고 있었다. 이로 볼 때 중고기의 상층 여성들은 이름[名]을 가지고 있었고, 혼인 후에는 〈名+夫人〉의 칭호가 일반적이었음을 알 수 있다.

요컨대 중고기에는 '부인'이 더 이상 최상위층의 여성 칭호가 아니게 됨에 따라 왕실여성을 특화할 외래의 칭호가 필요하게 되었다. 법흥왕 대에 이루어진 칭호의 변화는 중국식 칭호를 지향하고 있다. 즉 왕실 일원의 칭호가 매금왕, 갈문왕, 여랑왕이라는 신라 고유의 칭호에서 '王과 妃'계열의 중국식 칭호로 바뀌었던 것이다. 법흥왕 대의 태왕비太王妃, 왕비王妃의 칭호는 왕실여성만이 전유할 수 있었던 칭호라는 점에서 주목된다. 비妃 칭호의 대상은 부인夫人 칭호와는 달리 왕실여성으로 한정된다. 비妃 칭호가 왕실여성을 범주화하는 동시에 특화하는 칭호라는 점에서 특징적이다. 비妃 칭호는 여러 부인夫人과 구별된 칭호로[94] 좁은 범주의 최상위층 왕실여성에게만 한정된 칭호였던 것이다. 즉 비妃 칭호로 일컬어질 수 있는 왕비 및 왕모의 지위를 가진 여성들, 최상층 왕실여성들의 특화된 지위를 나타낸 칭호였다.

왕실여성의 칭호는 왕호 칭호의 변동과 연동되어 이루어졌다. 지증왕 대에 왕비였던 박씨 연제부인은 왕의 부인이라는 의미의 영제부인迎帝夫人이라 개칭하였다. 법흥왕 대 초기였던 을사명에서의 '어사추여랑왕'은 지증왕 직계로서 왕녀의 의미인 여랑왕女郞王이라는 칭호를 칭하였다. 지증왕의 처와 딸의 칭호인 영제부인과 어사추여랑왕은 이처럼 특정 개인에게 칭해지는 고유 명사로서 존칭적 의미가 강하였다. 반면 법흥왕 후기의 명문인 기미명에서의 매왕妹王과 〈名+妃〉, 〈名+夫人〉은 개인이 아닌 지위에 따라 부여된 칭호였다. 즉 특정 개인에게 부여되는 존칭이 아닌 각각 왕의 누이 및 태왕과 왕의 배우자 지위에 해당하는 칭호가 부여되었던 것이다. 이는 신라 중고기에 왕실여성이 왕과의 관계로 인하여 규정되는 칭호를 가지게 되었음을 의미한다.

---

94 김창현, 「신라왕실과 고려왕실의 칭호」, 『韓國古代史硏究』 55, 2009, 278~279쪽.

3부

후비제后妃制의 수용과
왕후王后-비妃·부인夫人 체계

1. 중대 왕후王后 책봉과 후비제의 수용

1) 신라 중대 왕후의 책봉과 위상 정립

　신라 중대는 무열왕부터 혜공왕에 이르는 시기이다. 무열왕은 진골 출신으로서 왕위에 올랐다. 중대 왕실의 정치적 선결과제는 다른 진골 귀족의 체제 도전이라는 대내적 모순을 해결하고, 왕위의 정당성을 확보하는 일이었다.[1] 무열왕은 즉위 원년(654)에 그의 죽은 아버지와 어머니를 각각 대왕大王과 태후太后로 추봉하였고,[2] 2년(655)에 원자인 법민法敏을 태자로 삼았다.[3] 이는 무열왕을 중심으로 부모와 왕태자의 수직적 계보를 밝히는 일이

1　태종무열왕부터 시작되는 중대 왕권이 당면한 정치적 과제는 다른 진골 귀족의 체제 도전이라는 대내적 모순과 백제의 신라 침공이라는 대외적 모순을 동시에 해결하고 중앙집권적 국가 체계를 확립하는 일이었다(金瑛河,『韓國古代社會의 軍事와 政治』, 高麗大學校 民族文化硏究院, 2002, 277쪽).

2　『三國史記』卷5 新羅本紀5 武烈王 元年."夏四月 追封王考爲文興大王 母爲文貞太后"

었다. 무열왕은 즉위 직후 진지왕에서 비롯된 중대 왕실의 계통을 밝힘으로써 왕위의 정당성을 확보하고자 하였고, 왕태자를 책봉함으로써 왕위 계승의 안정적인 기틀을 마련하고자 하였다.[4]

이처럼 무열왕은 책봉 의례를 통해 중대 왕실의 권위를 높이고, 위상을 정립하고자 하였다. 그 책봉의 범주에 왕실여성이 포함되어 있다는 점이 주목된다. 무열왕 이후 중대 왕권은 왕모王母와 왕처王妻의 칭호로 태후太后와 왕후王后를 사용하였다. 칭호는 대상의 지위를 표상하는 사회적 의미를 지닌다. 왕실여성의 칭호 변화는 그에 따른 왕실여성의 지위를 제도화하는 의미까지도 내포하는 것이다. 그러므로 중대에 왕실여성의 칭호로서 태후와 왕후를 사용하게 된 배경과 의미를 살펴볼 필요가 있다. 이 책에서는 중대 왕실여성 칭호의 변화와 그 의미, 나아가 중대 왕실여성의 제도적 변화까지 고찰하고자 한다.

왕실여성의 칭호에 대해 주목한 연구들이 있었다. 우선 김창현은 신라 왕실여성의 칭호 변화에 주목하였다. 왕실여성의 칭호가 지증왕 무렵까지는 '부인'이었고, 법흥왕~진흥왕 무렵부터는 '태후太后-비妃-부인夫人', 통일 이후에는 '태후太后-왕후王后-비妃-부인夫人'의 구조였다고 보았다.[5] 또한 이영호는 왕비는 궁궐에 들어오기 전 단계인 부인 책봉, 궁궐에서의 왕비 책봉, 다시 왕후 책봉이란 단계를 거쳤는데, 왕비가 왕후로 책봉된 시기는 왕이 즉위한 직후였다고 보았다. 그리고 왕의 배우자는 부인夫人에서 왕비를 거쳐 왕후가 되기도 하지만 출궁 시에는 부인으로 위상이 하강하기도 한다고 보았다.[6]

이전의 신라 왕실여성의 칭호와 서열을 다룬 연구에서는 왕실여성의 위

---

3 『三國史記』卷5 新羅本紀5 武烈王 2年. "立元子法敏爲太子"
4 김영하, 『新羅中代社會硏究』, 일지사, 2007, 171쪽.
5 김창현, 「신라왕실과 고려왕실의 칭호」, 『韓國古代史硏究』55, 2009, 286~290쪽.
6 이영호, 「통일신라시대의 王과 王妃」, 『新羅史學報』22, 2011, 31~39쪽.

계와 제도에서 '왕후-비-부인'의 일원적인 위계 구조를 상정하였다. 신라에서는 왕실여성의 신분이 골품제적 신분 질서에 의해 결정되므로 왕실여성의 일원적인 위계 구조를 상정하기는 어렵다. 또한 왕의 어머니와 배우자는 왕과의 관계에서 범주가 기본적으로 다르다. 즉 왕의 어머니와 배우자는 왕과의 관계에 의해 결정된 위상의 차이이기 때문에 왕실여성의 위계 구조로 동시에 다룰 수 없다. 왕실여성의 위계 구조는 왕위 배우자 간의 위계와 지위로 한정되어야 할 것이다.

무엇보다 기존의 연구에서는 신라 왕실여성의 칭호가 수용되고 제도화되는 과정에 대해서는 다루고 있지 않았다.[7] 이 장에서는 중대 왕실여성의 칭호 변화와 제도화에 초점을 맞춰 살펴보고자 한다. 우선 신문왕의 유교식 납비례納妃禮 도입과 왕실여성의 책봉 의미에 대해서 살펴보고자 한다. 다음으로 중대 왕실여성 칭호의 양상을 알아봄으로써 특징을 파악할 것이다. 마지막으로 성덕왕 대의 왕후를 책봉하는 의미를 왕후의 정비로서의 위상과 아울러 살펴보고자 한다. 이를 통해 당의 제도가 신라 왕실여성의 칭호 및 제도화에 미치는 영향을 고찰하고자 한다.

2) 신문왕의 납비례 도입과 '부인' 책봉

신라 중대 왕실여성이 책봉 받았던 첫 사례는 신문왕의 혼인 의례에서 보인다. 신문왕 즉위 원년(681) 신문왕의 비妃였던 김씨가 그의 아버지인 김흠돌의 반란에 연루되어 출궁되었다.[8] 이후 신문왕이 3년(683) 일길찬—吉湌 김흠운金欽運의 딸과 혼인하였는데, 이는 유교식 절차로 행해졌고, 그 절차

---

[7] 저자는 2014년의 박사학위논문인 「신라 왕실여성의 칭호 변천 연구」에서 왕실여성의 제도화 과정을 최초로 주목하고, 전론으로 다루었다. 이후 해당 주제에 천착하여 다각도로 고찰하였고, 그 일부를 이 책에 수록하였다

[8] 『三國史記』卷8 新羅本紀8 神文王 즉위조. "妃金氏 蘇判欽突之女 王爲太子時納之 久而無子 後坐父作亂 出宮"

중 하나로 왕실여성의 책봉이 이루어졌다. 신문왕의 혼인 의례 절차와 책봉에 대해 구체적으로 살펴보고자 한다. 다음은 그와 관련된 사료이다.

> A 신문왕 3년(683), ①봄 2월에 일길찬 김흠운의 작은 딸을 맞아들여 夫人으로 삼았다. ② 먼저 伊飡 文穎과 波珍飡 三光을 보내 기일을 정하고, ③ 大阿飡 智常을 보내 納采하게 하였는데, 예물로 보내는 비단이 15수레이고 쌀·술·기름·꿀·간장·된장·포·젓갈이 135수레였으며, 租가 150수레였다. ④ 5월 7일에 伊飡 文穎과 愷元을 그 집에 보내 책봉하여 부인으로 삼았다. ⑤ 그날 묘시에 波珍飡 大常·孫文, 阿飡 坐耶·吉叔 등을 보내 각각 그들의 아내와 梁部 및 沙梁部 두 부의 여자 각 30명과 함께 부인을 맞아오게 하였다. 부인은 수레를 탔고, 좌우에서 시종을 하였는데, 宮人과 부녀자[娘嫗]가 매우 많았다. 왕궁의 北門에 이르러 수레에서 내려 대궐로 들어갔다.[9]

사료 A에서 ①은 일길찬 김흠운의 작은 딸을 맞아들여 부인으로 삼았다는 사실을 전한 것이고, ②~⑤까지가 그와 관련된 절차를 기술한 내용이다. ②에서 이찬 문영과 파진찬 삼광을 보내어 기일을 정하고, ③에서 대아찬 지상을 보내 납채納采하게 하였다. ④에서 5월 7일에 이찬 문영과 개원이 김흠운의 집에 가서 김흠운의 딸을 부인으로 책봉冊封하였다. 5월 7일 책봉을 마친 후, ⑤에서 당일에 파진찬 대상·손문, 아찬 좌야·길숙 등을 보내서 각각 그들의 아내와 양부 및 사량부 두 부의 여자 각 30명과 함께 부인을 맞아오게 하였다. 입궁入宮할 때 행렬을 하였고, 왕궁의 북문에서 수레에서 내려 입궁하였다. 입궁 후의 절차는 사료에 나오지 않는다.[10] 이처럼 신

---

9   『三國史記』卷8 新羅本紀8 神文王 3年. "春二月 納一吉飡金欽運少女爲夫人 先差伊飡文穎·波珍飡三光定期 以大阿飡智常納采 幣帛十五轝 米·酒·油·蜜·醬·鼓·脯·醢一百三十五轝 租一百五十車 五月七日 遣伊飡文穎·愷元抵其宅 册爲夫人 其日卯時 遣波珍飡大常·孫文·阿飡坐耶·吉叔等 各與妻娘及梁·沙梁二部嫗各三十人迎來 夫人乘車 左右侍從 官人及娘嫗甚盛 至王宮北門 下車入內."

문왕의 혼례 의례가 2월부터 5월 7일 입궁까지 3개월여 간에 걸쳐 진행되었음을 알 수 있다. 2월에 기한을 정하고, 예물을 들이고, 부인으로 책봉하고, 맞아들이는 과정이 각각 유교식 의례를 따르고 있다.

그런데 왕의 혼인 의례는 일반적인 유교 의례와 조금 다르게 진행된다. 『대당개원례大唐開元禮』에 나오는 납비례 절차와 신문왕 대 납비례 절차를 비교하여 보자.[11] 『대당개원례』의 가례嘉禮 납후納后조에 나오는 혼례 순서는 다음과 같다. 복일卜日-고원구告圓丘-고방택告方澤-임헌명사臨軒命使-납채納采-문명問名-납길納吉-납징納徵-고기告期-고묘告廟-책후冊后,[12] 명사봉영命使奉迎-동뢰同牢-황후표사皇后表謝-조황태후朝皇太后-황후수군신하皇后受群臣賀-황제회군신皇帝會群臣-외명부조회外命婦朝會-군신상례群臣上禮-황후묘현皇后廟見-거가출궁車駕出宮[13]의 순서로 진행된다. 이 중 복일-고원구-고방택[14]의 절차는 동상의同上儀라 하여 위의 의례와 같으므로 생략되어 있다. 본격적인 절차는 임헌명사부터 시작한다. 신문왕의 혼례는 입궁까지만 기록되어

---

10 서영교는 『高麗史』 王太子納妃儀조를 근거로 왕궁내의 혼인의식을 복원한 바 있다. 『고려사』에 의하면, 궁에서 들어가는 의식(妃入內)-태자와 비가 합방하는 의식-혼례를 치른 3일째 되는 날 태자부부가 머물고 있는 려정궁에 부왕이 사신을 보내는 의식-백관들이 참가하는 가운데 태자비가 배알하는 의식이 있었다. 신라 역시 이와 유사했을 것으로 추정하고 있다(「신문왕의 婚禮儀 -『고려사』 禮志와 비교를 통하여-」, 『白山學報』 70, 2004, 470쪽).

11 『周禮』에서 기초한 五禮는 隋煬帝가 편찬한 『江都集禮』를 거쳐 당대에 정비되었다. 당대의 오례체계는 정관례와 현경례를 거쳐 『開元禮』로 집대성되었던 것이다. 당 현종 대에 편찬된 『대당개원례』는 당태종대의 정관례와 당 고종 대의 현경례를 절충하여 편찬한 것으로, 당의 開元 20년(732), 즉 성덕왕 31년에 반포되었다. 신문왕 6년에 당에서 보내온 〈길흉요례〉는 정관례와 현경례에서의 오례에 관한 내용이었을 것이다(나희라, 『신라의 국가제사』, 지식산업사, 2003, 177~179쪽; 채미하, 「신라 중대 오례와 왕권 -오례 수용을 중심으로-」, 『韓國思想史學』 27, 2006, 128~130쪽·134~135쪽 참조). 정관례와 현경례의 구체적인 내용은 남아 있지 않기 때문에 『대당개원례』를 통하여 알아볼 수밖에 없다.

12 『大唐開元禮』 卷93 嘉禮 納后 上.
13 『大唐開元禮』 卷94 嘉禮 納后 下.
14 『通典』 卷122 禮82 開元禮纂類17·嘉禮1 皇帝納后. "卜日·告圓丘·方澤並如加元服儀. 其祝文臨時撰"

있고, 이후 동뢰에 해당하는 절차는 생략되어 있다. 따라서 『대당개원례』에서 신문왕의 혼례 의례와 비교가 가능한 절차를 중심으로 살펴보고자 한다. 해당하는 절차는 임헌명사부터 명사봉영까지로, 즉 임헌명사-납채-문명-납길-납징-고기-고묘-책후의 절차이다. 다음은 『대당개원례』 황제납후皇帝納后 의례에서의 해당 절차이다.

- A-1) 臨軒命使(임헌명사): 이틀에 걸쳐 진행된다. 하루 전에 太極殿(태극전)에 御幄(어악)을 비롯한 의식에 필요한 여러 물품들을 진열한다. 당일에 朝堂(조당)에 관리들이 모이면, 황제가 나와 制(제)로서 명을 받들 使者(사자)와 副使(부사)를 임명한다.
- A-2) 納采(납채): 하루 전날 부인의 집 길가 오른쪽에 사자의 자리를 마련하는 것으로 의례를 준비한다. 당일 새벽[大昕]에 납채하라는 制文(제문)을 받들고 사자와 부사가 부인의 집에 당도한다.
- A-3) 問名(문명): 납채를 마친 후 같은 날, 복서(卜筮)를 하기 위한 문명을 한다.
- A-4) 納吉(납길): 하루 전날, 납채와 마찬가지로 부인의 집 길가에 사자의 자리를 준비한다. 당일 새벽 사자와 부사가 문명하여 점친 결과 길(吉)하다는 결과가 나왔다는 사실을 알린다. 예를 마치고 돌아간다.
- A-5) 納徵(납징): 하루 전날 납채와 마찬가지로 부인의 집 길 가에 사자의 자리를 준비한다. 당일 새벽 사자와 부사가 와서, 예를 갖추어 옥백(玉帛) 등의 폐백을 전한다. 예를 마치고 돌아간다.
- A-6) 告期(고기): 하루 전날 전과 같이 준비한다. 당일 새벽 사자와 부사가 와서 혼례 일정을 알린다.
- A-7) 册后(책후): 하루 전날 부인의 집에 예식을 준비한다. 당일 임헌명사를 하고, 책봉의 예를 행한다. 예를 마치면, 황후는 책봉을 받은 자리에서 내려와 상궁의 인도 하에 궁으로 들어간다.
- A-8) 命使奉迎(명사봉영): 당일 저녁 무렵[其日晡後]에 행해진다.

위의 『대당개원례』에서 납후 절차를 보면, A-1)과 A-8)은 왕궁에서 행해지는 반면, A-2)부터 A-7)까지의 절차는 모두 부인의 집에서 이루어진다. 또한 A-2), A-3)이 동일한 날 이루어지고, A-8)과 다음 절차인 동뢰가 동일한 날 이루어진다. 즉 납채와 명사봉영 및 동뢰가 혼인 의례의 시작과 끝에 해당하는 절차인 것이다. 『대당개원례』에서는 A-6)과 A-7) 사이에 고묘의 절차가 있다. 이는 담당 관리가 특생特牲으로써 묘에 고하는 고례이다. 신문왕의 혼례 의례에서 고묘의 절차는 생략되어 있다. A-7)에서 책후의 의례는 부인의 집에서 이루어진다. 책후의 예를 마치고, 상궁의 인도 하에 궁으로 들어간다고 하였다.[15] 그러나 책후의 예는 부인의 집에서 행해진다. 책봉을 받은 후이기 때문에 황후와 궁을 칭했음을 알 수 있다. A-8)의 명사봉영이 실질적인 입궁에 해당하는 절차이다. 명사봉영을 통해 입궁한 황후와 당일 저녁에 동뢰를 행함으로써 혼례 절차는 마무리된다. 즉 실질적인 혼례 의례는 A-8)의 황후의 입궁에 해당하는 명사봉영과 합방에 해당하는 동뢰이다.

신문왕의 혼례를 『대당개원례』의 혼례와 비교하여 볼 때 두 가지의 절차가 주목된다. 하나는 입궁 절차이고, 다른 하나는 책봉 절차이다. 우선 입궁 절차에 대해서 살펴보자. 『대당개원례』에 따르면, 황제는 친영親迎하지 않는다. 친영은 황태자 이하 친왕납비親王納妃, 공주강가公主降家, 삼품이상혼三品以上婚에서 이루어지는 절차였다. 『고려사』의 왕태자납비의에는 절차상 친영이 아닌 견사봉영遣使奉迎이라 되어있다. 간혹 친영의 예도 보인다. 고려의 친영례는 중국과 달리 왕실혼, 그것도 왕자와 공주의 혼례에만 국한된다.[16]

신문왕 혼례 의례 입궁 절차에 대해서는 친영親迎으로 보기도 하고,[17] 명사

---

15 『大唐開元禮』卷93 嘉禮 納后 上. "禮畢" 皇后降座, 尙宮引皇后入於宮. 主人儐使者 如告期之儀. 使者乘輅而還, 詣闕復命"
16 권순형, 『고려의 혼인제와 여성의 삶』, 혜안, 2006, 92~94쪽・103쪽.
17 井上秀雄, 『譯註 三國史記』, 平凡社, 1980, 281쪽; 권순형, 앞의 책, 2006, 40~41쪽; 이영호, 앞의 논문, 2011, 28쪽; 김수태, 「신라 신문왕대 왕 친영례의 시행」, 『新羅史學報』 29, 2013, 320~321쪽.

봉영命使奉迎으로 보기도 한다.[18] 친영은 신랑이 신부 집에 가서 신부를 맞아 자기 집으로 돌아와 혼인식 예를 행하는 것이다. 친영은 혼인식의 주체가 남자 및 남자 집이 되는 것으로, 여자를 맞아 남자 집에 소속시키는 의미를 표상하는 의례이다. 친영은 조선시대에까지 실시 여부를 놓고 논란을 야기하였던 절차이다. 친영의 절차가 행해지려면 그에 따른 혼속 및 친족 질서가 배경이 되어야 한다. 고려시대까지 남귀여가혼男歸女家婚이 일반적으로 행해지고 있었던 터라 친영의 혼례 절차가 일반화되기는 다소 무리가 있었을 것이다.

그뿐만 아니라 왕실 혼인의 경우, 일반 혼인과는 달리 혼인의 주체가 왕 및 왕실이 된다. 친영하기 위해서는 왕이 친히 행차하여야 한다. 『대당개원례』에서 황제납후의 경우, 황제가 직접 친영하지 않고 명사봉영이라 하여, 황제가 임명한 사자가 대신 황후를 맞이하는 절차를 행한다. 신문왕의 혼례 의례에서는 친영이 아닌 명사봉영의 의례를 행하고 있는 것으로 보아 황제납후의 예를 따르고 있음을 알 수 있다.[19] 즉 신문왕의 혼례는 입궁할 때 친영이 아닌 명사봉영을 하고 있는데, 이는 중국 황제납후의 혼인 의례에 따른 것이었음을 알 수 있다.

신라의 혼인 의례에서는 정기定期-납채納采-책비冊妃-명사봉영命使奉迎의 절차가 찾아진다. 여기서 납채納采-책비冊妃-명사봉영命使奉迎 절차는 순서대로 이루어지고 있다. 다만 혼인 날짜를 정하는 절차로 추정되는 정기定期가 가장 앞서서 진행되고 있다는 점이 주목된다. 정기定期의 경우, 문명, 납길, 고기에 해당하는 절차로 보인다. 즉 혼인 날짜를 정하기 전, 길한지 여부를 점치는 행위가 생략되고 있는 것이다. 신문왕의 혼례 의례 중 정기定期가 가장 먼저 행해졌는데, 이미 혼인 대상과 날짜가 정해진 상황에서 납채가 진

---

[18] 장병인, 「조선 전기 왕의 혼례형태 -'가관친영례'의 시행을 중심으로-」, 『한국사연구』 140, 2008; 채미하, 앞의 논문, 2006, 138~139쪽; 채미하, 「신라의 嘉禮 수용과 運用」, 『韓國古代史探究』 18, 2014, 95~96쪽.

[19] 채미하, 앞의 논문, 2006, 138쪽 각주 60.

행되었음을 알 수 있다.

다음으로 왕실여성의 책봉 의례가 행해졌다는 점이 주목된다.『신당서』 및『대당개원례』황제납황후와 황태자납비를 보면, 고기와 친영 절차 사이에 책후 내지 책비 의례가 포함되어 있다. 사료 A의 신문왕 혼례에서도 왕실여성의 책봉 절차가 나오고 있다. 그런데 '책비'의 단계에서 비가 아닌 '부인夫人'으로 책봉하였음이 주목된다. 사료 A에서 알 수 있듯이 유교적 납비례의 절차로 왕실 혼인을 행하였으나, 납비納妃가 아닌 납부인納夫人을 하였고, 책비冊妃가 아닌 책부인冊夫人을 하였음을 알 수 있다. 즉 신문왕의 혼례에서는 비가 아닌 부인을 맞아들였고, 책봉하였던 것이다. 이는 신문왕이 왕실 혼인을 중국의 유교식 혼례 절차를 수용하였으나 신라의 필요에 의해 변용했다는 점을 알 수 있다. 신문왕은 배우자를 왕후王后나 왕비王妃가 아닌 부인夫人으로 맞아들였던 것이다. 이와 관련하여 신문왕 이후의 왕실 혼인에 관한 사료를 살펴보자.

B-1) 성덕왕 3년(704), 여름 5월에 승부령 소판 김원태의 딸을 맞아들여 妃로 삼았다.[20]

B-2) 성덕왕 19년(720), 3월 이찬 순원의 딸을 맞아들여 王妃로 삼았다. (중략) 6월에 王妃를 책봉하여 王后로 삼았다.[21]

B-3) 효성왕 3년(739), 3월에 이찬 순원의 딸 혜명을 맞아들여 妃로 삼았다.[22]

B-4) 경덕왕 2년(743), 여름 4월에 서불한 김의충의 딸을 맞아들여 王妃로 삼았다.[23]

사료 B는 중대에 왕이 즉위한 후에 혼인한 사례들이다. 신문왕 이후에

---

[20] 『三國史記』卷8 新羅本紀8 聖德王 3年."夏五月 納乘府令蘇判金元泰之女爲妃."
[21] 『三國史記』卷8 新羅本紀8 聖德王 19年."三月 納伊湌順元之女爲王妃 (중략) 六月 冊王妃爲王后."
[22] 『三國史記』卷9 新羅本紀9 孝成王 3年."三月 納伊湌順元女惠明爲妃."
[23] 『三國史記』卷9 新羅本紀9 景德王 2年."夏四月 納舒弗邯金義忠女爲王妃."

행해진 왕실 혼인이 유사한 양상을 보인다는 점이 주목된다. 사료 A에서 신문왕의 혼례는 2월에 사신을 보내 날짜를 정하고[定期], 예물을 보냈다[納采]. 그리고 5월 7일에 사신을 보내 부인으로 책봉冊封하고, 입궁入宮을 행하였다. 5월 7일이 왕의 혼례일이었던 것이다. B-1)에서 성덕왕 3년의 혼례는 5월에 행하였고, B-2)에서 성덕왕 19년(720)의 혼례는 3월에 행하고, 6월에 왕후로 책봉하였다. 또한 B-3)에서 효성왕 3년(739)의 혼례는 3월에 행해졌다. 그리고 B-4)에서 경덕왕 2년(743) 4월에 서불한 김의충의 딸을 맞아들여 왕비로 삼았다. 사료 B에 의하면, 중대 왕의 혼례가 2월 내지 3월에 정기를 통해 시작하여, 5월 내지 6월에 책봉함으로써 마무리되는 절차였음을 알 수 있다.[24] 이처럼 신문왕의 혼례 이후에 왕의 혼인 시기가 유사한 형태를 보인다. 사료 B의 국왕 혼인은 신문왕 이후 그와 동일한 절차로 혼인하였기 때문에 중복되는 내용은 기록에서 생략하였음을 유추할 수 있다.[25]

또한 왕이 즉위 후에 혼인한 경우, 즉위 초에 혼례를 행하였다는 점 역시 주목된다. 사료 A의 신문왕과 B-1)의 성덕왕, B-3)의 효성왕은 즉위 3년에 혼인하였다. B-4)의 경덕왕은 즉위 2년에 혼인하였다. 또한 하대의 왕들 중 즉위 후에 혼인한 문성왕文聖王도 즉위 4년에 혼인하였다.[26] 신문왕과 성덕왕이 5월에, 효성왕과 문성왕이 3월에, 경덕왕이 4월에 혼인하고 있다. 중대 이후 왕의 혼례 시기가 즉위 초와 봄에 집중되어 있음을 알 수 있다. 이로

---

[24] 이영호는 왕비는 궁궐에 들어오기 전 단계인 부인 책봉, 궁궐에서의 왕비 책봉, 다시 왕후 책봉이란 단계를 거쳤다고 보고 있다(앞의 논문, 2011, 39쪽). 그러나 夫人의 책봉과 왕비 및 왕후 책봉의 선후 관계가 신문왕 대 사례 외에는 보이지 않아서 이 절차가 정례화된 것인지는 의문이다. 신문왕 대에 왕비 출궁 후 혼례가 첫 사례라 왕비가 아닌 夫人으로 책봉되었으리라 생각된다. 이후 왕후 및 태후 책봉은 왕위후계자가 왕위에 오른 결과에 따른 것일 것이다.

[25] 신문왕의 혼례 의례가 자세히 기록된 이유는『三國史記』의 기재 방식으로 보아 현직 왕이 재임 중 중국식으로 혼인한 첫 사례였기 때문일 것으로 생각된다. 이후 이 혼인 의례는 즉위 후 혼인한 다른 왕들에게도 모범이 되었고, 次妃나 太子妃를 맞이할 때도 비슷한 절차를 거쳤으리라 여겨진다(이영호, 앞의 논문, 2011, 29쪽).

[26]『三國史記』卷11, 新羅本紀11 文聖王 4年."春三月 納伊湌魏昕之女爲妃."

보아 중대 이후의 왕실 혼인이 유교식 혼례인 납비례로 정례화되는 양상을 보인다. 즉 신문왕의 혼례는 이후 왕실 혼인의 전범典範이 되었던 것이다.

그렇다면 중대 왕실이 유교식 혼례를 행한 이유는 무엇일까. 다음의 신문왕 6년의 기록을 살펴보자.

> 신문왕 6년(686), 당나라에 사신을 보내 禮記와 文章을 청하니, 측천무후가 담당 관청에 명하여 吉凶要禮를 베끼고 文館詞林 가운데 모범으로 삼을 만한 글을 골라 50권의 책으로 만들어 주었다.[27]

위의 사료에 의하면, 신문왕 6년에 신라가 당에 예기와 문장을 요청하였다. 당의 측천무후가 관리에게 명하여 〈길흉요례〉를 베끼고, 아울러 『문관사림』 중에서 규계規誡에 관한 글을 선택하여 50권을 만들어 주게 하였다. 신라에서 '예기'를 요청하였는데, 이는 『책부원귀』에서는 '예기禮記'로,[28] 『구당서』와 『신당서』에서는 '당례唐禮'로 기록되었다.[29]

신라에서 『예기』는 중고기 유학의 수용과 아울러 일찍이 도입되었다. 지증왕 대에 상복제의 내용이 나오고 있다.[30] 또한 진평왕 8년(586)에 유학 교육을 담당할 예부령禮部令 2인이 두어졌다.[31] 또한 〈임신서기석〉의 기록에 의하면,[32] 『모시毛詩』, 『상서尙書』, 『예기禮記』, 『춘추전春秋傳』 등이 교육되

---

27 『三國史記』卷8 新羅本紀8 神文王 6年. "遣使入唐 奏請『禮記』幷文章 則天令所司 寫 『吉凶要禮』幷於『文舘詞林』採其詞涉規誡者 勒成五十卷 賜之"

28 『册府元龜』卷999 外臣部 請求 "則天垂恭二年二月 新羅王金政明 遣使請禮記一部幷新文章 令所司寫吉凶要禮幷於文館詞林採其詞涉規誡者 勒成五十卷 賜之"

29 『舊唐書』卷199上 列傳149上 東夷 新羅 "垂拱二年 政明遣使來朝 因上表請唐禮一部幷雜文章 則天令所司寫吉凶要禮 幷於文館詞林採其詞涉規誡者 勒成五十卷以賜之"
『新唐書』卷220 列傳 145 東夷 新羅 "開耀元年 (文武王)死 子政明襲王 遣使者朝 丐唐禮及它文辭 武后賜吉凶禮幷文詞五十篇"

30 『三國史記』卷4 新羅本紀4 智證王 5年. " 夏四月 制喪服法頒行."

31 『三國史記』卷4 新羅本紀4 眞平王 8年. 正月. "置禮部令二員"

32 〈壬申誓記石〉의 신미년의 경우 진흥왕 12년(551)이나 진평왕 33년(611)으로 추정된다 (崔光植, 〈壬申誓記石〉『譯註 韓國古代金石文』2, 駕洛國史蹟開發硏究院, 1991, 177쪽).

었음을 알 수 있다.³³ 그뿐만 아니라 진평왕 대 원광의 세속오계에서 충효신용忠孝信勇의 덕목은 『논어』와 『예기』에서 강조했던 중요한 덕목이었다.³⁴ 따라서 신문왕 6년 당에 요청한 예기는 『예기』 자체라기보다³⁵ '예에 관한 기록'의 일반명사로 보아 당례 또는 예전으로 볼 수 있을 것이다.³⁶ 측천무후가 보내주었던 〈길흉요례〉는 오례 중 길례와 흉례만을 채록한 것이라고 보기보다는³⁷ 국가제도 전반에 걸친 길례에서 흉례에 이르는 오례의 중요한 내용이 모두 포함되었을 것이라고 보는 편이 옳을 듯하다.³⁸

그렇다면 신문왕이 6년에 당 예제에 관련된 책과 글을 특별히 요청한 이유는 무엇일까. 대외적으로 당과의 관계 개선이라는 측면과 대내적으로 중대 왕권의 안정이라는 측면을 고려해 볼 수 있다. 중대 왕권의 초석은 당과의 관계에 기반한 것이었다. 태종 무열왕인 김춘추는 진덕왕 2년(648)에 대당외교를 시작하였다. 김춘추의 당에 대한 외교는 대외적으로는 군사외교가 주목적이었으나, 대내적으로는 신라의 지배 체제를 개편하기 위해 당의 율령 체제를 수용하려는 측면도 있었다.³⁹ 김춘추가 당에서 행한 외교활동을 보면, 백제정벌을 위한 군사정벌을 요청함과 동시에 국학國學에서의 석전釋奠과 강론講論의 관람을 요청하였다. 또한 신라의 조정화를 위해 당의 장복章服을 요구하였고, 아들 문왕文王과 함께 당의 관작을 제수 받았다.⁴⁰

---

33 〈壬申誓記石〉 "詩尙書礼傳倫淂誓三年"(韓國古代社會研究所, 『譯註 韓國古代金石文』 2, 駕洛國史蹟開發研究院, 1992, 175~178쪽).

34 김영하, 「新羅 中代의 儒學受容과 支配倫理」, 『韓國古代史研究』 40, 2005; 앞의 책, 2007, 202쪽.

35 濱田耕策, 「新羅の神宮と百座講會と宗廟」, 『東アジア世界における日本古代史講座-東アジアおける儀禮と國家』, 1982; 『新羅國史の研究』, 吉川弘文館 재수록, 2002, 39~40쪽.

36 나희라, 『신라의 국가제사』, 솔벗, 2003, 175~177쪽; 채미하, 앞의 논문, 2006, 127쪽.

37 濱田耕策, 앞의 책, 2002, 40쪽; 나희라, 앞의 책, 2003, 179쪽.

38 채미하, 앞의 논문, 2006, 130쪽.

39 鬼頭淸明, 「七世紀後半の國際政治史試論 -中國・朝鮮三國・日本動向-」, 『古代の日本と朝鮮』, 學生社, 1974, 181쪽.

40 『三國史記』 卷5 新羅本紀5 眞德王 2年. "遣伊飡金春秋及其子文王朝唐 太宗遣光祿卿柳亨 郊勞之 旣至 見春秋儀表英偉 厚待之 春秋請詣國學 觀釋奠及講論 太宗許之 仍賜

이로 볼 때 진덕왕 대 김춘추의 당에 대한 외교 목적은 비담의 반란 이후 노정된 대내외적인 모순을 극복하고, 중앙집권적 귀족관료 체제를 수립하려는 데 있었던 것이다. 김춘추는 친당노선을 노골화하는 한편 유교적 통치이념에 입각한 한화적漢化的 내정개혁內政改革을 추진하였던 것이다.[41]

무열왕이 즉위한 후 이방부격理方府格, 시호법과 묘호제, 치사제와 궤장하사, 중조의상제, 동궁제, 9주제, 5묘제, 해관제 등 율령과 제도에 관한 당제를 적극적으로 수용하였다.[42] 시호 역시 지증왕 사후 처음 실시되었다고는 하나,[43] 유학적인 의미의 시호제는 무열왕 이후 비로소 제도화되었다.[44] 문무왕 대는 당과의 전쟁 이후 당과의 관계가 소원해질 수밖에 없었다.[45] 신문왕은 당과의 관계를 개선하고[46] 본격적인 체제 정비를 함으로써[47] 왕권을 안정시키고자 하였다.

이처럼 중대 초기의 왕들은 왕권의 안정을 위해 대내적으로 체제를 정비할 필요가 있었다. 중대 왕권은 당제를 적극적으로 수용함으로써 체제를 정비하였다. 당의 율령과 제도 도입은 중국식 예제의 수용을 동반하였다.[48]

御製溫湯及晉祠碑幷新撰『晉書』 嘗召燕見 賜以金帛尤厚 問曰:「卿有所懷乎」春秋跪奏曰「臣之本國 僻在海隅 伏事天朝 積有歲年 而百濟强猾 屢肆侵凌 況往年大擧深入 攻陷數十城 以塞朝宗之路 若陛下不借天兵翦除凶惡 則敝邑人民盡爲所虜 則梯航述職無復望矣」太宗深然之 許以出師 春秋又請改其章服 以從中華制 於是 內出珍服 賜春秋及其從者 詔授春秋爲特進 文王爲左武衛將軍還國 詔令三品已上燕餞之 優禮甚備 春秋奏曰「臣有七子 願使不離聖明宿衛」乃命其子文注與大監□□"

41 김영하, 앞의 책, 2002, 265~277쪽.
42 김영하, 앞의 책, 2007, 209쪽.
43 『三國史記』卷4 新羅本紀4 智證王 15年. "王薨 謚曰智證 新羅謚法始於此."
44 김영하, 앞의 책, 2007, 208~211쪽.
45 신형식은 문무왕 8년(668) 이후 성덕왕 2년(703)까지의 35년간이 사실상의 국교단절 상태였다고 보았다(『韓國古代史의 新研究』, 一潮閣, 1984, 327쪽·347쪽).
46 李基白, 『新羅政治社會史研究』, 一潮閣, 1974, 234~235쪽; 金壽泰, 『新羅中代政治史研究』, 一潮閣, 1996, 45쪽.
47 채미하, 「新羅의 五廟制 '始定'과 神文王權」, 『白山學報』 70, 2004, 272~274쪽.
48 濱田耕策은 신문왕 대의 五廟制가 『禮記』 王制篇의 "天子七廟 諸侯五廟"에 부합한 것으로 보아 이 시기 예제의 도입을 唐의 天子에 대한 諸侯의 예를 근간으로 한 것이었다

중국식 예제의 근간은 유교사상이다. 유교사상에서 예禮는 존비차등尊卑差等의 계층 질서를 유지함으로써 사회질서를 도모하는 규정인데, 원래는 가家의 질서였으나 점차 군신 관계와 국제외교 상의 규범으로까지 확장되었던 것이다.[49] 당과 신라의 국제외교상의 중국식 예제 관념이 신라 내부의 계층 상호 간의 질서를 유지하기 위한 기제로 수용되었다. 즉 중대 초기에 율령관제와 아울러 중국식 예제의 수용도 이루어졌는데, 이는 중대 왕권의 강화와 체제적 안정을 목적으로 한 것이었다.

신문왕이 유교식 왕실 혼례를 도입하였던 것은 중대 왕권이 유학을 기본으로 하는 율령 체계를 지향하였던 것과 같은 맥락이었을 것이다. 신라의 중대 왕권은 율령을 수용하는 데 있어 논리보다는 기능을 중심으로 수용하였다. 이와 같은 기능 중심의 율령적 지배 체계에서는 예제에 기초한 윤리적 지배를 병행함으로써 새로운 규범의식을 부여하여야만 했던 것이다.[50] 그러한 점에서 중대 왕실의 유교적 혼례는 대내외적으로 통치 이념으로서의 유학적 지향을 가시화하기에 적합한 왕실의례였다.[51] 즉 신문왕의 유교식 혼례가 중대 이후 왕실 혼인의 전범典範이 되었고, 이후 왕들의 혼례에서도 동일한 의미와 지향으로 재연되었음을 알 수 있다. 중대 왕이 유교적 절차에 의해 행한 혼례를 행하였던 것은 중대 왕권의 율령적 지배 체제의 이념을 정당화하는 의식의 일환이었다.

고 파악하였다(앞의 책, 2002, 40쪽).
49 미조구치 유조 편저, 김석근·김용천·박규태 옮김, 『中國思想文化事典』, 책과함께, 2011, 451쪽.
50 김영하, 앞의 책, 2007, 218쪽.
51 김수태는 신문왕이 시행한 유교적 혼례 의례 배경이 중대의 왕족 김씨가 족내혼을 통해 정치적 권력을 배타적으로 소유하려고 하였고, 이에 새로운 혼례 방식이 필요하였던 것으로 이해하였다(앞의 논문, 2013, 332~334쪽). 중대 왕권의 정치적 독점을 위한 새로운 방식의 혼례 도입이기보다는 중대 왕권의 유교적 지향이 혼례로 가시화하였던 것이라 생각한다.

3) '왕후' 칭호의 수용과 왕비·부인과의 관계

중대 왕실은 왕모王母와 왕처王妻의 칭호로서 태후太后와 왕후王后를 사용하였다. 중대의 왕실여성 칭호와 관련된 사료를 실증적으로 검토함으로써 특징과 의미를 살펴보고자 한다. 다음의 사료는 『삼국사기』에서 중대 왕의 즉위 기사에 나타나는 왕의 부·모와 처에 대한 기록이다.

C-1) 태종무열왕이 즉위하였다. 휘는 春秋이고, 진지왕의 아들 龍樹의 아들이다. 모는 天明夫人이고, 진평왕의 딸이다. 妃는 文明夫人이고, 舒玄 角湌의 딸이다.[52]

C-2) 문무왕이 즉위하였다. 휘는 法敏이고, 태종무열왕의 맏아들[元子]이다. 모는 김씨 文明王后이다. 소판서현의 둘째 딸[季女]이고, 유신의 누이이다. (…) 비는 慈儀王后로 波珍湌 善品의 딸이다.[53]

C-3) 신문왕이 즉위하였다. 휘는 政明(명의 字는 日怊)이고, 문무왕의 장자이다. 모는 자의(혹은 義)왕후이다. 비인 김씨는 소판 흠돌의 딸이다. 왕이 태자로 있을 때 그를 맞아들였는데, 오래도록 아들이 없다가 나중에 그 아버지의 반란에 연루되어 출궁되었다.[54]

C-4) 효소왕이 즉위하였다. 휘는 理洪(혹은 恭)이고, 신문왕의 태자이다. 모의 성은 김씨이고, 神穆王后로 一吉湌 金欽運(혹은 雲)의 딸이다.[55]

C-5) 효성왕이 즉위하였다. 휘는 承慶이고, 성덕왕의 둘째 아들이고, 모는

---

[52] 『三國史記』 卷5 新羅本紀5 武烈王 즉위조. "太宗武烈王立 諱春秋 眞智王子伊湌龍春(一云龍樹)之子也(『唐書』以爲眞德之弟 誤也) 母天明夫人 眞平王女; 妃文明夫人 舒玄角湌女也."

[53] 『三國史記』 卷6 新羅本紀6 文武王 즉위조. "文武王立 諱法敏 太宗王之元子 母金氏文明王后 蘇判舒玄之季女 庾信之妹也 (…) 妃慈儀王后 波珍湌善品之女也."

[54] 『三國史記』 卷8 新羅本紀8 神文王 즉위조. "神文王立 諱政明(明之字日怊) 文武大王長子也 母慈儀(一作義)王后 妃金氏 蘇判欽突之女 王爲太子時納之 久而無子 後坐父作亂出宮."

[55] 『三國史記』 卷8 新羅本紀8 孝昭王 즉위조. "孝昭王立 諱理洪(一作恭) 神文王太子 母姓金氏神穆王后 一吉湌金欽運(一云雲)女也."

炤德王后이다.⁵⁶

C-6) 경덕왕이 즉위하였다. 휘는 憲英이고, 효성왕의 동모제이다. 효성왕에게 아들이 없어 헌영을 세워 태자로 삼았던 까닭에 왕위를 이을 수 있었다. 妃는 伊湌 順貞의 딸이다.⁵⁷

C-7) 혜공왕이 즉위하였다. 휘는 乾運이고, 경덕왕의 적자(嫡子)이다. 모는 김씨이고, 滿月夫人으로 舒弗邯 義忠의 딸이다. 왕이 즉위할 때 나이가 여덟 살이었으므로 태후가 섭정하였다.⁵⁸

사료 C는 『삼국사기』의 즉위조이다. 즉위조의 사료는 왕의 부·모와 처를 기록함으로써 왕계를 밝히려는 목적으로 기술되었다. 그렇기 때문에 후대 왕의 계보와 관련하여 각 왕대의 왕처가 1인으로 기록되었을 가능성이 크다. 반면 『삼국유사』 왕력편에서는 왕의 이름, 왕의 부·모·처에 관한 기사뿐만 아니라, 국왕 중심의 역사적 사실, 즉 즉위한 연도, 치세의 햇수, 능의 위치 등 왕과 직접 관계되는 기사가 절대적인 비중으로 기록되어 있다.⁵⁹ 따라서 『삼국유사』 왕력편의 선비先妃와 후비後妃는 역사적 기록으로 신빙성이 높다고 여겨진다. 이러한 점을 감안하여 이 시기의 왕실여성의 칭호를 면밀히 검토할 필요가 있다.

우선 사료 C에서 보이는 왕의 배우자 칭호는 부인夫人, 왕후王后, 비妃이다. 이들 칭호의 관계에 대해서 알아보고자 한다. 우선 『삼국사기』 즉위조에서의 비는 즉위조의 용법상 모와 대구對句를 이루어 기록된 것으로 실질적인 칭호로 쓰였다고 보기는 어렵다. 즉위조에서의 비는 '왕의 배우자'

---

56 『三國史記』卷9 新羅本紀9 孝成王 즉위조. "孝成王立 諱承慶 聖德王第二子 母炤德王后."

57 『三國史記』卷9 新羅本紀9 景德王 즉위조. "景德王立 諱憲英 孝成王同母弟 孝成無子 立憲英爲太子 故得嗣位 妃伊湌順貞之女也."

58 『三國史記』卷9 新羅本紀9 惠恭王 즉위조. "惠恭王立 諱乾運 景德王之嫡子 母金氏滿月夫人 舒弗邯義忠之女 王卽位 時年八歲 太后攝政"

59 李基白, 「≪三國遺事≫ 王曆篇의 檢討」, 『歷史學報』 107, 1985, 12쪽.

를 의미하는 것으로, 왕과의 관계를 나타내는 일반명사로 쓰였을 가능성이 크다.

그렇다고 한다면 중대 왕의 배우자 칭호로 나오는 것은 부인夫人과 왕후 王后이다. 우선 부인의 칭호를 살펴보자. 사료 A에서 신문왕은 혼례 절차에서는 책비冊妃 단계임에도 불구하고, 왕의 배우자에게 정비正妃의 칭호인 왕비나 왕후가 아닌 부인으로 책봉하였다. 이를 기존에는 부인 책봉을 혼례식 절차의 한 단계로 파악하여, 입궁 전의 부인 책봉, 궁궐에서의 왕비 책봉, 다시 왕후 책봉이라는 단계가 있었다고 상정하였다.[60] 그러나 유교적 혼례 절차상 책비는 입궁 전에 행하는 것이 통례였다. 신문왕의 혼례 의례에서도 유교적 혼례 절차 상 책비에 해당하는 책봉이 있었다. 다만 책봉호가 비妃가 아닌 부인夫人이었던 것이다. 혼례 절차에서 부인夫人으로 책봉되었던 것으로 보아 부인이 여전히 왕의 배우자 칭호로 사용되었음을 알 수 있다.

이 외에도 부인이 왕의 배우자 칭호로 쓰인 경우는 C-1)의 문명부인文明夫人이 있다. 문명부인의 경우, 태종무열왕이 진골로서 왕이 되었기 때문에, 왕이 되기 전 처의 칭호였을 가능성이 있다. 그러나 C-1)의 기록이 즉위조라는 점을 감안하면, 왕의 처 지위에서도 여전히 문명부인으로서 칭했을 가능성을 배제할 수 없다. C-7)에서 경덕왕의 처이자 혜공왕의 모인 만월부인滿月夫人이 나오는 것으로 보아 여전히 중대에도 부인이 왕실여성의 칭호로 사용되었으리라 여겨진다.

사료 B에서 비妃와 왕비王妃의 칭호가 보인다. 사료 B-1)과 3)에서는 비妃인 반면, B-2)와 4)에서는 왕비王妃로 기록되어 있다. 이와 관련하여 중대의 비妃 칭호와 관련한 사료를 살펴보고자 한다.

D-1) 제33대 성덕왕,先妃는 陪昭王后로, 휘는 嚴貞이고, 元大阿干의 딸이다.

---

60 이영호, 앞의 논문, 2011, 28~29쪽·39쪽.

후비는 占勿王后로, 휘는 炤德이고, 順元角干의 딸이다.⁶¹

D-2) 제35대 경덕왕, 선비는 三毛夫人으로 궁중에서 폐출되어 후사가 없다. 후비는 滿月夫人으로 시호는 景垂王后(수는 혹은 穆)이니 依忠 角干의 딸이다.⁶²

D-3) 제36대 혜공왕, 선비는 神巴夫人으로, 魏井角干의 딸이고, 妃는 昌昌夫人으로 金將 角干의 딸이다.⁶³

D-4) 성덕왕 15년(716), 成貞王后(혹은 嚴貞)를 내보냈다. 채색비단 500필과 밭 200결, 조 1만 섬과 집 한 채를 주었는데, 집은 康申公의 옛집을 사서 주었다.⁶⁴

D-5) 성덕왕 23년(724), 炤德王妃가 죽었다.⁶⁵

D-6) (경덕왕이) 아들이 없으므로 그를 폐하여 沙梁夫人으로 봉(封)하였다. 후비는 滿月夫人으로 시호는 景垂太后이며, 의충각간의 딸이었다.⁶⁶

D-7) 혜공왕 16년(780), 元妃는 新寶王后로 伊湌 維誠의 딸이고, 次妃는 伊湌 金璋의 딸인데, 사서에는 궁중에 들어온 날짜가 빠져있다.⁶⁷

사료 D-1)~3)은 『삼국유사』 왕력편의 기록으로, 성덕왕과 경덕왕, 혜공왕의 선비先妃와 후비後妃에 관한 기록이다. D-4)~5)는 성덕왕의 왕비 출궁과 후비인 소덕왕비의 죽음에 관한 것이고, D-6)은 『삼국유사』 기이편에서

61　『三國遺事』 卷1 王曆1 第33 聖德王. "先妃 陪昭夫人 諱嚴貞 元大阿干之女也 後妃占勿王后 諱炤德 順元角干之女."
62　『三國遺事』 卷1 王曆1 第35 景德王. "先妃三毛夫人 出宮無後 後妃滿月夫人 諡景垂王后(垂一作穆) 依忠角干之女."
63　『三國遺事』 卷1 王曆1 第36 惠恭王. "先妃神巴夫人 魏井角干之女 妃昌昌夫人 金將角干之女."
64　『三國史記』 卷8 新羅本紀8 聖德王 15年. "出成貞(一云嚴貞)王后 賜彩五百匹・田二百結・租一萬石・宅一區 宅買康申公舊居 賜之."
65　『三國史記』 卷8 新羅本紀8 聖德王 23年. "炤德王妃卒."
66　『三國遺事』 卷2 紀異2 景德王・忠談師・表訓大德. "無子廢之 封沙梁夫人 後妃滿月夫人 諡景垂太后 依忠角干之女也."
67　『三國史記』 卷9 新羅本紀9 惠恭王 16年. "元妃新寶王后 伊湌維誠之女 次妃伊湌金璋之女 史失入宮歲月."

경덕왕의 선비와 후비에 관한 기록이다. 그리고 D-7)은 혜공왕의 원비와 차비에 대한 기록이다.

여기서 주목되는 것은 사료 D에서 선비先妃와 후비後妃, 원비元妃와 차비次妃에서 비妃 역시 고유 칭호라기보다는 왕의 배우자를 지칭하는 일반명사로 쓰였다는 점이다. 왕의 처를 일컫는 칭호는 D-1)과 4) 및 7)에서의 왕후王后, D-2)와 3) 및 6)에서의 부인夫人이다. 『삼국사기』 즉위조인 사료 C에서의 비妃는 실제로 사용된 칭호라기보다는 모母에 대구되는 용법으로써 '왕의 배우자'를 일컫는 일반명사로 쓰였다. 사료 C-3)의 신문왕의 비인 김씨에서 비妃 역시 일반명사인 '왕의 배우자'를 의미하는 것으로, 칭호는 부인夫人이었을 것으로 여겨진다. 또한 사료 A에서 신문왕이 그의 배우자를 부인夫人으로 책봉하였으므로, 부인이 칭호였음을 알 수 있다.

그런데 사료 B의 왕실 혼인 기사에서 왕실여성의 책봉호가 주목된다. 우선 중대 왕의 혼례 기사인 사료 A에서는 '납부인納夫人'이라고 하여 부인을 맞아들였고, 혼인 절차에서도 부인으로 책봉하였다. 반면 B-1)~3)에서 '납비納妃'라고 하였는데, 여기에서 비妃는 왕의 배우자를 지칭하는 일반명사일 수도 있고, '왕비'의 칭호일 수도 있다. 전자의 경우, '납비'라는 용어 자체가 왕의 혼인을 지칭하는 일반명사로 쓰였을 것이라 보는 것이고, 후자의 경우, 사료 A와 비교하여 볼 때 혼인 절차에서 비의 책봉이 이루어졌을 가능성을 상정하는 것이다. B-2)에서 왕비를 왕후로 책봉하였다는 기사와 B-2)와 4)에서 납비納妃가 아닌 '납왕비納王妃'라 하여 '왕비'를 명확히 지칭하고 있다. 이로 보아 사료 B의 납비納妃는 왕실의 혼례 절차상 부인夫人이 아닌 왕비의 책봉이 이루어졌을 가능성을 배제할 수 없다.

또한 사료 D-5)의 소덕왕비炤德王妃가 〈이름+왕비〉로 기록되어 있어, '왕비'의 칭호가 보인다. D-1)에 의하면, 소덕은 휘諱이고, 점물왕후占勿王后라 일컬었다고 한다. 중대에 보이는 〈이름+왕비〉의 사례가 1회에 한정되므로, 비妃 칭호가 일반적으로 쓰였는지에 대해서 고려해 볼 필요가 있다.

D-5)의 소덕왕비가 죽었다는 기록은 왕의 배우자를 일컫는 일반명사인 왕비가 죽었다는 기록에다가 후대에 '소덕'의 이름을 부기했을 가능성도 있다. 즉 소덕왕비라 쓰였던 것은 〈소덕+부인〉에서 부인夫人을 후대에 왕비王妃로 대체하였을 가능성이 있다.

신라에서 비妃 칭호는 이미 중고기에 사용되었다. 〈울주천전리서석〉에서 비妃 칭호가 보인다. '기왕비 지몰시혜비其王妃 只没尸兮妃'와 '모즉지태왕비 부걸지비另卽知太王妃 夫乞支妃'인데, 이는 왕비인 지몰시혜비와 모즉지태왕비인 부걸지비라고 해석된다. 즉 그 왕의 비인 〈지몰시혜+비〉와 모즉지태왕의 비인 〈부걸지+비〉로 해석되는데, 여기서 비는 부인을 대체하는 용어로 쓰였다. 중고기에서의 비妃 칭호는 부인夫人 칭호가 상층 여성에게 확대되어 사용되자 왕실여성만 배타적으로 사용할 수 있는 칭호로서 도입된 것이었다.[68]

그런데 E-5)의 소덕왕비의 경우, 〈이름+왕비〉의 용법으로 쓰였고, B-2)의 경우 왕비를 왕후로 책봉하였다고 하여 왕비가 칭호로서 명확히 기록되어 있는 것이다. B-4)의 경우, 왕비를 맞아들였다고 하여, 유교적 절차에 의해 거행된 왕실 혼인에서 왕비로 책봉되었음을 알려준다. 즉 이들 사료에서는 비妃가 아닌 왕비王妃로 기록되었다. 이로 보아 중대의 왕비는 중고기부터 사용된 신라적 용법의 '비' 칭호와는 다른 용법으로 사용되었음을 알 수 있다. 즉 사료 B-2)와 4), 그리고 D-5)의 왕비의 용법으로 보아 적어도 성덕왕과 경덕왕 대에는 중국적 용법의 '왕비'의 칭호를 사용하였음을 알 수 있다.

다음으로 중대 왕실여성의 칭호인 왕후王后와 왕비王妃 및 부인夫人 칭호의 관계를 살펴보자. 우선 왕후王后의 칭호이다. 왕후는 중대에 들어와서 수용된 칭호이다. 왕후 칭호의 의미에 대해서 알아보기 위하여 다음의 중국의 후비제后妃制에 관한 사료를 살펴보고자 한다.

---

[68] 이현주, 『新羅 王室女性의 稱號變遷 硏究』, 성균관대학교 박사학위논문, 2014, 60~61쪽.

E-1) 옛날에 帝嚳에게 四妃가 있었는데, 이는 后妃를 四星으로 본뜬 것이다. 그 가장 밝은 별은 正妃로 삼았고, 나머지 작은 별은 次妃로 삼았다. 帝堯는 이것으로 인하였다. 舜에 이르러 고하지 않고 부인을 취하였으므로, 정비를 세우지 않고, 다만 3비만 세웠을 뿐인데, 이를 일컬어 夫人이라 하였다. (…) 夏后氏는 9인을 더하여 모두 12인이었다. 春秋에 설명하기를 「천자는 12녀를 취한다」라고 하였는데, 이는 즉 夏의 제도이다. 虞夏의 제도와 周의 제도는 차이가 있었다. 즉 은나라 사람은 (12인에) 27인을 더하여 39인을 두었는데, 주나라 사람은 제곡을 본받아, 정비를 세우고, 27인의 3배인 81인을 더하여서, 모두 121인을 두었다. 그 지위를 后, 夫人, 嬪, 世婦, 女御의 다섯 가지로 서로 상관하게 하여, 尊卑를 정하였다.[69]

E-2) 옛적에 天子后가 六宮을 세웠는데, 3인의 夫人, 9인의 嬪, 27인의 世婦, 81인의 御를 두어, 천하의 內治를 들으므로, 婦順이 明章해졌고, 그러므로 천하가 안으로 화합하여 집이 다스려졌다. 천자는 六官을 세웠는데, 3인의 公, 9인의 卿, 27인의 大夫, 81인의 元士를 두어, 천하의 外治를 들으므로, 천하의 男敎가 明章해졌고, 그러므로 밖으로 화합하여 나라가 다스려졌다. 그러므로 천자는 남교를 듣고, 후는 여순을 들으며, 천자는 陽道를 다스리고, 후는 陰德을 다스리며, 천자는 外治를 듣고, 후는 內職을 듣는다고 하였다.[70]

E-3) 妃는 3인으로 正一品이다. 『주관』의 3명의 부인의 지위이다. 옛날 제곡은 네 명의 비를 세웠는데, 대개 후와 비는 네 개의 별을 본뜬 것이

---

[69] 『通典』卷34 職官16 后妃及內官命婦附. "昔帝嚳有四妃 以象后妃四星 其一明者爲正妃 餘三小者爲次妃 帝堯因焉 至舜 不告而娶 不立正妃 但三妃而已 謂之夫人 (…) 夏后氏增以三三而九 合十二人 春秋說云「天子娶十二女」即夏制也 以虞夏及周制差之 則殷人又增以三九二十七 合三十九人 周人上法帝嚳 立正妃 又三二十七爲八十一人以增之 合百二十一人 其位后也 夫人也 嬪也 世婦也 女御也 五者相參 以定尊卑焉."

[70] 『禮記』卷61 昏義. "古者 天子后立六宮 三夫人·九嬪·二十七世婦·八十一御妻 以聽天下之內治 以明章婦順故天下內和而家理 天子立六官三公九卿二十七大夫八十一元士 以聽天下之外治 以明章天下之男敎故外和而國治 故曰天子聽男敎 后聽女順 天子理陽道 后治陰德 天子聽外治 后聽內職."

며, 그중 밝은 것이 후의 별이다. 순에 이르러 정비를 세우지 않고, 단지 3명의 비만 세웠기 때문에 이를 3부인이라고 한다. 하·은 이래로 다시 (세 명의 비만) 세운 경우가 있으니 三公의 위에 견준 것이다. 비록 옛 제도라고는 하나 수가 자못 번잡하다. 그 나머지 연혁은 사실이 잘 드러나지 않는다. 수 때에는 『주관』에 따라 3부인을 세웠다. 당은 위로 옛 제도를 따라 네 명의 비를 세웠는데, 그 지위는 貴妃·淑妃·德妃·賢妃이다. 금상(당 현종)은 후와 비는 네 개의 별로서 그중 하나가 후이고, 이미 후의 자리가 있는데, 다시 네 명의 비를 세우면 (하늘이 보인) 상을 본받는 뜻을 잃는 것이라 여겼다. 그리하여 嬪婦·女御의 숫자를 줄여 三妃·六儀·美人·才人의 네 등급으로 하고, 모두 20인으로 內官을 갖추었다.[71]

사료 E는 중국 후비의 기원과 제도에 대해서 알려주는 사료이다. E-1)은 중국 황제의 배필과 그 제도의 연원에 대해서 알려주고 있다. E-(1)에서 중국 황제의 배필인 후비后妃는 제곡帝嚳의 4비에서 연원한 것임을 밝히고 있다. 제곡에게는 4명의 비가 있었고, 이는 사성, 즉 4개의 별을 본뜬 것이었다. 이 중 가장 밝은 별이 정비正妃이고, 나머지는 차비次妃라 하였다. 제요帝堯는 이와 같은 옛 제도에 의하여 1명의 정비와 3명의 차비를 두었다. 그러나 순임금은 정비를 두지 않고, 3명의 비만 두었는데, 이는 정식으로 배우자를 맞지 않았기 때문이었다. 이로 보아 중국의 후비제는 기본적으로 황제의 정식 배우자인 정비와 차비의 존재들로 위상의 차이를 두었음을 알 수 있다. 처음에 4인이었던 황제의 배우자는 점차 그 수가 증가함에 따라

---

[71] 『唐六典』 卷12 內官宮官內侍省. "妃三人 正一品 『周官』 三夫人之位也 古者 帝嚳立四妃 蓋象后妃四星 其一明者 后也 至舜 不立正妃 蓋但三妃而已 謂之三夫人 自夏殷已降 後有立者 視三公位 雖云古制 數頗繁焉 其餘沿革 事不經見 隋氏依 『周官』 立三夫人 皇朝上法古制 而立四妃 其位 貴妃也 淑妃也 德妃也 賢妃也 今上以爲后妃四星 其一后也 旣有后位 復立四妃 則失其所法象之意焉 因省嬪婦 女御之數 改正三妃 六儀 美人 才人 四等 共二十人 以備內官."

후后, 부인夫人, 빈嬪, 세부世婦, 여어女御로 존비尊卑가 정해지게 되었다.

또한 『주관周官』의 옛 제도에 따르면, 정비인 후와 차비인 세 부인 간의 위상 차이는 명백하였다.[72] '정비正妃'는 천자의 배필이라 일컫는 이념적인 용어이다. '정비'를 '정후正后'로도 일컫는데,[73] '정비'의 실질적인 지위를 일컫는 칭호는 '후'였다. '정비'는 개념적 용어로써 정치적 의미를 내포하고 있다. 앞서 사료 E에서 정비의 위상을 확인할 수 있었다. 정비는 곧 황후인데, 중국의 황후는 황제와 마찬가지로 『당육전』이나 『구당서』의 직관지・『신당서』의 「백관지」에 기록되지 않는 별도의 지위로 존재하였다. 당의 후비제에서 황후는 궁궐 내에서 내조內朝를 관장하였다. 즉 천자가 육관六官을 세우듯이 황후도 육궁六宮을 세웠다.[74] 황후의 위상은 이념적으로 천하의 모든 사람은 황제 1인 아래에 있듯이 모든 부인婦人은 황후 한 사람 아래 놓여 있었다.[75] 황후의 역할은 실질적으로 그를 제외한 비빈 이하의 내관內官, 위계를 가진 비빈들, 즉 황후 이하의 3인의 부인夫人, 9인의 빈嬪, 27인의 세부世婦, 81인의 어처御妻를 다스리는 것이었다.

그러나 중국의 후비제 역시 『예기』에서의 이념상 제도와는 별개로 실제적으로 운영하는 데 있어 시기적으로 변화가 있었다. 『주례』에서 부인・빈・세부・여어의 지위와 명칭이 한漢・진晉 이래로 있었으나, 제도로 완비된 것은 수 왕조에서 이루어졌고, 당은 수의 제도를 계승하였다. 당대 내관의 변화는 2차례가 있었다. 우선 고종 용삭龍朔 2년(662)의 개제改制로, 정3품 처서

72　朱子彦은 한 명의 처가 正妻로서 우월한 지위를 갖는 것은 중국의 전통적 혼인 형식이며, 妃嬪制의 연원이라 할 수 있다고 하였다(『后宮制度研究』, 華東師範大學出版社, 1999, 45~46쪽).
73　『舊唐書』 卷51 列傳1 后妃 上. "開元中 玄宗以皇后之下立四妃 法帝嚳也 而后妃四星 一為正后 今既立正后 復有四妃"
74　『通典』 卷34 職官16. "古禮曰 古者 天子后立六宮 三夫人 九嬪 二十七世婦 八十一御妻 以聽定天下之內治 天子立六官 三公 九卿 二十七大夫 八十一元士 以聽定天下之外治"
75　『唐六典』 卷4 尙書禮部. "皇太子已下 率土之內 於皇帝皆稱臣 六宮已下 率土之內 婦人 於太皇太后 皇太后 皇后皆稱妾."

婕妤를 제외하고, 9품의 시건侍巾 30명을 추가하였는데, 전체적으로 이전에 121명이었던 인원을 80명으로 축소시킨 것이었다. 이는 655년에 황후의 지위에 오른 무측천武則天이 660년에 병석에 누운 고종 대신 정치적 실권을 장악하여 행한 관명官名 변경의 일환으로 이루어졌다.[76] 다음 개혁은 개원 2년(714), 현종이 후궁의 규모를 축소하여 혜비惠妃·여비麗妃·화비華妃의 3비, 숙의淑儀·덕의德儀·현의賢儀·순의順儀·완의婉儀·방의芳儀의 6의와 미인美人 4명, 재인才人 7명인 총 20명으로 정원수를 대폭 줄인 것이다. 후비사성后妃四星, 즉 후后와 비妃는 4개의 별이라 하여 3부인夫人, 즉 3비제3妃制로 바꾸었다.[77] 이는 천보天寶 4년(745)에 양옥환楊玉環을 귀비貴妃로 책봉함으로써 4비가 되었다. 정후正后와 3부인은 고제古制에 의한 것이나, 양귀비로 인해 정후正后와 4비妃 체계가 되었던 것이다. 당시 개편된 '4비-6의-4미인-7재인' 제도는 당 후기까지 지속되었다고 한다.[78] 이처럼 중국의 후비제는 정비正妃 즉 정후正后와 비빈妃嬪으로 이루어졌다. 즉 천자의 배필로서 '후'가 있었고, 그다음 지위로 부인夫人 또는 비妃가 있었다.

신라에서는 대왕의 배우자 칭호로 왕후를 사용하였다. 중대의 '왕후'는 이를 표상한 칭호였던 것이다. 또한 '왕후'는 황제의 배우자인 '황후'를 일컫는 칭호이다. 무열왕은 즉위 원년(654) 당으로부터 개부의동삼사開府儀同三司 신라왕新羅王으로 책봉을 받았다.[79] 중국적 용법에 의하면, 신라왕의 처는

---

76 金瀗, 「唐代 皇室女性의 生活과 地位」, 『東洋史學硏究』, 2006, 97~98쪽.

77 『舊唐書』 卷44 職官3 內官. "妃三人 正一品 周官三夫人之位也 隋依周制 立三夫人 武德立四妃一貴妃 二淑妃 三德妃 四賢妃 位次后之下 玄宗以爲后妃四星 其一正后 不宜更有四妃 乃改定三妃之立惠妃一 麗妃二 華妃三 下有六儀 美人 才人四等 共二十人 以備內官之位也 三妃佐后 坐而論婦禮者也 其於內 則無所不統 故不以一務名焉 六儀六人 正二品 周官九嬪之位也 掌敎九御四德 率其屬以贊導后之禮儀 美人四人 正三品 周官二十七世婦之位也 掌率女官 修祭祀賓客之事 才人七人 正四品 周官八十一御女之位 掌序宴寢 理絲枲 以獻歲功"

78 김호, 앞의 논문, 2006, 9~11쪽.

79 『三國史記』 卷5 新羅本紀5 太宗武烈王 元年. "唐遣使持節備禮 册命爲開府儀同三司新羅王 王遣使 入唐表謝"

신라왕비新羅王妃이고, 신라왕의 모는 신라왕태비新羅王太妃로 칭해져야 하는 것이다.[80] 그럼에도 불구하고 무열왕이 자신의 모친을 태후太后로 추증하였던 것은 후后 칭호를 쓰고자 의도하였던 것임을 알 수 있다. 신라 중대에 왕비가 아닌 왕후, 태후가 수용되었던 것은 중대 왕권의 의도가 반영된 것이었다. 또한 왕후王后가 정비正妃로서의 의미를 가지게 됨에 따라 위상이 높아졌음을 알 수 있다. 대왕의 배우자인 왕후의 위상이 높아지는 것은 곧 왕의 위상 강화와도 연동되는 사안이다. 즉 '왕후' 칭호는 중대 왕권이 대내외적으로 대왕大王-왕후王后를 표방하는 지표였다.

또한 신라에서는 중대의 왕실여성의 칭호로 왕후뿐만 아니라 부인, 비(왕비)도 쓰였다. 중대 초기에 신라의 왕실여성의 칭호는 왕후王后와 부인夫人이었다. 이후에 왕후는 왕의 정식 배우자 1인인 정비로서, 부인 및 왕비와 위상의 차이를 보이는 칭호로 사용되었다. E-1)과 3)에서도 알 수 있는데, 중국의 후비제에서는 정비正妃와 차비次妃 간의 위상 차이가 있었고, 차비는 곧 3비妃 또는 3부인夫人으로, 부인夫人과 비妃는 동일한 위상을 가졌다. E-3)에 의하면, 비는 3인으로 정일품正一品으로, 『주관』의 3부인의 지위라고 하였다. 즉 비妃와 부인夫人은 위상이 동일한 칭호였던 것이다.

이와 같은 당의 후비제가 신라의 왕실여성 제도에 미친 영향을 살펴보자. B-3)은 왕비를 왕후로 책봉하였다고 하여 왕비의 위상이 왕후보다 낮음을 알려준다. D-6)은 왕후가 출궁되어 부인으로 책봉되는 것으로 이 역시 왕후와 부인의 위상 차이를 알려준다. 즉 비(왕비)와 부인은 왕후와의 위상 차이를 보였던 것이다. 그리고 사료 D-2)와 3), 6)은 왕의 배우자 칭호로 부인이 사용되었음을 알려준다. 또한 사료 A와 사료 B로 보아 왕실 혼례에서 부인 또는 비(왕비)로 책봉되었음을 알 수 있다. 이는 신라에서 부인과 비(왕비)가 왕의 배우자 칭호로서 동일한 위상을 가졌을 것임을 유추하게 한

---

80 『唐會要』卷47 封建雜錄 下. "開元八年五月十八日敕 準令王妻爲妃 文武官及國公妻爲國夫人 母加太字"

다. 중대에 정비인 왕후와 차비인 부인(비)의 위상이 정립되었다. 이는 사료 F의 중국의 후비제와 동일한 양상임이 주목된다. 신라 왕실여성의 칭호 변화 및 제도화는 중대에 당제인 후비제에 대한 이해가 심화된 결과였다. 사료에서 볼 때 왕후와 부인의 칭호가 더욱 많이 나타나는데, 이는 왕비의 칭호가 성덕왕 대 이후에 당제의 영향으로 중국 후비제적 용법으로 사용되었기 때문이었다. 이처럼 신라 왕실여성의 조직은 후비제에 대한 이해가 심화됨에 따라 정비인 왕후와 부인(비), 즉 왕후-부인 체계로 제도화되는 양상을 보였다.

4) 성덕왕 대 왕후 책봉과 정비正妃의 위상

성덕왕은 19년의 왕실 혼인 의례에서 왕비王妃를 책봉하였고, 이후 왕비王妃를 왕후王后로 책봉하였다. 책봉은 대왕의 배우자인 왕후의 지위를 공식화하는 의례였다. 왕후의 책봉은 대왕의 정식 배우자 1인, 즉 정비로서의 위상을 표상화한 것이었다. 정비正妃의 개념은 왕의 다른 배우자의 존재를 전제로 한다. 그런데 신라 중대의 신문왕, 성덕왕, 경덕왕 대의 선비先妃의 출궁, 후비後妃와의 혼인 사례로 보아 왕후는 1인이었던 것으로 나오고 있다. 중대의 혼인제를 일부일처제로 규정하기도 한다.[81] 이처럼 혼인제로서의 일부일처제와 후비제로서의 정비 개념은 서로 모순된다. 중대 왕실 혼인의 배경과 아울러 당 후비제의 정비 개념을 도입한 의미에 대해서 구체적으로 알아보자.

중대의 선비先妃와 후비後妃, 원비元妃와 차비次妃의 용어 차이를 살펴보자. 우선 왕의 정식 배우자인 후비后妃와 후궁後宮은 위상의 차이를 보인다.[82] 사

---

81 이영호, 「新羅의 王權과 貴族社會 -중대 국왕의 혼인 문제를 중심으로-」, 『新羅文化』 22, 2003, 88~89쪽; 이영호, 앞의 논문, 2011, 48쪽.
82 後宮은 왕비가 있음에도 불구하고, 별도의 부인으로 존재한 경우를 일컫는다(金基興, 「桃花女·鼻荊郎 설화의 역사적 진실」, 『韓國史論』 40·41, 1999, 140쪽). 妃嬪은 妃

료 D-1)~3)에서는 선비先妃와 후비後妃라고 기록한 반면, D-7)에서는 원비元妃와 차비次妃로 기록되어 있는데, 이들은 왕의 배우자를 지칭한 것으로, 모두 후궁이 아닌 후비를 일컬은 것이었다. D-4)와 6)에 의하면 선비가 출궁하고 난 후 후비가 입궁하였음을 알 수 있다. 즉 선비는 처음 맞이한 왕비인데 반해 후비는 선비를 대신하여 새로 맞아들인 왕비, 계비繼妃이다.[83] 반면 차비는 앞서 맞이한 왕비가 있는데도 불구하고, 둘째 왕비로서 맞이한 왕비를 말한다. 선비와 후비는 왕비가 1명임을 나타내지만, 원비와 차비는 복수임을 나타내는 것이다.[84]

원비와 차비의 기사는 혜공왕 대에 보이는데, 혜공왕 대에는 선비의 출궁 기사가 없다. 이를 사료의 누락으로도 볼 수 있으나, 그보다는 원비와 차비의 칭호로 보아 이들이 동시에 궁 안에 있었을 가능성이 높다고 여겨진다. 또한 선비와 후비와는 달리 원비와 차비는 위상 차이를 감지할 수 있는 칭호이다. 이와 관련하여 B-3)의 성덕왕이 19년(720) 3월에 이찬 순원의 딸을 맞아들여 비로 삼았고, 같은 해 6월에 왕비를 책봉하여 왕후로 삼았다는 기록이 주목된다. 이 사료에서 비는 앞서 살펴보았듯이 왕의 배우자를 지칭하는 일반명사이다. 사료 C에서 알 수 있듯이 왕의 처로서의 왕후 칭호는 문무왕 대부터 나오고 있다. 그러나 왕후 책봉 기사는 성덕왕이 6월에 왕후王后로 책봉하였다는 기록에서 처음 나오고 있다. 이에 대해 이전의 왕후 책봉 기록이 누락되었을 가능성도 있다. 그러나 그보다는 성덕왕이 이 시기 왕후를 책봉冊封의 형식을 통해 위상을 높이고 있다는 사실에 더 주목해야 할 듯하다. 이와 관련하여 다음의 '부인' 책봉 기사가 주목된다.

와 嬪을 모두 포괄하는 것으로, 后妃와 後宮을 지칭한다.
83 井上秀雄은 신문왕 이후 前後 2妃를 두는 제도가 있었다고 보았다. 신라왕이 율령 체계의 진전에도 불구하고, 절대적인 왕권을 확립하지 못하여 혼인을 통해서 왕권을 확립하려 하였을 것이라 추정하였다(『新羅史基礎研究』, 東出版 株式會社, 1974, 354쪽). 이는 중대에 왕비의 출궁과 혼인이 빈번한 점을 도식화한 것으로, 왕과 귀족세력의 역학관계에 따른 관례였을 것으로 파악한 것이다.
84 이영호, 앞의 논문, 2011, 47~48쪽.

F-1) (효소왕이) 封하여 郎을 大角干으로 삼고, 父인 大玄 아찬[阿喰]을 태대각간(太大角干)으로 삼고, 母인 龍寶夫人을 沙梁部 鏡井宮主로 삼았다.[85]

F-2) 성덕왕 11년(712), 가을 8월에 김유신의 처를 봉하여 夫人으로 삼고, 해마다 곡식 1천 섬을 주었다.[86]

F-3) 아들이 없으므로 폐하여 沙梁夫人으로 봉하였다. 후비는 滿月夫人으로, 시호는 경수태후이며, 의충 각간의 딸이었다.[87]

사료 F에서는 '부인'이 책봉호였다. F-1)은 효소왕 대 부례랑을 포상한 기록이다. 부례랑의 공로에 의해 본인은 물론 그의 부모 역시 포상하고 있다. 아버지는 태대각간으로, 어머니는 경정궁주로 삼았던 것이다. 여기서 부례랑의 어머니인 용보부인龍寶夫人을 사량부의 경정궁주鏡井宮主로 삼았다. 그리고 이는 '봉封'했다고 하여 책봉의 형식으로 이루어졌음을 알 수 있다. 사량부의 경정궁주로 삼았다는 것으로 보아 사량부의 경정궁이라는 경제적 포상도 아울러 수여되었음을 알 수 있다.[88] F-2)는 성덕왕 대 김유신의 처인 지소부인을 부인으로 봉하고, 매년 곡식 1천 섬을 주었다는 기사이다. 부인 책봉을 받은 지소부인은 무열왕의 딸이자 문무왕의 누이이다.[89] 지소부인은 왕실 일원으로서 왕녀이자 왕매였으나, 성덕왕 대에는 김유신 처의 자격으로서 부인으로 책봉되었던 것이다. 아울러 매년 곡식 1천 섬씩 주었다는 것으로 보아 일회성의 포상이 아니라 녹봉적 성격을 지니고 있었음을 알 수 있다.

---

85 『三國遺事』卷3 塔像, 栢栗寺. "封郎爲 大角干 父大玄阿喰爲太大角干 母龍寶夫人爲沙梁部鏡井宮主."

86 『三國史記』卷8 新羅本紀8 聖德王 11年. "秋八月 封金庾信妻爲夫人 歲賜穀一千石."

87 『三國遺事』卷2 紀異2 景德王·忠談師·表訓大德. "無子廢之 封沙梁夫人 後妃滿月夫人 諡景垂太后 依忠角干之女也."

88 이현주, 「신라 상고 시기 '부인(夫人)' 칭호의 수용과 의미」, 『역사와 현실』 86, 2012, 202쪽.

89 『三國史記』卷5 新羅本紀5 太宗武烈王 2年. "王女智照下嫁大角湌庾信"

또한 F-3)에 의하면 경덕왕의 선비가 무자無子, 즉 아들이 없다는 이유로 폐하여졌다.[90] D-2)에서 경덕왕의 선비는 삼모부인三毛夫人이라고 하였다. 삼모부인이 왕비의 신분에서 폐하여졌고, 사량부인沙梁夫人으로 책봉되었다. 즉 삼모부인의 칭호가 사량부인으로 바뀌었던 것이다. 이로 보아 삼모부인이 출궁으로 인해 칭호가 변화한 것은 강등 이상의 의미[91] 즉 왕실여성의 지위가 달각됨에 따른 새로운 지위가 부여된 것이었음을 알 수 있다.

삼모부인이 책봉된 사량부인沙梁夫人이라는 칭호에 대해서 살펴보자. 진골 귀족의 저택인 금입택金入宅[92] 중에도 사량택沙梁宅[93]이 있다. 금입택 중에는 재매정택財買井宅[94]도 있다. 김유신 집안의 재매부인財買夫人이 죽은 후 그를 묻은 청연青淵 상류 골짜기를 재매곡財買谷이라고 하였다.[95] 이로 보아 재

---

[90] 경덕왕 대에 삼모부인의 출궁과 만월부인의 입궁과 관련하여 기왕에 많은 논의가 있었다. 우선 사료상의 기록대로 삼모부인의 無子가 출궁의 이유였고, 후에 입궁한 만월부인과 삼모부인이 동일한 세력으로, 이는 세력 내의 이동이었다고 보았다(濱田耕策,「新羅の聖德大王神鍾と中代の王室」,『咆沫集』3, 學習院大學史學會[앞의 책 재수록, 2002], 1981, 190쪽; 이영호,『新羅 中代의 政治와 權力構造』, 경북대학교 박사학위논문, 1995, 192쪽; 이영호, 앞의 논문, 2011, 21~22쪽; 박해현,『신라중대정치사연구』국학자료원, 2003, 126~127쪽; 김선주,「신라 경덕왕대 삼모부인(三毛夫人)의 생애와 정치적 의미」『歷史學研究』44, 2011, 19~21쪽).
반면 경덕왕이 왕비세력의 교체를 통해 왕권 강화를 시도하였다고 보기도 하였다(金壽泰, 앞의 책, 1996, 114~115쪽; 全德在,「新羅 中代 對日外交의 推移와 眞骨貴族의 動向」『韓國史論』37, 1997, 32~33쪽; 신정훈,「8세기 신라의 정치와 왕권」, 한국학술정보(주), 2010, 46~47쪽; 曺凡煥,「≪삼국유사≫ 왕력편의 異種記事를 통해 본 中代 新羅의 정치구조 –신라 중대 景德王의 왕비 교체와 정치적 동향을 중심으로–」,『新羅史學報』30, 2014, 141쪽).
후자의 견해에서는 王妃의 교체를 정치 세력 간의 갈등에 의한 것으로 보았는데, 이처럼 중대 왕비의 출궁은 왕권과 진골 귀족 간의 정치적 추이에 따라 고려되어야 할 것으로 생각된다. 따라서 경덕왕 대의 삼모부인의 출궁과 만월부인의 입궁은 그들이 속한 귀족세력의 정치적 우위의 변화와 관련이 있을 것이라고 생각된다.

[91] 이영호, 앞의 논문, 2011, 32쪽.

[92] 金入宅은 유력 진골 귀족들의 호화 저택으로, 신라 말기에 이르면 京都에 대략 40여 宅이 들어섰던 것을 알 수 있다(李基東, 1984『新羅骨品制社會와 花郞徒』, 一潮閣, 186~187쪽).

[93] 『三國遺事』卷1 紀異2 辰韓. "沙梁宅"

[94] 『三國遺事』卷1 紀異2 辰韓. "財買井宅"

[95] 『三國遺事』卷1 紀異2 金庾信. "金氏宗財買夫人死 葬於青淵上谷 因名財買谷"

매정택의 유래 역시 재매부인이었음을 알 수 있다. 또한 D-4)에서 성덕왕이 선비인 성정왕후를 출궁시킬 때, 거처할 곳으로 강신공의 집을 사서 주었다.[96] 이로 보아 출궁한 왕비의 거처가 있었음을 알 수 있고, 거처한 곳에 의하여 일컬어졌을 것이라 여겨진다.

또한 사량은 부部이자 궁宮의 이름으로 사용되었던 것에서 알 수 있듯이 지역명이다. 이로 보아 삼모부인이 사량부인으로 봉해졌던 것은 삼모부인의 출신 또는 연고지, 혹은 출궁 후의 거주지가 사량 지역과 관련이 있었기 때문일 것이다. 경덕왕이 삼모부인을 사량부인으로 봉하였던 것과 사량택이 연관성이 있음을 알 수 있다.[97] 즉 삼모부인이 그의 출신 또는 연고지로 인해 출궁 후에 거주하게 된 곳이 사량 지역이었고, 이로 인해 사량부인으로 봉해졌으며, 그가 거처한 곳이 사량택으로 일컬어졌다.

이처럼 삼모부인은 출궁 후, 왕후에서 〈지역명+부인〉, 즉 〈사량+부인〉으로 책봉되었다. 이는 사량부 또는 사량택의 지역적 거점을 염두에 둔 칭호이다. 비록 왕후의 칭호와 지위가 탈각되었으나, 여전히 진골 귀족여성으로서의 신분은 유지되고 있었다. 이에 지역 거점을 매개로 한 〈지역명+부인〉의 칭호가 부여되었던 것이다. 이는 '책봉'을 매개로 주어진 것으로 왕실여성과 귀족여성의 위상 차이를 분명하게 가시화하고, 뿐만 아니라 새로운 지위로서의 의미를 지닌 것이었다.

---

96 성정왕후가 출궁할 당시 집을 비롯한 여러 재물이 주어졌던 것에 대해 이혼에 따른 위자료일 것으로 보기도 하고(이영호, 앞의 논문, 2011, 33쪽), 또는 정치적 타협으로 보기도 하였다(조범환, 「新羅 中代 聖德王의 政治的 動向과 王妃의 교체」, 『新羅史學報』 22, 2011, 112쪽). 왕의 이혼에 따른 위자료를 정례화된 제도로 보기는 어려울 것이라 여겨진다. 그보다는 후자의 정치적 타협에 따른 비상시적 행위로 보는 것이 보다 적절할 듯하다.

97 김지은은 사량택과 삼모부인과의 연관성을 추측하였고(「경덕왕대의 대일외교 -752년 교역의 성격을 중심으로-」, 『新羅文化』 30, 2007, 125쪽), 조범환은 삼모부인이 사량택 출신이었을 가능성을 제기하였다(앞의 논문, 2014, 132쪽). 김선주는 삼모부인이 '沙梁夫人'으로 봉하여졌는데, 신라에서 '沙梁部'가 가지는 중요도로 보아 특별한 의미를 가진 별도의 정치적 지위였을 것이라고 보았다(앞의 논문, 2011, 16~17쪽).

F-1)~3)은 왕실여성이 아닌 귀족여성들이 책봉을 통해 새로운 지위를 부여받았다는 사실을 알려주고, 뿐만 아니라 F-2)~3)은 진골 귀족 여성의 책봉호로서 부인夫人의 칭호를 보여준다. 중대에 부인이 책봉을 통해 부여됨으로써 지위로서의 의미를 갖게 되었음을 알 수 있다. 다음의 사료는 삼모부인의 출궁 후의 행적을 알려주고 있다.

> 신라 제35대 경덕대왕이 천보 13년 갑오에 皇龍寺 종을 주조하였는데, 길이는 1장 3촌이요, 두께는 9촌, 무게는 49만 7천 5백 81근이었다. 시주는 孝貞 伊王·三毛夫人이요, 匠人은 里上宅 下典이었다.[98]

위의 사료는 『삼국유사』의 황룡사 주조와 관련된 기록이다. 천보天寶 13년은 경덕왕 13년(754)이다. 경덕왕 13년에 효정과 삼모부인이 황룡사종을 주조하는 데 시주하였다는 기록이다.[99] 삼모부인의 출궁 후 활동 양상이라 주목된다. 삼모부인이 출궁 후에도 정치적으로 부상할 수 있었던 것은 황룡사의 종에 시주를 할 수 있을 정도의 경제력이 있었기 때문이었다.[100] 이로 보아 삼모부인의 경제력은 그의 왕실여성의 지위와는 별개로 진골 귀족으로서 소유하고 있었던 것임을 알 수 있다. 삼모부인은 출궁한 후 왕후로서의 지위는 탈각되었으나, 진골 귀족 여성으로서의 신분은 여전히 유지되었음을 알 수 있다.

왕후王后는 왕비王妃와 부인夫人에 비하여 한정적이고 특화된 칭호이다.

---

[98] 『三國遺事』卷3 塔像4 皇龍寺鍾·芬皇寺藥師·奉德寺鍾. "新羅第三十五景德大王 以天寶十三甲午 鑄黃龍寺鍾 長一丈三寸 厚九寸 入重四十九萬七千五百八十一斤 施主孝貞伊王三毛夫人 匠人里上宅下典."
[99] 효정이 삼모부인과 함께 주종작업에 참여하고 있는 것으로 보아 효정과 삼모부인을 친족관계로 추정하였다(李基白, 앞의 책, 1974, 168쪽; 李基白, 앞의 책, 1986, 73쪽; 李昊榮, 「新羅 中代王室과 奉德寺」, 『史學志』 8, 1974, 12쪽; 金壽泰, 앞의 책, 1996, 114쪽; 박해현, 앞의 책, 2003, 125쪽; 曺凡煥, 앞의 논문, 2014, 142~143쪽).
[100] 조범환은 삼모부인의 경제적 기반이 김순정세력의 일본 교역을 통한 막대한 부 축적에 의한 것이었음을 논증한 바 있다(앞의 논문, 2014, 132쪽).

왕후의 특화된 위상은 곧 왕권과도 연동된다. 중대의 왕후는 중대 왕실과 진골 귀족 세력 간의 접점에 위치한다. 왕의 배우자인 왕후와 귀족여성인 부인의 위상 차이는 중대 왕권의 강화와 직결되는 사안이었다. 왕실여성과 진골 귀족 부인의 신분은 진골로 같으나, 지위는 왕실과 귀족으로 위상의 차이가 있었다. 왕후 칭호는 진골 출신이었던 중대 왕실이 왕실의 권위를 높이고자 다른 진골 귀족들과 구분하기 위한 방편의 하나로 사용되었던 것이다.

중대의 왕후는 왕실은 물론 진골여성들인 부인과의 위상 차이를 염두에 둔 것이었다. 또한 '책봉'이라는 행위를 통해 여성의 지위와 신분이 개념상 구분되기 시작하였음이 주목된다. 이는 성덕왕 대의 당제에 대한 이해의 심화에 의한 것이었다. 이처럼 중대 왕권은 왕실여성을 포함한 상층 여성들을 '책봉'의 형식을 통해 제도화하고자 하였다. 이와 관련하여 다음의 사료가 주목된다.

문무왕 4년(664), 교서를 내려 부인들도 역시 중국 의복을 입도록 하였다.[101]

문무왕 4년(664)에 교서를 내려 부인들도 역시 중국 의복을 입도록 하였다는 것이다. 진덕왕 3년(649)에 남성 관인들이 중국의 의관衣冠을 착용하게 한 이후[102] 문무왕에 이르러서 여성 역시 중국식 의복을 착용하도록 한 것이다. 문무왕 대에 중국식 의복 착용의 대상자가 왕실여성을 포함한 상층 여성들이었을 것임을 유추할 수 있다. 문무왕 4년의 기록을 기왕의 남성 관인의 의복을 중국식 의복으로 착용하게 한 것에 대하여 여성에게까지 확대한 것으로 볼 수 있다. 남성 관인이 중국식 의복을 착용한 것이 관인의 제도적 속성을 반영한 것이라는 점을 감안할 때 여성이 중국식 의복을 착용

---

[101] 『三國史記』卷6 新羅本紀6 文武王 4年. "下敎婦人 亦服中朝衣裳"
[102] 『三國史記』卷5 新羅本紀5 眞德王 3年. "春正月 始服中朝衣冠"

한 것 역시 그에 상응하는 제도적 속성을 지닌 것으로 볼 수 있다고 생각한다. 이로 보아 중대에는 왕실여성을 포함한 상층 여성들이 중대 왕권의 체계 내로 포섭되어야 하는 존재가 되었던 것임을 알 수 있다.

요컨대 중대 왕권은 진골로서 왕위를 계승하였기 때문에 왕실과 다른 진골 귀족과의 구분이 대내적 선결과제였다. 또한 중대 왕권은 왕에게 집중된 권력을 바탕으로 중앙집권적 귀족관료 체계를 확고히 하고자 하는 의도를 가지고 있었다. 그렇기 때문에 일련의 한화식 개혁과 율령 체계를 정비하였고, 아울러 중국식 예제 또한 적극적으로 추진하였다. 중대 초기 왕실여성의 왕후 칭호의 수용은 당제의 이해가 심화됨에 따른 한화적 내정개혁의 일환으로 이해된다. 즉 '왕후' 칭호는 중대 왕권이 대내외적으로 대왕大王-왕후王后를 표방하는 지표였다.

또한 '왕후' 칭호는 진골 출신이었던 중대 왕실이 다른 진골 귀족들과 구분하기 위한 방편의 하나였다. 왕실여성과 진골 귀족 여성은 신분은 진골로서 같으나, 지위는 왕족과 귀족으로서 위상 차이가 생겨났다. 이처럼 중대의 왕후王后 칭호는 중대 왕실이 대내외적인 위상을 표상하는 지표였다. 대외적으로는 7세기 동아시아국제전 이후의 중대 왕실의 자긍심을 표출하는 것이었고, 대내적으로는 왕실과 진골 귀족 간의 위상 차이를 명백히 밝히는 수단이었다. 이를 통해 중대 왕실이 위상을 확고히 하고 왕권을 강화하고자 의도하였던 것이다.

5) 중대의 대왕-왕후 체제와 왕후의 위상

칭호는 대상의 지위를 표상하는 사회적 의미를 지닌다. 왕실여성의 칭호 변화를 살펴봄으로써 왕실여성의 지위 변화 및 제도화 양상을 살펴볼 수 있다. 중대 왕실여성 칭호의 변화 양상과 그 의미를 고찰하고, 왕실여성 지위의 제도화 과정을 살펴보고자 하였다.

우선 무열왕 이후 중대 왕실은 왕실여성의 칭호로 태후太后와 왕후王后를 사용하였다. 중대 왕권은 진골로서 왕위를 계승하였기 때문에 왕실과 다른 진골 귀족과의 구분이 정치적으로 선결과제였다. 또한 중대 왕권은 왕에게 집중된 권력을 바탕으로 중앙집권적 귀족관료 체계를 확고히 하고자 하는 의도를 가지고 있었다. 그렇기 때문에 일련의 한화식 개혁과 율령 체계를 정비하였고, 아울러 중국식 예제 또한 적극적으로 추진하였다. 중대 초기 왕실여성의 왕후王后 칭호의 수용은 당제의 이해가 심화됨에 따른 한화적 내정개혁의 일환으로 이해된다. 즉 왕후王后 칭호는 중대 왕권이 대내외적으로 대왕-왕후를 표방하는 지표였다. 아울러 왕의 배우자인 왕후와 진골 귀족 여성인 부인과의 위상 차이를 통하여 중대 왕실의 위상을 확고히 하고자 하였다.

다음으로 중대 왕실은 책봉례를 통해 왕실의 권위를 높이고, 위상을 정립하고자 하였다. 그 책봉의 범주에 왕실여성이 포함되어 있다는 점이 주목된다. 책봉은 지위와 그를 표상하는 칭호를 수여하는 행위이다. 추봉 역시 책봉의 한 형태로, 사후에 추존의 형식으로 이루어진다. 책봉호와 시호는 모두 중대 왕실여성의 지위를 공식적으로 표상하였을 뿐만 아니라 의례로써 공포되었다는 점이 특징적이다. 왕실여성에게 책봉하는 행위는 앞서 살펴보았듯이 죽은 왕의 부모를 추증하고 시호를 부여하는 것과 왕실 혼인 의례에서 절차상 '책비冊妃' 의례를 행하는 것이다. 이는 중대 왕권이 추진한 한화적 내정개혁의 일환이었을 뿐 아니라 유교적 지향을 가시적으로 공포하는 수단이 되었다. 즉 중대 왕실여성의 책봉은 왕의 유교적 정치 지향과 율령적 정치 이념을 표상한 것이었다.

또한 왕실여성 칭호의 변화를 고찰함으로써 왕실여성의 조직이 제도화하는 과정을 살펴보았다. 신라의 왕실여성의 칭호는 왕후와 부인과 왕비였다. 왕후는 정비의 위상을 가지고 있었고, 부인과 왕비는 차비의 위상을 가지고 있었다. 사료에서 볼 때 왕후와 부인의 칭호가 더욱 많이 나타나는데,

이는 왕비의 칭호가 성덕왕 대 이후에 당제의 영향으로 중국 후비제적 용법으로 사용되었기 때문으로 여겨진다. 이로 볼 때 신라 왕실여성의 조직은 정비인 왕후王后와 비妃·부인夫人의 체계, 즉 '왕후-(비)부인 체계'로 제도화되어 갔음을 알 수 있다. 이처럼 중대에 부인과 비를 동일한 위상으로 파악하였던 것은 중국의 후비제에 대한 이해가 심화된 결과였을 것이라 여겨진다.

마지막으로 왕후의 정비正妃 위상과 정립 과정을 살펴보았다. 중대의 왕권 강화는 대내적으로 진골 출신 귀족들과의 위상 차이를 두는 것을 지향하였다. 왕과 귀족세력의 접점에 위치한 왕후는 왕권 강화의 지향과 맞물린 반면 그가 속한 진골 귀족 세력의 이해관계와도 얽혀 있는 존재였다. 중대의 왕실 혼인이 일부일처제의 양상으로 나타나는 것은 중대 왕비를 배출한 진골 귀족의 세력 기반이 강하였기 때문이었다. 중대 왕실은 왕권 강화의 일환으로 왕후의 위상을 정립시키는 정비正妃 개념이 도입하였다. 이는 왕실과 귀족, 왕비를 배출한 귀족과 여타 귀족 간의 차별성을 부각시키는 것이었다.

이처럼 중대의 '왕후' 칭호는 중대 왕실이 대내외적인 위상을 표상하는 지표였다. 대외적으로는 7세기 동아시아국제전 이후 중대 왕실의 자긍심을 표출하는 것이었고, 대내적으로는 왕실과 진골 귀족 간의 위상 차이를 명백히 밝히는 수단이었다. 이로 보아 중대에는 왕권이 왕후를 수용함으로써 당의 왕실여성 제도인 후비제의 체계를 수용하였으나 실제적으로는 신라의 내부 사정에 의해 재편되고, 운영되었던 양상을 알 수 있었다.

2. 당의 신라왕비新羅王妃 책봉과 정비正妃 개념의 정립

1) 중대 '정비正妃'의 위상 정립 배경

신라의 중대는 무열왕부터 혜공왕에 이르는 시기이다. 7세기는 신라가 당과 연합하여 고구려와 백제를 멸망시키고, 당을 축출하는 동아시아의 격변기였다. 이와 같은 동아시아 국제전을 치르면서 신라에서는 진골 출신으로서 김춘추가 왕으로 즉위하였다. 중대의 왕위 계승은 무열왕 이후 혜공왕에 이르기까지 비교적 안정적으로 이루어졌다. 또한 대외적으로 동아시아 국제전이 종식되었을 뿐만 아니라 대내적으로 체제 정비를 이루어가던 시기였다.

기왕의 중대 정치사연구는 전제왕권의 성립을 전제로, 왕권과 진골 귀족세력과의 대립으로 파악하였다.[103] 반면 중대의 전제왕권이 성립되었다고 보기는 어렵다고 파악한 연구들로 이루어졌다. 이에 왕과 귀족세력과의 타협,[104] 왕과 진골 귀족과의 갈등[105]과 진골 귀족 간의 갈등에 주목하였던 것이다.[106] 또한 성덕왕부터 혜공왕에 이르는 시기는 자연재해와 기근, 전염병의 빈도가 높았던 시기였고, 이에 신라 하대인들은 중대를 신라왕의 권

---

[103] 李基白은 중대를 집사부를 중심으로 국왕에게 집중된 전제왕권이 형성된 시대라고 보았다(「혜공왕대의 정치적 변혁」, 『新羅政治社會史研究』, 一潮閣, 1974). 김수태는 중대의 전제왕권과 진골 귀족 세력의 대립 및 갈등으로 중대 정치사 전반을 살펴보았다(金壽泰, 『新羅中代政治史研究』, 一潮閣, 1996).

[104] 중대의 전반적인 정치과정은 국왕이 귀족세력을 억압한 상태에서 이루어진 것이 아니었다. 중대는 국왕이 왕권을 유지하기 위해 귀족세력과 끊임없이 타협하는 가운데 왕권 강화를 위한 노력을 경주한 시기였다(이영호, 『신라 중대의 정치와 권력구조』, 지식산업사, 2014, 42쪽).

[105] 중대에는 고위 진골 귀족 중심의 군신회의체를 중심으로 정치가 전개되어 전제정치가 구현되기 어려웠는데, 군신회의체를 중심으로 한 진골 귀족과 집사부와 시위부를 중심으로 한 국왕 간의 갈등과 대립이 반복되었다고 보기도 하였다(李仁哲, 「新羅 中代의 政治形態」, 『韓國學報』 77, 1994).

[106] 박해현, 『신라 중대 정치사 연구』, 국학자료원, 2003.

위의 하락, 신라 쇠퇴의 전조로 인식하였다는 연구도 있었다.[107]

이처럼 왕권과 진골 귀족 세력의 추이를 살펴보는 연구에서 왕실의 외척인 진골 귀족 세력을 주목하였다.[108] 이에 왕의 배우자로서 왕실여성의 존재가 부각되었던 것이다. 최근 중대 왕실여성과 관련된 연구들이 주목된다. 왕비의 혼인과 출궁을 통해 중대 왕실과 정치세력의 역학관계를 고찰한 연구[109]와 태후의 정치적 역할을 주목한 연구들이 이루어졌다.[110] 중대 왕실여성은 왕과 귀족세력의 접점에 위치한다. 즉 왕실여성, 특히 왕후는 왕권과 연동되어 있을 뿐만 아니라 귀족세력과도 연계되어 있다. 따라서 중대에 있어 왕실여성의 지위와 역할은 왕권의 성격을 비롯하여 귀족세력의 추이를 살펴보는 열쇠가 될 수 있다.

다음에서 효성왕 대의 혜명왕후를 중심으로 중대에서 왕후의 위상을 살펴보고자 한다. 김순원은 중대의 대표적인 외척세력으로, 성덕왕에 이어 효성왕 대에 그의 딸을 왕비로 들였다. 김순원의 딸이자 효성왕의 왕후가 곧 혜명왕후이다. 그런데 효성왕 대에 혜명왕후 외에 그의 배우자로 박씨 왕비와 후궁의 존재가 보인다. 신라 왕실에, 특히 중대에 왕의 배우자로 여

---

[107] 尹善泰,「新羅 中代末~下代初의 地方社會와 佛敎信仰結社」,『新羅文化』 26, 2005, 119~120쪽.

[108] 金壽泰,「新羅 聖德王·孝成王代 金順元의 政治的 活動」,『東亞硏究』 1983;「新羅 孝成王代 朴氏王妃의 再登場」,『호서사학』 19·20합집, 1992; 앞의 책, 1996 재수록; 朴海鉉,「新羅 孝成王代 政治勢力의 推移; 孝成王의 卽位科程을 중심으로」,『역사학연구』 12, 1993;「惠恭王代 貴族勢力과 中代 王權」,『全南史學』 11, 1997; 박해현,「신라 경덕왕대의 외척세력」,『한국고대사연구』 11, 1997; 앞의 책, 2003 재수록.

[109] 曺凡煥,「神穆太后 -新羅 中代 孝昭王代의 정치적 동향과 신목태후의 섭정-」,『서강인문논총』 29, 2010;「신라 중대 聖德王代의 정치적 동향과 왕비의 교체」,『신라사학보』 22, 2011;「王妃의 교체를 통해 본 孝成王代의 정치적 동향」,『한국사연구』 154, 2011;「신라 中代末 惠恭王의 婚姻을 통하여 본 政局의 변화」,『新羅文化』 43, 2014;「『삼국유사』 왕력편의 異種記事를 통해 본 新羅 中代의 정치구조 -신라 중대 景德王의 왕비 교체와 정치적 동향을 중심으로-」,『新羅史學報』 30, 2014.

[110] 曺凡煥,「神穆太后 -新羅 中代 孝昭王代의 정치적 동향과 신목태후의 섭정-」,『서강인문논총』 29, 2010; 김수태,「신라 혜공왕대 만월부인의 섭정」,『신라사학보』 22, 2011; 김태식,「'母王'으로서의 신라 神睦太后」,『신라사학보』 22, 2011.

러 인물이 보이는 상황은 매우 이례적이다. 이에 김순원의 딸로, 왕비가 된 혜명왕후를 중심으로 효성왕 대의 왕실여성과 그 세력에 대해서 고찰하고자 한다. 우선 혜명왕후가 등장한 배경으로서 혜명왕후의 혼인과 당의 왕비 책봉 과정을 살펴볼 것이다. 다음으로 박씨왕비와 후궁에 대해서 알아보고, 왕비세력의 의미에 대해서 알아보고자 한다. 마지막으로 신라 중대 왕후의 위상을 혜명왕후가 태후가 된 의미와 관련하여 살펴보고자 한다. 이처럼 혜명왕후의 등장과 추이, 그리고 위상과 역할을 살펴봄으로써 중대 왕후의 존재 양상을 고찰하고, 나아가 중대 왕권의 성격을 이해하고자 한다.

2) 당의 신라왕비新羅王妃 책봉을 둘러싼 갈등

효성왕 대에는 두 명의 왕비와 한 명의 후궁에 대한 기록이 나온다. 그뿐만 아니라 효성왕 대에는 당에 의한 신라왕비의 책봉 기사가 처음으로 보이고 있다. 『삼국사기』 신라본기에 의하면, 당에 의한 신라왕비의 책봉이 두 차례에 걸쳐 있었는데, 하나는 효성왕 2년의 박씨왕비 책봉이고, 다른 하나는 효성왕 4년의 김씨왕비의 책봉이다. 이와 같은 효성왕 대에 이루어진 박씨왕비와 김씨왕비, 당의 신라왕비 책봉은 이례적인 사안이었다. 특히 효성왕의 두 명의 왕비 중 『삼국사기』 소재 당의 신라왕비 책봉 기사에서만 보이는 박씨왕비의 실재 여부에 대한 논란이 있었다. 효성왕 대의 왕비 기록을 면밀히 분석함으로써 이 시기 당의 왕비 책봉이 가지는 의미에 대해서 알아보고자 한다.

(1) 책봉의 횟수와 시기

다음은 『삼국사기』의 기록으로, 효성왕의 왕비가 당으로부터 책봉 받았다는 사실을 전하고 있다.

G-1) 효성왕 2년(738), 당이 사신을 보내어 조칙으로 王妃 朴氏를 책봉하였다.[111]

G-2) 효성왕 4년(740), 봄 3월에 당나라가 사신을 보내어 夫人 金氏를 책봉하여 王妃로 삼았다.[112]

사료 G에 의하면, 당이 효성왕의 왕비를 2번에 걸쳐 책봉하였다. G-1)에서는 효성왕 2년에 박씨왕비가 책봉되었다고 하였고, G-2)에서는 효성왕 4년에 김씨왕비가 책봉되었다고 하였다. 즉 효성왕의 왕비가 박씨와 김씨의 두 명이 있었고, 당이 이들을 각각 두 차례에 걸쳐 책봉하였다고 기록하였다. 다음은 당이 효성왕의 왕비를 책봉한 사실을 기록한 중국 측 사서의 내용이다.

H-1) 조금 후에 그 처 朴氏를 책봉하여 妃로 삼았다.[113]

H-2) (開元) 28년, 承慶妻 朴氏를 책봉하여 新羅王妃로 삼았다.[114]

H-3) 開元 28年 3月 癸卯, 新羅國王 金承慶의 妻 金氏를 책봉하여 新羅王妃로 삼았다.[115]

사료 H를 사료 A와 비교하여 보면, 세부적인 내용에 있어 미세한 차이를 보이고 있다. 우선 책봉 시기의 문제이다. 효성왕이 당의 책봉을 받은 것은 즉위한 지 2년이 되는 해인 738년이었다. 그런데 효성왕비의 책봉 시기는 G-1)에서는 738년, G-2)와 H-2), H-3)에서 효성왕 4년, 즉 740년에 책봉하였다고 하였다. 이처럼 책봉 시기에 있어 다소간의 차이를 보인다. 또한 책봉 대상에 있어서도 G-1)과 H-1)과 2)에서는 박씨라 하였고, G-2)와 H-3)

---

111 『三國史記』卷9 新羅本紀9 孝成王 2年.
112 『三國史記』卷9 新羅本紀9 孝成王 4年.
113 『新唐書』卷220 列傳145 東夷傳 新羅.
114 『唐會要』卷95 新羅傳 開元 28年.
115 『册府元龜』卷975 外臣部20 褒異2.

에서는 김씨라고 하였다. 그뿐만 아니라 당에서 신라의 왕비를 책봉한 횟수가 사료 신라 측의 기록인 G에서는 두 차례로, 중국 측의 기록인 사료 H에서는 한 차례로 기록되었다.

이처럼 당이 신라왕비를 책봉한 횟수와 시기 및 책봉 대상에 대해서 논란의 여지가 있다. 이에 책봉의 횟수와 시기 및 대상이 누구였는지에 대해 구체적으로 살펴봄으로써 왕실여성과 정치세력, 책봉의 의미에 대해 알아보고자 한다.

우선 당이 신라왕비를 책봉한 횟수의 문제이다. 책봉의 횟수는 사료 G에서는 두 차례, 사료 H에서는 각 사서별로 한 차례만 기록되어 있다. H-1)의 『신당서』 기록은 효성왕 책봉 이후에 왕비 박씨를 책봉하였다고 하였다. 반면 H-2)와 3)에서는 개원 28년이라 하여 책봉된 시점을 명확히 기록하였는데, 이는 효성왕 4년(740)이다. 특히 H-3)의 『책부원귀』는 책봉 시점과 책봉 대상이 G-2)와 일치하는데, 즉 효성왕 4년에 왕비 김씨의 책봉 사실을 전하고 있다. 이로 볼 때 당이 신라왕비를 책봉한 것은 한 차례였을 가능성이 높다.

다음은 당이 신라왕을 책봉한 시기의 문제이다. 성덕왕 36년(737) 2월에 성덕왕이 죽고, 아들인 효성왕이 즉위하였다.[116] 『삼국사기』에서 효성왕 2년(738) 2월에 당 현종이 성덕왕이 죽었다는 사실을 들었다고 하였다.[117] 당 현종이 성덕왕의 죽음을 알았던 것은[118] 효성왕 원년(737) 12월에 파견한 견당사遣唐使에 의해[119] 전해졌을 것이라 여겨진다.[120] 당 현종은 738년 2월에

---

116 성덕왕 36년(737) 2월에 沙飡 金抱質이 賀正使로 파견되었다는 기록에 이어, 성덕왕이 죽었다는 기사가 나온다. 같은 해인 효성왕 원년(737) 3월에 효성왕이 관직명을 바꾸고, 상대등과 중시를 임명하였다는 기사가 나온다. 이로 보아 성덕왕은 737년 2월에 죽었음을 알 수 있다.
117 『三國史記』卷9 新羅本紀9 孝成王 2年.
118 『册府元龜』卷964 外臣部9 封册2.
119 『三國史記』卷9 新羅本紀9 孝成王 元年.
120 '賀正'이라 분명히 밝히지 않아도, 특별한 사안 없이 年初 혹은 年末에 入唐·朝貢한 많

성덕왕의 죽음을 듣고, 형숙邢璹을 조위사弔慰使로 파견하여 성덕왕에게 태자태보太子太保를 추증하고, 또 사왕嗣王인 효성왕을 책봉하여 '개부의동삼사 신라왕'으로 삼게 하였던 것이다.[121]

당의 형숙이 신라에 도착한 시점은 효성왕 2년(738) 4월에 노자 도덕경 등의 서책을 왕에게 바쳤다는 기록이 나오는 것으로 보아,[122] 4월 이전이었을 것이다.[123] 중국 측 사료인 II에 의하면, 효성왕에 대한 책봉이 2년에 이루어졌던 반면 당에 의한 신라왕비의 책봉은 시간차를 두고 행해졌음을 알 수 있다. 당의 형숙은 전왕의 추증과 신왕의 책봉만 하였던 것이다. 이처럼 효성왕 대 당에 의한 왕비 책봉이 이례적인 일이기도 하고, 당에 의한 신라왕의 책봉과 시간차가 나고 있는데, 이로 보아 효성왕 대 당으로부터 신라왕비가 책봉되었던 것은 신라의 요구에 의한 것이었음을 알 수 있다.[124] 또한 신라에서 왕비의 책봉을 요구하였던 것은 왕실여성과 연관된 정치세력의 추이와 연관된 사안이었을 것임을 추정할 수 있다.

이에 구체적으로 당으로부터의 신라왕비新羅王妃 책봉 시기를 살펴보자. 효성왕 2년(738) 3월에 김원현金元玄이 하정사賀正使로서 당에 파견되었다.[125] 『책부원귀』에 의하면, 3월은 김원현이 당에 입당한 시기였다.[126] 김원현이 하정사였다는 점으로 미루어 보아도 3월은 출발이 아닌 도착시점이었을 것

은 견당사는 定期 使節團인 賀正使였을 것이다. 賀正使의 주 임무는 새해를 맞이하여 唐室의 번영과 唐帝의 안녕을 축원하고 본국의 정세를 알리는 일이었다(權悳永, 『古代 韓中外交史 -遣唐使硏究-』, 一潮閣, 1997, 150~154쪽).

[121] 『三國史記』卷9 新羅本紀9 孝成王 2年.
[122] 『三國史記』卷9 新羅本紀9 孝成王 2年.
[123] 權悳永은 邢璹 일행이 신라에 온 때가 효성왕 2년(738) 2월이었던 것으로 보았다(앞의 책, 1997, 61쪽).
[124] 井上秀雄 역시 당의 신라 왕비 책봉 그 자체에 주목하고 있다. 이는 신라 측의 요구에 의한 것으로, 永宗의 반란 기사로 보아 외척의 세력 쟁탈이 있었으리라고 짐작하였다 (『新羅史基礎硏究』, 東出版株式會社, 1974, 352쪽).
[125] 『三國史記』卷9 新羅本紀9 孝成王 2年.
[126] 『册府元龜』卷971 外臣部16 朝貢4.

이다. 효성왕 3년(739) 정월에는 왕이 형숙에게 황금 30량, 베 50필, 인삼 100근을 주었다고 하였으므로[127] 형숙 일행은 신라에서 유학을 강의하면서 신라에 머물렀다가 효성왕 3년 정월 이후에 당으로 돌아갔을 것으로 여겨진다.[128] 이후 견당사의 파견은 효성왕 6년(742) 5월에 행해졌다.[129] 즉 당의 신라왕비 책봉은 효성왕 3년에 신라의 김원현이 하정사로 당으로 파견되었고, 또한 당 형숙이 당으로 귀국하는 과정에서 이루어졌을 것이다.

그렇다면 G-1)의 효성왕 2년의 신라왕비를 책봉하였다는 것보다 G-2)와 H-2), 3)에서 효성왕 4년에 당이 신라왕비를 책봉하였다는 쪽이 가능성이 높음을 알 수 있다. 특히『당회요』에서는 새로운 왕의 책봉은 737년에, 신라왕비의 책봉은 740년에 행하였다고 하여,[130] 신라왕과 신라왕비의 책봉이 시기상 차이가 있었음을 명백히 밝히고 있다. 형숙이 2월 당에서 출발하여 4월 신라에 도착하였던 것으로 보아, 김원현과 형숙은 정월에 당으로 동시에 출발했을 가능성이 크다. 효성왕 3년에 김원현, 또는 형숙을 통해 요청하였던 신라왕비의 책봉이 효성왕 4년(740) 3월에 이루어졌던 것으로 보인다.

(2) 책봉의 대상과 의미

다음으로 당의 책봉을 받은 신라왕비新羅王妃, 즉 책봉 대상이 누구였는지에 대해서 살펴보고, 당의 왕비 책봉이 갖는 의미에 대해서 알아보고자 한다. 당에서 책봉한 신라왕비의 성씨가 G-1)과 H-1), 2)에서는 박씨朴氏라고 하였고, G-2)와 H-3)에서는 김씨金氏라고 전하였다. 효성왕의 두 명의 왕비 중『삼국사기』당의 신라왕비 책봉 기사에서만 보이는 박씨왕비의 실재 여부에 대한 논란이 있었다.

---

127 『三國史記』卷9 新羅本紀9 孝成王 2年.
128 權悳永, 앞의 책, 1997, 61쪽.
129 『册府元龜』卷971 外臣部16 朝貢4.
130 『唐會要』卷95 新羅傳 開元 25年, 28年.

중대의 왕비는 모두 김씨로, 박씨인 왕비의 존재 자체가 매우 이례적이다. 그뿐만 아니라 효성왕 대의 박씨왕비조차 당의 책봉과 관련해서만 나오고 있다. 『구당서』에서는 "國人은 金, 朴 두 성씨가 많으며, 다른 성씨와는 혼인하지 않는다."고[131] 하였고, 『신당서』에서는 "왕의 성은 김씨이고, 貴人의 성은 박씨이다."라고 하였다.[132] 이에 동성불혼이 원칙인 중국에서 왕의 성이 김씨임을 이미 알고 있었다고 볼 때, 왕비의 성을 박씨로 일컬었을 가능성도 있다. 이러한 이유로 박씨왕비의 책봉 기사는 김씨왕비의 책봉 사실을 잘못 기록한 것이라 보았던 것이다.[133]

그러나 『구당서』와 『신당서』의 기록은 중국에서도 신라의 김씨와 박씨 세력을 인지하고 있었음을 알려준다. 최근에는 성덕왕 대의 정치세력으로서 박씨세력을 주목하여, 박씨왕비의 존재를 인정하게 되었다.[134] 즉 성덕왕이 왕권 강화를 목적으로 박씨세력과 정치적 제휴를 하였다고 보았던 것이다.[135] 효성왕이 왕위를 계승했을 때의 나이가 대략 16세였다.[136] 효성왕

---

[131] 『舊唐書』 卷199 列傳149 上 東夷 新羅國.
[132] 『新唐書』 卷220 列傳145 東夷 新羅.
[133] 李丙燾, 『國譯 三國史記』, 을유문화사, 1977, 149쪽; 李基白, 『韓國史講座』 古代篇, 一潮閣, 1982, 310~315쪽·314~315쪽; 문경현, 「新羅 朴氏의 骨品에 대하여」, 『歷史敎育論集』 13·14합집, 1990, 217~233쪽; 李泳鎬, 「新羅의 王權과 貴族社會 -중대 왕의 혼인 문제를 중심으로-」, 『新羅文化』 22, 2003, 34쪽, 각주 129.
[134] 김수태는 효성왕에게 왕비가 두 사람이 있었다고 보았다. 즉 효성왕 원년의 중국 측 박씨왕비 기록은 당에서 있던 사신의 출발을, 『三國史記』에 보이는 효성왕 2년의 박씨왕비 기록은 사신이 도착하여 冊立한 사실을 말해주는 것으로 보았다(『新羅中代政治史研究』, 一潮閣, 1996, 87~88쪽). 박해현 역시 박씨왕비의 존재에 대해 긍정하고 있는데, 모량부를 근거로 한 박씨족은 성덕왕을 옹립하였을 뿐만 아니라 효성왕의 지지세력이었다고 보았다(『신라 중대 정치사 연구』, 국학자료원, 2003, 102~105쪽). 신정훈은 효성왕이 박씨왕비와 혼인한 시기가 효성왕 즉위년이었을 것으로 보았다(『8세기 신라의 정치와 왕권』, 한국학술정보(주), 2010, 33쪽). 曺凡煥은 효성왕이 태자 때 이미 박씨와 혼인하였을 것이라는 기왕의 견해에 동의하였다.(「王妃의 交替를 통하여 본 孝成王代의 政治 動向」, 『韓國史研究』 154, 2011, 42~43쪽).
[135] 김수태, 앞의 책, 1996, 89~91쪽; 박해현, 앞의 책, 2003, 102~105쪽; 신정훈, 앞의 책, 2010, 33쪽; 曺凡煥, 앞의 논문, 2011, 43~47쪽.
[136] 신라 남녀의 혼인 나이는 대략 15세 무렵이었던 것으로 보고 있다(김기흥, 『새롭게 쓴

이 즉위 전인 성덕왕 대에 이미 혼인하였을 가능성이 높다.[137] 그러므로 성덕왕 대 박씨세력의 부상에 따른 효성왕 대 박씨왕비의 존재에 대해 인정할 수 있을 것으로 생각한다. 이처럼 효성왕에게 혜명 이전에 이미 왕비가 있었다. 또한 효성왕 4년에 후궁의 존재도 보인다.[138] 이로 볼 때 효성왕에게는 적어도 김씨왕비인 혜명을 포함한 두 명 이상의 배우자가 있었음을 알 수 있다.

이와 같은 상황에서 효성왕 대 당에 의한 신라왕비의 책봉은 어떠한 의미를 갖는 것일까. 효성왕의 김씨왕비인 혜명이 입궁하기 전에 효성왕에게는 이미 박씨왕비가 있었음을 알 수 있다. 그런데 후에 입궁한 김순원의 딸인 혜명이 당으로부터 책봉을 받았던 것이다. 이는 당의 왕비 책봉과 관련하여 신라 내에서의 정치세력 간의 알력이 있었으리라 여겨진다.

신라가 당에 신라왕비를 책봉해 주기를 요청한 시점은 효성왕 3년인 739년이었다. 그리고 김원현과 형숙은 신라에서 정월에 출발하여 3월에 당에 도착하였을 것으로 보이므로, 당에 신라왕비를 책봉해 주기를 요청한 시점은 739년 정월로 보아야 할 것이다. 효성왕이 김순원의 딸과 혼인하였던 것은 739년 3월이었다. 이처럼 당의 신라왕비 책봉을 요구한 시점이 비슷한 것으로 보아 두 가지의 가능성을 생각해 볼 수 있다. 하나는 당에 요청한 신라왕비의 책봉 대상이 박씨왕비였을 가능성이고, 다른 하나는 효성왕이 김순원의 딸인 혜명과 혼인할 것이 예정된 상황에서 혜명을 염두에 둔 요청이었을 가능성이다.[139]

왕의 배우자로서 신분이 진골로 같을 경우, 입궁한 순서에 따라 왕후王后의 지위가 주어졌을 것이다. 혜명의 입궁 전에 박씨왕비가 있었을 것으로

『한국고대사』, 역사비평사, 1993, 74~75쪽). 중대 왕의 혼인 시기 역시 일반적으로 15~18세경으로 추정된다고 한다(이영호, 앞의 논문, 2011, 11~12쪽).
137　曺凡煥, 앞의 논문, 2011, 42쪽.
138　『三國史記』卷9 新羅本紀9 孝成王 4年.
139　曺凡煥, 앞의 논문, 2011, 54쪽.

여겨진다. 그리고 박씨왕비가 후궁과 동일한지 여부는 알 수 없으나, 적어도 후궁의 부가 파진찬이었던 것으로 보아 그 역시 진골 출신이었음을 알 수 있다. 이로 볼 때 후궁과 왕비의 지위는 사실상 명확치 않았던 것이다.[140] 후궁은 진골 출신으로서 왕의 배우자였다. 그의 칭호는 부인夫人이었을 것이라 여겨진다. 또한 당의 책봉을 받기 이전에 혜명의 칭호 역시 부인夫人이었을 것이다.[141]

따라서 박씨왕비가 혜명보다 먼저 입궁하였기 때문에 효성왕의 왕후는 박씨왕비였음을 알 수 있다. 그런데 효성왕 4년(740) 3월에 당이 신라왕비를 책봉하였는데, 그 대상이 왕비 김씨였다. 왕비 김씨, 즉 김순원의 딸인 혜명이 당의 책봉을 받았다. 즉 효성왕 4년에 혜명이 당으로부터 신라왕비의 책봉을 받았기 때문에 왕후王后의 위상에 차질이 생겼던 것이다. 이로 보아 효성왕 대에 왕의 배우자 간 다툼은 단순히 왕의 총애를 둘러싼 다툼이 아니라 왕의 정식 배우자, 즉 정비正妃의 지위를 둘러싼 갈등이었음을 알 수 있다.

이처럼 효성왕의 두 명의 배우자 간에 입궁에서의 시간차가 있었고, 후에 입궁한 왕비 김씨가 당의 책봉을 받아 정비로서의 지위를 획득함에 따라 서열상의 갈등이 야기되었던 것이다. 또한 효성왕 대 당의 신라왕비 책봉은 혜명의 부, 즉 김순원 세력이 주도하였던 것임을 유추할 수 있다. 김순원은 효성왕에게 이미 왕비가 있음에도 불구하고, 그 딸인 혜명을 입궁시켰다. 후에 입궁한 혜명이 왕의 정비正妃 위상을 갖기 위해서는 당의 책봉이 필요하였다. 결국 신라가 739년에 요청한 신라왕비의 책봉을 740년에

---

140 『三國遺事』 卷2 紀異2 文虎王法敏.
　　문무왕 대의 州吏 安吉과 車得公의 일화에서 안길의 처 3인이 등장한다. 사료에서 妻妾三人이라 표현하고, 또 一妻와 二妻라고 기록한 것으로 보아 안길의 처 3인 사이의 위상 차이는 보이지 않는다. 중대 초기에는 正妻의 개념이 명확치 않았음을 알 수 있다. 이 시기에는 왕비와 후궁의 개념 역시 명확치 않았을 것으로 추정된다.
141 李炫珠, 앞의 책, 2013, 78쪽.

혜명이 받게 되었다. G-2)로 보아 혜명이 효성왕의 첫 번째 비妃가 아님에도 불구하고, 결국 당의 신라왕비新羅王妃 책봉을 받았음을 알 수 있다.

(3) 효성왕 대 혜명왕후와 왕비세력

효성왕 대에는 혜명왕후 외에 두 명의 배우자가 있었다. 하나는 박씨왕비이고, 다른 하나는 영실각간의 딸인 후궁이다. 신라왕실에서 왕에게 여러 명의 배우자가 동시에 존재하는 기록은 효성왕 대에 처음 나온다. 그뿐만 아니라 왕비와 후궁 간의 갈등이 기록되어 있다는 점에서 주목할 수 있다. 왕과 귀족세력 간의 혼인은 왕의 배우자세력, 즉 왕비를 매개로 한 정치세력의 부상과 사회적 지위 확보와 밀접하게 연관되어 있다. 이에 효성왕 대의 박씨왕비, 김씨왕비인 혜명왕후, 그리고 후궁과 그 세력들의 알력과 그 의미에 대해서 살펴볼 필요가 있다. 우선 혜명왕후의 등장 배경으로서 성덕왕 대의 김순원세력을 살펴보고자 한다. 성덕왕 대에는 왕실 혼인이 두 차례 있었는데, 김순원은 성덕왕 19년에 맞아들인 후비後妃의 아버지이다. 다음은 성덕왕 대의 혼인 기사이다.

I-1) 聖德王 3년(704), 여름 5월에 乘府令 蘇判 金元泰의 딸을 맞아들여 妃로 삼았다.[142]

I-2) 聖德王 19년(720), 3월 伊湌 順元의 딸을 맞아들여 妃로 삼았다. (중략) 6월에 王妃를 책봉하여 王后로 삼았다.[143]

I-1)은 성덕왕 3년에 김원태의 딸을 왕비로 삼은 것이고, I-2)는 성덕왕 19년 3월에 김순원의 딸과 혼인하여 왕비로 삼고, 이어서 6월에 왕비를 왕후로 책봉하였다는 기록이다. I-2)에서 성덕왕이 3월에 김순원의 딸과 혼인

---

142 『三國史記』卷8 新羅本紀8 聖德王 3年.
143 『三國史記』卷8 新羅本紀8 聖德王 19年.

하고, 곧 이어서 6월에 왕후로 책봉하였다는 점이 주목된다. I-2)의 왕후 책봉의 의미를 살펴보기 위해 사료 I에서 성덕왕 왕비의 아버지인 김원태와 김순원의 정치적 활동에 대해서 알아보고자 한다.

기왕의 연구에서는 성정왕후의 부인 김원태, 즉 원대元大가 성덕왕의 시중인 원문元文과 동일인물인 것으로 보아, 중시中侍의 딸이 왕비가 되었다는 점을 주목하였다. 그뿐만 아니라 김순원 역시 효성왕 대에 중시였었다는 점을 주목하였다. 이처럼 성덕왕 대에 두 차례에 걸친 왕실 혼인, 그리고 왕비의 부가 중시를 역임하였다는 사실로 인해 왕과 중시 출신 왕비의 부계세력 간 결탁과 갈등 양상을 상정하기도 하였다. 즉 중시 출신의 왕과 관계가 밀접한 인물이었기 때문에 왕과 혼인 관계를 맺을 수 있었다고 보았던 것이다.[144]

그러나 성정왕후의 아버지인 김원태의 경우, 『삼국사기』 신라본기 내에서 동일인물의 이름을 '元泰'와 '元文'으로 쓰고 있다는 점은 쉽게 납득하기 어렵다. 그뿐만 아니라 원문은 성덕왕 2년에 중시로 임명되었다가, 성덕왕 4년에 죽었다.[145] 성덕왕 대에 중시 임명이 원년, 2년, 4년, 5년, 11년, 13년, 17년, 19년, 21년, 24년으로 매우 잦은 빈도로 이루어졌음을 알 수 있다. 중시의 임명은 이전에 중시를 맡았던 인물이 죽었거나, 늙음을 이유로 청로請老하거나, 또는 자연재해의 책임을 지고 물러나서 공석이 생겼을 경우, 임명되고 있다.

이로 볼 때 김원태가 성덕왕의 중시였기 때문에 왕실 혼인을 할 수 있었

---

[144] 성덕왕의 先妃인 성정왕후의 父가 中侍이었고, 後妃인 김순원 역시 효소왕 대 中侍 출신이었다는 것이다. 그뿐만 아니라 효성왕 대 中侍인 義忠의 딸인 경덕왕의 後妃인 만월부인, 경덕왕 대 中侍인 惟正의 딸인 혜공왕의 新寶王后에 이르기까지 中侍 출신 인물의 딸이 王妃가 되었는데, 이로 보아 中侍가 그들의 정치적 지위를 이용해서 왕의 外戚이라는 사회적 세력으로 등장하였다고 보았다(李基白, 『新羅政治社會史研究』, 一潮閣, 1974, 167~168쪽).

[145] 二年 阿湌元文爲中侍
四年春正月 中侍元文卒

다고 보기는 어려울 듯하다.¹⁴⁶ 성덕왕의 즉위는 효소왕이 죽은 후, 효소왕이 '無子'였기에 국인國人의 추대로 이루어졌다. 따라서 성덕왕 초기는 왕으로 추대한 귀족세력에 의해 제약을 받았던 시기로, 왕권이 그다지 강하지 못하였고,¹⁴⁷ 성덕왕 선비先妃의 세력, 즉 김원태 세력이 성덕왕 초기에 성덕왕을 지지하던 정치세력의 일원이었을 것으로 여겨진다.

그런데 I-1)에서 성덕왕과 혼인한 김원태의 딸이 성덕왕 19년에 출궁되고,¹⁴⁸ 이후 성덕왕 19년에 순원의 딸인 소덕왕비가 왕비로 맞아들여졌다. 신문왕과 경덕왕 대에 선비의 출궁이 있었는데, 출궁의 명분은 '無子', 즉 왕위를 이을 왕자가 없다는 것이었다. 그러나 성덕왕 선비의 경우, 아들 중경이 있었을 뿐만 아니라, 성정왕후가 출궁당하기 1년 전에 태자로 책봉되었다. 이로 보아 성정왕후의 출궁 이유가 정치적 세력 관계에 있었음을 알 수 있다. 이에 대해 성덕왕의 왕권 강화 과정에서 왕비세력을 축출하고자 하였다고 보기도 하고,¹⁴⁹ 후비인 김순원 세력과의 갈등 관계에 의한 축출이었다고 보기도 한다.¹⁵⁰ 귀족 간의 갈등에서 더 나아가 성정왕후의 출궁 1년 전에 성정왕후 소생의 중경이 태자로 책봉되었던 것으로 보아, 성덕왕과 성정왕후 간의 정치적 타협이었다고 보기도 하였다.¹⁵¹

I-2)의 김순원은 효소왕 7년(698)에 중시에 임명되었으나,¹⁵² 2년 후에 김순원은 모반사건에 연좌되어 중시직에서 파면되었다.¹⁵³ 이에 효소왕 대의

---

146 김원태가 성덕왕 대의 중시인 원문과 동일인물이었던 것으로 보아, 그가 성덕왕이 왕위에 오르는 데 추대세력으로 영향력을 행사하였고, 그 결과 中侍가 될 수 있었고, 그의 딸을 王妃로 納할 수 있었던 것으로 보았다(김수태, 앞의 논문, 1983, 213쪽).
147 김수태, 앞의 논문, 1983, 213~214쪽.
148 『三國史記』卷8 新羅本紀8 聖德王 15年.
149 김수태, 앞의 책, 1996, 78~83쪽; 박해현, 앞의 책, 2003, 90~95쪽.
150 濱田耕策, 『新羅國史の研究』, 吉川弘文館, 2002, 188쪽.
151 曺凡煥, 「新羅 中代 聖德王代의 政治的 動向과 王妃의 交替」, 『新羅史學報』 22, 2011, 111~118쪽.
152 『三國史記』卷8 新羅本紀8 孝昭王 7年. 二月 京都地動 大風折木 中侍幢元退老 大阿湌 順元爲中侍.

김순원이 정치적으로 실각하고 소외당하는 처지가 되었다고 보기도 한다.[154] 이후 성덕왕 5년(706)에 만들어진 〈황복사사리함명〉에 석탑을 만드는 담당자의 이름으로 김순원의 이름이 나오는데,[155] 이로 보아 김순원이 중시직에서 파면당한 후 다시 정치적으로 활동하기 시작한 시기를 이 시기로 추정하기도 한다.[156] 성덕왕 초기부터 정치적 활동을 하였을 경우, I-2)의 왕비의 부로 등장하였을 시기에 이찬(또는 각간)[157]의 관등을 상정하기는 어렵지 않다. 즉 성덕왕의 왕권 강화 의지와 김순원세력의 정치적 부상의 결과로 선비인 성정왕후의 출궁과 후비인 소덕왕비와의 혼인이 이루어졌던 것이다.

이로 볼 때 성덕왕 대의 혼인은 왕실과 귀족세력 간의 타협의 결과로 볼 수 있으리라 여겨진다. 성덕왕은 왕실 혼인을 통해 진골 귀족 세력과의 타협과 견제를 하고자 하였고, 그럼으로써 왕권을 강화하고자 하였던 것이다. 또한 성덕왕 19년에 혼인 기사에서 왕후의 책봉은 진골여성, 즉 '부인'과의 위상 차이를 염두에 둔 조치였다는 점을 알 수 있다.[158] 이처럼 중대 왕실은 왕실의 위상을 높이기 위해 왕후 책봉 등의 기제를 활용함으로써 왕실과 진골 귀족과의 위상 차이를 표상화하였다.[159]

그런데 왕후 및 왕실의 위상 강화는 왕실과 혼인 관계를 맺은 귀족세력, 즉 왕비세력과 여타 진골 귀족 세력 간의 위상 차이를 가져왔다. 즉 '왕비세력'은 왕비, 즉 왕실 혼인을 매개로 한 정치세력의 부상과 사회적 지위 확보로 이어졌던 것이다. 왕의 배우자, 왕비의 지위는 효성왕 대에 박씨왕

153 『三國史記』 卷8 新羅本紀8 孝昭王 9年. 夏五月 伊飡慶永(永一作玄)謀叛 伏誅 中侍順元緣坐罷免.
154 金壽泰, 「新羅 聖德王·孝成王代 金順元의 政治的 活動」, 『東亞研究』 3, 1983, 208쪽.
155 〈皇福寺舍利函銘〉.
156 金壽泰, 앞의 논문, 1983, 208쪽.
157 『三國遺事』 卷1 王曆1 第三十三 聖德王.
158 이현주, 『신라 왕실여성의 칭호변천 연구』, 성균관대학교 박사학위논문, 2014, 89쪽.
159 이현주, 「신라 중대 왕후의 책봉과 위상 정립」, 『역사와 현실』 95, 2015, 248~251쪽.

비와 김씨왕비 간의 '당의 신라왕비新羅王妃 책봉'을 둘러싼 갈등을 가져왔던 것이다.

그뿐만 아니라 효성왕 대에는 왕비 외에 후궁後宮에 관한 기록도 보인다. 효성왕 4년의 '왕비와 후궁 간의 갈등'의 배경과 의미에 대해서 살펴볼 필요가 있다. 다음은 관련 사료이다.

J-1)   伊飡 順元의 딸인 惠明을 맞아들여 妃로 삼았다.[160]

J-2)   妃는 惠明王后로 眞宗角干의 女이다.[161]

J-3)   효성왕 4년(740), 8월에 波珍飡 永宗이 반역을 꾀하다가 죽임을 당하였다. 이보다 앞서 영종의 딸이 後宮으로 들어왔는데, 왕이 그를 몹시 사랑하여 은총이 날로 더해지자 왕비가 이를 질투하여 집안사람들과 더불어 도모하여 그를 죽였다. 영종은 왕비와 그 친족들을 원망하였는데, 이로 인하여 반역을 일으킨 것이다.[162]

J-1)은 『삼국사기』 신라본기이고, J-2)는 『삼국유사』 왕력이다. J-2)인 『삼국유사』 왕력편에서는 박씨왕비에 대한 기록은 없고, 다만 혜명왕후에 대한 기록만이 적혀있다. 그뿐만 아니라 J-1)에서는 혜명의 부가 순원이라고 한데 반해 J-2)에서는 진종이라고 하였다. 『삼국유사』 왕력편의 기록은 효성왕의 비를 한 명으로 인식한 데서 오는 기록상의 착오였을 가능성이 높다. 혜명왕후의 부는 J-1)의 기록대로 김순원이었을 것이다.[163]

효성왕 대에는 G-1)의 박씨왕비와 J-1), 2)의 혜명왕후, 그리고 J-3)의 후궁後宮의 존재가 보인다. 이 중 혜명왕후의 경우, G-2)의 당의 김씨왕비 책봉 기사, 그리고 I-1)의 혼인 기사, I-2)의 『삼국유사』 왕력편의 기사에서 보

160　『三國史記』卷9 三國史記9 孝成王 3年.
161　『三國遺事』卷1 王曆1 孝成王.
162　『三國史記』卷9 新羅本紀9 孝成王 4年.
163　金壽泰, 앞의 책, 1996, 86쪽; 박해현, 앞의 책, 2003, 108쪽; 曺凡煥, 앞의 논문, 2011.

이고 있어 그 실체가 비교적 뚜렷하다. 반면 G-1)의 박씨왕비와 J-3)의 후궁의 경우 그 실체에 대해서 다소 논란이 있다.

우선 J-2)의 기사에 대한 논란이 있다. 효성왕 대에 왕의 배우자가 박씨왕비, 혜명왕후(김씨왕비), 후궁이 나온다. 박씨왕비의 경우, 그의 부父를 비롯한 세력이나 혼인과 출궁 등 거취에 관한 기록이 보이지 않는다. 후궁은 입궁 또는 혼인 기사가 보이지 않으나, J-3)에서 알 수 있듯이 그의 아버지인 파진찬 영종이 보인다.

여기서 J-2)에 혜명왕후의 부父로 진종각간이라는 기사가 의문이다. 이에 혜명은 김순원의 딸이 분명하므로 진종은 박씨왕비의 부父였을 것으로 파악하기도 한다. 그리고 J-2)의 진종과 J-3)의 영종의 이름이 비슷한 것을 근거로, 두 사람을 동일인물로 파악하기도 하였다.[164] 반면 진종은 박씨왕비의 아버지인데, J-2)에서 혜명의 부父로 기록된 이유는 『삼국유사』 왕력편에서 효성왕의 왕비로 혜명만을 인식한 데 따른 기록상 착오로 파악하기도 하였다.[165]

여기서 논란이 되는 것은 박씨왕비와 후궁을 동일인물로 볼 수 있는지의 여부이다. 즉 후궁을 박씨왕비와 다른 인물로 보기도 하고,[166] 동일인물로 보기도 하였다.[167] 즉 영종의 딸을 박씨왕비로 추정하기도 한다.[168] 또한 김

---

[164] 김수태, 앞의 책, 1996, 86~87쪽·96~97쪽.
[165] 박해현, 앞의 책, 2003, 108쪽.
[166] 박해현, 앞의 책, 2002, 107~109쪽; 曺凡煥, 앞의 논문, 2011, 49~52쪽.
[167] 井上秀雄, 『新羅史基礎研究』, 東出版 株式會社, 1974, 455쪽; 濱田耕策, 『新羅國史の研究』, 吉川弘文館, 2002, 188~189쪽; 金壽泰, 앞의 책, 1996, 87~88쪽.
[168] 井上秀雄은 영종의 딸이 왕비가 되었고, 당으로부터 王妃의 册命까지 받았다고 보았다(『新羅史基礎研究』, 東出版 株式會社, 1974, 455~456쪽; 濱田耕策, 『新羅國史の研究』, 吉川弘文館, 2002, 188~189쪽; 김수태, 앞의 책, 1996, 87~88쪽). 김수태는 효성왕 즉위조에서 당으로부터 책봉을 받는 박씨왕비가 효성왕의 先妃로, 영종의 딸이었다고 보았다. 先妃인 영종의 딸이 김순원의 딸인 혜명이 입궁함에 따라 後宮으로 옮겨갔지만, 그를 孝成王이 더욱 가까이하자 마침내 김순원 측이 살해한 것이라고 하였다(앞의 책, 1996, 87~88쪽·96~97쪽).

순원세력이 박씨세력을 정치적으로 제압하고, 딸을 왕비로 들였던 것으로 보아, 박씨왕비와 후궁은 다른 인물이었을 것으로 보기도 한다.[169] 그런데 사료에서 박씨왕비의 출궁을 비롯한 거취의 여부는 보이지 않는다. 또한 후궁의 입궁 또는 혼인 기사 역시 보이고 있지 않다. 박씨왕비와 후궁을 동일인물로 여길 만한 접점을 찾을 수 없다. 또한 후궁은 기록상 후궁이라 기록되어 있으나, 아버지인 영종이 파진찬波珍湌인 것으로 보아 진골 출신이었음을 알 수 있다. 후궁은 진골 출신으로 김씨였을 것이다. 따라서 박씨왕비와 후궁이 동일인물이라고 보기에는 근거가 희박하다고 생각한다.

다음으로 왕비는 효성왕 3년(739)에 비로 맞아들인 이찬 순원의 딸인 혜명이었을 것으로 여겨진다.[170] 『신당서』에서 '왕족은 제1골第一骨이고, 제2골第二骨의 처만 맞아들인다'고 하였다.[171] 왕과 왕비가 같은 출신성분을 갖는 것이다. 후궁과 왕비인 혜명은 위의 사료에서 후궁과 왕비라고는 하였으나, 모두 진골 출신으로서 왕의 배우자였다. 그렇기 때문에 후궁의 부인 영종이 반발할 수 있었던 것이다. 왕비 족당이 이겼기 때문에 반란과 후궁으로 기록되었으나, 사실상 혜명 일족과 후궁 일족 간의 세력 다툼이었을 것임을 알 수 있다.

위의 사료에서 분명히 알 수 있는 점은 효성왕에게는 적어도 김씨왕비인 혜명을 포함한 두 명 이상의 배우자가 있었고, 이들 사이에는 정치세력 간의 알력이 있었다는 사실이다.

그렇다면 왕비와 후궁 사이의 갈등 배경은 무엇이었을까. J-3)은 효성왕

---

169 曺凡煥은 박씨왕비의 출궁 혹은 사망이 있은 후에 김순원의 딸을 맞아들인 것으로 보았고, 後宮은 김순원의 딸을 맞아들인 그즈음에 맞아들였을 것으로 보았다(앞의 논문, 2011, 54~58쪽).
170 김수태는 효성왕 2년에 당에 의해 박씨왕비로 책봉된 인물을 효성왕의 첫째 왕비로, 진종 혹은 영종의 딸이었다고 보았다. 이에 영종의 난을 박씨왕비 세력과 혜명 즉 김순원세력과의 갈등으로 파악하였다(앞의 책, 1996, 86~87쪽·92~93쪽).
171 『新唐書』卷220 列傳145 東夷 新羅. "其族名第一骨·第二骨以自別 兄弟女·姑·姨·從姉妹 皆聘爲妻 王族爲第一骨 妻亦其族 生子皆爲第一骨 不娶第二骨女 雖娶 常爲妾媵."

대 왕비와 후궁 사이의 다툼을 전하고 있다. 이는 왕비와 후궁 개인 간의 다툼이 아니라 왕비 세력과 후궁 세력과의 다툼이었다. 왕비가 그의 세력과 더불어 후궁을 죽였고, 이에 후궁의 부인 영종이 반란을 일으킨 것이다.

  J-3)에서 후궁과 왕비 사이 갈등의 원인이 왕의 총애였다고 하였다. 그러나 후궁의 죽음과 후궁 부의 반란으로 보아 단순히 총애만을 다툰 것이 아니었음을 알 수 있다. 앞서 살펴본 것처럼 박씨왕비와 김씨왕비인 혜명이 당의 신라왕비 책봉을 둘러싸고 세력다툼을 벌였던 정황을 알 수 있었다. 결국 혜명이 당으로부터 신라왕비로 책봉 받음으로써 일단락되었다. 그로 인해 박씨왕비보다 늦게 입궁한 혜명이 정비正妃인 왕후로서의 위상을 획득할 수 있었던 것이다.

  그런데 이 후궁과 왕비세력 간의 갈등 역시 혜명이 당으로부터 신라왕비 책봉 받은 같은 해에 일어났다. 즉 3월에 혜명이 당의 책봉을 받은 후, 8월에 후궁의 부인 영종이 모반으로 복주되었다. 여기서 J-3) 사료에서 왕비의 세력을 족인族人 그리고 왕비종당王妃宗黨이라고 기록하였다는 점이 주목된다. 왕비의 족인族人, 그리고 왕비의 종당宗黨으로 기록한 것으로 보아 이 세력의 사회적 지위 및 권력의 배경이 왕비였음을 알 수 있다. 또한 후궁의 부인 영종은 왕비와 그 친족들을 원망하였는데, 이는 후에 반역으로 몰려 죽임까지 당하였던 것이다. 여기서 영종의 왕비와 그 족당에 대한 불만이 반역으로 정죄되었다는 사실이 주목된다. 이처럼 왕비에 대한 반발이 모반죄로 처벌될 수 있었던 것은 중대에 왕비의 위상이 왕권과 밀접하게 연관되어 졌기 때문이라는 점을 유추할 수 있다. 또한 왕비의 지위가 왕비세력, 즉 왕비의 외척세력의 사회적 권한이 강화되는 배경으로 작용하였음을 알 수 있다.

3) 정비正妃의 위상과 혜명태후

효성왕 대에 혜명은 당으로부터 신라왕비 책봉을 받음으로써 '왕후'의 지위를 획득하였다. 효성왕의 배우자로서 부인夫人이었던 혜명은 왕후王后가 되었다. 혜명이 왕후가 되기까지는 박씨왕비와 후궁과의 알력이 있었다. 이는 단순히 왕의 총애를 둘러싼 왕의 배우자 간 다툼이 아니라 족인族人과 종당宗黨이 동원된 정치적 세력 간의 충돌이었던 것이다. 그리고 이는 혜명이 왕후의 지위를 획득하고, 상대세력은 모반으로 복주되는 것으로 끝이 맺어졌다. 이와 같은 과정은 왕의 배우자로서 왕후의 위상을 공고히 하는 결과를 가져왔을 것이다. 이에 중대 왕후王后의 위상을 정비正妃의 개념 수용과 아울러 살펴보고자 한다.

'正妃'는 천자의 배필을 일컫는 이념적인 용어로, '왕의 정식 배우자 1인'을 의미한다. 정비는 중국의 비빈제妃嬪制에서 기원한 것으로[172] 『주관周官』의 옛 제도에 따르면, 정비인 후后와 차비인 3부인三夫人 간의 위상 차이는 명백하였다.[173] 즉 중국의 후비제는 기본적으로 황제의 정식 배우자인 정비正妃와 차비次妃의 존재들로 위상 차이를 두었음을 알 수 있다. 신라 골품제 기반의 신분제에서는 왕에게 여러 배우자가 있을 경우, 정비의 지위는 일반적으로 입궁 순서에 따라 정해졌을 것이다. 효성왕 3년에 혼인한 혜명이 정비의 지위를 갖기 어려웠던 이유이다. 그렇기 때문에 혜명이 당으로부터 왕비 책봉을 받았다는 것은 혜명의 위상에 결정적인 역할을 했으리라는 점을 알 수 있다. 즉 혜명은 당의 왕비 책봉을 통해 '왕의 정식 배우자 1인'인 정비正妃의 위상을 획득할 수 있었던 것이다.

---

[172] 朱子彦은 한 명의 처가 正妻로서 우월한 지위를 갖는 것은 중국의 전통적 혼인 형식이며, 妃嬪制의 연원이라 할 수 있다고 하였다(『后宮制度研究』, 華東師範大學出版社, 1999, 45~46쪽).

[173] 『通典』卷34 職官16 后妃及內官命婦附. "昔帝嚳有四妃 以象后妃四星 其一明者爲正妃 餘三小者爲次妃 帝堯因焉."

혜명이 당의 왕비 책봉을 받았던 건, 전적으로 그의 부를 중심으로 한 정치세력에 의해서였을 것이다. 혜명의 부는 김순원이었다. 이에 효성왕 대의 왕비인 혜명의 정치세력, 김순원세력이 주목된다. 앞서 I-2)와 J-1)에서 성덕왕과 효성왕은 각각 순원의 딸을 왕비로 맞아들였다. 김순원은 성덕왕과 효성왕 대 왕비의 부로서 외척세력이었다. 특히 효성왕 대에는 왕의 외조부이자 장인으로서, 왕모와 왕비를 아우른 외척세력이었다. 사료 I-2)와 J-1)을 보면, 김순원세력이 왕후와 왕비의 책봉을 통해 외척세력으로서의 입지를 가지고자 하였음을 알 수 있다. 순원의 딸은 성덕왕 대에 '신라의 왕후王后' 책봉, 효성왕 대에 '당의 신라왕비新羅王妃' 책봉을 받음으로써 정비正妃의 위상을 가질 수 있었다. 즉 순원의 딸이 왕의 정식 배우자로서 확고부동한 지위를 갖는 것은 '책봉'을 통해서였다.

성덕왕 대는 견당사 파견이 빈번하게 이루어졌던 것에서[174] 알 수 있듯이 당과 친밀한 외교관계를 유지하고 있었다.[175] 왕비의 위상이 '책봉'을 통해 정립되었던 것은 김순원세력이 당의 율령적 후비제에 대한 이해를 기반으로 '왕의 정식 배우자 1인인 정비正妃'의 위상을 선취하고자 의도한 것임을 알 수 있다. 이처럼 성덕왕의 왕후 책봉과 효성왕 대의 당에 의한 왕비 책봉은 신라에서 정비正妃 개념을 정립시키는 계기가 되었던 것이다. 정비正妃의 위상과 관련하여 다음의 경덕왕 대 태후太后 관련 사료가 주목된다.

경덕왕 7년(748), 가을 8월에 태후가 永明新宮으로 옮겨 거처하였다.[176]

위의 사료에서 경덕왕 7년(748) 가을 8월에 태후가 영명신궁으로 옮겨 거처하였다고 하였다. 이 사료에서 우선 태후가 누구를 지칭하는지를 살펴볼

---

[174] 성덕왕 재위 36년간 46회의 遣唐使 파견이 있었다(권덕영, 앞의 책, 1997, 45~60쪽).
[175] 趙二玉,「新羅 聖德王代 唐外交政策硏究」,『梨花史學硏究』19, 1990, 94~95쪽.
[176] 『三國史記』卷9 新羅本紀9 景德王 7年.

필요가 있다. 경덕왕의 부인 성덕왕에게는 두 명의 왕비가 있었다. 그중 첫 왕비인 성정왕후는 출궁되었고, 효성왕의 친모인 소덕왕비는 죽었다. 통상적으로 따지자면, 경덕왕의 태후는 친모인 소덕태후가 되어야 할 것이다. 『삼국유사』 왕력편에는 소덕태후로 기록되어 있다. 그러나 소덕왕비는 경덕왕이 즉위 이전에 이미 죽었고, 태후는 사후 추증된 시호였다. 경덕왕의 부왕인 성덕왕의 비 중 태후의 지위를 가질 수 있는 사람은 없는 것이다.

그렇다면 경덕왕 대에 태후의 지위에 있을 수 있는 사람은 전왕인 효성왕의 비일 가능성이 크다. 효성왕과 경덕왕은 성덕왕의 아들들로써 형제관계이다. 혈연적으로 부자관계가 아님에도 불구하고, 전왕의 비가 태후의 위상을 갖게 된 것이다. 왕의 친모가 아님에도 불구하고, 전왕의 비라는 이유로 왕모인 태후의 지위에 오른 것은 경덕왕 대의 태후가 처음이다. 정비正妃의 위상이 정립되었기에 후대 왕대에 혈연관계가 아님에도 불구하고 왕모로서 태후의 지위를 가질 수 있었던 것이다.

다음으로 경덕왕 8년에 태후가 이거했다는 사실이 의미하는 바에 대해서 살펴보자. 효성왕 3년(739) 3월에 이찬 김순원의 딸인 혜명을 맞아들여 왕비로 삼았다.[177] 같은 해 2월에 왕의 아우 헌영을 파진찬으로 삼았고,[178] 5월에는 왕의 아우인 헌영을 태자로 책봉하였다.[179] 이처럼 김순원의 딸인 혜명의 왕비 책봉과 태자 책봉이 연이어 나타나고 있다. 이로 보아 경덕왕의 즉위에는 김순원세력의 지지가 있었을 것이라고 보기도 하고,[180] 효성왕이 외척인 김순원 세력을 견제하기 위해 동복同腹을 태자로 삼았던 것이라 보기도 하였다.[181]

---

[177] 『三國史記』 卷9 新羅本紀9 孝成王 2年.
[178] 『三國史記』 卷9 新羅本紀9 孝成王 2年.
[179] 『三國史記』 卷9 新羅本紀9 孝成王 2年.
[180] 김순원세력의 지지 하에 경덕왕이 태자로 책봉될 수 있었다고 보았다(金壽泰, 앞의 책, 1996, 95~96쪽; 박해현, 앞의 책, 2003, 114쪽).
[181] 曺凡煥, 앞의 논문, 2011, 55~56쪽.

한편 태후가 이거하였다는 기록은 태후와 김순원 세력의 정치적 위상이 변화하였으리라는 점을 유추하게 한다. 적어도 경덕왕의 즉위 초에는 김순원 세력이 여전히 정치적 우위를 점하고 있었고, 이는 혜명이 경덕왕 대에 태후의 지위를 가지게 된 것과 연관된 것이었음을 알 수 있다.

요컨대 경덕왕 대의 태후는 효성왕의 비妃이자 김순원의 딸인 혜명으로, 이미 효성왕 대 정비正妃의 자리를 획득하였고, 이어서 경덕왕 대에 태후太后의 지위를 획득하였다. 혜명은 효성왕 대에 정비의 지위를 획득할 수 있었기 때문에 경덕왕 대에 태후의 지위에 오를 수 있었던 것이다. 효성왕 대에 정비로서의 개념이 정립되었고, 전왕의 정비가 후대에 태후로서의 위상을 확보하는 것으로까지 이어졌다. 이처럼 신라는 당 후비제의 정비正妃 개념을 통해 신라에서의 정비와 태후의 지위를 정립하였음을 알 수 있다.

4) 정비正妃 지위의 확립 과정과 책봉 절차

중대에는 왕실 혼인과 왕비의 출궁의 기사가 빈번하게 보인다는 점이 특징적이다. 기왕에는 왕실 혼인은 왕실과 진골 귀족 간의 역관계, 정치세력으로서의 외척이라는 측면만 부각되어 왔다. 왕의 배우자로서 왕비의 위상에 대해서는 간과되어 왔던 것이다. 왕과 귀족 간의 혼인은 왕의 배우자세력, 즉 왕비를 매개로 한 정치세력의 부상과 사회적 지위 확보와 밀접하게 연관되어 있다.

효성왕 대에는 3명의 배우자가 기록되어 있다. 박씨왕비, 김씨왕비인 혜명왕후, 후궁이 그들이다. 이처럼 신라 왕실에서 왕에게 여러 명의 배우자가 동시에 존재하는 기록은 효성왕 대가 처음이다. 그뿐만 아니라 이들 간의 갈등 및 세력 다툼까지도 감지된다. 왕비와 후궁 간의 갈등이 기록되어 있다는 점에서 주목할 수 있다. 중대 왕실의 위상 강화는 왕실과 혼인 관계를 맺은 귀족세력, 즉 왕비세력의 위상 강화로 이어졌다. 왕비王妃, 즉 왕실 혼인을 기반으로 한 정치세력, '왕비세력'의 부상과 사회적 지위 확보로 이어졌던 것이다. 이는 효성왕 대에 혜명왕후와 박씨왕비, 혜명왕후와 후궁 간의 '당의 신라왕비 책봉'을 둘러싼 갈등을 야기하였다.

혜명왕후는 당으로부터 신라왕비 책봉을 받음으로써 '왕후'의 지위를 획득하였다. 단순히 왕의 총애를 둘러싼 왕의 배우자 간 다툼이 아니라 족인族人과 종당宗黨이 동원된 정치적 세력 간의 충돌이었다. 이는 혜명이 왕후의 지위를 획득하고, 상대세력은 모반으로 복주되는 것으로 끝이 맺어졌다. 이와 같은 과정은 왕의 배우자로서 왕후의 위상을 공고히 하는 결과를 가져왔다.

효성왕 대에 왕의 배우자 간 다툼은 단순히 왕의 총애를 둘러싼 다툼이 아니라 왕의 정식 배우자, 즉 정비正妃의 지위를 둘러싼 갈등이었음을 알 수 있다. '왕의 정식 배우자 1인'으로서 정비의 지위는 성덕왕 대 왕후 책봉, 효성왕 대 당의 왕비 책봉, 경덕왕 대 태후 책봉으로 이어지며 정립되었다. 이와 같은 정비正妃의 지위 정립에는 왕과 정치세력, 특히 왕비를 배출한 정치세력인 김순원세력의 영향력을 배제할 수 없다. 김순원의 딸은 책봉을 통해 정비正妃 지위를 획득하였고, 김순원은 성덕왕, 효성왕 대에 이어 경덕왕 대에도 외조부이자, 왕모의 부로서 외척의 위상을 가질 수 있었다. 즉 김순원 세력은 당의 후비제도 수용, 책봉 등 당과의 친연성을 통해 왕비세력으로서 입지를 강화하고자 하였던 것이다. 이처럼 신라 중대 '정비' 지위의 정립은 중대 왕들의 왕권을 강화하고자 한 의도와 그에 부응하는 정치세력, 특히 왕비세력의 결합으로 이루어졌다. 정비正妃의 위상은 중대 왕권이 강화한 결과로 이루어진 것이 아니라 중대 왕실과 왕비세력의 이해관계가 부합한 결과물이었다.

3. 당의 신라왕대비新羅王大妃 책봉과 왕모王母의 위상

1) 후비제와 왕모의 위상

신라 중대는 태종 무열왕부터 혜공왕에 이르는 시기를 말한다. 태종 무열왕이 진골 출신으로 처음으로 왕위에 오른 왕이다. 중대의 왕실과 귀족 세력은 모두 진골 출신이라는 공통된 신분적 기반을 가졌던 것이다. 김춘추가 태종 무열왕으로 즉위한 이후에 대내적으로 제기된 정치적 과제는 진골 귀족의 억제를 통한 무열왕계의 안정이었다.[182] 이에 중대 왕실은 왕권의 안정과 강화를 위해 제도적으로 체제를 정비하였고, 정치적으로 귀족세력과의 연대와 견제를 하였다. 중대의 왕실 혼인은 왕권 강화의 일환으로 이루어졌고, 중대 왕실여성의 칭호와 위상은 중대 왕권의 위상과 연동된 것이었다.

최근 중대 왕실여성의 정치적 위상과 역할에 주목한 연구가 이루어졌다. 왕실과 진골 귀족세력 간의 역관계를 왕비를 배출한 정치세력, 이른바 외척세력에 주목하여 밝힌 연구가 있었다.[183] 또한 왕비의 혼인과 출궁의 배경을 살펴봄으로써 진골 귀족 세력의 추이를 살펴본 연구도 이루어졌다. 특히 만월태후는 중대의 마지막 태후이자 섭정을 했던 인물로서 그의 정치

---

[182] 김영하, 『新羅中代社會研究』, 일지사, 2007, 171쪽.
[183] 이영호, 「신라 왕권과 귀족사회 -중대 국왕의 혼인 문제를 중심으로-」, 『신라문화』 22, 2003; 「통일신라시대의 王과 王妃」, 『신라사학보』 22, 2011; 조범환, 「神穆太后 -신라 중대 孝昭王代의 정치적 동향과 신목태후의 섭정-」, 『서강인문논총』 29, 2010; 「신라 중대 聖德王代의 정치적 동향과 왕비의 교체」, 『신라사학보』 22, 2011a; 「王妃의 교체를 통하여 본 孝成王代의 정치적 동향」, 『한국사연구』 154, 2011b; 「≪삼국유사≫ 왕력편의 異種記事를 통해 본 中代 新羅의 정치구조 -신라 중대 景德王의 왕비 교체와 정치적 동향을 중심으로-」, 『신라사학보』 30, 2014a; 박해현, 「惠恭王代 貴族勢力과 中代 王權」, 『全南史學』 11, 1997a; 「신라 경덕왕대의 외척세력」, 『한국고대사연구』 11, 1997b; 「新羅 孝成王代 政治勢力의 推移 -孝成王의 卽位過程을 중심으로-」, 『歷史學研究』 12, 1993; 『신라중대정치사연구』, 국학자료원, 2003 재수록; 신정훈, 「新羅 惠恭王代 政治的 推移와 天災地變의 性格」, 『동서사학』 8, 2001; 『8세기 신라의 정치와 왕권』, 한국학술정보, 2010 재수록.

세력과 역할을 고찰하였다.[184] 이들 연구에서는 중대 왕실과 정치세력의 추이를 고찰함으로써 중대 왕권의 성격을 밝히고자 하였고, 이에 그 접점에 위치한 왕실여성을 주목하였다. 다만 이들 연구는 중대 왕실여성의 존재 양상보다는 왕실과 귀족세력 간의 역관계, 정치세력의 추이를 고찰하는 데 초점을 맞추고 있다.

혜공왕 대는 중대 왕권의 성격 및 정치체제를 파악하는 데 중요한 시기이다.[185] 그리고 만월태후는 중대의 마지막 왕인 혜공왕의 모후이다. 또한 혜공왕을 대신하여 섭정하였고, 당으로부터 처음으로 왕대비의 책봉을 받았다. 만월태후의 섭정을 차치하고 혜공왕 대의 일련의 정치적 사건들을 단지 왕당파와 그에 반대하는 진골 귀족 세력 간의 역관계로만 이해하는 것은 한계가 있다. 또한 혜공왕 대 정치사에 대한 인식을 중대와 하대의 변혁기라는 점에만 주목할 경우 중대의 연속선상으로서 하대의 특성에 대해서는 간과할 우려가 있다. 이에 중대 왕모의 칭호를 고찰하여 위상의 변화를 알아보고 이를 통해 혜공왕 대 만월태후 섭정기가 가진 의미를 고찰하고자 한다.

다음에서 중대 왕실여성, 그중에서도 왕모의 칭호와 위상을 살펴보고자 한다. 또한 실질적으로 정치적 역할을 수행하여 왕모의 위상을 구현한 사례로서 혜공왕 대 만월태후를 주목하고자 한다. 우선 중대 왕모의 칭호를

---

184 김수태, 「신라 혜공왕대 만월부인의 섭정」, 『신라사학보』 22, 2011; 조범환, 「신라 中代末 惠恭王의 婚姻을 통하여 본 政局의 변화」, 『신라문화』 43, 2014b.

185 기왕의 연구에서는 중대 왕권의 성격을 전제왕권으로, 정치체제를 전제왕권체제로 파악하였다. 이에 따르면 혜공왕 대는 중대에서 하대로 이행하는 전환기로 이해되었다. 즉 중대의 마지막 왕이었던 혜공왕 대가 중대 전제정치에서 하대 귀족연립정권으로 전환되는 시기로 파악하였던 것이다(이기백, 「신라 혜공왕대의 정치적 변혁」, 『사회과학』 2, 1958; 『신라정치사회사연구』, 일조각, 1974; 김수태, 『신라중대정치사연구』, 일조각, 1996). 이후의 연구에서 '전제왕권'의 개념과 실재에 대한 의문이 제기되었다. 혜공왕 대를 전환기로 파악하기 어렵다는 견해가 제기되었다(이영호, 「신라 혜공왕 대 정변의 새로운 해석」, 『역사교육논집』 13·14, 1990; 「신라 혜공왕 12년 관호복구의 의미」, 『대구사학』 39, 1991; 「신라 왕권과 귀족사회」, 『신라문화』 22, 2003; 『신라 중대 정치와 권력구조』, 지식산업사, 2014).

고찰하고 이를 통해 중대 왕모의 위상을 알아보고자 한다. 다음으로 만월태후의 부인夫人, 왕후王后, 태후太后, 왕대비王大妃의 칭호가 가진 의미를 살펴보고, 그에 따른 왕모로서의 위상을 고찰할 것이다. 마지막으로 섭정기 만월태후의 정치적 역할을 살펴보고, 이를 통해 중대 왕모의 위상과 정치적 지향을 알아보고자 한다. 이를 통해 중대 왕모의 위상 변화 및 정치적 역할을 제도적 측면에서 이해하고, 나아가 중대 왕권의 성격을 고찰하고자 한다.

2) 왕모王母의 칭호와 위상의 정립

(1) 왕모의 '왕후王后' 칭호 의미

신라 중대의 왕은 모두 8명인데, 『삼국사기』 즉위조와 『삼국유사』 왕력편에 기록된 '王母'는 모두 6명이다. 이들 기록에 따르면, 효소왕과 성덕왕이 신문왕의 아들로, 동모제同母弟이며, 효성왕과 경덕왕이 성덕왕의 아들로, 동모제이기 때문이다. 따라서 중대의 왕모는 총 6명이다. 이들 사료에 기록된 왕모의 칭호를 살펴보고자 한다. 다음은 『삼국사기』 즉위조의 왕모와 관련된 기록이다.

K-1) 태종무열왕이 즉위하였다. 諱는 春秋이고, 진지왕의 아들 龍樹의 아들이다. 母는 天明夫人이고, 眞平王의 딸이다. 妃는 文明夫人이고, 舒玄 角飡의 딸이다.[186]

K-2) 文武王이 즉위하였다. 諱는 法敏이고, 太宗武烈王의 元子이다. 어머니는 김씨 文明王后로, 蘇判舒玄의 季女이고, 庾信의 누이이다.[187]

K-3) 神文王이 즉위하였다. 諱는 政明(明의 字는 日怊)이고, 文武王의 長子이

---

[186] 『三國史記』 卷5 新羅本紀5 武烈王 즉위조.
[187] 『三國史記』 卷6 新羅本紀6 文武王 즉위조.

다. 母는 慈儀(혹은 義)王后이다. 妃인 金氏는 蘇判 흠돌의 딸이다. 왕이 太子로 있을 때 그를 맞아들였는데, 오래도록 아들이 없다가 나중에 그 아버지의 반란에 연루되어 出宮되었다.[188]

K-4) 孝昭王이 즉위하였다. 諱는 理洪(혹은 恭)이고, 神文王의 太子이다. 母의 姓은 金氏로, 神穆王后인데, 一吉湌 金欽運(혹은 雲)의 딸이다.[189]

K-5) 聖德王이 즉위하였다. 諱는 興光이다. (중략) 신문왕의 第二子이고, 효소왕의 同母弟이다.[190]

K-6) 孝成王이 즉위하였다. 諱는 承慶이고, 聖德王의 第二子이고, 母는 炤德王后이다.[191]

K-7) 景德王이 즉위하였다. 諱는 憲英이고, 孝成王의 同母弟이다. 孝成王에게 아들이 없어 헌영을 세워 太子로 삼았던 까닭에 왕위를 이을 수 있었다. 妃는 伊湌 順貞의 딸이다.[192]

K-8) 惠恭王이 즉위하였다. 諱는 乾運이고, 景德王의 嫡子이다. 母는 金氏이고, 滿月夫人으로 舒弗邯 義忠의 딸이다. 왕이 즉위할 때 나이가 여덟 살이었으므로 太后가 섭정하였다.[193]

『삼국사기』 즉위조에 보이는 왕모의 칭호는 부인夫人과 왕후王后이다. 부인의 경우, K-1)의 무열왕의 모母인 천명부인, K-8)의 혜공왕의 모母인 만월부인이다. 왕후의 경우, K-2)의 문무왕의 모母인 문명왕후, K-3)의 신문왕의 모母인 자의왕후, K-4)의 효소왕의 모母인 신목왕후, K-6)의 효성왕의 모母인 소덕왕후이다. K-5)의 성덕왕과 K-7)의 경덕왕은 동모제同母弟라고 기록되어 있으므로 이들의 왕모 칭호 역시 왕후王后로 볼 수 있다. K-1)과 K-8)을 제외하고는 왕모의 칭호가 왕후王后이다. K 사료에 따르면 무열왕

---

188 『三國史記』卷8 新羅本紀8 神文王 즉위조.
189 『三國史記』卷8 新羅本紀8 孝昭王 즉위조.
190 『三國史記』卷8 新羅本紀8 聖德王 즉위조.
191 『三國史記』卷9 新羅本紀9 孝成王 즉위조.
192 『三國史記』卷9 新羅本紀9 景德王 즉위조.
193 『三國史記』卷9 新羅本紀9 惠恭王 즉위조.

이후 왕모의 칭호는 왕후王后이고, K-8)의 만월부인의 경우는 예외적인 사례로 파악할 수 있다. 반면『삼국유사』에서는 태후太后의 칭호가 보인다. 다음은『삼국유사』왕력편에 보이는 왕모의 칭호이다.

L-1) 제29대 태종무열왕. 이름은 春秋이고, 김씨이다. (중략) 母는 天明夫人으로 諡는 文貞太后로 진평왕의 딸이다.[194]

L-2) 제30대 문무왕. 이름은 法敏이고 태종의 아들이다. 母는 訓帝夫人이다.[195]

L-3) 제31대 신문왕. 김씨이며 政明이고 자는 日炤이다. 父는 문무왕이고 母는 慈訥王后이다.[196]

L-4) 제32대 효소왕. 이름은 悝恭(또는 洪)이며 김씨이다. 父는 신문왕이고, 母는 神穆王后이다.[197]

L-5) 제33대 성덕왕. 본명은 隆基이고. 효소왕의 母弟이다.[198]

L-6) 제34대 효성왕. 김씨이며 이름은 承慶이다. 父는 성덕왕이고, 母는 炤德太后이다.[199]

L-7) 제35대 경덕왕. 김씨이며 이름은 憲英이다. 父는 성덕왕이고, 母는 炤德太后이다.[200]

L-8) 제36대 혜공왕. 김씨이며 이름은 乾運이다. 父는 경덕왕이고, 母는 滿月王后이다.[201]

『삼국유사』왕력편에 보이는 왕모의 칭호는 부인夫人과 왕후王后, 태후太

---

[194] 『三國遺事』卷1 王曆1 第二十九 太宗武烈王.
[195] 『三國遺事』卷1 王曆1 第三十 文武王.
[196] 『三國遺事』卷1 王曆1 第三十一 神文王.
[197] 『三國遺事』卷1 王曆1 第三十二 孝昭王.
[198] 『三國遺事』卷1 王曆1 第三十三 聖德王.
[199] 『三國遺事』卷1 王曆1 第三十四 孝成王.
[200] 『三國遺事』卷1 王曆1 第三十五 景德王.
[201] 『三國遺事』卷1 王曆1 第三十六 惠恭王.

后이다. 가장 많이 쓰인 칭호는 '왕후'이다. 왕후는 L-3)의 신문왕, L-4)의 효소왕, L-8)의 혜공왕의 모를 각각 왕후로 기록하였다.

부인夫人의 경우, L-1)의 무열왕의 모인 천명부인, L-2)의 문무왕의 모는 훈제부인의 사례가 보인다. 천명부인은 무열왕이 즉위 원년에 '문정태후'로 추봉하였다.[202] 따라서 K-1)과 L-1)의 천명부인은 왕모가 아닌 진골 귀족인 김용춘 처로서의 칭호였음을 알 수 있다. 이로 보아 L-2)의 무열왕의 처이자 문무왕의 모인 훈제부인 역시 무열왕이 즉위하기 이전인 김춘추의 처로서 칭했을 가능성이 있다. 그러나 지증왕의 영제부인迎帝夫人의 개칭 사례로 보아, 훈제부인의 '훈제訓帝'는 태종무열왕이 즉위한 이후에 개칭된 칭호였을 가능성이 크다. 『삼국유사』 왕력편에서 무열왕의 비는 훈제부인으로 시호가 문명왕후라 하였다.[203] 이로 보아 문명왕후는 시호이고, 생전의 칭호는 훈제부인이었을 것이다. 즉 무열왕의 모인 천명부인과 처인 훈제부인은 생전에 진골 귀족의 배우자로서 '부인夫人'이었고, 사후에 각각 '태후太后'와 '왕후王后'의 시호로 추봉되었다. 그리고 '태후'와 '왕후'는 무열왕과의 관계를 중심으로 무열왕의 어머니와 배우자로서 추봉된 시호였다.

태후太后의 경우, 중대에는 사후에 추봉된 시호인 문정태후가 첫 사례이다. L-6)과 L-7)의 소덕태후 역시 추봉된 시호이다.[204] 소덕태후의 생전 칭호는 점물왕후였다. 소덕태후는 성덕왕 23년(724)에 죽었다는 기사가 나오는데,[205] '태후'는 아들인 효성왕과 경덕왕이 왕으로 즉위한 이후에 추봉된 칭호일 것이다. 이로 볼 때 왕실여성의 시호는 〈名+王后〉 또는 〈名+太后〉의 형식으로 부여되었음을 알 수 있다. 즉 '왕후' 또는 '태후'의 칭호는 물론 이름[名]까지 개칭되었는데, 이처럼 시호가 〈名+칭호〉의 형식으로 부여되

---

202 『三國史記』 卷5 新羅本紀5 太宗武烈王 元年.
203 『三國遺事』 卷1 王曆1 第二十九 太宗武烈王.
204 『三國遺事』 卷1 王曆1 第三十三 聖德王.
205 『三國史記』 卷8 新羅本紀8 聖德王 23年.

는 것은 중국식의 용법이다. 중국식의 시호법이 왕실여성에게까지 행해졌음을 알 수 있다.[206]

'태후'의 칭호는 〈황복사석탑금동사리함기(이하 황복사사리함기)〉에서도 보인다.[207] 〈황복사사리함기〉의 '신목태후神睦太后'는 신문왕의 처이자 효소왕과 성덕왕의 모로, K-4)와 L-4)에서는 '신목왕후神穆王后'라 하였다. 여기서 신목왕후와 신목태후는 비록 한자이가 '穆'이 '睦'으로 다르게 기록되어 있기는 하지만, 동일한 인물을 지칭한 것이다. 명문의 작성 시점이 성덕왕 5년(706)이었던 것으로 보아, 태후는 사후에 추증된 칭호였을 것이다. 또한 〈황복사사리함기〉 내에서 태후와 왕후가 동시에 기록되어 있으므로, 성덕왕의 처인 왕후와 구분하기 위해 왕모로서 태후를 사용하였을 것이다. 이로 볼 때 중대 초기 왕모로서의 태후太后의 위상은 인식되었으나, 왕모임에도 불구하고 태후太后보다 왕후王后의 칭호가 보다 일반적으로 사용되었음을 알 수 있다.

중국에서 왕후王后는 황제의 배우자인 황후皇后를 일컫는 칭호였다. 당의 후비제에서 황후는 황제와 병립한 존재로 궁궐 내에서 내조內朝를 관장하였다.[208] 반면 황태후皇太后는 예제적 측면에서 황제의 일원적 지배질서 체제에서 독립하여 존재하였다. 중국의 후비제에서 '황후'를 최상위로 하여 내직內職이 조직되었기 때문에 황태후는 후비제 내에 위치한 존재가 아니었다. 또한 황태후의 존재는 황제의 지배 체제 안에 포섭된 존재도 아니었다. 즉 '황제-황후'를 중심으로 한 궁정조직에서 황태후는 제도 외에 위치하였던 것이다. 황태후가 실질적인 정치력을 행사하는 경우는 황제의 통제력이

---

[206] 시호제 역시 지증왕 사후 처음 실시되었다고는 하나, 유학적인 의미의 시호제는 무열왕 이후 비로소 제도화되었다(김영하, 『新羅中代社會研究』, 일지사, 2007, 209쪽). 무열왕 대에 왕의 부모에 대한 추봉, 왕의 사후 시호 제정과 묘호 추존 등을 행하였다. 이와 같은 중대의 변화가 왕실여성에게도 해당되었던 것이다.
[207] 〈皇福寺石塔金銅舍利函記〉 이하 〈황복사사리함기〉.
[208] 『通典』 卷34 職官16.

미약한 비상시의 경우에 한정되었다. 즉 새로운 황제의 지위가 미정이거나, 새 황제가 정상적인 기능을 수행할 수 없을 경우, 황태후가 황제권을 합법적으로 대행하였던 것이다. 여기서 주목되는 점은 황태후의 권한 대행은 새 황제의 어머니로서가 아닌 황제 적처嫡妻로서의 지위와 역할에 기인한 것이라는 점이다.[209]

신라 중대에는 진골 귀족 여성들이 부인夫人 칭호를 사용하였던 것에 반해 왕실여성들은 후后 칭호를 사용하였다. 특히 왕후王后는 대왕-왕후 체계에서 대왕과 동등한 지위를 가진 배필의 의미였다. 이는 중대 왕실의 권위를 높이려는 목적에서 대왕-왕후 체계에서 대왕의 배필로서 왕후의 위상을 높이고자 하였던 것으로 여겨진다.[210] 신라 중대의 왕모의 칭호는 시호로서의 태후太后를 제외하고는 대체로 부인夫人과 왕후王后였다. 왕의 모가 아닌 대왕의 배필로서 '왕후' 칭호와 위상이 우선시되었음을 알 수 있다. 이로 볼 때 신라 중대 '왕후' 칭호의 수용과 대왕大王-왕후王后 체계의 정립이 중국 후비제의 영향에 의한 것임을 유추할 수 있다.

(2) 태후太后 칭호의 위상 정립

중대의 첫 왕인 무열왕 대부터 왕의 어머니는 태후太后, 왕의 배우자는 왕후王后의 칭호를 사용하였다. 실제로는 왕의 어머니의 칭호로 태후보다 왕후로 기록된 사례가 빈번하다. 중대에서 왕후의 칭호와 위상은 왕권의 강화를 위한 수단의 일환이었다. 왕후의 위상 강화는 왕실여성 내부의 위계질서와도 연계되었을 것이다. 왕후의 위상은 곧 태후의 위상과 연동되었던 것이다. 중대에 현왕의 어머니인 '태후'보다 전왕의 배필인 '왕후'의 칭호가 빈번하게 쓰인 것으로 보아 태후보다 왕후의 위상이 더 높았음을 알 수 있다.

---

[209] 金慶浩, 「漢代 皇太后權의 性格에 대한 再論」, 『皐村 申延澈教授停年退任紀念 史學論叢』, 일월서각, 1995, 50쪽 · 56~57쪽.
[210] 이현주, 「신라 중대 왕후의 책봉과 위상 정립」, 『역사와 현실』 95, 2015, 250~259쪽.

그런데 태후가 실질적인 칭호로 사용되는 사례가 경덕왕 대에 보인다. 또한 혜공왕 대에 만월 역시 '태후'로서 섭정을 하였다. 이는 태후太后의 위상이 변화되었음을 유추하게 한다. 이에 대해 보다 구체적으로 살펴보고자 한다. 다음은 관련 사료이다.

M-1) 경덕왕 7년(748), 가을 8월에 태후가 永明新宮으로 옮겨 거처하였다.[211]

M-2) ㉠ 우러러 생각하건대 태후께서는[仰惟太后] ① 은혜로움이 땅처럼 평평하여 백성들을 인교仁敎로, 마음은 하늘처럼 맑아서 부자父子의 효성을 장려하셨다. ② 이는 아침에는 元舅의 어짊과 저녁에는 忠臣의 보필을 받아 말을 가리지 않음이 없으니 어찌 행동에 허물이 있으리오. ③ 이에 유언을 돌아보고 드디어 옛 뜻을 이루고자 하였다. 유사에서 이를 준비하고 기술자들은 밑그림을 그렸다. ④ 때는 신해년(771) 12월이었다.

M-3) ㉡ 그 詞에 이르되 (생략) 위대하도다. 우리 태후시여[偉哉我后] 왕성한 덕이 가볍지 아니하도다. 보배로운 상서가 자주 출현하고 영험스런 부응이 매양 생겨났다. 임금이 어질매 하늘이 돕고 시절은 태평하고 나라는 평안하였다. 조상을 생각하기를 부지런히 하고 그 마음을 따라 서원을 이루었다. 이에 유명을 돌아보고 이에 종을 베꼈다.[212]

M 사료는 태후가 실질적으로 칭호로서 사용되고 있는 사례로 그 시기와 대상이 주목된다. 우선 M-1)은 경덕왕 7년(748)의 기사로, 태후가 영명신궁으로 옮겨 거처하였다는 사실을 전하고 있다. 이 사료에서 태후가 누구를 지칭하는지를 살펴볼 필요가 있다. 경덕왕의 아버지인 성덕왕에게는 두 명의 왕비가 있었다. 그중 첫 왕비인 성정왕후는 출궁되었고, 효성왕의 친모

---

[211] 『三國史記』 卷9 新羅本紀9 景德王 7年.
[212] 南東信, 〈聖德大王神鍾銘〉, 韓國古代社會硏究所編, 『譯註 韓國古代金石文』 3, 駕洛國史蹟開發硏究院, 1992, 383~393쪽).

인 소덕왕비는 죽었다. 일반적으로 경덕왕의 태후는 친모인 소덕태후가 되어야 할 것이다. 『삼국유사』 왕력편에는 소덕태후로 기록되어 있다. 그러나 소덕왕비는 경덕왕이 즉위 이전에 이미 죽었고, 태후는 사후 추증된 시호였다. 경덕왕의 부왕인 성덕왕의 비 중 태후의 지위를 가질 수 있는 사람은 없는 것이다. 이로 볼 때 경덕왕 대에 태후의 지위에 있을 수 있는 사람은 전왕인 효성왕의 비妃일 가능성이 크다.[213]

다음으로 M-2)와 M-3)은 〈성덕대왕신종〉의 명문으로, 혜공왕 7년의 기사이다. 〈성덕대왕신종〉의 명문에 '태후太后'와 '후后'의 칭호가 보인다. M-3) ㉡ '偉哉我后'로 되어있는데, 이는 사詞의 형식에 맞게 글자 수를 네 글자로 맞추기 위해 태후의 '太'자를 생략하였던 듯하다. '我后'가 '우리 태후'로 해석되었다.[214] 또한 '后'의 경우, 종의 명문 말미에 사詞로 덧붙여진 부분이다. 사詞의 내용이 앞선 〈성덕대왕신종〉에서의 주요인물의 공적을 찬양하기 위한 목적으로 쓰인 것이라는 점을 염두에 두면, 사詞의 '后'는 명문상의 '太后'와 동일 인물임을 알 수 있다.

그렇다면 〈성덕대왕신종〉 명문에서의 '태후太后'는 누구를 지칭하는지 알아볼 필요가 있다. 초기에는 태후가 〈성덕대왕신종〉의 주조를 처음 계획한 경덕왕의 모후, 즉 성덕왕의 비인 소덕태후인 것으로 보았다.[215] 이후에 주조를 완성한 시점, 즉 혜공왕 대를 기점으로 그의 모후로 파악해야 한다는 견해가 제기되었다. 이에 경덕왕의 선비인 삼모부인으로 보거나,[216] 또는 혜공왕의 모후인 만월태후로 보았다.[217] 〈성덕대왕신종〉에는 태후의 명칭

---

[213] 이현주, 「신라 중대 효성왕대 혜명왕후와 '正妃'의 위상」, 『韓國古代史探究』 21, 2015, 259~261쪽.
[214] 韓國古代社會硏究所 編, 앞의 책, 1992, 391쪽.
[215] 南東信, 앞의 책, 1992, 386쪽.
[216] 이호영은 〈성덕대왕신종명문〉에서의 태후와 元舅를 각각 삼모부인과 김옹으로 보았다 (李昊榮, 「聖德大王神鍾銘의 解釋에 관한 몇 가지 문제」, 『考古美術』 125, 1975; 『新羅 三國統合과 麗·濟敗亡原因硏究』 재수록, 書景文化社, 1997, 453~455쪽).
[217] 이호영, 「新羅 中代王室과 奉德寺」, 『史學志』 8, 1974; 앞의 책 재수록, 1997, 435~436

이 정확히 기재되어 있지 않다. 문맥상 누구를 지칭하는지 파악할 수밖에 없다. M-2)의 내용을 보면, ①에서 태후의 덕을 칭송하기를 백성을 교화하고, 부자의 효성을 장려하였다고 하였다. 또한 ②에서 원구와 충신의 보필을 받아 행동에 허물이 없다고 하였고, 그렇기에 ③에서 유언을 돌아보아 옛 뜻을 따르고자 하였다고 한다. 그리고 그 시점이 ④ 신해년, 혜공왕 7년이었던 것이다. 종의 명문에서 '今我聖君'이라 하여[218] 작성 시기의 왕인 혜공왕을 중심으로 기술한 것으로 보아 〈성덕대왕신종〉에서의 태후는 만월부인이었음을 알 수 있다. 즉 M-2)의 '태후'는 종이 완성될 당시인 신해년(771) 12월에 섭정을 하였던 만월태후인 것이다.

이처럼 M에서는 '태후'가 시호가 아닌 실질적인 칭호로 사용되었다. 그 배경에 대해서 알아보고자 한다. 우선 M-1)의 태후는 경덕왕의 친모가 아님에도 불구하고, 전왕인 효성왕의 비라는 이유로 태후의 지위에 올랐음을 알 수 있다. 즉 효성왕과 경덕왕이 혈연적으로 부자 관계가 아님에도 불구하고, 전왕의 비가 태후의 위상을 갖게 된 것이다. 즉 효성왕의 정비였던 혜명이 경덕왕이 즉위한 이후에도 전왕의 정비로서 태후의 칭호와 위상을 가지게 되었다. 왕의 어머니라는 혈연적인 이유 이전에 전왕의 정비라는 위상이 '태후'의 위상과 연계되었다. 또한 M-2)의 태후는 ①에서 백성의 교화와 ②에서 원구와 충신의 보필을 받았다는 내용으로 보아 정치적 행위의 주체이자 〈성덕대왕신종〉의 주조를 완성한 장본인이었음을 알 수 있다. M-2)와 3)으로 보아 만월은 왕의 어머니라는 위상을 강조함으로써 섭정의 명분을 찾고 있음을 알 수 있다. 만월은 〈성덕대왕신종〉을 완성하여 왕의 어머니, 즉 '태후'로서의 위상과 역할을 부각함으로써 섭정이라는 통치를 정당화하고자 의도하였다.

이처럼 경덕왕 대의 태후는 왕의 친모가 아니었고, 혜공왕 대의 태후는

쪽; 이문기, 「新羅 惠恭王代 五廟制 改革의 政治的 意味」, 『白山學報』 52, 1999, 823쪽.
[218] 韓國古代社會硏究所 編, 앞의 책, 1992, 1992, 385쪽.

섭정이라는 비상시적 정치적 역할을 담당해야만 했다. 전자의 경우, 혼인과 책봉 의례를 통해 공식화된 '정비正妃'의 위상이 후대 왕대의 '태후' 지위로 연계된 것이다. 경덕왕과 효성왕비인 혜명과의 혈연관계가 없었다는 점은 현왕과의 관계를 분명하게 규정해야 할 필요성을 야기했을 것이다. 전왕의 정비로서 현왕의 '태후'의 지위를 제도적으로 명확하게 하는 계기가 되었으리라고 여겨진다. 후자의 경우, 섭정이라는 비상시적 상황이 전왕의 배필인 왕후王后보다 현왕의 어머니인 태후太后의 지위와 역할을 강조해야만 상황을 야기했을 것임을 알 수 있다. 중대의 '대왕—왕후' 체계에서 왕의 배우자로서 왕후의 지위는 공식적인 것이지만, 왕의 어머니인 태후의 지위는 비공식적인 것이었다. 왕권이 강했을 때는 공식적인 지위인 왕후의 위상이 높아졌고, 왕권이 약할 경우, 왕의 지배 체제를 초월한 지위인 태후의 위상과 영향력이 실질적으로 강해졌던 것이다.[219] 만월태후는 혜공왕이 어린 나이에 즉위하였다는 비상시적 상황에 의해 태후로서 섭정할 수 있었던 것이다. 즉 신라는 당의 후비제의 정비 개념을 통해 신라에서 정비正妃와 태후太后의 지위를 정립하였다. 이는 왕실과 귀족세력 간의 접점에 위치한 왕실여성의 위상 정립이라는 정치적 상황과 맞물려 이루어졌다.

(3) 만월태후의 칭호와 정치적 위상

만월태후의 칭호와 정치적 위상을 살펴보자. K-8)에서 부인夫人과 태후太后의 칭호가 나오고, 『삼국유사』에서 부인夫人과 왕후王后 및 태후太后의 칭호가 보인다. 다음은 관련 사료이다.

N-1) 경덕왕 2년(743), 4월에 서불한 金義忠의 딸을 맞아들여 왕비로 삼았다.[220]

---

[219] 이현주, 「신라 중대 신목왕후(神穆王后)의 혼인과 위상」, 『여성과 역사』 22, 2015, 22~23쪽.
[220] 『三國史記』 卷9 新羅本紀9 景德王 2年.

N-2) 제삼십오대 景德王, 金氏이고, 이름은 憲英이다. 아버지는 聖德王이고, 어머니는 炤德王后이다. 先妃는 三毛夫人으로 宮中에서 廢黜 後嗣가 없다. 後妃는 滿月夫人으로 諡號는 景垂王后이고, 垂를 穆이라고도 하며 依忠角干의 딸이다.

N-3) 왕은 옥경이 길이가 8촌이나 되었다. 사량부인이 아들이 없어 그를 폐하고, 후비 만월부인을 봉하였는데 시호는 경수태후로 의충 각간의 딸이다.²²¹

K-8)과 M-1)은 『삼국사기』 즉위조이고, L-8)과 N-2)는 『삼국유사』 왕력편이다. N-1)과 N-2)는 경덕왕의 배우자로서의 만월부인에 대한 기록이고, K-8)과 L-8)은 혜공왕의 모후로서의 만월부인에 대한 기록이다. 이들 기록에서 만월이 부인夫人으로 지칭된 것은 N-2), N-3)에서는 만월부인, 왕후王后로 지칭된 것은 L-8)에서 만월왕후, N-2)에서 시호로서의 '경수(혹은 경목왕후)', 태후太后로 지칭된 것은 K-8)에서 보인다. 『삼국사기』 즉위조와 『삼국유사』 왕력편은 기록의 특성상 연대기적 서술이 아닌 왕과 관련된 주요 사실을 개괄적으로 기술하였다는 특징을 지닌다. 이들 기록에서 보이는 만월의 칭호가 부인夫人이라는 점이 주목된다.

N-1)은 경덕왕과 만월의 혼인 기사이다. 경덕왕이 서불한 김의충의 딸과 혼인하여 왕비로 삼았다는 것이다. 중대에는 왕실의 혼인이 빈번하게 이루어졌다. 이들 기록에서 왕비로 맞아들였다는 문구가 '納A爲妃', 즉 'A를 맞아들여 妃로 삼았다'라고 표현되었다. 여기에서 '비妃'는 칭호로서 왕비王妃가 아닌 일반명사로서 '왕의 妃' 즉 왕의 처를 지칭한 것이다.

그런데 N-1)에서는 '納舒弗邯金義忠女爲王妃'라고 하여 서불한 김의충의 딸을 맞아들여 왕비로 삼았다고 기록하였다. 성덕왕 19년(729)의 혼인 기사에서 3월에 이찬 순원의 딸을 맞아들여 '왕비'로 삼았고, 6월에 왕비를 책봉

---

221 『三國遺事』卷2 紀異 景德王·忠談師·表訓大德.

하여 왕후로 삼았다는 기록이 있다.[222] 이들 기록으로 볼 때, 성덕왕 이후 '왕의 처'의 공식적인 칭호로 왕후王后와 함께 왕비王妃도 칭해졌음을 알 수 있다.[223] 즉 왕의 배우자는 혼인이 아닌 책봉을 통해 왕후王后의 지위를 인정받게 된 것이다.『삼국사기』 즉위조와『삼국유사』 왕력편에서 만월의 칭호가 '부인'으로 기록된 것으로 보아 만월은 혼인 이후에 왕후王后로 책봉받지 못하였을 가능성이 크다.

N-2)와 N-3)의 기록과 같이 만월태후가 혼인하기 전에 경덕왕에게는 이미 왕비가 있었다.『삼국유사』에서 '先妃인 三毛夫人이 宮中에서 廢黜되었다'는 기록이 나온다. 삼모부인이 출궁된 이유에 대해 왕위를 계승할 후사가 없었기 때문이라는 점과[224] 정치세력 간의 알력에 의한 것이라는[225] 두 가지 견해가 제기되었다. 폐출과 '무자無子'라는 두 사실의 인과관계는 명확하지 않다. 폐출 이후에 무자라는 기록이 있어, 폐출과 무자를 사실의 나열로 보거나 또는 폐출되었기에 무자였던 결과로 볼 수도 있기 때문이다. 또한 삼모부인의 폐출 시점이 만월이 후비로 들어온 해인 경덕왕 2년(743) 이전일 것으로, 경덕왕의 즉위 초기였다. 만월이 왕자를 출산한 시기는 혼인하고도 15년 후인 경덕왕 17년(758)이었다. 이로 볼 때 삼모부인의 출궁을 단순히 무자의 이유로만 볼 수는 없을 것이다. 정치세력 간의 알력에 의한 것일 가능성이 크다. 만월이 경덕왕 2년에 혼인한 이후에 '왕후王后' 책봉을 받지 못한 채 여전히 '부인夫人'이었던 것은 정체세력 간의 알력과 혼인 후에 한동안 '무자'였던 점이 그 이유였을 것이다.

---

222 『三國史記』卷9 新羅本紀9 聖德王 19年.
223 이현주, 앞의 논문, 2015, 252~259쪽.
224 김선주, 「신라 경덕왕대 삼모부인(三毛夫人)의 생애와 정치적 의미」,『역사학연구』44, 2011, 12~14쪽; 이영호, 앞의 책, 2014, 103쪽.
225 김수태는 경덕왕이 왕비의 교체를 통해 왕권강화를 시도한 것으로 보았고(앞의 책, 1996, 114쪽), 전덕재는 경덕왕이 즉위한 후에 김사인을 중심으로 한 귀족세력에 의해 김순정-삼모부인계가 밀려난 것으로 이해하였다(전덕재,「新羅 中代 對日外交의 推移와 眞骨貴族의 動向 -聖德王·惠恭王代를 中心으로-」,『韓國史論』37, 1997, 32~33쪽).

만월이 왕후王后 또는 태후太后로 칭해졌던 것은 혜공왕이 즉위한 이후였을 것으로 보인다. 만월의 '태후' 칭호는 K-8)의 섭정과 관련하여 나오고 있다. 혜공왕이 어린 나이로 즉위하였기에 태후로서 섭정을 하였다는 것이다. 만월의 '태후' 위상은 혜공왕 대 섭정과 관련하여 부각되었을 것으로 여겨진다. 중대의 대왕大王-왕후王后 체계에서 만월 '부인夫人'의 위상, 그리고 왕이 어린 나이에 즉위하였다는 비상시의 상황에서 '태후太后'의 칭호와 위상이 부각되었을 것으로 여겨진다. 만월태후의 정치적 위상과 역할에 영향을 미쳤을 것으로 보인다.

만월태후가 섭정하는 동안 신라 내에서는 반란이 지속되었다. 혜공왕 4년(768) 7월에 대공과 그 아우인 대렴의 반란이 일어났는데, 왕의 군사가 이를 쳐서 평정하였다고 하였다.[226] 혜공왕 6년(770) 가을 8월에 대아찬 김융이 반란을 일으켰다가 목 베여 죽임을 당하였다.[227] 이처럼 만월태후의 섭정에 대한 반발은 끊이지 않았고, 그렇기에 당으로부터 책봉이 필요했던 것이다. 이후 혜공왕 8년, 9년, 10년, 11년에 연이어 당으로 사신을 보내 조공을 바쳤다. 이는 신라 내부의 정치적 위기를 타개하고자 하는 만월태후의 외교적 전략이었던 것으로 여겨진다.[228] 이처럼 신라 내부에서 만월태후의 섭정에 대한 반발이 지속되었고, 이를 대처하기 위한 만월태후의 노력이 이어졌다.

우선 만월태후는 섭정의 지위를 대외적으로 당과의 외교를 통해 공인받고자 하였다. 다음은 만월태후가 당으로부터 '신라왕태비新羅王太妃'로 책봉을 받았다는 기록이다.

> 혜공왕 4년(768), 당나라 代宗이 倉部郞中 歸崇敬에게 御史中丞을 겸직시켜

---

[226] 『三國史記』 卷9 新羅本紀9 惠恭王 4年.
[227] 『三國史記』 卷9 新羅本紀9 惠恭王 6年.
[228] 金壽泰, 앞의 책, 1996, 126~127쪽.

보내 부절과 책봉조서를 가지고 와 왕을 開府儀同三司 新羅王으로 책봉하고 아울러 왕의 어머니 김씨를 大妃로 책봉하였다.[229]

혜공왕 4년에 혜공왕과 만월태후는 당으로부터 각각 개부의동삼사 신라왕과 대비로 책봉을 받았다. 대비라고 하였으나 정식 칭호는 '신라왕태비新羅王太妃'였을 것이다.[230] 당의 책봉을 받아서 신라로 돌아온 이가 김은거金隱居이다. 『구당서』와 『책부원귀』에 의하면, 신라에서 당에 김은거를 보내어 방물을 바치고 책명冊命을 청하였다고 하였다.[231] 신라가 당의 책봉을 요청한 것이다. 『신당서』에 의하면, 당의 신라왕과 왕태비 책봉 기사에 연이어 이 무렵 재상들 사이에 권력 다툼이 일어나 서로 공격하여 나라가 혼란스러웠다고 하였다. 3년 만에 비로소 안정되었고, 이 해에 '來朝하여 貢物을 바쳤'던 것이다.[232] 이로 볼 때 만월태후가 어린 혜공왕을 대신하여 섭정을 하는 것에 대해서 신라 내부에서 반발이 있었음을 알 수 있다. 『신당서』에서는 혜공왕 초기의 권력다툼이 안정되었기에 비로소 당에 입조하였다고 하였으나, 이는 책명을 요청하는 김은거에 의해 전해진 신라의 사정이었다.

당이 신라의 왕모를 대비大妃로 책봉하는 사례는 이 경우가 최초이다. 당이 만월태후가 섭정하는 것을 알고 '왕대비王大妃' 책봉을 하였다고 보기에는 다소 무리가 있다. 당이 신라의 왕모가 섭정하는 정황을 알고 있었다 하더라도 굳이 대비로 책봉할 이유는 없기 때문이다. 만월태후의 대비 책봉은 신라 측의 요구에 의한 것이라 보는 편이 좀 더 설득력이 있다.[233] 혜공

---

229 『三國史記』卷9 新羅本紀9 惠恭王 4年.
230 『唐會要』卷4, 封建雜錄下.
231 『舊唐書』東夷列傳, 新羅.
  『册府元龜』卷972, 外臣部17, 朝貢5.
232 『新唐書』東夷列傳, 新羅.
233 井上秀雄은 혜공왕이 어려서 즉위하였기에 신라 왕실의 권위를 보강하기 위한 것이었다고 보는 쪽이 보다 당시의 실정에 부합하는 것으로 보았다(『新羅史基礎硏究』, 東出版株式會社, 1974, 355쪽). 그러나 당시 만월부인이 섭정하고 있었던 것으로 보아 섭

왕 3년 7월에 이찬 김은거를 당나라에 보내 토산물을 바치고 신왕인 혜공왕을 책봉하여 주기를 청하였다.[234] 혜공왕의 즉위를 고하는 견당사로 갔던 김은거는 친혜공왕파의 인물로 간주된다.[235] 김은거의 청에 의해 혜공왕과 섭정인 만월태후의 대비 책봉이 이루어졌으리라 여겨진다. 만월태후는 그의 섭정에 대해 당의 대비大妃 책봉을 받음으로써 대내외적으로 인정받고자 하였다. 만월태후가 섭정으로서 실질적으로 정치활동을 하기 위해서는 정당성 확보가 필요하였고, 당의 대비 책봉은 통치행위에 대한 명분을 마련해주었다.

또한 만월태후는 대내외적으로 정치적 안정을 위한 타개책을 마련할 필요가 있었다. 이와 관련하여 혜공왕 대에 주조가 완성된 〈성덕대왕신종〉의 명문이 주목된다. 〈성덕대왕신종〉은 경덕왕이 아버지인 성덕왕의 공덕을 기리고, 명복을 빌기 위하여 구리 12만 근을 희사하여 1장이나 되는 종 1구를 만들고자 계획한 것이었다. 경덕왕이 종이 완성되기 전에 죽었고, 그 유지를 받들어 혜공왕 대인 신해년(771) 12월에 종의 주조를 완성하였다. 〈성덕대왕신종〉 명문에서는 태후의 공덕을 강조하고 있다. 이로 보아 〈성덕대왕신종〉 주조의 완성은 왕위의 정통성을 강조함으로써 명분상으로는 왕권을 강화하고자 하였고, 실질적으로는 만월태후의 섭정 체제를 지지하고자 하였던 것임을 알 수 있다.[236]

이처럼 만월태후는 왕모임에도 불구하고 섭정의 지위와 명분을 당의 대비大妃 책봉을 통해 공인받았다. 이는 성덕왕 대 왕후 책봉, 효성왕 대 당의 왕비 책봉, 경덕왕 대 태후 책봉으로 이어지는 왕실여성의 위상 정립 과정과 연관된 것이다. 신라 중대에 당의 후비제에 대한 이해가 심화되었고, 이

정자인 만월부인의 지위 확보라는 직접적인 동기가 있었던 것으로 파악할 수 있을 것 같다.
[234] 『三國史記』卷9 新羅本紀9 惠恭王 3年.
[235] 李基白, 앞의 책, 1974, 231~232쪽.
[236] 이문기, 앞의 논문, 1999, 823쪽.

로 인해 왕후王后의 정비正妃 위상이 정립되었다. 만월태후가 신라의 정치적 여건에 의해 당의 책봉호인 '대비大妃'를 능동적으로 수용하였고, 이를 통해 섭정으로서의 위상을 정립하고자 하였음을 알 수 있다. 또한 만월태후는 섭정 동안 통치의 정당성을 주장하여야 했다. 그러기 위해 성덕왕-경덕왕-혜공왕으로 이어지는 왕통의 정통성을 강조하였다. 만월태후는 섭정으로서 왕실의 정통성을 지키는 정치적 역할을 자임하였던 것이다.

(4) 만월태후의 섭정과 왕모의 정치적 지향

만월태후의 칭호와 그에 따른 정치적 위상은 중대 왕모의 칭호 및 정치적 위상에 기반한 것이었다. 만월태후의 칭호 및 정치적 역할을 살펴보고, 이를 통해 중대 왕모의 정치적 위상을 고찰하고자 한다. 왕이 어린 나이에 즉위하였다는 비상시에 태후太后로서 섭정이었던 만월태후의 정치적 위상과 역할은 어떠했는가.

혜공왕 11년에 연이어 반란이 일어났다. 김은거가 혜공왕 11년에 반란을 일으켰고, 목 베여 죽임을 당하였다. 김은거는 혜공왕 4년에 당으로부터 신라왕과 신라왕대비의 책명을 받아 온 사신이었다. 또한 같은 해 가을 8월 이찬 염상이 시중 정문과 반역을 꾀하다가 목 베여 죽임을 당하였다. 정문은 혜공왕 4년에 김은거가 시중직을 물러난 후, 시중으로 임명되었던 인물이다. 염상은 경덕왕 19년(760)에 시중에서 물러나고, 이어 김옹이 시중으로 임명되었다. 김은거, 염상, 정문이 연이어 반란을 일으키고 있는 것으로 보아 이들의 정치적 입지가 유사하리라 여겨진다.[237] 이들 김은거, 염상, 정문은 만월태후의 섭정기 정국을 운영하던 세력이었던 것이다.

---

[237] 이기백은 정문이 은거, 염상이 동일한 파로써 은거의 뒤를 이었다가 良相 등 일파의 대두로 말미암아 퇴직을 강요당한 것으로 추정하였다. 양상과 정문의 모반 역시 2개월 전의 김은거의 반란과 동일한 성격의 것이라고 하였는데, 타당하다고 생각한다(이기백, 앞의 책, 1974, 236쪽).

김은거를 비롯한 세력이 일으킨 이 시기의 정변에 대해서는 대체로 다음과 같이 이해하였다. 하나는 중대의 전제왕권의 지지자와 반대자, 즉 친왕파와 반왕파간의 대립 구도로 파악하였다.[238] 다른 하나는 이 시기를 전후하여 혜공왕의 친정이 시작되었을 것으로 보아 만월태후 섭정기의 기득권층과 혜공왕 친정기의 지지층 간의 갈등으로 파악하였다.[239] 이들 논의에 앞서 혜공왕의 친정과 관련하여 혜공왕과 만월태후와의 관계를 주목할 필요가 있다. 이에 섭정기의 만월태후의 정책과 11년 이후의 정책 사이의 입장 차이를 살펴보고자 한다. 이와 관련하여 혜공왕 12년에 있었던 다음의 두 가지 정책이 주목되었다. 하나는 관호官號 복구이고, 다른 하나는 오묘제五廟制 개혁이다. 다음은 관련 사료이다.

O-1) 혜공왕 12년(776), 봄 정월, 敎를 내려 百官의 號를 모두 합하여 復舊하라고 하였다.[240]

O-2) 제36대 혜공왕에 이르러 처음으로 五廟를 정하였다. 미추왕이 김성의 시조로 삼고, 태종대왕, 문무대왕은 백제 고구려를 평정한 큰 공덕이

---

[238] 이기백은 혜공왕 10년 9월에 김양상이 상대등으로 취임하였는데, 이는 김양상이 반왕파임과 동시에 하대적인 성격의 신정권이 들어선 것이라고 하였다(앞의 책, 1974, 236쪽). 김수태는 김양상과 더불어 김옹도 반왕적 인물이고, 김옹이 집사부 시중에 취임한 경덕왕 19년 중대 왕권이 부정되고 반전제주의적(하대적) 세력이 등장한 정권교체기였다고 보았다(김수태, 앞의 책, 1997, 115쪽). 이에 반해 이영호는 김옹과 김양상은 친왕파 인물이며, 성덕대왕신종을 주조한 것으로 보아 이들이 중대 왕실의 최후 보루였다고 볼 수 있다고 하였다(앞의 책, 2014, 167~169쪽). 이영호의 견해는 기왕의 혜공왕 대를 중대의 전제왕권체제에서 하대의 귀족연립체제로의 변혁기로 파악한 것에 대한 반론이다. 혜공왕 대를 정치적 변혁기로 파악하는 논리적 근거인 친왕파와 반왕파의 이분법적 논리구조를 비판하였는데, 비판의 근거 역시 동일한 이분법적 논리 구조를 벗어나지 못하고 있다.

[239] 혜공왕의 친정 시점에 대한 이견이 있다. 혜공왕 11년에 친정이 시작되었다고 보는 견해와(이문기, 앞의 논문, 1999; 채미하, 「新羅 惠恭王代 五廟制의 改定」, 『韓國史研究』 108, 2000; 『신라 국가제사와 왕권』, 혜안, 2008 재수록) 성덕대왕신종이 완성된 시점인 혜공왕 7년에 친정이 시작되었을 것이라고 보는 견해가(김수태, 앞의 논문, 2011, 158쪽; 조범환, 앞의 논문, 2014b, 237쪽 각주 30) 있다.

[240] 『三國史記』 卷9 新羅本紀9 惠恭王 12年.

있다고 하여 모두 대대로 헐지 않는 宗으로 삼았으며 거기에다가 親廟 둘을 아울러 五廟로 하였다.²⁴¹

O-1)과 O-2) 사료는 각각 혜공왕 대 관호 복구 및 오묘제와 관련된 사료이다. O-1)의 관호 복구는 경덕왕 18년(759)에 이루어진 관직명을 한화식으로 변경하였던 것을 다시 옛 명칭으로 복구한 것을 일컫는다. 이를 근거로 『삼국사기』 직관지의 혜공왕 대 관직 복구 역시 혜공왕 12년(776)의 일이었을 것으로 보았다.²⁴² 경덕왕 대의 관호 개혁은 16년(757) 12월의 지명개혁의 연장선상에서 이루어진 것이다. 경덕왕 대 이루어진 지명 및 관호의 한화정책은 중대 왕권의 강화를 목적으로 한 중대 왕실의 일관된 정책의 일환이었다.²⁴³ 경덕왕 16년에 '각 州와 小京, 郡, 縣의 명칭'과 경덕왕 18년에 '관직의 명칭'을 전면적으로 당식唐式으로 개칭한 것은 경덕왕 대의 지향을 반영한 것이었다. 중대 왕권은 무열왕이 즉위한 이래로 당제를 수용하여 체제를 정비하고, 유학을 수용하여 지배윤리를 확립하고자 하였다. 성덕왕 대에 당과의 빈번한 교류를 통해 당제와 유학에 대한 이해가 심화되었고, 이를 바탕으로 경덕왕 대에 제도상의 명칭을 전면적으로 개칭할 수 있었던 것이다. 이를 통해 중대 왕권은 수평적으로는 중앙과 지방제도의 일원화, 수직적으로는 관직제도의 체계화를 이루고자 하였음을 알 수 있다.

만월태후는 성덕왕-경덕왕-혜공왕으로 계승되는 중대 왕실의 정통성을 지키려는 정치적 입장을 가지고 있었다. O-1)의 혜공왕의 관호 복구는 경덕왕 대의 정책을 전면적으로 부인하는 것으로 만월태후가 가진 입장과 배치되는 정책이었다. 따라서 관호복구는 친정을 하게 된 혜공왕²⁴⁴ 또는 중대 왕실에 배치되는 정치적 입장을 가진 김양상을 비롯한 반왕파가 주도하

---

241 『三國史記』 卷32 雜志1 祭祀.
242 이문기, 앞의 논문, 1999, 824~825쪽.
243 이기백, 앞의 책, 1974, 245~247쪽.
244 이문기, 앞의 논문, 1999, 824~827쪽; 조범환, 앞의 논문, 2014, 241쪽.

였던 것이다.²⁴⁵ 즉 혜공왕 12년의 관호복구가 만월태후의 정책이 아니었음을 알 수 있다.

다음으로 O-2)의 혜공왕 대 오묘제 개혁의 배경과 의미를 살펴보자. 오묘제 개혁의 시기는 대체로 혜공왕 12년이었을 것으로 보았다.²⁴⁶ 이를 근거로 혜공왕이 18세가 되던 해인 11년에 친정을 시작하였을 것으로 추론하였다.²⁴⁷ 혜공왕 대 개혁된 오묘제의 내용을 보면, '오묘의 首位를 차지하는 廟號가 태조대왕에서 시조대왕으로 변경되었고, 대대로 헐지 않는 宗으로 태종대왕과 문무대왕의 묘를 세웠음'을 알 수 있다. 그리고 혜공왕의 친묘親廟, 즉 성덕대왕과 경덕대왕을 오묘五廟에 포함시켰던 것이다. 혜공왕이 오묘제를 개정한 이유를 11년에 친정을 시작한 이후, 왕권의 강화를 의도하였던 것으로 파악하였다.

이와 관련하여 이 시기에 김지정의 난에서 알 수 있듯이 혜공왕의 친정과 오묘제를 둘러싼 정치세력 간의 갈등이 있었음을 주목할 필요가 있다. 기왕의 연구에서는 이 시기 갈등의 양상을 반왕파와 친왕파,²⁴⁸ 친정지지파와 반대파,²⁴⁹ 혜공왕파와 그를 반대하는 김양상과 그와 정치적 입장을 같이 하는 진골 귀족 세력과의 갈등이었다고 파악하였다.²⁵⁰ 반면 김양상이

---

245 이기백, 앞의 책, 1974, 229~237쪽; 김수태, 앞의 논문, 2011, 168쪽.
246 이문기는 두 가지 근거를 들어 혜공왕 대 관호 복구가 12년에 행하였을 것이라고 추정하였다. 하나는 혜공왕 15년의 미추왕릉을 찾아간 김유신 혼령에 관한 설화와 이를 배경으로 한 사건으로 보아 미추왕이 시조대왕으로 추숭된 것은 그 이전 시점이었을 것이라는 점, 그리고 다른 하나는 『동국통감』, 『삼국사절요』에서 혜공왕 12년조에 처음으로 세웠다는 기록이 있는데, 이는 『삼국사기』 제사지와는 다른 별개의 저본 자료에 근거한 것이라고 추정되므로, 혜공왕 12년이 오묘제 개혁시기였을 것이라는 점을 근거로 제시하였고(앞의 논문, 1999, 802~807쪽), 채미하 또한 혜공왕 11년 친정, 혜공왕 12년 오묘제 개정의 견해를 수용하였다(앞의 책, 2008, 171쪽).
247 신라사상 섭정을 거쳤던 진흥왕과 애장왕의 사례를 볼 때, 신라왕의 섭정은 18세가 되던 해에 끝이 나고 친정을 시작하는 것이 관례였던 것으로 추측하였다(이문기, 앞의 논문, 1999, 816쪽).
248 이기백, 앞의 책, 1974, 235~236쪽; 김수태, 앞의 책, 1999, 125~135쪽.
249 이문기, 앞의 논문, 1999, 819~823쪽.

친왕적 성격의 인물이라고 본 견해도 있다.251 김양상은 혜공왕 10년에 상대등이 되었고, 11년에 김은거, 염상, 정문의 반란을 진압했으며, 12년에 경덕왕 때 한화식으로 개정하였던 관직의 이름을 모두 옛것으로 복구시켰다. 또한 13년에 왕에게 글을 올려 시국의 정치를 극론하였으며, 16년 4월 김지정의 반란을 진압한다는 명분으로 군사를 일으켰다.252 이로 볼 때 혜공왕 11년에 일어난 일련의 반란은 김양상이 정치적으로 부상하고 만월태후 섭정기의 정치세력 간의 권력의 균형이 깨짐에 따라 야기된 것임을 알 수 있다.

김양상의 정치적 입장을 알아보기 위하여 그가 선덕왕으로 즉위한 이후의 오묘제를 살펴보고자 한다. 다음은 선덕왕에 이어 원성왕으로 즉위한 김경신이 개정한 오묘제의 내용이다.

> 2월에 왕의 고조부 대아찬 법선을 현성대왕으로, 증조부 이찬 의관을 신영대왕으로, 할아버지 이찬 위문을 홍평대왕으로, 죽은 아버지 일길찬 효양을 명덕대왕으로 추봉하였다. (중략) 성덕대왕과 개성대왕의 두 사당을 헐고, 시조대왕, 태종대왕, 문무대왕 및 할아버지 홍평대왕과 아버지 명덕대왕으로써 오묘를 삼았다.253

위의 사료를 보면 선덕왕이 즉위한 이후, 신덕왕의 '考와 父'를 오묘에 모셨어야 했는데, '考'의 자리에 외조外祖인 성덕왕의 신위를 그대로 놔두고, 경덕왕의 신위 대신 선덕왕의 부인 개성대왕을 모셨음을 알 수 있다. 김양

---

250 채미하, 앞의 책, 2008, 184~188쪽.
251 김양상의 정치적 입장에 대해서 대부분 반왕파 진골 귀족 세력으로 보는 데 반해 이영호는 혜공왕의 지지자로 보기도 하고(이영호, 앞의 책, 2014, 148~161쪽), 또는 왕실 외척과 정치적 성격과 기반을 달리하는 친왕적 인물로 보기도 하였다(박해현, 앞의 책, 1999, 142~153쪽).
252 『三國史記』卷9 新羅本紀9 惠恭王 13年, 16年.
253 『三國史記』卷10 新羅本紀10 元聖王 元年.

상의 모는 사소부인으로 성덕왕의 딸이다. 이에 선덕왕이 외조인 성덕대왕의 신위를 오묘에 모신 이유에 대해 즉위 과정에서 도움을 주었던 무열왕계인 김주원 세력을 의식하였기 때문이라고 보았다.[254] 김양상은 중대의 적자계승원칙을 어기고 즉위한 왕이었다. 그뿐만 아니라 혜공왕은 김지정의 반란과 그 진압의 혼란 중에 시해되었다. 『삼국사기』에는 혜공왕이 난변, 즉 김지정의 반란군에 의해 시해되었다고 하였으나, 『삼국유사』에서는 혜공왕을 시해한 인물이 김양상과 김경신이라고 기록하였다. 그 직후에 즉위한 왕이 김양상, 즉 선덕왕인 것이다.

김양상이 왕으로 즉위하였으나, 오묘제를 전면적으로 개정하기는 어려웠을 것이다. 또한 중대의 연장선상으로 왕위의 정당성을 확보할 필요도 있었으리라 여겨진다. 이에 외조인 성덕왕의 신위는 그대로 두고 친부인 개성대왕의 신위만을 경덕왕의 신위와 교체하였던 것이다. 이는 O-1)의 혜공왕 대의 관호 복구 정책과 같은 맥락으로 여겨진다. 정치세력의 권력 강화, 통치의 정당성을 확보하기 위해 경덕왕 대 개정되었던 관호를 복구하고, 오묘제에서 경덕왕의 신위를 교체하였다. 이로 볼 때 혜공왕 대의 관호 복구와 오묘제 개정의 목적이 혜공왕의 왕권 강화가 아니라 김양상과 그의 정치세력의 권한 강화, 나아가 왕권 탈취의 정지작업으로도 생각될 여지가 있다.

요컨대 만월태후는 성덕왕-경덕왕-혜공왕으로 계승되는 중대 왕실의 정통성을 지키려는 정치적 입장을 가지고 있었다. 만월태후가 섭정에서 물러난 이후의 관호 복구를 비롯한 일련의 정책들은 중대 왕권의 지향, 직접적으로는 경덕왕 대 정책의 부정 의미를 지닌 것으로 파악할 수 있다. 만월태후 섭정기의 정치는 성덕왕-경덕왕-혜공왕으로 이어지는 중대 왕권의 보존을 위한 노력이었으며, 이를 위하여 당시의 주요 정치세력인 김옹과 김양상 등과의 협의를 이루었을 것이다. 이와 같은 정치세력 간의 균형이 깨짐에 따라 혜공왕 11년을 전후로 한 일련의 반란이 일어났고, 이 시기 김양

---

[254] 채미하, 앞의 책, 2008, 198~199쪽.

상을 중심으로 한 정치세력이 주요세력으로 부상하였다. 혜공왕의 친정체제는 혜공왕이 왕권을 장악하였다는 의미보다는 만월태후의 정치적 영향력이 혜공왕으로부터 분리된 것을 의미하는 것이라 여겨진다.[255] 만월태후가 섭정으로서의 정치적 영향력을 잃고, 대신 김양상세력이 주도권을 장악하게 된 것이다. 혜공왕 11년 이후의 관호 복구, 오묘제 개정 등의 정책은 김양상을 위시한 진골 귀족 세력의 주도하에 이루어졌던 것이다.

3) 왕권과 왕실여성 지위와 역할의 연관성

왕실여성의 칭호는 그의 정치사회적 위상을 반영한다. 그리고 왕실여성의 위상은 왕실과 귀족세력 간의 역학관계 내에서 위치 지어진다. 중대에는 왕실여성의 칭호로 '后' 칭호가 수용되었다. 중대 왕실여성은 왕과의 관계를 중심으로 왕의 배우자로서 '왕후', 왕의 어머니로서 '태후'의 칭호로 규정되었다. 중대 왕실여성의 '后' 칭호가 수용된 이유가 왕실여성의 위상, 나아가 중대 왕실의 위상과 연계되어 있음을 알 수 있다. 중대 왕실여성의 칭호와 위상은 중대 왕권의 위상과 연동된 것이었다. 이는 왕실여성 내의 위상과 역할에도 영향을 미쳤다. 중대에 왕실여성의 칭호가 왕과의 관계를 중심으로 왕후와 태후로 정해졌고, 그에 따라 왕의 배우자와 왕의 어머니로서의 위상도 자리매김하였다.

만월태후는 왕모로서 어린 혜공왕을 대신하여 섭정하였다. 혜공왕이 즉

---

[255] 김수태는 만월태후의 섭정 시기를 경덕왕 대의 연장선상으로 파악하고, 혜공왕 12년의 복고정책은 경덕왕 대의 부정이기도 했지만, 더욱 직접적으로는 모후 섭정기의 부정이었으며, 이는 혜공왕 7년 이후 더욱 권력을 장악한 반전제주의 진골 귀족 세력에 의한 것이라고 하였다(앞의 논문, 2011, 161~168쪽) 혜공왕 친정기의 복고정책은 정국의 주도권을 장악한 김양상세력에 의한 것이었을 것이다. 다만 복고정책의 목적은 만월태후의 섭정에 대한 부정이라기보다는 경덕왕 대에 대한 부정, 나아가 성덕왕으로부터 이어지는 정통을 재정립하기 위한 김양상-김경신일파의 의도가 반영되었으리라 생각한다.

위한 후에 만월태후가 섭정함에도 불구하고 나라 안에서는 반란이 끊이지 않았다. 어린 아들을 대신하여 섭정의 자리에 있었던 만월태후에게는 왕위를 지키는 일이 급선무였을 것이다. 왕위를 위협하는 세력으로부터 통치의 정당성과 왕권의 정통성을 주장하는 것은 무엇보다 중요한 사안이었다. 만월태후는 왕권을 유지하고 섭정의 역할을 다하기 위해서 '왕모'의 지위를 강조하여야만 했다. 대내적으로는 '태후'의 위상을 자임하였고, 대외적으로는 당으로부터 이례적으로 '왕대비'의 책봉을 받았던 것이다.

이처럼 만월태후는 왕모임에도 불구하고 섭정의 지위와 명분을 당의 대비大妃 책봉을 통해 공인받았다. 이는 성덕왕 대 왕후 책봉, 효성왕 대 당의 왕비 책봉, 경덕왕 대 태후 책봉으로 이어지는 왕실여성의 위상 정립 과정과 연관된 것이다. 신라 중대에 당의 후비제에 대한 이해가 심화되었고, 이로 인해 왕후王后의 정비正妃로서 위상이 정립되었다. 만월태후는 신라의 정치적 여건에 의해 당의 책봉호인 '대비'를 능동적으로 수용하였고, 이를 통해 섭정의 위상을 정립하고자 하였음을 알 수 있다. 또한 만월태후는 섭정 동안 통치의 정당성을 주장하여야 했다. 그러기 위해 성덕왕-경덕왕-혜공왕으로 이어지는 왕통의 정통성을 강조하였다. 만월태후는 섭정으로 왕실의 정통성을 지키는 정치적 역할을 자임하였던 것이다.

중대의 '대왕-왕후' 체계에서 왕의 배우자로서 왕후의 지위는 공식적인 것이지만, 왕의 어머니인 태후의 지위는 비공식적인 것이었다. 왕권이 강했을 때는 공식적인 지위인 왕후의 위상이 높아졌고, 왕권이 약할 경우, 왕의 지배 체제를 초월한 지위인 태후의 위상과 영향력이 실질적으로 강해졌던 것이다. 만월태후는 혜공왕이 어린 나이에 즉위하였다는 비상시적 상황에 의해 태후로서 섭정할 수 있었다. 즉 신라는 당 후비제의 정비 개념을 통해 신라에서의 정비와 태후의 지위를 정립하였던 것이다. 그리고 이는 왕실과 귀족세력 간의 접점에 위치한 왕실여성의 위상 정립이라는 정치적 상황과 맞물려 이루어졌음을 알 수 있다.

4부

신라 여성의 제도적 변천

1. 후비제后妃制의 성립과 운영

1) 신라 후비제의 비교사적 고찰

왕실여성은 왕의 배우자 및 왕과 혈연관계에 있는 여성을 의미하는데, 왕의 처첩[王妻], 왕의 조모 및 모[王母], 왕의 자매[王妹], 왕의 딸[王女] 등이 이에 속한다. 후비后妃는 왕후와 비빈를 일컫는 말로, 왕의 배우자를 의미한다. 후비제는 왕실여성 중 왕처, 즉 왕의 배우자 위계 조직이다.

왕실 내에서 생활하는 여성의 위계 조직은 크게 두 가지 범주로 나뉜다. 하나는 왕실 내에서 생활하는 여성의 조직이고, 다른 하나는 상층 여성의 조직이다. 전자는 후궁後宮, 후비后妃, 후비後妃, 후궁后宮, 내관內官과 궁관宮官, 내직內職, 궁인宮人, 여관女官, 궁녀宮女 등이 있다. 이 중 후궁後宮과 후비后妃, 후비後妃, 내관內官은 왕후 내지 왕비 이하의 비빈들만을 일컫는 용어이고, 궁관宮官 내지 여관女官, 궁녀宮女는 왕궁 내에서 왕실여성들을 시봉하는 자들을 일컫는다. 이 양자를 모두 포괄하여 왕궁 내의 모든 여성을 일컫는 것으로 궁인宮人, 내직內職, 후궁后宮의 용어가 쓰인다. 이처럼 왕실여성을 일컫는 용어는 시기와 용례별로 조금씩 차이가 있다.

후자는 위계를 가진 여성의 조직으로, 이른바 명부命婦라 한다. 명부는 내외로 나뉘는데, 내명부란 황제의 비빈 및 황태자의 양제良娣 이하를 가리킨다. 외명부란 황제의 고모인 대장공주大長公主, 황제의 여자형제인 장공주長公主, 황제의 딸인 공주公主를 비롯해 고위고관인 남편의 지위에 따라 국부인國夫人·군군郡君·현군縣君 등의 봉호를 받는 여성을 가리킨다.[1] 후비后妃는 왕의 배우정비正妃 및 비빈妃嬪에 한정되는 칭호로, 전자에서는 내관內官, 그리고 후자에서는 내명부內命婦에 해당한다. 후비제는 왕의 정처인 정비正妃를 중심으로 위계와 역할이 구분된 조직이다.

다음에서 신라 후비제의 수용과 변천 과정을 살펴보고, 그 특징을 이해하고자 한다. 또한 신라의 후비제를 당 및 고려의 제도와 비교하여 특징을 파악하고자 한다. 우선 신라 후비제의 특징을 파악하기 위하여 후비제의 수용 배경을 알아볼 것이다. 다음으로 신라의 후비제가 성립되고, 운용되는 양상을 정비正妃 지위를 중심으로 고찰하고자 한다. 마지막으로 신라의 후비제를 당 및 고려의 제도와 비교하여 특징을 파악하고자 한다.

2) 후비제의 수용과 예제禮制

신라에서 여성의 서열이 제도화되는 과정은 왕의 배우자[王妻] 칭호인 부인夫人-비妃-왕후王后의 변화에서 알 수 있다. 기혼 여성의 존칭인 부인夫人은 니사금기에 도입되었으나, 칭호로서의 수용은 마립간기에 이루어졌다. 수용되었을 당시 부인 칭호는 왕과 직결된 왕비 및 왕모에게만 한정되어 사용되었다.[2] 이후 중고기에 부인夫人 칭호를 사용하는 범주가 왕실여성만

---

1   김택민 주편, 『譯註 唐六典』上, 권2, 尙書吏部, 신서원, 2005, 225~236쪽.

이 아닌 상층 여성에게까지 확대되었다. 이로 인해 중고기왕실은 부인夫人과 구별되는 비妃 칭호를 좁은 범주의 최상위층 왕실여성에게 한정된 칭호로 사용하였다.[3]

중대 왕실은 왕권 강화를 목적으로 한 한화적 내정 개혁의 일환으로 왕후(王后)의 칭호를 수용하였다. 중대의 '왕후' 칭호는 대외적으로는 7세기 동아시아국제전 이후의 중대 왕실의 자긍심을 표출하는 것이었고, 대내적으로는 왕실과 진골 귀족 간의 위상 차이를 명백히 밝히는 수단이었다. 왕후 칭호는 진골 출신이었던 중대 왕실이 다른 진골 귀족들과 구분하기 위한 방편의 하나였다. 왕실여성과 진골 귀족 여성은 신분은 진골로서 같으나, 지위는 왕족과 귀족으로서 위상 차이가 생겼다. 이처럼 중대 왕권이 성립된 이후, 왕의 배우자는 왕후王后의 칭호를 독점적으로 사용하였다. 중대 왕실은 왕후王后 칭호와 책봉冊封 의례를 통해 왕실여성과 진골 귀족 여성 간의 위상 차이를 제도화하였다.[4]

또한 왕의 배우자, 즉 왕처王妻의 칭호는 왕권의 강화와 정치체제의 발전과 맞물려 변천하였다. 왕권이 강화되고, 그에 따라 마립간기 → 중고기 → 중·하대의 시기별로 왕王-부인夫人 → 대왕大王-비妃 → 대왕大王-왕후王后 체계로 변화하였다. 신라 중대에 대왕大王-왕후王后 체계가 성립된 배경과 관련해서 다음의 사료가 주목된다.

> A-1) 문무왕 4년(664), 봄 정월 교서를 내려 부인들도 역시 中朝衣裳을 입도록 하였다.[5]

---

2 이현주, 「신라 상고시기 '부인(夫人)' 칭호의 수용과 의미」, 『역사와 현실』 86, 2012, 192~193쪽.
3 이현주, 「신라 중고시기 왕실여성의 칭호 -〈蔚州川前里書石〉銘文을 중심으로-」, 『신라사학보』 27, 2013, 107~108쪽.
4 이현주, 「신라 중대 왕후의 책봉과 위상 정립」, 『역사와 현실』 95, 2015, 258~259쪽.
5 『三國史記』 卷6 新羅本紀6 文武王 4年. "下教 婦人亦服中朝衣裳".

A-2) 신문왕 3년(683), ① 일길찬 김흠운의 작은 딸을 맞아들여 부인으로 삼았다. ② 먼저 이찬 문영과 파진찬 삼광을 보내 기일을 정하고, 대아찬 智常을 보내 納采하였는데, 예물로 보내는 비단이 15수레이고 쌀·술·기름·꿀·간장·된장·포·젓갈이 135수레였으며, 租가 150수레였다. ③ 5월 7일에 이찬 문영과 개원을 그 집에 보내 책봉하여 夫人으로 삼았다. ④ 그 날 묘시에 파진찬 대상·손문, 아찬 좌야·길숙 등을 보내 각각 그들의 아내와 딸, 梁部 및 沙梁部 두 부의 여자 각 30명과 함께 부인을 맞아오게 하였다. ⑤ 부인이 탄 수레의 좌우에 시종하는 관원들과 부녀자들이 매우 많았는데, 왕궁의 북문에 이르러 수레에서 내려 대궐로 들어갔다.[6]

A-1)은 문무왕 4년(664)에 교서를 내려 부인들도 역시 중국의 의복을 입도록 하였다는 것이다. 진덕왕 3년(649)에 남성 관인들이 중국의 '衣冠'을 착용하게 하였다.[7] 부인도 역시 중국식 의복을 착용하도록 한 것은 그 후속 조치였음을 알 수 있다. 649년에 중국식 의복을 착용한 대상은 남성 관인이었다. 664년에 중국식 의복 착용 대상 역시 여관女官이었을 것이다. 그 구체적인 대상은 남성 관인의 배우자와 왕실여성이었을 것으로 여겨진다. 즉 남성 관인의 의복을 중국식 의복으로 착용하게 한 것을 여성에게까지 확대한 것이다.

A-2)는 신문왕 3년의 혼인은 유교식 절차로 행해진 최초의 왕실 혼인이었다는 것이다. 신문왕의 혼례 의례는 2월에 '定期' 절차를 통해 시작되어 5월에 부인으로 책봉하고, 입궁함으로써 마무리되었다. A-2)의 ④에서 왕실 혼

---

[6] 『三國史記』 卷8 新羅本紀8 神文王 3年. "2月 納一吉飡金欽運少女爲夫人 先差伊飡文穎·波珍飡三光定期 以大阿飡智常納采 幣帛十五轝 米·酒·油·蜜·醬·豉·脯·醯一百三十五轝 租一百五十車 夏四月 平地雪一尺 五月七日 遣伊飡文穎·愷元抵基宅 冊爲夫人 其日卯時 遣波珍飡大常·孫文·阿飡坐耶·吉叔等 各與妻娘及梁·沙梁二部嬺各三十人 迎來 夫人乘車 左右侍從 官人及娘嬺甚盛 至王宮北門 下車入內".

[7] 『三國史記』 卷5 新羅本紀5 眞德王 3年.

인의 절차에 참여하는 이들로 파진찬 대상·손문, 아찬 좌야·길숙 등의 아내와 양부梁部 및 사량부沙梁部 두 부의 여자 각 30명이 있었다. 또한 A-2)의 ⑤에서 부인이 탄 수레의 좌우에 시종하는 관원들과 부녀자들을 기록하였다. A-2)의 ④ 파진찬 대상·손문, 아찬 좌야·길숙 등의 아내와 딸, 그리고 양부 및 사량부의 여자 각 30명과 A-2) ⑤의 부녀자[娘嫗]는 여관女官이었을 것이다.

〈표 1〉 신문왕 혼례 의례 참여 관인

官人 官人等級	남성 관인		여관女官	비고
	관등	인명		
2位	伊飡	文穎, 愷元		
4位	波珍飡	三光, 大常, 孫文	大常의 妻娘 孫文의 妻娘	妻娘
5位	大阿飡	智常		
6位	阿飡	坐耶, 吉叔	坐耶의 妻娘 吉叔의 妻娘	妻娘
			梁部의 嫗 沙梁部의 嫗	嫗 30명
			娘嫗	娘嫗

〈표 1〉에서 4위에 해당하는 파진찬 대상과 손문의 처妻와 낭娘, 6위에 해당하는 아찬 좌야와 길숙의 처妻와 낭娘과 양부梁部와 사량부沙梁部의 각 30명의 구嫗는 모두 여성이다. 여기서 '娘'은 아가씨라는 의미로, 주로 미혼 여성의 칭호로 쓰였는데, 딸이라는 의미의 '女'와 혼용되어 쓰인다.[8] '妻娘'은 처와 딸을 일컫는 것이다. '嫗'는 어머니, 또는 할머니를 일컫는 말로, 상고기 사료부터 등장하는 노구老嫗, 노모老母 등에서 나오는 용어이다. 이른 시

---

8   이현주, 앞의 글, 2012, 189쪽.

기의 노구老嫗는 사제적 직능을 가진 존재였다.⁹ 상고기 사료에서 노구의 역할이 알영과 탈해 등 성스러운 존재를 발견하고 양육하는 것이었다는 점에서 여성의 본래적 역할에 신성성이 부가된 존재로 인식되었다.¹⁰

명사봉영命使奉迎 단계에서 남성 관인은 파진찬 대상과 손문, 아찬 좌야와 길숙만이 언급되어 있고, 그들의 처와 딸, 양부와 사량부의 부녀자 각 30명 등은 모두 여성들이었다. 최소 68명 이상의 여성들이 동원되었던 것이다. 신문왕의 혼례 의례에서 가장 성대한 절차였던 입궁행렬의 구성원이 거의 대부분 여성들이었던 것이다. 이들 여성으로 이루어진 행렬은 '부인夫人'으로 책봉된 김흠운의 딸, 새로운 왕비를 맞으러 왔다. 부인을 수레에 태우고, 좌우로 시종하며 왕궁으로 행차하였다. 이 행차에 참여한 인원을 관인官人과 낭구娘嫗로 일컬었는데, 매우 성대하다고 하였다. 왕궁의 북문에 이르러 부인이 수레에서 내려 궁궐에 들어가는 것으로 입궁 행렬은 마치게 된다.

대규모의 인원이 동원된 행렬인 만큼 주도자와 운영자가 필요했을 것이다. 남성 관인이 명사봉영의 주도자로서 선두에 섰을 것이나, 행렬의 실질적인 운영은 남성 관인의 배우자인 파진찬 대상과 손문의 처, 아찬 좌야, 길숙의 처가 담당했을 것임을 유추할 수 있다. 이들은 각 남성 배우자의 관위에 따른 위계를 가진 여성들로 해당 책임과 역할을 담당했을 것이다.

이들 외에 그들의 낭娘과 양부와 사량부의 구嫗의 존재도 주목된다. 남성의 관위에 따른 지위가 처뿐만 아니라 딸에게도 이어졌을 가능성을 상정할 수 있다. 즉 골품제에 기반하여 진골남성인 남성 관인과 진골여성인 그의 처와 딸은 동일한 지위로 인식되었을 것이다.

양부와 사량부는 중고기에 정치적, 신분적 기득권을 가진 존재였다. 6세기에 왕권의 강화와 더불어 17관등제를 정비하였는데, 그 우선 적용 대상

---

9 崔光植,「三國史記 所載 老嫗의 性格」,『史叢』 25, 1981, 9쪽.
10 이현주, 앞의 글, 2012, 186~187쪽.

이 양부와 사량부였다. 530년대에는 다른 여타의 부까지 확대 적용되었는데, 이 과정에서 양부와 사량부인의 정치적, 신분적 기득권이 그대로 인정되었을 것이다.[11] 중대 초기의 양부와 사량부의 여성들이 국왕의 혼인 행렬에 동원되었던 것은 중고기의 관행이 그대로 이어졌을 것으로 생각된다.[12] 양부와 사량부의 여성들은 그 남성 배우자와 더불어 정치적·신분적 기득권을 가진 존재들이었다.

또한 아찬의 처와 딸도 동원되었다는 사실이 주목된다. 아찬은 육두품 귀족이 오를 수 있는 최고의 관등이다. 아찬이 국왕 혼인 행렬의 실무자로서 등장할 뿐만 아니라 아찬의 처와 딸 역시 동원되고 있는 것이다. 이는 중대 왕권이 지향하는 관료 체제가 육두품은 물론 육두품의 처 역시도 포괄하고 있음을 알려준다.

신문왕의 혼례 의례는 유교식 절차에 따라 대규모 인원을 동원해서 거행되었다. 특히 납채 의례와 입궁 행렬은 행사에 직접 참여하는 인원 외에 간접적으로 참여하는 인원은 물론 지켜보는 민에게까지 영향력을 미치는 예제禮制에 기반한 왕실의례였다. 신문왕 대 행한 국왕의 유교적 혼례 의례가 가진 파급력은 이후 중대 왕들의 혼인 의례로 거듭 재생산되었다. 신문왕의 유교적 혼례 의례가 중대 이후 국왕의 혼인 형태의 전범典範이 되었음을 알 수 있다.[13] 또한 신문왕 대에 제정된 오묘제도 중대 왕실의 전범이 되었다.[14]

중대 왕실은 진골로서 왕위를 계승하였기 때문에 왕권을 강화하기 위해서 중고기 성골왕권의 정통성을 극복하고, 진골 귀족과의 차별성을 규정해

---

11 全德在, 『新羅六部體制研究』, 一潮閣, 1996, 140쪽.
12 6세기의 금석문인 울주천전리서석의 명문에는 作食人인 여러 '夫人'의 존재가 보인다. 이들은 남성 배우자와 함께 '婦' 또는 '妻'로 기록되어 있다(李炫珠, 앞의 글, 2013, 112~120쪽). 남성 배우자의 소속이 주로 喙部와 沙喙部인데, 사량부와 양부를 일컫는다. 이들 2부의 여성들이 중고기부터 일정 직임을 담당하였음을 알 수 있다.
13 이현주, 앞의 글, 2015, 239~240쪽.
14 이현주, 「신라 종묘제의 변천과 태후」, 『사림』 66, 2018, 173~175쪽.

야만 했다. 중대 왕실은 율령과 예제를 중심으로 유교적 통치 이념을 수용하고, 이를 기반으로 체제를 정비하여 왕권을 강화하고자 하였다.[15] 신문왕은 오묘제를 제정하고, 유교식 혼례 의례를 거행하여 예제를 기반으로 한 유교적 통치 이념을 천명하였다. 중대 왕실은 '王后' 칭호를 수용하고, 종묘제를 수용하고, 유교식 혼례 의례를 시행하여 중대 왕실의 위상을 높였다.

즉 중대의 후비제는 중대 왕권 강화 및 정치체제의 재편과 맞물리는 사안이었다. 왕실여성의 서열은 왕과의 관계를 중심으로 재편되어야 했다. 왕실여성 내부의 위계 내에서 가장 높은 위상을 가졌던 것은 왕모였다. 신라의 후비제가 성립되기 위해서는 왕모의 위상과 왕모 및 왕비가 속한 귀족세력을 극복해야 한다는 선결과제를 가지고 있었다. 동시에 중대 왕실은 왕권 강화를 위하여 왕실여성의 위계를 조직화하고, 율령적 정치체제 안에 편제할 필요가 있었다. 문무왕 2년에 행해진 여성 의복 중조화의 대상은 왕실여성을 포함한 지배층 여성이었다. 중대 왕실은 왕실여성을 포함한 지배층 여성을 율령과 예제를 기반으로 한 정치체제 안에 포섭하였다.

3) 신라 정비正妃 지위의 성립

중대 왕실은 율령과 예제를 기반으로 하여 체제를 정비하였고, 그 일환으로 당의 후비제를 수용하여 왕실여성을 포함한 상층 여성들의 위계도 제도화하였다. 후비제는 왕의 배우자, 그중에서도 정비正妃를 중심으로 한 위계 제도이다. 신라에서 정비正妃의 지위가 확립되는 과정을 살펴보고자 한다. 다음은 신라 중대에 왕의 배우자가 2명 이상 기록된 사례이다.

B-1) 제26대 진평왕의 妃는 마야부인으로 김씨이고, 이름은 복힐구이다. 後

---

15 중대 왕실은 율령을 수용하는 데 있어 논리보다는 기능을 중심으로 수용하였다. 중대 왕실은 기능 중심의 율령적 지배 체제에서는 예제에 기초한 윤리적 지배를 병행함으로써 새로운 규범의식을 부여하였다(김영하, 『新羅中代社會硏究』, 일지사, 2007, 218쪽).

비는 승만부인으로, 손씨이다. 기해년에 즉위하였다.[16]

B-2) 제29대 태종대왕의 이름은 춘추이며 성은 김씨이다. 용수(또는 용춘)각 간으로 추봉된 문흥대왕의 아들이며, 어머니는 진평대왕의 딸인 천명부인이다. 비는 문명황후 문희이고, 즉 유신공의 막냇누이이다. 태자 법민과 각간 인문·각간 문왕·각간 노차·각간 지경·각간 개원 등은 모두 문희가 낳았는데, 당시에 꿈을 샀던 징조가 이와 같이 나타났다. 서자는 개지문 급간과 차득 영공·마득 아간이고 딸을 합하여 다섯 명이다.[17]

B-3) ① 신문왕이 즉위하였다. (중략) 왕비 김씨는 소판 김흠돌의 딸로 왕이 태자 시절에 궁에 들어왔는데, 오래도록 아들이 없다가, 뒤에 아버지가 난을 일으킨 데 연좌되어 궁에서 쫓겨났다.[18]

② 신문왕 3년(683), 일길찬 김흠운의 어린 딸[少女]을 맞아들여 夫人으로 삼았다.[19]

B-4) 제33대 성덕왕. 先妃는 배소왕후이고, 시호는 엄정이다. 원대□□(元大□□)의 딸이다. 後妃는 점물왕후이고, 시호는 소덕이며, 순우 각간의 딸이다.[20]

B-5) ① 효성왕 2년(738), 당에서 사신을 보내 조칙으로 왕비 박씨를 책봉했다.[21]

② 효성왕 3년(739), 3월에 이찬 김순원의 딸 혜명을 맞아들여 왕비로 삼았다.[22]

---

16 『三國遺事』卷1 王曆 第二十六眞平王. "妃摩耶夫人金氏 名福肟□ 後妃僧滿夫人孫氏".
17 『三國遺事』卷2 紀異 太宗春秋公. "第二十九大宗大王名春秋 姓金氏 龍樹〈一作龍春〉角干追封文興大王之子也 妣眞平大王之女天明夫人 妃文明皇后文姬 卽庾信公之季妹也. (중략) 太子法敏·角干仁問·角干文王·角干老且·角干智鏡·角干愷元等皆文姬之所出也 當時買夢之徵現於此矣 庶子曰皆知文級干·車得令公·馬得阿干幷女五人".
18 『三國史記』卷8 新羅本紀8 神文王 元年.
19 『三國史記』卷8 新羅本紀8 神文王 3年.
20 『三國遺事』卷1 王曆 第三十三聖德王. "先妃陪昭王后 諡嚴貞 元大[阿干]之女也 後妃占勿王后 諡炤德 順元角干之女".
21 『三國史記』卷9 新羅本紀9 孝成王 2年.
22 『三國史記』卷9 新羅本紀9 孝成王 3年.

③ 효성왕 4년(740), 8월에 파진찬 영종(永宗)이 반역을 꾀하다가 죽임을 당했다. 이보다 앞서 영종의 딸이 後宮으로 들어왔는데, 왕이 그를 몹시 사랑하여 은총이 날로 더하자 왕비가 이를 질투하여 집안사람[族人]과 모의하여 그녀를 죽였다. 영종은 왕비와 그 친족[王妃宗黨]을 원망했는데 이로 인해 반역을 일으킨 것이다.²³

B-6)   제35대 경덕왕. 先妃는 삼모부인으로 출궁되었고, 후사가 없다. 後妃는 만월부인으로 시호는 경수왕후이며, 의충 각간의 딸이다.²⁴

B-7)   제36대 혜공왕. 先妃는 신파부인이며, 위정 각간의 딸이다. 妃는 창창부인으로 김장 각간의 딸이다.²⁵

B-1~4)는 『삼국유사』 왕력의 기록이다. B-1)은 진평왕으로, 선비先妃와 후비後妃에 관한 첫 번째 기록이다. 진평왕의 비는 마야부인으로 김씨이다. 또한 후비가 있었는데, 승만부인으로, 손씨라고 하였다. B-1)에서 마야부인은 선비先妃가 아닌 비妃로만 기록되어 있다. 승만부인은 손씨이고, 후비後妃이다. B-4)와 6)의 사례로 보아 마야부인을 선비先妃로 이해할 수도 있다. 그러나 『삼국유사』 왕력에서 왕비를 일반적으로 〈妃+(名)夫人+姓氏〉의 방식으로 표기하는 것으로 보아, 마야부인의 비妃는 선비가 아니라 일반적인 왕비의 표기법으로 여겨진다. 또한 승만부인은 김씨가 아닌 손씨인 것으로 보아 진골 이상의 출신이 아님을 알 수 있다. 따라서 왕비로 기록하였을 것으로 생각되지 않는다. 신라의 골품제적 질서 하에서 진평왕의 첫째 딸인 덕만은 성골인 남성이 없다는 이유로, 여성이지만 성골이므로 왕위에 올라 선덕여왕으로 즉위할 수 있었다.²⁶

---

23   『三國史記』 卷9 新羅本紀9 孝成王 4年.
24   『三國遺事』 卷1 王曆 第三十五景德王. "先妃三毛夫人出宮无後 後妃滿月夫人謚景垂王后 垂〈一作穆〉依忠角干之女".
25   『三國遺事』 卷1 王曆 第三十六惠恭王. "先妃神巴夫人 魏正角干之女 妃昌昌夫人 金將角干之女".
26   『三國遺事』 卷1 王曆 第二十七善德女王. "名德曼 父真平王 母麻耶夫人金氏 聖骨男盡

이로 볼 때 『삼국유사』 왕력과 『삼국사기』 즉위조의 표기법의 관행에 따라 마야부인을 진평왕의 왕비로 기록하여 비妃로 표기한 것임을 알 수 있다. 즉 B-1)의 〈妃+摩耶夫人+金氏〉의 표기법에 따른 것으로, 여기서의 비는 선비가 아닌 왕비이다. 승만부인 손씨의 경우, 후비로 기록한 것은 후대의 표기법을 소급 적용한 것으로, 왕처王妻가 아닌 왕첩王妾의 의미였을 것이다.

B-2)는 태종무열왕의 왕비이자, 김유신의 누이인 문희의 친자와 서자를 기록한 것이다. 태종 무열왕에게는 문희의 소생이 아닌 4명의 아들과 1명의 딸이 있었는데, 이들을 서자庶子로 기록하였다. 즉 태종무열왕에게는 문희 이외에 배우자가 있었고, 그중 문희가 정비正妃인 왕후였다는 사실을 알 수 있다. 문희가 정비이기 때문에 문희의 소생이 적자嫡子가 되었고, 그 큰아들인 법민이 태자로서 왕위를 계승하여 문무왕으로 즉위하였던 것이다.

B-3)의 신문왕은 문무왕의 장자長子이다. 신문왕은 B-3) ①에서 태자비였던 김흠돌의 딸인 김씨왕비를 출궁시키고, ②에서 김흠운의 딸과 혼인한 기록이다. 『삼국유사』 왕력에는 김흠운의 딸인 신목왕후神穆王后만 기록되어 있으나,[27] B-3)의 기록에 따르면, ①의 김흠돌의 딸은 선비이고, ②의 김흠운의 딸은 후비임을 알 수 있다.

B-4) 성덕왕에게는 선비인 배소왕후와 후비인 점물왕후가 있었다. 성덕왕은 즉위 3년(704)에 김원태의 딸인 배소왕후와 혼인하였다.[28] 성덕왕은 15년(716)에 배소왕후(嚴貞, 또는 成貞)를 출궁시키고, 19년(720)에 김순원의 딸인 점물왕후炤德과 혼인하였는데,[29] 소덕왕비는 성덕왕 23년(724)에 죽었다.[30] 이로 볼 때 성덕왕의 2명의 배우자는 모두 왕후로 정비였음을 알 수 있다.

故女王立 王之匹歆葛文王 仁平甲午立 治十四年".
27 『三國遺事』 卷1 王曆 第三十一神文王.
28 『三國史記』 卷8 新羅本紀8 聖德王 3年.
29 『三國史記』 卷8 新羅本紀8 聖德王 19年.
30 『三國史記』 卷8 新羅本紀8 聖德王 23年.

B-4)의 선비와 후비는 시간의 선후에 따른 칭호였던 것이다. 성덕왕 19년 (720)의 혼인은 왕의 두 번째 혼인이지만, 정식혼인이었다.

성덕왕은 720년 3월에 신문왕의 유교식 혼인 의례를 전범으로 하여 점물왕후를 왕비로 맞아들이고, 6월에 왕비를 왕후로 책봉하였다.[31] 왕비를 왕후로 책봉한 것은 혼인 절차 중 납비納妃에 해당한다. 신문왕은 이 절차에서 부인夫人으로 책봉하였지만, 성덕왕은 왕비王妃를 왕후王后로 책봉하여 왕비에서 왕후로 지위를 격상시켰음을 알 수 있다. 이를 통해 후后와 비妃의 지위 차이를 알 수 있는데, 당의 후비제에 대한 이해가 심화된 결과이다. 왕후는 대왕의 '정식 배우자 1인'인 정비正妃였다.

정비인 왕후의 지위는 차기 왕위 계승권자인 태자의 지위와 연동된 사안이었다. 성덕왕 16년(717)에 성덕왕의 태자였던 중경이 죽었다.[32] 720년, 성덕왕의 혼인은 차기 왕위 계승권자인 태자의 출산과 책봉과도 연계되어 이루어졌던 것이다. 성덕왕 23년(724)에 왕의 둘째 아들인 승경이 태자로 책봉되었다.[33] 왕위의 안정적인 계승은 중대 왕실과 왕비세력인 진골 귀족 즉 김순원 세력과의 정치적 연합으로 이어졌다.

B-5)의 효공왕에게는 ①의 박씨왕비, ②의 김순원의 딸 혜명, ③의 후궁인 영종의 딸이 있었다. 김순원은 성덕왕의 후비後妃인 소덕왕후의 아버지이다. 김순원은 성덕왕 대에 이어 효공왕 대에도 딸을 납비納妃하여 왕비세력의 지위를 지속하고, 강화시켰다. 다만 김순원의 딸인 혜명은 효공왕의 여러 배우자 중에서 '정식 배우자 1인'의 지위를 갖고자 하였고, 당의 책봉을 통해 정비正妃의 지위를 획득할 수 있었다.[34] 성덕왕과 효공왕 대의 책봉冊封 의례는 신라 중대에 정비正妃의 지위가 확립되는 계기로 작용하였다.

---

31   『三國史記』卷8 新羅本紀8 聖德王 19年. "六月 册王妃爲王后".
32   『三國史記』卷8 新羅本紀8 聖德王 16年.
33   『三國史記』卷8 新羅本紀8 聖德王 16年.
34   이현주, 「신라 중대 효성왕대 혜명왕후와 '正妃'의 위상」, 『韓國古代史探究』 21, 2015, 248~250쪽.

B-6)의 경덕왕은 성덕왕의 아들이고, 효성왕의 동모제이다.[35] 경덕왕 2년(743)에 김의충의 딸과 혼인하였다. B-6)은 경덕왕이 선비인 삼모부인을 출궁시키고, 김의충의 딸인 만월부인을 후비로 삼았다는 사실을 기록하였다. 삼모부인이 출궁되었고, 그는 '무후無後', 즉 차기 왕위 계승자를 출산하지 못하였다.[36] 만월부인은 경덕왕 17년(758)에 왕자를 출산하였고,[37] 왕자인 건운은 경덕왕 19년(760)에 왕태자로 책봉되었다.[38] B-6)의 경덕왕의 선비와 후비 역시 두 명의 정비正妃, 왕후를 지칭하였음을 알 수 있다.

B-7)의 혜공왕은 경덕왕과 만월부인의 아들이다. 8세의 어린 나이로 즉위하였기 때문에 태후가 섭정하였다.[39] B-7)『삼국유사』에서는 혜공왕에게는 선비先妃인 신파부인과 비妃인 창창부인이 있었다. 혜공왕 16년(780)에 반란이 일어났고, 반란군에 의해 왕과 왕비가 시해당했다.『삼국사기』에서 왕과 '후비后妃'가 살해당하였다고 기록하였고, 이어서 '원비元妃'인 신보왕후와 '차비次妃'인 이찬 김장의 딸을 기록하였다.[40] 차비次妃는 B-7)의 창창부인이다. B-7)의『삼국유사』에서 선비先妃와 비妃로 기록하였는데,『삼국사기』에서는 원비元妃와 차비次妃라고 하였고, 이들을 후비后妃라고 하였다. B-7)의 후비后妃는 '后와 妃', 즉 '정비正妃'인 원비元妃와 후궁後宮인 후비後妃를 말하는 것임을 알 수 있다. B-3~6)의 선비先妃와 후비後妃는 모두 왕후였고, 정비는 1인이므로 출궁과 혼인을 통해 교체되었다. 반면 B-7)의 원비元妃는 정비이고, 원비元妃와 차비次妃의 지위가 동등하지 않다는 사실을 알 수 있다. 즉 원비와 차비는 정비와 후궁의 위상 차이가 있었으므로 동 시기에 존재할 수

---

35 『三國史記』卷9 新羅本紀9 景德王 元年.
36 『三國遺事』卷2 紀異 景德王・忠談師・表訓大德.
37 『三國史記』卷9 新羅本紀9 景德王 17年.
38 『三國史記』卷9 新羅本紀9 景德王 19年.
39 『三國史記』卷9 新羅本紀9 惠恭王 元年.
40 『三國史記』卷9 新羅本紀9 惠恭王 16年. "四月 上大等金良相與伊飡敬信擧兵 誅志貞等 王與后妃 爲亂兵所害 良相等諡王爲惠恭 王元妃新寶王后 伊飡維誠之女 次妃伊飡金璋之女 史失入宮歲月".

있었던 것이다. 혜공왕 대에 후비제后妃制가 성립했음을 알 수 있다.

이처럼 신라 중대에 후비제가 수용되고 정착되는 과정은 점진적으로 이루어졌음을 알 수 있다. 우선 태종 무열왕 대에 왕후의 칭호가 수용되고, 신문왕 이후 예제인 가례嘉禮의 납비納妃 의례에 의해 정비의 지위가 도입되었다. 성덕왕 대 왕후 책봉과 효공왕 대의 당의 왕비 책봉에 의해 '정식 배우자 1인'인 정비正妃의 지위가 확립되었다. 이후 혜공왕 대 후비제后妃制에 기반하여 정비와 후궁의 위계가 제도화되었던 것이다. 즉 혜공왕 대에 신라의 왕후王后-비妃·부인夫人 체계가 성립되었고, 이는 하대에 운용되었다. 다음은 하대의 후비관련 사료이다.

C-1) ① 애장왕 3년(802), 여름 4월에 아찬 김주벽의 딸을 後宮으로 들였다.[41]
② 애장왕 6년(805), 봄 정월에 어머니 김씨를 봉하여 大王后로 삼고, 왕비 박씨를 봉하여 王后로 삼았다.[42]

C-2) ① 신무왕 원년(839), 신무왕이 즉위하였다. (중략) 아버지를 성덕대왕으로, 어머니 박씨 진교부인을 헌목태후로 追尊하였다.[43]
② 헌안왕 원년(857), 헌안왕이 왕위에 올랐다. 이름은 의정〈혹은 우정〉이다. 신무왕의 배다른 동생[異母弟]이다. 어머니는 조명부인이고 선강왕의 딸이다.[44]

C-3) ① 문성왕 3년(841), 가을 7월 당나라 무종이 칙령을 내려 (중략) 왕을 책봉하여 개부의동삼사 검교대위 사지절 계림주제군사 겸 지절부사충영해군사 상주국 신라왕으로 삼고, 아내 박씨를 왕비로 삼았다.[45]

---

41 『三國史記』卷10 新羅本紀10 哀莊王 3年. "夏四月 以阿湌金宙碧女入後宮".
42 『三國史記』卷10 新羅本紀10 哀莊王 6年. "春正月 封母金氏爲大王后 妃朴氏爲王后".
43 『三國史記』卷10 新羅本紀10 神武王 元年.
44 『三國史記』卷11 新羅本紀11 憲安王 元年.
45 『三國史記』卷11 新羅本紀11 文聖王 3年. "秋七月 唐武宗勅 歸國新羅官前入新羅宣慰副使·充兗州都督府司馬賜緋魚袋金雲卿 可淄州長史 仍爲使 册王爲開府儀同三司·檢校大尉·使持節·大都督雞林州諸軍事兼持節充寧海軍使·上柱國·新羅王 妻朴氏爲王妃".

② 문성왕 4년(842), 봄 3월에 이찬 위흔의 딸을 들여 왕비로 삼았다.⁴⁶

③ 문성왕 7년(845), 봄 3월에 왕이 청해진대사 궁복의 딸을 맞이해 次妃로 삼으려 하니, 조정의 신하들이 간하여 말하기를 "부부의 법도는 사람으로 지켜야 할 큰 도리입니다. 하나라는 도산으로 인해 일어났고, 은나라는 신씨로 인해 창성하였으며, 주나라는 포사로 인해 멸망하였고, 진나라는 여희 때문에 어지러워졌던 것입니다. 나라의 존망이 이와 같은데 어찌 신중하지 않을 수 있겠습니까? 지금 궁복은 섬사람인데 어찌 그 딸을 왕실의 배필로 삼으려 하십니까?"라고 하였다. 왕이 그 말을 따랐다.⁴⁷

C-4) ① 경문왕 원년(861), 경문왕이 왕위에 올랐다. (중략) 비는 김씨 영화부인이다.⁴⁸

② 경문왕 3년(863), 영화부인의 동생을 맞아들여 次妃로 삼았다.⁴⁹

C-5) ① 헌강왕 원년(875), 헌강왕이 왕위에 올랐다. (중략) 비는 의명부인이다.⁵⁰

② 효공왕 원년(897), 효공왕이 즉위하였다. 휘는 요이다. 헌강왕의 庶子이고 어머니는 김씨이다.⁵¹

③ 佛國寺 光學藏(媛妃 權氏가 머리를 깎고 중이 되었는데 法號는 秀圓 또는 光學이다)의 왼쪽 벽에 모신 화상이 太傅로 추증된 헌강대왕(경문왕의 元子이며 太傅로 추증되었고, 이름은 晸이다. 당 건부 을미에 즉위하였고, 재위는 12년이다)인데, 법호를 秀圓이라 한 脩媛 權氏가 받들고 명복을 빌기 위하여 건립한 것이다.⁵²

---

46 『三國史記』卷11 新羅本紀11 文聖王 4年. "春三月 納伊飡魏昕之女爲妃".
47 『三國史記』卷11 新羅本紀11 文聖王 7年. "春三月 欲娶清海鎭大使弓福女爲次妃 朝臣諫曰 夫婦之道 人之大倫也 故夏以塗山興 殷以㜎氏昌 周以褒姒滅 晉以驪姬亂 則國之存亡 於是乎在 其可不愼乎 今弓福海島人也 其女豈可以配王室乎 王從之".
48 『三國史記』卷11 新羅本紀11 景文王 元年. "景文王立. 諱膺廉. 膺一作疑. 僖康王子啓明阿飡之子也. 母曰光和 一云光義.夫人, 妃金氏寧花夫人".
49 『三國史記』卷11 新羅本紀11 景文王 3年. "納寧花夫人弟爲次妃 異日王問興輪寺僧曰 師前所謂三益者 何也 對曰 當時王及王妃喜其如意 寵愛浸深一也 因此得繼太位二也 卒得娶檀所求季女三也 王大笑".
50 『三國史記』卷11 新羅本紀11 憲康王 元年.
51 『三國史記』卷12 新羅本紀12 孝恭王 元年.

C-1)의 애장왕에게는 ①의 후궁 김씨와 ②의 왕후 박씨가 있었다. 애장왕이 왕후 박씨와 혼인한 기록은 보이지 않는다. C-1) ①에서 후궁을 들이는 것으로 보아 왕후 박씨는 애장왕이 13세로 즉위하기 이전, 태자였을 때 이미 혼인하였을 것이다. 애장왕에게는 정비正妃인 왕후 박씨와 후궁後宮인 김씨가 있었음을 알 수 있다.

C-2) ① 신무왕과 ②의 헌안왕의 아버지는 균정이다. 균정은 원성왕의 손자로, 흥덕왕의 사후 유력한 왕위 계승 후보였다. 균정이 왕위쟁탈전에서 전사하여 왕이 되지는 못하였으나, 그의 아들과 손자가 왕위를 계승하였다. 이로 볼 때 균정의 두 명의 배우자 역시 하대 왕실의 후비제의 사례가 될 만하다.

균정의 아들인 신무왕과 헌안왕은 어머니가 다른 이모형제異母兄弟이다. 헌안왕은 신무왕의 어머니가 다른 동생[異母弟]인데, 그의 어머니인 조명부인의 아버지는 선강왕, 즉 헌덕왕과 흥덕왕의 동모제同母弟인 충공이다. 균정의 두 아들 모두 왕위를 계승하였다는 점, 그리고 헌안왕의 외조부인 충공의 위상으로 보아 균정의 두 명의 배우자, 즉 신무왕의 어머니와 헌안왕의 어머니는 처첩妻妾의 관계가 아닌 전처前妻와 후처後妻의 관계였을 가능성이 크다.

C-3)의 문성왕은 신무왕의 아들이다. 문성왕에게는 ① 박씨왕비, ② 위흔의 딸인 김씨왕비가 있었고, ③ 차비次妃로 장보고의 딸이 거론되었다. 『삼국유사』 왕력에 문성왕의 비妃는 소명왕후炤明王后라고 하였다.[53] 문성왕은 C-3) ②에서 위흔의 딸을 납비納妃하였는데, 이는 예제인 가례 절차에 따른 납비례納妃禮를 통한 혼인이었다. 이로 보아 문성왕의 정비는 위흔의 딸

---

52 〈大華嚴宗 佛國寺 毘盧遮那 文殊普賢 像 讚幷書〉 "…佛國寺 光學藏(媛妃權氏 落采爲尼 法號秀圓 亦名光學)講室 左壁畵像者 贈太傅獻康大王(景文王元子贈太傅名曰晸 唐乾符 乙未立 在位十二年) 脩媛權氏 法號秀圓追奉尊臺玄福之所有爲也 惟王是神仙中人 媛乃 菩薩化身…"(『崔文昌侯全集』, 성균관대 대동문화연구원, 1972, 213~214쪽).
53 『三國遺事』 卷1 王曆 第四十六文聖王.

인 김씨왕비이고, 그가 곧 소명왕후였을 것이다. 장보고는 그의 딸을 문성왕의 차비로 들이고 싶어 했으나, C-3) ③에서 알 수 있듯이 출신의 한계로 좌절되었다.

C-4)의 경문왕은 ① 영화부인과 ② 영화부인의 동생을 각각 원비元妃와 차비次妃로 삼았다. 이들은 모두 헌안왕의 딸로, 출신은 왕녀王女로 동일하지만, 장녀長女와 차녀次女의 차이가 있었다. 경문왕은 맏사위였기 때문에 왕위를 계승할 수 있었는데, 이는 신라에서 취생聚生, 즉 출생 순서가 중요했기 때문이었다.⁵⁴ 신라 왕실여성의 위계, 장녀長女와 차녀次女, 원비元妃와 차비次妃, 정비正妃와 후궁後宮의 위계를 알 수 있다.

C-5)의 헌강왕에게는 ① 의명부인, ② 효공왕의 생모인 김씨, ③ 수원 권씨가 있었다. 의명부인은 효공왕이 즉위한 후, 왕태후로 책봉되었는데,⁵⁵ 헌강왕의 정비正妃였기 때문이었다.⁵⁶ 정비인 왕후의 지위는 태후의 지위로 이어졌던 것이다. C-5) ②의 김씨는 헌강왕과 야합으로 맺어져 효공왕을 낳았다. '야합'은 곧 정식 혼인, 즉 가례의 납비례를 하지 않았다는 것을 의미한다. 야합을 통해 낳은 아들이기 때문에 효공왕은 헌강왕의 친자임에도 불구하고, 서자庶子의 한계를 갖게 된 것이다. 효공왕은 태생적인 한계를 헌강왕의 정비인 의명부인과 의부모義父母 관계를 맺고, 왕태후王太后로 책봉하여 극복하고자 하였다.

C-5) ③은 『불국사고금창기佛國寺古今創記』에는 실려 있는 〈대화엄종불국사비로자나문수보현상찬병서大華嚴宗 佛國寺 毘盧遮那 文殊普賢 像 讚幷書〉이다.⁵⁷

---

54 이현주,「신라 하대 왕위계승권과 왕실여성」,『신라문화』56, 2020, 88쪽.
55 『三國史記』卷12 新羅本紀12 孝恭王 2年. "春正月 尊母金氏爲義明王太后".
56 이현주, 앞의 글, 2020, 99~101쪽.
57 『佛國寺古今創記』는 活庵 東隱이 영조 16년(1740)에 쓴 것으로 본래 서명은 『慶尙道 江左大都護府 慶州東嶺 吐含山 大華嚴宗 佛國寺 古今歷代諸賢繼創記』이다. 이 책은 불국사의 창건 이후 중창과 중수의 역사를 연대기식으로 서술하였다. 법흥왕 대의 창건으로부터 이 책을 편찬한 18세기 중반까지 연대순으로 기록하였는데, 편찬 이후인 1750년부터 1798년의 기록도 끝에 덧붙여져 있어 후대에 첨가되었을 것으로 여겨진

『불국사사적佛國寺事蹟』에도 〈비로불병이보살찬병서毘盧佛并二菩薩讚幷序〉로 실려 있는데, 서문과 불찬佛讚 및 이보살찬二菩薩讚으로 되어 있다.[58] 끝부분이 『불국사사적』에는 '都統巡官 崔致遠'이라고 되어 있는데, 『불국사고금창기』에는 '光啓丁未正月人日 桂苑行人 崔致遠讚'으로 되어 있다. 위의 사료는 최치원이 작성하였던 것이다.[59] 위의 사료에서 '수원脩媛 권씨權氏'가 불국사에서 헌강대왕의 명복을 빌었다고 하였다. 또한 수원 권씨는 원비嫄妃 권씨權氏로, 머리를 깎고 중이 되었는데 법호는 수원秀圓 또는 광학光學이라고 하였다.[60] 수원 권씨는 헌강왕의 후궁이었음을 알 수 있다.[61]

헌강왕의 후궁으로서 '수원脩媛'를 칭한 왕실여성이 있었다는 점이 주목된다. '수원'은 당의 내직제에서 정2품에 해당한다. 그런데 수원은 당 현종대의 개원 연간 이후 9빈嬪이 6의儀로 바뀌기 이전의 칭호이다. 그런데 '수원'의 칭호가 신라에서 보이고 있는 것이다.[62] 이로 보아 헌강왕의 정비가

다. 내용에 있어 옛 기록을 고쳐 썼기에 年代順次와 年號對照의 착오가 많다. 최치원의 글 5종이 실려 있다(김상현, 『신라의 사상과 문화』, 一志社, 1999, 464~466쪽).

[58] 『佛國寺事蹟』은 慶歷 6년(1046)에 一然이 지은 것이라고 하는데, 이를 숙종 34년(1708)에 懷忍이 重刊했다. 그러나 일연이 지었다고 하는 1046년은 일연(1206~1289)이 태어나기 전일뿐더러 불국사를 눌지왕 대에 아도가 창건하였고, 법흥왕 대에 중창하였으며, 경덕왕 대에 이르러 金大城에 의해 第三重創되었다는 내용 역시 신빙성이 떨어진다. 『佛國寺事蹟』의 글은 불국사에 관한 최치원의 글 이외에는 사료로서의 가치는 거의 없다고 보인다. 최치원의 글 3종이 수록되어 있다(김상현, 앞의 책, 1999, 463~464쪽).

[59] 불국사와 관련하여 최치원이 작성하였다고 하는 글 5종이 전해진다. 이들 글에서 글자의 이동과 연대의 착오, 내용상의 혼란 등 여러 문제가 찾아지고 있는데, 이는 최치원의 眞撰이 후인에 의해 약간 고쳐진 경우와 필사자에 의한 오류가 겹친 결과로 생각된다고 한다(김상현, 앞의 책, 1999, 457쪽). 그럼에도 불구하고, 〈大華嚴宗 佛國寺 毘盧遮那 文殊普賢 像 讚幷書〉에서는 별다른 오류가 찾아지지 않으므로 신빙성이 높은 사료로 생각된다.

[60] 權氏의 존재에 대하여 李文基는 김씨족내혼을 숨기려는 최치원의 의도에 의해 김씨가 권씨로 改書되었다고 보았는데, 이는 곧 왕비 김씨로, 효공왕 요의 생모였을 것으로 추정하였다(李文基, 「9世紀 後半 佛國寺 關聯資料의 檢討」, 『新羅文化』 26, 2005, 244~250쪽).

[61] 헌강왕의 後妃로 보기도 하였다(文明大, 「佛國寺金銅如來坐像二軀와 그 造像讚文(碑銘)의 硏究」, 『美術資料』 19, 1976, 2쪽).

[62] 李文基는 9세기 후반의 경문왕·헌강왕 대에 당의 후비제도를 참용하여 신라의 비빈제도가 정비되었을 가능성이 있다고 하였고(李文基, 앞의 글, 2005, 245쪽), 金昌謙도

친자가 아닌 요가 즉위하였음에도 의제적擬製 모자母子 관계로서 왕태후로 책봉될 수 있었다는 점과 아울러 '수원'의 칭호는 경문왕계 왕실에서의 왕실여성 내부의 위계적 질서가 제도화되었음을 알 수 있다. 다음은 왕비가 아닌 왕실여성들에 관한 사료이다.

- D-1) 釋인 心地는 신라[辰韓] 제 48대 왕 헌덕대왕 김씨의 아들이다.[63]
- D-2) 궁예는 신라 사람으로 성은 김씨이고, 아버지는 제47대 헌안왕 의정이며, 어머니는 헌안왕의 후궁[嬪御]이었는데, 그 성과 이름은 전하지 않는다. 또는 48대 경문왕 응렴의 아들이라고도 한다. 5월 5일에 외가에서 태어났다.[64]
- D-3) 효공왕 15년(911), 봄 정월 초하루 병술에 일식이 있었다. 왕이 비천한 첩에게 빠져서 나라의 정치를 돌보지 않았다. 대신 殷影이 간언하였으나 따르지 않았으므로, 은영이 그 첩을 잡아서 죽였다.[65]
- D-4) 경애왕 4년(927), (생략) 견훤은 (고려의) 구원병이 미처 이르기 전인 겨울 11월에 갑자기 서울에 쳐들어갔다. 왕은 왕비와 궁녀 및 왕실의 친척들과 함께 포석정에서 잔치를 베풀며 즐겁게 놀고 있어, 적의 군사가 닥치는 것을 깨닫지 못하여 허둥지둥하며 어찌해야 할 바를 알지 못하였다. 왕은 妃와 함께 後宮으로 달아나 들어가고 왕실의 친척과 공경대부와 士女들은 사방으로 흩어져 도망하여 숨었다. (중략) 왕은 妃妾 몇 사람과 함께 後宮에 있다가 군대 진영으로 잡혀갔는데, [견훤이] 핍박하여 왕을 자살하도록 하고 王妃를 강간하였으며 부하들이 妃와 妾을 간음토록 내버려두었다. (생략)[66]

脩媛 權氏의 존재로 보아 신라 하대에 이미 后妃制가 있었음을 알 수 있다고 하였다 (金昌謙, 「신라 憲康王과 義明王后, 그리고 '野合'과 孝恭王 -특히 신라말 '非眞骨王'의 등장과 관련하여-」, 『신라사학보』 22, 2011, 222~223쪽).

- 63 『三國遺事』 卷4 義解 心地 繼祖. "釋心地 辰韓第四十一主憲德大王金氏之子也".
- 64 『三國史記』 卷50 列傳 弓裔. "弓裔 新羅人 姓金氏 考第四十七憲安王誼靖 母憲安王嬪御 失其姓名 或云 四十八景文王膺廉之子 以五月五日 生於外家".
- 65 『三國史記』 卷12 新羅本紀12 孝恭王 15年. "正月 王嬖於賤妾 不恤政事 大臣殷影諫 不從 影執其妾 殺之".

D-1)은 심지로, 헌덕왕의 아들이다. D-2)는 헌안왕(또는 경문왕)과 헌안왕의 빈어嬪御의 아들인 궁예에 관한 기록이다. D-3)은 효공왕의 첩妾, D-4)는 경애왕의 비빈妃嬪 또는 비첩妃妾에 관한 기록이다. 이 중 D-1)의 심지나 D-2)의 궁예의 경우 왕실 후손이라는 사실 여부를 확인하기는 어렵다. 다만 효공왕의 첩妾, 헌안왕의 빈어嬪御, 경애왕 비빈妃嬪의 기록으로 볼 때, 왕의 정비正妃 및 차비次妃 외에 후궁에 해당하는 여성들이 있었음을 알 수 있다.

D사료를 통해 왕실여성과 왕의 서자임에도 불구하고 왕실 일족으로 인정받지 못하는 정황을 알 수 있다. 심지나 궁예의 경우 궁궐 밖에서 키워졌다. 원성왕 대에 태자 인겸이 죽자, 태자의 아들 준옹을 궁중에서 길렀다는 기록으로 보아[67] 왕손이라 하더라도 왕의 직계가 아니면 궁궐 밖에서 키워졌던 듯하다. 심지나 궁예의 경우, 왕손이라 하더라도 그 모의 신분이 그다지 높지 않다면 궁궐 밖에서 길러졌을 여지가 충분하다.

D-3)의 효공왕의 첩은 대신인 은영에게 죽임을 당하였다. 헌강왕의 서자로서 왕위에 오른 효공왕의 왕권이 미약했으리라는 점을 감안하더라도 왕의 첩을 죽인다는 것은 예사로운 일은 아니었을 것이다. 효공왕의 첩이 후궁後宮 및 차비次妃의 지위가 아니었을 것으로 여겨진다. 또한 D-4)의 경애왕 대 기록으로 보아 왕실 내에 여러 여성이 있었음을 알 수 있다. 왕이 비첩妃妾과 후궁後宮에 있었다가 잡혔다. 경애왕은 핍박당하여 자살하고, 왕비는 강간당하였으며, 비와 첩도 견훤의 부하들에 의해 강간당하였다. 이에 의하면, 경애왕에게는 왕비, 비, 첩이 있었음을 알 수 있다. 『삼국사기』 열전의 견훤전에서는 "부인빈어夫人嬪御"라고 기록되어 있다.[68] 왕비와 비첩으

---

66 『三國史記』卷10 新羅本紀10 景哀王 4年. "甄萱以救兵未至 以冬十一月 掩入王京 王與妃嬪宗戚 遊鮑石亭宴娛 不覺賊兵至 倉猝不知所爲 王與妃奔入後宮 宗戚及公卿大夫士女四散 奔走逃竄 其爲賊所虜者 無貴賤皆駭汗匍匐 乞爲奴僕而不免 萱又縱其兵 剽掠公私財物略盡 入處宮闕 乃命左右索王 王與妃妾數人在後宮 拘致軍中 逼令王自盡 强淫王妃 縱其下亂其妃妾".

67 『三國史記』卷10 新羅本紀10 昭聖王 元年. "元聖大王元年 封子仁謙太子 至七年卒 元聖養其子於宮中".

로 표현한 것으로 보아 왕후, 비(부인), 첩이었을 것으로 여겨진다. '王后-(夫)妃-妾'의 위상 차이를 알 수 있다. D사료를 통해 비와 첩의 위상 차이를 알 수 있는데, 이들 사이의 가장 큰 차이는 신분이었다. 이로 보아 왕의 배우자인 왕후, 원비 또는 차비의 출신 신분이 중요했음을 알 수 있다.

이처럼 신라 기록에는 왕의 배우자로, 왕후王后, 비妃, 부인夫人 외에 첩妾 등의 여성이 보인다. 이들은 후비세에 편제된 존재가 아니었는데, 왕후, 비, 부인 등과 첩의 차이는 출신 신분이었다. 신라 역시 왕실 혼인은 개인과 개인의 결합이 아닌 가문과 가문 간의 집단적 결합이었기에[69] 왕의 배우자, 특히 정처正妻의 경우, 출신 신분이 거의 유일한 조건이었을 것이라 생각된다. 신라는 폐쇄적인 신분제인 골품제를 기반으로 한 사회였다. 신라의 후비제 역시 골품제의 신분제도 하에서 운영되었기 때문에 진골 귀족 이상의 여성만 후비제로 편제되었다.

4) 신라의 왕후王后-비妃·부인夫人 체계와 당·고려의 후비제后妃制 비교

후비제는 왕과의 관계를 중심으로 한 왕실여성의 위계 조직이다. '后妃'는 왕의 배우자인 정비正妃와 비빈妃嬪을 일컫는 것이고, 후비제는 정비와 비빈 간의 서열을 위계화한 제도이다. 후비제의 핵심은 왕의 정비인 왕후의 위상이다. 정비正妃의 위상을 정점으로 일련의 위계가 제도화된 것이 후비제이다.

신라 후비제가 정착되는 양상은 정비인 왕후의 지위가 확고해지는 것에서 찾을 수 있다. 정비인 왕후의 지위는 차기 왕위 계승권자인 태자의 지위를 매개로 태후의 지위로 이어졌다. 신라 후비제의 성립은 정비正妃의 지위가 정립되고, 위상이 제도화되는 과정이었다.[70] 즉 왕실여성 간의 위계가

---

[68] 『三國史記』卷50 列傳 甄萱. "甄萱入新羅王都 時王與夫人嬪御出遊鮑石亭 置酒娛樂 賊至狼狽不知所爲 與夫人歸城南離宮".

[69] 이영호, 앞의 글, 2011, 48쪽.

명확하지 않은 상황에서 정비와 여타 비빈과 위상의 차이가 명확해지는 과정이 신라 후비제의 성립과정이었다. 신라 후비제의 특징을 파악하기 위해 동시대인 당과 후대인 고려의 후비제를 비교하여 살펴보고자 한다.

〈표2〉 당·고려·신라의 후비제 비교

등급 \ 내용	禮記[71]		唐[72]		高麗[73]	新羅
	天子	天子后	皇后		后妃	王后 (元妃)
1 正1品	3公	3夫人	貴妃淑妃德妃賢妃	惠妃 麗妃 華妃 貴妃	貴妃 淑妃 德妃 賢妃 / 公主 大長公主	次妃 夫人
2 正2品	9卿	9嬪	昭儀昭容昭媛 脩儀脩容脩媛 充儀充容充媛	淑儀 德儀 賢儀 順儀 婉儀 芳儀		
3 正3品	27大夫	27世婦	婕妤 9명	美人 4명	國大夫人	脩媛 妾
4 正4品			美人 9명	才人 7명	郡大夫人 郡君	
5 正5品			才人 9명			
6 正6品			寶林 27명		縣君	
7 正7品	81元士	81御妻	御女 27명			
8 正8品			采女 27명			

---

70 여기서 지위(地位, position)는 조직의 위계에서의 위치를 의미하고, 위상(位相, status)은 지위에 따른 역할을 의미한다. 즉 위상은 지위와 그에 따른 역할을 일컫는다. 후비제에서 正妃의 지위는 왕후 및 태후의 지위와 역할, 즉 위상의 전제 조건이다.

71 『禮記正義』 卷61 昏義. "古者 天子后立六宮 三夫人 九嬪 二十七世婦 八十一御妻 以聽天下之內治 以明章婦順 故天下內和而家理".

〈표 2〉는 당과 고려 및 신라의 후비제를 비교한 표이다. 정비正妃 위상은 중국 측 기록에서 확인할 수 있다. 『주관』의 옛 제도에 따르면, 정비正妃인 후后와 차비次妃인 3부인三夫人의 위상 차이가 명백하였다.[74] 황제의 배우자인 후비를 4개의 별[四星]에 비유하고 있는데, 가장 밝은 하나가 정비이고, 나머지는 작은 세 개가 차비라고 하였는데, 순 임금에 이르러 정비는 세우지 않았고, 3비만 있었는데, 이를 부인이라 일컬었다는 것이다.[75] 정비는 곧 황후인데, 중국의 황후는 황제와 마찬가지로 『당육전』이나 『구당서』의 「직관지」와 『신당서』의 「백관지」에 기록되지 않는 별도의 지위로 존재하였다. 황후는 궁궐 내에서 내조內朝를 관장하였다. 즉 천자가 육관六官을 세우듯이 황후도 육궁六宮을 세웠는데,[76] 여기서 육궁이란 실질적으로는 황후를 제외한 비빈 이하의 내관을 가리킨다. 그러나 이념적으로는 천하의 모든 사람은 황제 1인 아래에 있듯이 모든 '婦人'은 황후 한 사람 아래 놓여 있다고 여겨졌다.[77]

황후는 제도상에서 황제와 병립한 존재로서 이는 관료조직 상에도 나타

---

72 『新唐書』卷47 志37 百官2 內官. "貴妃 惠妃 麗妃 華妃 各一人 正一品 掌佐皇后論婦禮 於內 無所不統 淑儀 德儀 賢儀 順儀 婉儀 芳儀 各一人 正二品 掌敎九御四德 率其屬以贊后禮 美人四人 正三品 掌率女官脩祭祀 賓客之事 才人七人 正四品 掌敍燕寢 理絲枲以獻歲功"

73 『高麗史』卷77 志31 百官2 內職. "國初未有定制 后妃而下 以某院・某宮夫人爲號 顯宗時 有尙宮・尙寢・尙食・尙針之職 又有貴妃・淑妃等號 靖宗以後 或稱院主・院妃 或稱宮主 文宗定官制 貴妃・淑妃・德妃・賢妃並正一品(外命婦 公主・大長公主正一品 國大夫人正三品 郡大夫人・郡君正四品 縣君正六品) 忠宣王改宮主爲翁主 忠惠以後 後宮女職 尊卑無等 私婢官妓 亦封翁主・宅主".

74 朱子彦은 한 명의 처가 正妻로서 우월한 지위를 갖는 것은 중국의 전통적 혼인 형식이며, 妃嬪制의 연원이라 할 수 있다고 하였다(朱子彦, 『后宮制度硏究』, 華東師範大學出版社, 1999, 45~46쪽).

75 『通典』卷34 職官16. "昔帝嚳有四妃 以象后妃四星 其一明者爲正妃 餘三小者爲次妃 帝堯因焉 至舜 不吿而娶 不立正妃 但三妃而已 謂之夫人".

76 『通典』卷34 職官16. "古禮曰 古者 天子后立六宮 三夫人 九嬪 二十七世婦 八十一御妻 以聽定天下之內治 天子立六官 三公 九卿 二十七大夫 八十一元士 以聽定天下之外治".

77 『唐六典』卷4 尙書禮部. "皇太子已下 率土之內 於皇帝皆稱臣 六宮已下 率土之內 婦人於太皇太后 皇太后 皇后皆稱妾".

난다. 황후를 제외한 비빈 이하는 내관內官이라 하고, 내관의 일상 및 의례를 돕는 자들을 궁관宮官이라 한다.[78] 내관과 궁관을 아울러서 내직內職이라고 한다.[79] 당의 왕실여성 조직은 최상위의 황후를 필두로, 왕의 배우자인 내관과 여성 관료조직인 궁관을 일률적으로 총괄하는 것이었다. 궁관은 물론 내관 역시 그의 가장 최우선의 임무는 황제의 보필이 아닌 황후의 보좌였던 것이다.

그러나 중국의 후비제 역시 『예기』에서의 이념상 조직과는 별개로 실제적으로 운영하는 데 있어 시기적으로 변화가 있었다. 당대 내관의 변화는 2차례가 있었다. 우선 당 고종 용삭 2년(662)의 개제改制로, 정3품 처서婕妤를 제외하고, 9품의 시건侍巾 30명을 추가하였는데, 전체적으로 이전에 121명이었던 인원을 80명으로 축소시킨 것이었다. 이는 655년에 황후의 지위에 오른 무측천이 660년에 병석에 누운 고종 대신 정치적 실권을 장악하여 행한 관직명 변경의 일환으로 이루어졌다.[80]

다음 개혁은 개원 2년(714) 현종이 후궁의 규모를 축소하여 혜비惠妃 · 여비麗妃 · 화비華妃의 3비, 숙의淑儀 · 덕의德儀 · 현의賢儀 · 순의順儀 · 완의婉儀 · 방의芳儀의 6의와 미인美人 4명, 재인才人 7명의 총 20명으로 정원수를 대폭 줄인 것이다. 후비4성后妃四星이라 하여, 후后와 비妃는 4개의 별인데, 여기

---

78 內官은 황후를 보좌하는 임무를 주로 담당한다고 하였는데, 실질적으로는 왕의 后妃를 일컫는 칭호이다. 宮官은 왕실 내의 생활을 영위하는 데 있어 실제적인 직임을 담당한 기관과 宮人들을 일컫는 용어였다. 宮官에는 尙宮局, 尙儀局, 尙服局, 尙食局, 尙寢局, 尙功局과 宮人 규찰기구인 宮正이 있었다. 내직제는 정1품부터 차등적으로 갖추어져 있어 朝廷 文武官의 관품 체계를 모방하고 있을 뿐만 아니라, 황제를 시봉하는 殿中省이 6局으로 구성되어 있듯이 宮官의 조직 역시 6局으로 구성되어 있다(金鐸敏 主編, 앞의 책, 2005, 237~238쪽).

79 『唐會要』卷3 內職. "舊制 皇后之下有貴妃 淑妃 德妃 賢妃 各一人 爲夫人 正一品 昭儀 昭容 昭媛 修儀 修容 修媛 充儀 充容 充媛 各一人 爲九嬪 正二品 婕妤九人 正三品 美人九人 正四品 才人九人 正五品 寶林二十七人 正六品 御女二十七人 正七品 釆女二十七人 正八品 以備周禮六宮之數 其外又有尙宮 尙儀 尙服 尙食 尙寢 尙功 分掌宮中服御藥膳之事 宮正糾愆失 彤史紀功書過".

80 金澔, 「唐代 皇室女性의 生活과 地位」, 『東洋史學硏究』 97, 2006, 8쪽.

서 3부인夫人을 3비妃로 바꾸었다.[81] 이는 천보 4재(745)에 양옥환을 귀비貴妃로 책봉함으로써 4비가 되었다. 정후正后와 3부인은 옛 제도에 의한 것이나, 양귀비로 인해 정후正后와 4비妃 체제가 되었던 것이다.[82] 4비妃-6의儀-4미인美人-7재인才人 제도는 당 후기까지 지속되었던 것으로 보인다.[83]

신라는 '正后와 4妃' 체제이전의 후비제, 즉 '正后와 3夫人(3妃)' 체제를 수용한 깃으로 여겨진나.[84] 다만 신라에서 후비제는 정비正妃의 지위를 중심으로 수용되고, 운용되었는데, 이는 왕위 계승권자의 지위와도 연관되는 사항이었기 때문이었다.

고려는 당과 마찬가지로 내직內職이라는 용어를 사용하였다. 당의 내직은 내관과 궁관이었는데 반해 고려의 내직은 외명부도 포함된 개념이었다. 〈표 2〉를 보면, 내관과 내명부에 해당하는 것은 후비와 귀비·숙비·덕비·현비의 4비이다. 그 외에 대장공주와 공주, 국대부인, 군대부인, 군군, 현군은 외명부에 해당한다. 내직에 외명부를 포함하여 구성하였던 것으로 보아 외명부가 담당했던 역할이 궁관의 역할과 맞물렸을 가능성도 있으리라 생각된다.

고려 초에는 "國初未有定制 后妃而下 以某院・某宮夫人爲號"이라고 하

---

[81] 『舊唐書』卷44 職官3 內官. "妃三人 正一品 周官三夫人之位也 隋依周制 立三夫人 武德立四妃一貴妃 二淑妃 三德妃 四賢妃 位次后之下 玄宗以爲后妃四星 其一正后 不宜更有四妃 乃改定三妃之立惠妃一 麗妃二 華妃三 下有六儀 美人 才人四等 共二十人 以備內官之位也 三妃佐后 坐而論婦禮者也 其於內 則無所不統 故不以一務名焉 六儀六人 正二品 周官九嬪之位也 掌敎九御四德 率其屬以贊導后之禮儀 美人四人 正三品 周官二十七世婦之位也 掌率女官 修祭祀賓客之事 才人七人 正四品 周官八十一御女之位 掌序宴寢 理絲枲 以獻歲功"

[82] 『舊唐書』卷51 列傳1 后妃 上. "開元中 玄宗以皇后之下立四妃 法帝嚳也 而后妃四星 一為正后 今既立正后 復有四妃".

[83] 김호, 앞의 글, 2006, 9~11쪽.

[84] 신라와 당의 관계는 성덕왕 이후, 우호적인 관계를 지속하였다. 712년의 당 현종의 즉위, 732년의 발해의 등주 공격을 계기로 신라와 당의 우호관계가 강화되었다(이현주, 「신라 중대 冊封號 授受의 배경과 의미」, 『신라문화』 55, 2020, 162~166쪽). 성덕왕이 720년에 김순원의 딸과 혼인한 후에 왕후로 책봉한 것은 우호적인 나당관계를 기반으로 후비제에 대한 이해가 심화된 결과였을 것이다.

여⁸⁵ 후비后妃와 부인夫人의 체제였음을 알 수 있다. 고려 초에는 왕의 배우자가 부인夫人의 칭호를 사용하였다. 또한 고려에서는 왕후王后와 왕비王妃, 모두 적처嫡妻의 칭호로 사용하였는데, 이는 중국에서 황제의 배우자인 황후, 즉 왕후가 정비正妃로서 왕비와 다른 위상을 갖는 것과는 다르다.⁸⁶ 고려의 후비 이하가 사용한 "某院·某宮夫人"은 후비제의 후비와는 별개의 주主 계열 칭호였다.

즉 고려 후비의 호칭은 왕비王妃와 제비諸妃의 비妃 계열과 궁주宮主·원주院主·전주殿主 등의 주主 계열의 호칭이 있었는데, 이들 두 계열의 칭호가 동시에 사용되는 경우가 다수인 것으로 보아 이중적 체계였음을 알 수 있다. 다만 비妃 계열은 왕의 부인에게만 한정되어 사용된 호칭이었고, 주主 계열은 왕비는 물론 공주, 왕자비, 일반 신료의 부인 등도 함께 사용한 호칭이었다.⁸⁷

고려 현종 대는 왕실 족내혼이 줄고 이성후비異姓后妃의 비중이 늘었을 뿐만 아니라 고려 초와 달리 왕권이 후비 집단보다 우위에 서게 되었다. 이는 후비제의 변화를 야기하였다. 고려 후비의 칭호 역시 고려 현종 이후 "顯宗時 有尙宮·尙寢·尙食·尙針之職 又有貴妃·淑妃等號"라고 하여⁸⁸ 후비제에 기반한 정연된 체계를 갖추기 시작하였다.⁸⁹ 고려 현종 이후 후비의 수가 증가하고, 후비의 출신이 다양해짐에 따른 실질적인 필요에 의한 변화

---

85 『高麗史』卷77 志31 百官2 內職.
86 豊島悠果,「고려전기 后妃·女官 제도」,『한국중세사연구』27, 2009, 201~203쪽.
87 李貞蘭,「高麗 后妃의 號稱에 관한 考察」,『典農史論』2, 1996, 161~166쪽.
88 『高麗史』卷77 志31 百官2 內職.
89 정용숙은「后妃傳」序文에는 夫人과 諸妃가 모두 첩실로서 정일품의 위계에 해당한다고 하였으나 실제로 두 칭호가 함께 사용된 적은 없는데, 고려 초기 성종까지는 夫人으로 칭해지다가 현종 이후에 妃의 칭호가 나타나고 있다고 하였다. 현종 대에 칭호 상의 변동이 있었음을 주목하였다(정용숙,『고려시대의 后妃』, 民音社, 1992, 25쪽). 이정란 역시 현종 대에 諸妃의 호칭이 등장하기 시작하였는데, 고려 현종에서 원종에 이르는 시기에 내·외명부가 명확히 구분되는 내직의 정비가 있었다고 보았다(이정란, 앞의 글, 1996, 180~187쪽).

였다.[90] 또한 중국 후비제에 대한 이해가 심화된 결과였을 것이다.

고려 초 현종 이전의 후비제는 신라의 제도를 계승하였다.[91] 다만 고려 초기에는 왕의 적처의 칭호로 왕후와 왕비를 혼용하여 사용하였다. 고려 초의 호족연합적 성격은 후비들 간의 서열을 명확히 하기 어려웠을 것이다.[92] 고려 초기의 정치적 상황 하에서 여러 후비들에게 왕후의 칭호가 부여되었을 것이다.[93] 신라의 '왕의 정식 배우자 1인', 정비正妃인 왕후의 칭호는 고려 초의 정치적 상황 하에서 다수에게 부여되었고, 왕비 칭호와 혼용되었던 것이다.

고려의 후비제는 현종 대를 기점으로 변화하였다. 왕후王后-부인夫人 체계에서 왕후王后-제비諸妃 체계로 변화했다고 보거나[94] 왕비王妃-서비庶妃-궁인宮人의 칭호 체계로 변화했다고 보는 견해가[95] 제기되었다. 고려에서 후비의 서열이 혼인시기의 선후에 따라 이루어지는 것이 일반적이나, 예외적으로 왕비의 출신 성분이나, 정식 혼례 절차에 따른 혼인 여부 등의 사안에 의해 선후가 바뀌었다.[96] 그러나 왕의 정비인 경우, 혼인 성립의 1차적인 요인이 출신 신분이었을 것이라는 점을 감안하면, 왕 배우자의 조건은 기

---

90 정용숙, 앞의 책, 1992, 99~100쪽.
91 고려 초기의 夫人 칭호와 왕 모친의 칭호로 왕태비가 아닌 왕태후를 사용하였다는 점, 그리고 왕의 적처의 칭호로서 왕후와 왕비를 사용하였다는 점 등으로 보아 신라 제도의 계수임을 알 수 있다. 현종 대의 개편은 후비의 구성 변화에 대응하기 위해 중국 제도를 도입하여 시스템을 정비한 것이었다(豊島悠果, 앞의 글, 2009, 211~215쪽; 『高麗王朝の儀礼と中國』, 汲古書院, 2017, 83쪽).
92 권순형, 「고려 內職制의 비교사적 고찰 -요·금제와의 관련을 중심으로-」, 『이화사학연구』 39, 2009, 172쪽.
93 太子는 왕의 長子로서 차기 왕위 계승권자 1인에게만 부여되는 칭호인 데 비하여 고려 초에 많은 왕자들이 太子를 칭하고 있다. 고려의 성립은 호족세력들의 연합으로 이루어졌다. 이와 같은 정치적 상황에 따라 각 호족 출신의 왕실여성들이 출산한 여러 왕자가 왕위를 계승할 수 있다는 의미로 저마다 太子를 칭하게 되었던 것이라 한다(金基德, 『高麗 封爵制 硏究』, 建國大學校 大學院 博士學位論文, 1994, 17~23쪽).
94 권순형, 앞의 글, 2009, 176~181쪽.
95 豊島悠果, 앞의 글, 2009, 214쪽; 앞의 책, 2017, 83~84쪽.
96 정용숙, 앞의 책, 1992, 27쪽.

본적으로 출신 신분이었을 것이다.

신라의 후비제는 하대에 왕후王后-비妃·부인夫人 체계로 운용되었다. 고려 초의 후비제 역시 이념상으로는 신라의 왕후王后-비妃·부인夫人 체계를 기반으로 운용되었을 것으로 여겨진다. 다만 고려 건국기의 정치·경제적인 상황에 의해 후비제와 태자제가 이념과 규정에 따라 운용되기 어려웠을 것이다. 이후 고려는 중국의 제도를 도입하여 체계를 정비하여 제도를 마련하였다.

신라에서 후비后妃의 지위를 결정하는 첫 번째 요인은 후비의 출신이었다. 또한 후비가 지위를 강화하는 두 번째 요인은 차기 왕위 계승권자인 태자의 출산이었다. 신라 중대에는 특히 왕의 배우자의 출궁, 혼례, 책봉이 잦은 빈도로 나타난다. 신라 후비제가 정착되는 양상은 정비와 적장자의 지위가 확고해지는 것에서 찾을 수 있다. 정비인 왕후의 위상은 태후의 위상으로 이어졌다. 왕후의 위상 강화는 곧 태후의 위상 강화로 이어졌던 것이다. 왕후와 태자의 관계,[97] 왕후 출신의 중요성은[98] 하대에 더욱 두드러지게 나타나는 특징이다.

이처럼 신라 왕실여성의 지위를 확고히 하는 요인은 세 가지였다. 첫째는 여성의 출신, 둘째는 왕위 계승자의 출산 및 책봉의 두 가지 요인이 신라 내에서 왕후의 지위에 영향을 미치는 결정적인 요인이었다. 마지막 세 번째는 당의 왕비王妃 및 왕모王母 책봉이다. 당의 왕비·왕모 책봉은 중대에는 효성왕 대 왕비 책봉, 혜공왕 대 왕모 책봉의 두 가지 사례뿐이다. 그러나 하대에는 당의 왕비·왕모 책봉이 매우 빈번해지고 있다.

당의 책봉은 두 가지 측면을 가진다. 하나는 당과 신라와의 관계에서 당이 책봉을 통해 신라 왕실 내의 서열을 통제하고자 했다는 점이고, 다른 하

[97] 이현주, 「신라 하대초기 왕실여성의 책봉과 의미」, 『新羅史學報』 42, 2018, 374~380쪽.
[98] 이현주, 앞의 글, 2020, 101~105쪽.

나는 신라 내부에서 당의 책봉을 통해 왕실 내의 서열을 정립하고자 했다는 점이다. 신라의 왕모 및 왕비의 위상을 정립하는 것은 현왕의 정통성은 물론 차기 왕위 계승권자의 정통성과도 관련된 사안이었다. 하대의 왕위 계승이 혼란해짐에 따라 당의 책봉은 더욱 중요해졌다. 이러한 신라 하대의 정치적인 상황은 당의 후비제에 대한 이해를 심화시켰고, 정비의 지위를 강화시켰다. 다음의 표는 신라 후비제의 변천 과정이다.

〈표 3〉 신라 후비제의 변천 과정

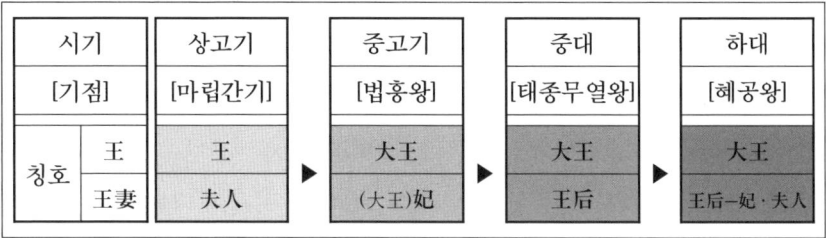

신라의 후비제는 당의 후비제를 수용하였으나 실제적으로 신라의 내부 사정에 의해 재편되고, 운영되었다. 신라의 왕실여성은 중국식 칭호를 수용하여 특화된 지위를 표상하였다. 상고기에 부인夫人 칭호가 수용되어 왕처王妻의 칭호로 사용되었다. 상고기 말에 부인夫人 칭호가 지배층 여성의 칭호로 확산되자 중고기에 왕실여성만 한정정적으로 사용하는 비妃 칭호가 수용되었다. 중대에 왕후王后 칭호가 수용되었는데, 왕후의 칭호는 '왕의 정식 배우자 1인'만 사용할 수 있는 칭호였다. 왕후王后 칭호의 수용은 정비正妃의 칭호를 특화시켰고, 이는 중대 왕권의 강화와 연동되었다. 이후 후비제에 대한 이해가 심화되었고, 하대에 왕후王后-비妃·부인夫人 체계로 운용되었다. 신라 후비제의 성립은 정비正妃의 지위를 도입하고, 수용하고, 정착시키는 과정이었다.

5) 신라의 후비제后妃制: 왕후王后-비妃·부인夫人 체계의 성립 과정

후비제는 왕과의 관계를 중심으로 한 왕실여성의 위계 조직이다. 후비는 왕의 배우자인 정비와 후궁을 일컫는다. 후비제는 정비와 후궁 간의 서열을 위계화한 제도이다. 후비제의 핵심은 왕의 정비인 왕후의 위상이다. 왕후의 위상을 정점으로 일련의 위계가 제도화된 것이 후비제이다.

신라는 중대에 당의 후비제를 수용하여 '왕후'의 칭호를 사용하였다. '왕후' 칭호는 왕의 정식 배우자 1인만이 사용할 수 있는 칭호이다. 중대 왕실은 왕의 정식 배우자인 '왕후'의 칭호를 사용하여 정비正妃의 지위를 특화시켰다. 이는 왕실여성과 귀족여성의 신분 차이를 제도화하였다.

중대에 후비제를 수용한 목적은 중대 왕권을 지지해 줄 수 있는 왕실여성의 조직이 필요해서였다. 따라서 왕실여성과 진골 귀족 여성 간의 신분의 차이를 부각하는 것이 우선순위였다. 당의 후비제에 대한 이해가 심화됨에 따라 점차 정비의 지위가 정립되었다.

신라가 후비제를 수용한 것은 중국의 율령과 예제를 통한 개혁의 일환이었고, 그 목적은 왕권 강화였다. 중대 왕실은 '왕후' 칭호의 수용, 가례의 납비 의례의 거행, 종묘제의 수용 등을 통해 다른 진골 귀족과 차등적 지위를 명확히 하였다. 중대 왕실은 예제를 통해 왕권을 강화하였던 것이다.

신라의 후비제는 정비인 '왕후'를 중심으로 왕실여성의 서열을 위계화한 제도이다. 신라는 폐쇄적인 신분제인 골품제를 기반으로 한 사회였다. 신라의 후비제 역시 골품제를 기반으로 운영되어 진골 귀족 이상의 여성만 후비제의 조직 안에 편제되었다.

신라의 후비제는 당의 후비제를 수용하였으나 실제적으로 신라의 내부 사정에 의해 재편되고, 운영되었다. 정비正妃인 왕후王后의 지위가 확립되는 과정을 통해 신라의 후비제가 성립되었다. 정비인 왕후의 지위는 생득적 신분인 출신과 태자의 출산 유무와 밀접한 관계에 있었다. 정비인 왕후의 지위와 역할은 제도적으로 태후의 위상으로 이어졌다. 신라의 후비제는 '왕후'의 칭호를 수용하고, 정비의 지위가 확립되는 과정을 거쳐 왕후王后-비妃·부인夫人 체계로 제도화되었다.

2. 여관제女官制의 성립과 운영

1) 신라 여관女官 제도의 배경

여성의 위계 조직, 즉 내직內職은 천자의 배우자인 후[后 또는 後]가 통솔하는 품계와 직제를 가진 여관女官 및 여관女官 조직을 일컫는다.[99] 내직은 내명부와 외명부로 나뉘고,[100] 내명부는 직무와 위계에 따라 내관內官과 궁관宮官으로 나뉜다.[101] 이들 내직은 명목상으로 모두 품계를 가진 여관女官이다. 실질적으로는 이들 중 궁관宮官, 궁인宮人, 여관女官 등이 궁중에서 왕실과 관련된 업무를 담당한다. 따라서 여관女官 제도는 넓은 범주로는 내직 제도 전반을 의미하고, 좁은 범주로는 내관과 궁관 제도를 의미한다.

여관女官 제도가 성립되었다는 것은 크게 두 가지로 이해할 수 있다. 하나는 이미 비공식적 존재인 여관女官이 관인제 하에 편입되면서 공식적인 지위와 역할을 담당하게 되었다고 보는 시각이고, 다른 하나는 여관女官이

---

[99] 『禮記』昏義. "古者天子後立六宮, 三夫人, 九嬪, 二十七世婦, 八十一御妻, 以聽天下之內治, 以明章婦順, 故天下內和而家理. 天子立六官, 三公, 九卿, 二十七大夫, 八十一元士, 以聽天下之外治, 以明章天下之男教, 故外和而國治. 故日 天子聽男教, 後聽女順, 天子理陽道, 後治陰德, 天子聽外治, 後聽內職. 教順成俗, 外內和順, 國家理治, 此之謂盛德."

[100] 『周禮』天官冢宰. "中春, 詔後帥外內命婦始蠶于北郊, 以為祭服."

[101] 『唐六典』卷12 內官宮官內寺省에 의하면, 內官은 해당 직무와 위계를 가진 後宮의 妃嬪이고, 당 현종 대에 3妃(夫人)-6儀-4美人-7才人의 4등급으로 정비되었다. 宮官은 世婦, 즉 后宮官으로 왕후의 六宮관련 직무를 담당하는 女官이다. 宮官은 수양제 때 6尙局을 두었고, 당의 內職은 이를 계수하였는데, 尙宮局의 尙宮 2인 등, 尙儀局의 尙儀 2인 등, 尙服局의 尙服 2인 등, 尙食局의 尙食 2인 등, 尙寢局의 尙寢 2인 등, 尙功局의 尙功 2인 등으로 구성되었다.

관인제 하에 편입되면서 지위와 역할이 축소되었고, 남성 관인에게 권한이 이관됨에 따라 소외되고, 비공식적 존재로 전락했다고 보는 시각이다.[102] 여관女官 제도의 성립, 즉 여관女官 제도가 관인제 내의 조직으로 편입되고 운영된 양상에 대해 공식화/비공식화의 시각으로 이해하는 관점은 주목할 만하다. 다만 신라에서 여관女官의 존재, 그리고 여관女官의 제도가 성립되는 과정과 운영 양상은 신라 사회의 역사적 맥락 하에서 고찰해야 할 것이다.

신라 여관女官에 관한 연구는 주로 『삼국사기』 직관지의 관직제도를 고찰한 연구에서 이루어졌다. 즉 내정관사의 직장과 조직의 일환으로 연구하거나[103] 내성 소속의 수공업 관련 생산관계관사 중 하나로 고찰하였다.[104] 특히 직조관련 관사에 종사한 여성에 주목하기도 하였고,[105] 고려의 여관女官에 관한 연구에서 전사前史로서 살펴보기도 하였다.[106] 또한 백제의 여관에 관한 연구에서 언급하기도 하였다.[107]

한정된 사료로 여관女官의 면모를 밝히기가 쉽지 않다. 사료에서 보이는 단편적인 정보, 특히 직관지의 직조와 관련된 업무를 관장한 것으로 이해되는 '모母'와 '여자女子'의 존재를 통해 알 수 있는 사안은 많지 않다. 따라서 신라의 여관女官 제도를 이해하기 위해서는 동 시기인 중국과 후대 왕조인

---

102 일본의 女官관련 연구에서는 大化改新으로 성립된 율령관료제를 중요한 기점으로 파악한다. 율령관료제 하에 조직된 女官制度를 공식적/비공식적의 개념으로 해석을 달리하는 연구가 이루어졌다(金善民, 「고대 일본여성의 정치적 역할과 지위 -女帝와 女官을 중심으로-」, 『日本歷史研究』 19, 2004, 16~18쪽).

103 三池賢一, 「新羅內廷官制考」 上, 『朝鮮學報』 61, 1971; 「新羅內廷官制考」 下, 『朝鮮學報』 62, 1972; 李仁哲, 『新羅政治制度史研究』, 一志社, 1993.

104 홍희유, 『조선중세수공업사연구』, 지양사, 1988; 朴南守, 『新羅手工業史』, 신서원, 1996.

105 김정숙, 「신라시대 여성의 직조활동과 관직 진출」, 『민족문화논총』 44, 2010; 김영심, 「한국 고대사회 女性의 생산활동 -직조노동을 중심으로-」, 『韓國史研究』 149, 2010.

106 金水珍, 「고려시대 여성 관인」, 『釜山女大史學』 10·11, 1993; 도요시마 유카(豊島悠果), 「고려전기 后妃·女官 제도」, 『한국중세사연구』 27, 2009; 권순형, 「고려시대 宮人의 職制와 생활」, 『이화사학연구』 41, 2010.

107 장수남, 「백제의 여관 연구」, 『백제학보』 34, 2020.

고려의 사례를 비교하여 고찰할 필요가 있다. 다만 신라 정치제도의 시기적 변화, 그에 따른 제도의 성립과 운영이라는 관점으로 이해해야 할 것이다.

다음에서 신라 여관女官 제도의 성립 과정과 운영 양상을 고찰하고자 한다. 우선 신라 여관女官의 제도가 성립되기 이전의 여관女官의 존재를 살펴보고, 다음으로 7세기에 관복의 제정과 관사의 설치를 통해 여관女官 제도가 성립된 과정을 고찰하고자 한다. 마지막으로 여관女官 제도의 운영 양상을 당과 고려의 제도와 비교하여 규명하고자 한다. 한국 고대사회에 실재했던 여관女官의 존재를 이해할 수 있을 것이다.

2) 상대 여관女官의 존재 양상

신라 초기 여성의 공적인 지위와 역할에 관한 기록은 주로 왕실여성의 신모神母 지위, 사제司祭의 역할에 국한되어 있다. 신라 1대 왕비인 알영은 신이한 탄생담을 가지고 있고,[108] 신라 2대 왕비인 운제부인은 운제산의 성모聖母로 기우제의 대상이었다.[109] 또한 혁거세거서간과 알영의 딸이자 남해차차웅의 누이인 아로는 사제로서 시조묘 제사를 주관하였다.[110] 이처럼 신라 초기의 왕모, 왕비, 왕녀는 신모이자 성모였고, 사제의 역할을 담당했다.

또한 왕실여성 외에 공적인 역할을 담당했던 존재로 노구老嫗가 주목된다. 알영의 탄생과 관련하여 노구가 기여하였고,[111] 탈해의 등장에 노모老母

---

108 『三國史記』 卷1 新羅本紀1 赫居世 居西干 5年. "春正月, 龍見於閼英井. 右脇誕生女兒, 老嫗見而異之, 收養之. 以井名名之. 及長有德容. 始祖聞之, 納以爲妃. 有賢行, 能內輔, 時人謂之二聖."

109 『三國遺事』 卷1 紀異1 第2 南解王. "南解居西干亦云次次雄. 是尊長之稱唯此王稱之. 父赫居世, 母閼英夫人, 妃雲帝夫人〈一作雲梯今迎日縣西有雲梯山聖母祈旱有應〉."

110 『三國史記』 卷32, 雜志1, 祭祀, "按新羅宗廟之制, 第二代南解王三年春, 始立始祖赫居世廟, 四時祭之, 以親妹阿老主祭."

111 『三國史記』 卷1 新羅本紀1 赫居世 居西干 5年. "春正月, 龍見於閼英井. 右脇誕生女兒, 老嫗見而異之, 收養之. 以井名名之. 及長有德容. 始祖聞之, 納以爲妃. 有賢行, 能內輔,

가 역할을 담당하였는데,[112] 이들의 역할로 보아 노구는 무巫적 존재,[113] 즉 예지와 점복을 행하는 사제였음을 알 수 있다. 다만 이들 노모의 역할은 신성한 아이의 발견과 양육인데, 이들의 사제적 직능이 출산과 양육이라는 여성 행위의 신성성에 기반한 것이었다.[114]

상고기의 고구려를 통한 한문화의 수용과 왕권의 성장에 따른 체제 정비의 일련의 과정은 왕실여성의 지위와 역할의 변화를 초래하였다. 신라 초기 왕실여성의 신성성은 점차 탈각되고, 사제의 역할은 직제화되었다. 신라 니사금기의 왕실여성의 이름으로 '내례부인內禮夫人'이 거듭 등장한다. 아달라니사금의 처, 벌휴니사금의 모, 그리고 나해니사금의 모, 눌지마립간의 모의 이름이 모두 '내례부인'이다. 신라 초기 왕실여성의 이름이 알영, 아로 등 'ar'계 이름이었고, 한자식의 예禮계열의 이름 역시 음운상 유사한 것으로 동일한 계열의 이름으로 이해할 수 있다. 다만 신라 왕비의 내례부인內禮夫人 칭호를 통해 왕실여성의 칭호가 니사금기와 마립간기를 거치며 'ar'계에서 '예禮'계열로 변화하였다는 점을 알 수 있다. 이는 왕실여성의 지위와 역할이 사제에서 궁내의 위계질서 담당자[內禮]로 변화하는 것과 연동된 것이었다.[115]

중고기 진흥왕 대의 여성 승관직인 도유나랑이 주목된다. 삼국사기 직관

時人謂之二聖."
[112] 『三國史記』卷1 新羅本紀1 脫解尼師今 元年. "脫解尼師今立 (생략) 又至辰韓阿珍浦口, 是始祖赫居世在位三十九年也. 時海邊老母, 以繩引繫海岸, 開櫝見之, 有一小兒在焉. 其母取養之. 及壯, 身長九尺, 風神秀朗, 智識過人. 或曰, "此兒不知姓氏, 初櫝來時, 有一鵲飛鳴而隨之, 宜省鵲字, 以昔爲氏, 又解韞櫝而出, 宜名脫解." 脫解始以漁釣爲業, 供養其母, 未嘗有懈色. 母謂曰, "汝非常人, 骨相殊異, 宜從學以立功名." 於是, 專精學問, 兼知地理. 望楊山下瓠公宅, 以爲吉地, 設詭計, 以取而居之. 其地後爲月城."
[113] 강영경, 「韓國古代社會에 있어서의 女性의 存在形態: 삼국시대 여성의 사회활동과 그 지위를 중심으로」, 淑明女子大學校 大學院 석사학위논문, 1980, 19~24쪽; 崔光植, 「三國史記 所載 老嫗의 性格」, 『史叢』 25, 1981, 9쪽.
[114] 이현주, 「신라 상고 시기 '부인(夫人)' 칭호의 수용과 의미」, 『역사와현실』 86, 2012, 186~187쪽.
[115] 이현주, 앞의 글, 2012, 196~198쪽·206~207쪽.

지에 "都唯那娘一人, 阿尼"라고만 나오고 있는데,[116] "도유나"라는 승관직과 "랑娘"이라는 여성을 의미하는 어미로 보아 여성 승관직임을 알 수 있다. 다만 도유나랑에 임명된 "아니"에 대해 일반명사로 보아 신라 상고기 제사장의 역할을 계승한 사제적 성격의 여성 승관으로 보거나,[117] "특별한 직임을 가진 여성 출가자 혹은 재가신도"로 보기도 하였다.[118] 또는 아니를 고유명사로 보아 진덕여왕의 어머니인 아니부인,[119] 법흥왕비인 묘법니,[120] 또는 진흥왕의 모인 지소부인으로 보았다.[121]

진흥왕 11년(550)에 안장법사를 대서성으로 삼고, 소서성 2인을 두었고,[122] 진흥왕 12년(551)에 '고구려의 혜량법사를 국통國統[寺主]으로 삼고, 도유나랑都唯那娘 1인 아니阿尼를 두고, 보량법사를 대도유나大都唯那로 삼았다.'[123] 진흥왕은 7세에 즉위하였고, 어린 진흥왕을 대신하여 어머니인 지소부인이 섭정하였다.[124] 진흥왕은 12년(551) 정월에 개국開國으로 연호를 고

---

116 『三國史記』卷40 雜志9 武官. "都唯那娘一人, 阿尼."
117 김영미, 「한국 비구니승가의 태동과 전개」, 『한국 비구니승가의 역사와 활동』, 한국비구니연구소, 2000, 187~188쪽.
118 신선혜, 「신라 '阿尼'의 의미와 위상」, 『韓國史學報』 73, 2018, 22~23쪽.
119 李丙燾, 『國譯 三國史記』, 乙酉文化社, 1977; 이병도, 『삼국사기』, 을유문화사, 1983, 326쪽.
120 金煐泰는 阿尼인 都唯那娘 1人으로 보아, 당시 법흥왕비가 阿尼로서 도유나랑의 職에 있었을 것이라 본 바 있다(「新羅의 女性出家와 尼僧職 考察」, 『明星스님古稀紀念論文集-佛敎學論文集』, 佛光出版社, 2000, 63쪽).
121 이현주, 「신라 중고기 왕실여성과 불교 -영흥사의 창건과 도유나랑을 중심으로-」, 『사림』 60, 2017, 217쪽.
122 『三國遺事』卷4 義解 慈藏定律. "新羅眞興王十一年庚午. 以安藏法師爲大書省一人. 又有小書省二人. 明年辛未. 以高麗惠亮法師爲國統. 亦云寺主. 寶良法師爲大都維那一人. 及州統九人, 郡統十八人等. 至藏更置大國統一人. 蓋非常職也. 亦猶夫禮郎爲大角干. 金庾信大大角干."
123 『三國史記』卷40 雜志9 職官 下. "國統 1人(一云 寺主) 眞興王 12年 以高句麗惠亮法師 爲寺主 都唯那娘 1人 阿尼 大都唯那 1人 眞興王始以寶良法師爲之 眞德王元年 加1人 大書省 1人 眞興王以安藏法師爲之 眞德王元年 加1人 少年書省 2人 元聖王3年 以惠英·梵如2法師爲之 州統九人 郡統18人."
124 『三國史記』卷4 新羅本紀4 眞興王 元年. "眞興王立. 諱彡麥宗〈或作深麥夫〉, 時年七歲. 法興王弟葛文王立宗之子也, 母夫人金氏法興王之女, 妃朴氏思道夫人. 王幼少, 王

치고, 3월에 국내를 순수하였는데, 이는 친정에 대한 의지의 표현이었다.[125] 550년에 대서성, 소서성을 임명하고, 이듬해 국통國統, 도유나랑都唯那娘, 대도유나大都唯那를 임명한 일련의 조치는 진흥왕의 친정과 관련된 체제 정비의 일환이었다. 니승직인 도유나랑은 실질적으로 법흥왕비와 진흥왕비가 주지하고 있던 영흥사의 니승 및 사찰 운영 총괄의 역할을 했다.[126] 즉 영흥사는 중고기 왕실여성의 거점으로 관사적 기능을 하였고, 도유나랑은 왕실여성의 조직을 총괄하는 역할을 담당하였다.

6세기의 금석문인 〈울주천전리각석〉은 6세기의 왕실 인물 기록을 전하고 있다. 〈울주천전리각석〉은 2시기에 걸쳐 작성되었다. 하나는 을사명(원명)으로 작성 연대는 525년이고, 다른 하나는 기미명(추명)으로 작성 연대는 539년이다. 다음은 〈울주천전리서석〉의 해석문이다.[127]

〈표 4〉 울주천전리서석 해석문

	을사명(A)	기미명(B)
1	① 을사년에 沙喙部의 葛文王이 찾아 놀러 와 처음으로 골짜기를 보았다. …… 古谷[오래된 골짜기]인데, 이름 없는 골짜기이므로, 좋은 돌을 얻어 (글을) 짓고, 書石谷으로 이름을 삼아 글자를 만들었다. 더불어 놀러 온 이는 (갈문왕의) 友妹인	① 지난 을사년 6월 18일 새벽[昧]에 沙喙部의 徙夫知葛文王과 妹인 於史鄒女郎王이 함께 놀러 온 이래 이후 □□八□년이 지나갔다. 妹王을 생각하니 妹王은 죽은 사람이다. 정사년에 왕이 죽었다. ② 그의 왕비인 只沒尸兮妃가 사랑하고 그리워하여 기미년 7월 3일에 그 왕이 妹와 더불어 함께 書石을 봤었던 것을 보러 계곡에 왔다. 이 때 함께 셋이 왔는데, 另卽知太王妃

大后攝政."
125 李丙燾,「眞興王의 偉業」,『韓國古代史硏究』, 박영사, 1976, 669쪽.
126 이현주, 앞의 글, 2017, 214~219쪽.
127 이하의 〈울주천전리서석〉의 판독과 해석은 이현주,「신라 중고시기 왕실여성의 칭호 -〈蔚州川前里書石〉 銘文을 중심으로-」,『신라사학보』 27, 2013, 88~94쪽 참조.

	麗德光妙한 於史鄒女郎王이다.	인 夫乞支妃와 徒夫知王子郎인 深麥夫知가 함께 왔다.
2	㉠ 食多煞 作功人은 尒利夫智 大奈麻와 悉淂斯智 大舍帝智이다.	㉠ 이 때 □作功臣은 喙部 知礼夫知 沙干支와 □泊六知 居伐干支이며, 禮臣은 丁乙尒知 奈麻이다.
3	㉡ 作食人은 榮知智 一吉干支의 妻인 居知尸奚夫人과 眞宍智 沙干支의 妻인 阿兮牟弘夫人이고, 作書人은 慕慕尒智 大舍帝智이다.	㉡ 作食人은 眞宍知 波珍干支의 婦人 阿兮牟呼夫人과 尒夫知 居伐干支의 婦人 一利等次夫人과 居礼次 □干支의 婦人 沙交功夫人으로 나누어 함께 지었다.

〈표 4〉는 울주천전리각석 을사명(이하 A)과 기미명(이하 B)의 해석문이다. 그 내용을 보면 을사년과 기미년에 울주천전리각석에 놀러 온 주체가 다르

〈표 5〉 울주천전리서석 판독문

행	乙巳銘(A)	己未銘(B)
1	①乙巳(年)	①過去乙巳年六月十八日昧沙喙
2	沙喙部葛	部徙夫知葛文王妹於史鄒女郎王
3	文王覓遊來始淂見谷□	王共遊來以後□年八巳年過去妹王考
4	之古谷无名谷善石淂造書	妹王過人丁巳年王過去②其王妃只沒尸兮妃
5	之以下爲名書石谷字作之	愛自思己未年七月三日其王与妹共見書石
6	幷遊友妹麗德光妙於史	叱見來谷此時共三來 另卽知太王妃夫乞
7	鄒女郎王之	支妃徙夫知王子郎深麥夫知共來㉠此時□
8	㉠食多煞作功人尒利夫智奈□	作功臣喙部知礼夫知沙干支□泊六知
9	悉淂斯智大舍帝智㉡作食人	居伐干支礼臣丁乙尒知奈麻㉡作食人眞
10	榮知智壹吉干支妻居知尸奚夫人	宍知波珎干支婦阿兮车呼夫人尒夫知居伐干婦
11	眞宍智沙干支妻阿兮牟弘夫人	一利等次夫人居礼次□干婦沙交功夫人分共作之
12	作書人慕こ尒智大舍帝智	

다. A-①에 의하면, 을사년(525)에는 사탁부의 갈문왕과 어사추여랑왕於史鄒女郎王이 놀러 왔는데, B-①에서 사탁부의 갈문왕이 곧 사부지갈문왕徙夫知葛文王이라고 하였다. B-②에 의하면, 기미년(539)에는 사부지갈문왕과 어사추여랑왕은 이미 죽었고, 이들을 그리워하는 지몰시혜비只沒尸兮妃와 모즉지태왕비另卽知太王妃인 부걸지비夫乞支妃, 사부지왕자랑徙夫知王子郎인 심맥부지深麥夫知가 찾아왔던 것이다. B-①의 사부지갈문왕, B-②의 지몰시혜비, 모즉지태왕비인 부걸지비, 심맥부지는 각각 문헌 사료에도 보이는 입종갈문왕, 지소부인, 법흥왕비인 보도부인, 진흥왕이다.[128]

A-㉠, ㉡, B-㉠, ㉡은 울주천전리 서석곡에 놀러 온 왕실 인원의 수행원이다. 특히 A-㉡과 B-㉡은 작식인作食人인데, 각각 처妻와 부婦이고, '夫人'의 칭호를 지니고 있어 여성 수행원임을 알 수 있다. 이들은 직명으로 보아 서석곡 행차 시 음식물을 준비·제공하는 임무를 맡았음을 알 수 있다.[129] 남성 배우자의 관계를 표현한 말이 각각 처와 부로 달리 기록되었는데, 각 수행 인원이 소속된 중심인물이 다르기 때문에 생긴 용어의 격차였을 것이다.[130]

신라 금석문에서 人名은 〈職名+部名+人名+官位〉, 혹은 〈所屬+人名+官位〉로 표기된다. 또한 이름이 계속되는 부분에서 동일한 부部의 소속이 연속할 때는 일반적으로 부명部名을 생략하였다.[131] A-㉡과 B-㉡의 여성 수행원은 〈男性名+官位+妻(婦)+女性名+夫人〉의 형식으로 기록되어 있는데, 배

---

128 이현주, 앞의 글, 2013, 90~92쪽.
129 金龍善, 「蔚州 川前里書石 銘文의 硏究」, 『歷史學報』 81, 1979, 28쪽.
130 김용선은 수행인원을 家臣적 성격을 가진 것으로 보았는데, 여성 수행인원 역시 동일 선상에서 파악하고 있다. 즉 妻는 입종갈문왕의 수행원에게, 婦는 진흥왕을 수행하였던 인물들에게 사용한 것으로, 신라에서는 妻와 婦가 어느 정도 격차를 가진 용어였다고 보았다(앞의 글, 1979, 29쪽). 이문기는 수행 인원이 가신적 성격을 가졌다고 보지는 않으나, 중심인물의 지위가 다르기 때문에 妻와 婦라는 표기상의 차이가 생긴 것으로 보았다(李文基, 「蔚州川前里書石 原·追銘의 再檢討」, 『歷史敎育論集』 4, 1983, 138쪽).
131 武田幸男, 「新羅六部とその展開」, 『民族史의 展開와 그 文化』, 창작과 비평사, 1990; 李文基, 「金石文資料를 통하여 본 新羅의 六部」, 『歷史敎育論集』 2, 1981, 89~104쪽.

우자의 소속부와 같기 때문에 생략한 것으로 보인다.[132]

　이 중 A의 아혜모홍 부인阿兮牟弘 夫人과 B의 아혜모홍 부인阿兮牟呼 夫人은 진육지眞肉智의 배우자라는 점, 이름이 유사한 음가를 가지고 있다는 점으로 미루어 보아 동일 인물임을 알 수 있다. 진육지가 A에서는 8위인 사찬의 위였는데, B에서는 4위의 파진찬이었다. A에서 7위인 일길찬의 처인 거지시해 부인居知尸奚 夫人이 당시 8위 사찬의 처였던 아혜모홍 부인의 앞에 기록된 반면 B에서 4위의 파진찬의 처인 아혜모호 부인이 9위의 급찬 앞에 기록되었다. 이들 작식인이 '夫人'의 칭호를 사용한 것으로 보아 상위 계층의 여성이라는 것을 알 수 있는데, '干'군 이상의 배우자였을 것이다. 남성 배우자의 소속과 관위를 차용하여 소속을 기록한 것으로 보아 배우자의 위계에 연동된 지위를 가졌을 것으로 여겨진다.[133]

　서석곡의 행차 목적은 왕실 인원은 '유遊'이고, 수행원은 '식다살食多煞'이었다. 〈울진봉평신라비〉에 "…新羅六部煞斑牛沐麥事…"라고 하여 얼룩소를 희생으로 바치는 제의를 통해 서약 의식을 행한 기록이 있는데, 살아 있는 희생을 죽이고, 바치고, 먹는 행위 자체가 종교 의례였음을 알 수 있다. 서석곡에서 행한 왕실 인원이 "유遊"하였고, 그 일환으로 남성 수행원인 작공인作功人과 여성 수행원인 작식인作食人이 '食多煞'을 행했던 것이다.[134] 이처럼 신라 상대에 여성의 공적 지위와 역할이 점차 직제화되고, 서열이 위계화되었다.

132　이현주, 앞의 글, 2013, 114~116쪽.
133　이현주, 앞의 글, 2013, 117~123쪽.
134　이현주, 앞의 글, 2013, 119~120쪽.

3) 중대 여관女官의 제도와 역할

(1) 여관女官의 역할과 예제禮制

신라는 7세기 전쟁을 치르면서[135] 당의 선진제도를 경험하였고, 외교를 통해 지속적으로 당의 제도와 문물을 수용하였다. 7세기의 신라는 당의 제도를 수용하여 내정개혁을 하였는데, 650년에 당의 연호를 채택하였고,[136] 651년에 하정례도 거행하였다.[137] 이와 같은 일련의 당제 수용과 내정 개혁의 중심에는 당의 관복제 도입이 있었다.

중대의 첫 왕인 김춘추는 진덕왕 원년(648) 12월에 당에 갔다가 2년(648) 2월에 귀국하였다. 이때 김춘추는 당에 가서 당 태종에게 세 가지를 요청하였다. 첫 번째는 당에 간 첫 번째 목적인 백제와의 전쟁을 위한 군사를 요청하는 것이었고, 두 번째는 국학에 가서 강론을 듣고, 석전에 참관하는 것이었으며, 세 번째는 신라의 공복을 바꾸기 위해 중국의 장복章服을 청한 것이었다.[138]

『삼국사기』 본기에서 진덕왕 3년(649) 봄 정월에 처음으로 중조의관中朝衣冠을 입었다는 기록이 있고,[139] 『삼국사기』 색복지에서 이를 "以夷易華"라

---

[135] 7세기 동아시아 국제전은 648년에 신라와 당이 군사동맹을 체결하며 시작되었다. 7세기 전쟁은 660년 백제의 멸망, 668년 고구려의 멸망을 초래하였고, 뒤이어 신라와 당의 전쟁으로 이어졌다. 7세기 전쟁은 신라가 676년에 매초성과 기벌포에서 승리를 거두고, 당이 안동도호부를 평양에서 요동 고성으로 철수시키며 끝났다. 이상의 내용은 김영하, 「7세기 동아시아의 정세와 전쟁 −신라의 백제통합과 관련하여」, 『신라사학보』 38, 2016 참조.

[136] 『三國史記』卷5 新羅本紀5 眞德王 4年. "是歲, 始行中國永徽年號."

[137] 『三國史記』卷5 新羅本紀5 眞德王 5年. "五年, 春正月朔, 王御朝元殿, 受百官正賀. 賀正之禮始於此."

[138] 『三國史記』卷5 新羅本紀5 眞德王 2年. "遣伊飡金春秋及其子文王朝唐. 太宗遣光祿卿柳亨, 郊勞之. 旣至, 見春秋儀表英偉, 厚待之. 春秋請詣國學, 觀釋奠及講論, 太宗許之. (중략) 太宗深然之, 許以出師. 春秋又請改其章服, 以從中華制, 於是, 內出珍服, 賜春秋及其從者."

[139] 『三國史記』卷5 新羅本紀5 眞德王 3年. "春正月, 始服中朝衣冠."

고 하여 관복[衣帶]을 신라[夷]의 것에서 중국[華]의 것으로 바꾸었다고 하였다.[140] 뒤이어 진덕왕 4년(650) 여름 4월에 명을 내려서 진골로서 관직[位]에 있는 사람은 아홀牙笏을 지니게 하였다.[141]

이와 같은 제도의 개편은 대외적으로는 7세기 동아시아 국제전을 대비한 것이고, 대내적으로는 위계화된 관료 체제를 구축함으로써 왕권을 강화하기 위한 것이었다.[142] 주목되는 것은 남성뿐만 아니라 여성의 복식 역시 중국의 의관으로 변경하였다는 것이다. 다음은 관련 사료이다.

> 문무왕 4년(664), 봄 정월 교서를 내려 부인들도 역시 中朝衣裳을 입도록 하였다.[143]

문무왕 4년(664)에 교서를 내려 부인들도 역시 중조의상을 입도록 하였다. 『삼국사기』 색복지에도 동일한 기록이 있다.[144] 중국식 의관을 입은 대상이 부인婦人, 즉 기혼 여성이었음을 알 수 있다. 진덕왕 3년(649)에 남성 관인의 의관을 당의 관복제로 변경한 이후, 문무왕 4년(664)에 여관女官의 의관 역시 당의 의상으로 변경한 조치였음을 알 수 있다. 남성 관인의 의복을 중국식 의복으로 착용하게 한 것을 여성에게까지 확대했음을 알 수 있다.[145] 이들 중국식 의복을 입은 부인들이 관인제 하에 편재되어 공적인 지위와 역할을 가진 여관女官이었다.

문무왕 4년(664)의 중국식 의상을 입은 여관女官은 상층계층이었다. 다음

---

140 『三國史記』卷33 雜志2 色服. "至眞德在位二年, 金春秋入唐, 請襲唐儀. 玄宗皇帝詔可之, 兼賜衣帶. 遂還來施行, 以夷易華."
141 『三國史記』卷5 新羅本紀5 眞德王 4年. "夏四月, 下敎, 以眞骨在位者, 執牙笏."
142 이현주, 「신라 종묘제의 변천과 태후」, 『사림』 66, 2018, 169~170쪽.
143 『三國史記』卷6 新羅本紀6 文武王 4年. "下敎, 婦人亦服中朝衣裳."
144 『三國史記』卷33 雜志2 色服. "文武王在位四年, 又革婦人之服, 自此已後, 衣冠同於中國."
145 이현주, 앞의 글, 2020, 55~59쪽.

의 사료에서 7세기의 여관女官의 모습을 확인할 수 있다.

> E   신문왕 3년(683), 일길찬 김흠운의 작은 딸을 맞아들여 부인으로 삼았다. 먼저 이찬 문영과 파진찬 삼광을 보내 기일을 정하고, 대아찬 智常을 보내 納采하였는데, 예물로 보내는 비단이 15수레이고 쌀·술·기름·꿀·간장·된장·포·젓 135수레였으며, 租가 150수레였다. 5월 7일에 이찬 문영과 개원을 그 집에 보내 책봉하여 夫人으로 삼았다. 그 날 묘시에 파진찬 대상·손문, 아찬 좌야·길숙 등을 보내 각각 그들의 ① 妻娘, ② 梁部 및 沙梁部 2부의 嫗 각 30명과 함께 부인을 맞아오게 하였다. 부인이 탄 수레의 좌우에 시종하는 官人과 ③ 娘嫗가 매우 많았는데, 왕궁의 북문에 이르러 수레에서 내려 대궐로 들어갔다.[146]

신문왕 3년(683)에 신문왕은 정기定期-납채納采-책봉冊封-명사봉영命使奉迎-입궁入宮의 유교식 혼례 절차를 통해 왕실 혼인을 행하였다. 명사봉영 단계에서 신문왕의 부인이 입궁할 때 많은 인원이 그 행렬에 참여하였다. 이 행렬에 참여한 여성들이 주목된다. 우선 E ①에서 파진찬 대상·손문, 아찬 좌야·길숙 등이 그들의 아내와 딸妻娘, E ② 양부 및 사량부 두 부의 여자嫗 각 30명과 함께 부인을 맞아 오도록 하였다.[147] 또한 E ③에서 부인의 수레 좌우에 시종하는 관인과 부녀자들娘嫗이 매우 많았다고 하였다.

여기에 참여한 여성들은 크게 3부류로 나뉜다. 첫 번째는 파진찬 대상과 손문, 아찬 좌야와 길숙 등의 처妻와 랑娘이고, 두 번째는 양부와 사량부의 구嫗이다. 세 번째는 랑구娘嫗이다. 이 중 첫 번째의 경우, 파진찬과 아찬의

---

146 『三國史記』卷8 新羅本紀8 神文王 3年. "2月 納一吉湌金欽運少女爲夫人, 先差伊湌文穎波珍湌三光定期, 以大阿湌智常納采, 幣帛十五轝 米·酒·油 蜜·醬·鼓·脯·醢一百三十五轝 租一百五十車, 夏四月 平地雪一尺, 五月七日 遣伊湌文穎 愷元抵基宅 冊爲夫人, 其日卯時 遣波珍湌大常·孫文, 阿湌坐耶·吉叔 等 各與妻娘及梁·沙梁二部嫗各三十人迎來 夫人乘車 左右侍從 官人及娘嫗甚盛 至王宮北門 下車入內."

147 이현주, 앞의 글, 2020, 55~56쪽.

아내와 딸妻娘이고, 세 번째의 경우, "官人及娘嫗"라고 하여 관인의 랑구娘嫗, 즉 관인 소속의 아내와 딸 등을 일컫는 것으로 여겨진다.[148] 위의 사료의 처랑妻娘, 내지는 랑구娘嫗는 남성 관인 집안의 아내와 딸을 비롯한 부녀자들을 지칭한 명칭임을 알 수 있다. 두 번째의 양부와 사량부의 구嫗 역시 양부와 사량부 소속 부녀자의 명칭일 것이다. 양부와 사량부는 중고기부터 여타 부에 비해 상대적으로 신분적 기득권을 가진 지역이었다.[149] 양부와 사량부 소속의 왕을 비롯한 최상위계층이 신라 정치세력의 중심 세력을 구성하였던 것이다. 이로 볼 때 양부와 사량부의 부녀자 역시 왕실여성 내지는 진골 귀족 여성이었을 것으로 여겨진다.

이처럼 E에서 등장하는 여성들은 각각 남성 관인 집안의 부녀자이거나 또는 양부와 사량부의 부녀자이다. 위의 사료에서 이들은 공식적인 국가 행사, 즉 왕실 혼인 의례에 참여하고 있다. 신문왕의 부인이 입궁하는 행렬, 즉 명사봉영命使奉迎 행렬에 최소 68명 이상의 여성이 참여하고 있는 것이다. 이들은 왕실 혼인 의례에 공식적으로 참여하였을 뿐만 아니라 실질적으로 주관하였을 것으로 여겨진다. 이들은 다수의 여성 집단을 의미하는 처랑妻娘, 구嫗, 랑구娘嫗로 기록되었으나, 이들의 신분과 지위는 그들의 소속에 대한 표기, 즉 남성 관인의 관위나 출신 지역을 통해 확인할 수 있다.

골품제 하에서 남성의 관위에 따른 지위는 그들의 처뿐만 아니라 딸[娘]의 지위와 연계되었다.[150] 또한 양부와 사량부 소속의 부녀자들은 출신 지역을 통해 신분의 우월성을 증명할 수 있었다. 이처럼 7세기 신라 여관女官의 구

---

[148] 娘은 아가씨라는 의미로, 주로 미혼 여성의 칭호로 쓰였는데, 딸이라는 의미의 '女'와 혼용되어 쓰인다(이현주, 앞의 글, 2012, 189쪽). '嫗'는 어머니, 또는 할머니를 일컫는 말로, 상고기 사료부터 등장하는 老嫗, 老母 등에서 나오는 용어이다. 상고기의 老嫗는 사제적 직능을 가진 존재로 이해된다(崔光植, 앞의 글, 1981, 9쪽). 여성의 사제적 직능이 약화되면서 점차 '嫗'는 일반적인 의미의 부녀자, 기혼 여성을 의미하는 명칭으로 쓰였을 것이다.

[149] 全德在, 『新羅六部體制硏究』, 一潮閣, 1996, 140쪽.

[150] 이현주, 앞의 글, 2020, 58쪽.

성에 진골 귀족 및 관인의 아내뿐만 아니라 딸도 포함하였고, 지역적 기득권을 가진 양부와 사량부의 부녀자를 포함한 것은 신라의 신분제적 특성, 즉 골품제 기반의 관인제가 여관女官에게도 적용된 결과였다.[151]

E에서 아찬阿湌은 육두품 귀족이 오를 수 있는 최고의 관등이다. 아찬이 국왕의 혼인 행렬 실무자로서 등장할 뿐만 아니라 아찬의 아내와 딸 역시 동원되었다. 이로 볼 때 중대 왕권이 지향하는 관료 체제가 육두품은 물론 육두품의 아내 역시도 포괄하고 있음을 알 수 있다.[152]

신문왕의 왕실 혼인은 신라에서 유교식 의례 절차로 행해진 첫 번째 혼례였다. 중대 초기에 율령관제와 아울러 중국식 예제의 수용도 이루어졌는데, 이는 중대 왕권의 강화와 체제적 안정을 목적으로 한 것이었다. 신문왕의 유교식 혼례는 중대 이후 왕실 혼인의 전범典範이 되었고, 중대 왕실의 유교식 혼인 의례는 중대 왕권의 율령적 지배 체제의 이념을 정당화하는 의식의 일환으로 시행되었다.[153]

이처럼 유교식 절차로 행해진 왕실 혼인은 대내외적으로 통치 이념으로서의 유학적 지향을 가시화하기에 적합한 왕실 의례였고, 그중 가장 중요한 절차는 혼례 행렬이었다. 공식적인 왕실 혼인, 유교식 혼례 행렬을 주관한 이들이 진골 귀족과 6두품 관인의 처와 딸, 지역적 기득권을 가진 양부와 사량부의 부녀자, 관인의 처와 딸이었다.

요컨대 신라의 여관女官은 문무왕 4년(664)의 교서에서 부인 또한 '중조의

---

[151] 고려의 외명부제도가 참고된다. 고려의 외명부제도는 성종 대에 성립되고 현종 대에 정비되어 본격적으로 운영되었다(김아네스, 「고려 전기의 外命婦」, 『역사와 경계』 87, 2013, 52~55쪽). 고려의 외명부는 왕의 딸과 자매, 왕비의 모·조모, 문무관의 母·妻 등에게 내려준 작호이다. 고려의 외명부제는 당의 영향을 받기는 했지만, 고려의 실정에 맞게 변용하여 독자적인 형태로 운용하였다(金龍善, 「고려시대의 外命婦制와 封爵體系」, 『震檀學報』 135, 2020, 60~66쪽). 신라 중대의 여관(女官)은 남성 관인의 배우자와 왕실여성으로, 진골 귀족 여성이었다(이현주, 앞의 글, 2020, 55~59쪽). 신라에서는 골품제 기반 하에 외명부제를 도입하고, 운용하였다.
[152] 이현주, 앞의 글, 2020, 58쪽.
[153] 이현주, 「신라 중대 왕후의 책봉과 위상 정립」, 『역사와 현실』 95, 2015, 239~240쪽.

상中朝衣裳'을 입도록 한 것을 기점으로 관료제 하에서 공식적인 지위를 가지게 되었다. 중대 여관女官의 인적 구성은 남성 관인의 배우자, 진골 귀족인 여성(처와 딸 등), 양부와 사량부의 부녀자들로 구성된 상층계층의 여성들로 이루어졌다. 중대 초의 여관女官은 신문왕의 공식적인 왕실의례, 특히 예제에 기반한 유교적 왕실 혼인 의례의 절차를 수행하는 역할을 담당하였다.

(2) 여관女官의 관사와 운영

한국 고대사회에서 여성의 노동과 여성 노동의 결과물로 가장 많이 기록된 것은 직조織造와 포布이다. 다음은 신라 초기의 여성의 직조 노동과 관련된 사료이다.

> 유리왕 9년(32), 왕이 6부를 정하고서는 절반씩으로 나누어 두 부류로 삼고, 왕녀 두 사람으로 하여금 각각 部內의 여자들을 거느리고 무리를 조직하게 하였는데, 가을 7월 열엿새부터 매일 아침 일찍 大部의 뜰에 모여서 길쌈을 하게 하여 밤 10시경에 그치게 하였다. 그러고는 8월 15일에 이르러 그 성과의 많고 적음을 살펴, 진 쪽이 술과 음식을 마련하여 이긴 쪽에 사례하였다. 이렇게 하고서 가무와 온갖 놀이를 행하였는데, 그것을 嘉俳라고 불렀다. 이 때에 경쟁에서 진 쪽의 여자 한 명이 일어나 춤을 추면서 탄식하여 말하기를, "회소, 회소"라고 하였으니, 그 음이 슬프면서 우아하므로 훗날 사람들이 그 소리를 따라서 노래를 지어 회소곡이라고 이름을 붙였다.[154]

유리니사금 9년(32)의 기사이다. 왕녀 두 사람이 각각 부내의 여자들을 거느리고, 음력 7월 16일부터 8월 15일까지 길쌈을 하였는데, 8월 15일까

---

[154] 『三國史記』卷1 新羅本紀1 儒理尼師今 9年, "王旣定六部, 中分爲二, 使王女二人, 各率部內女子, 分朋造黨, 自秋七月旣望, 每日早集大部之庭, 績麻乙夜而罷. 至八月十五日, 考其功之多小, 負者置酒食, 以謝勝者. 於是, 歌舞百戱皆作, 謂之嘉俳. 是時, 負家一女子, 起舞嘆曰, '會蘇會蘇' 其音哀雅, 後人因其聲而作歌, 名會蘇曲."

지의 성과물로 승패를 겨루었다는 내용이다. 한 달에 걸쳐 여성의 무리가 공동으로 포布를 만드는 집단 사역을 하였고, 이를 주관한 주체가 왕녀였다는 사실이 주목된다. 가배는 축제적 성격을 가진 농경의례이다.[155] 농경사회에서 한 해의 수확을 축하하고, '직조織造의 승부勝負'를 통해 다음 해의 풍흉을 점치는 것은 그 자체로 제의였음을 알 수 있다. 왕녀가 이를 주관하였고, 그 중심에는 직조의례가 있었다.

『수서』에 "8월 15일에는 풍악을 베풀고 官人들로 하여금 활을 쏘게 하여 말과 베를 상으로 준다."고 하였는데, 8월 15일에 남성 관인들은 활쏘기를 하였고,[156] 여성은 집단 노동인 직조의례를 지속했음을 알 수 있다. 왕녀가 주관하는 직조의례는 왕실이 주관하는 농경축제이자 공식의례였던 것이다. 또한 왕녀가 주관하는 집단 노동이자 공식 의례인 직조, 즉 길쌈놀이에서 만들어진 포布는 상으로 주어졌다.

이처럼 신라의 상고기부터 직조는 여성노동의 상징이고, 여성노동의 결과물인 '포布'는 관인에게 사여되는 상으로 사용되었다. 전근대의 포布는 곡물과 함께 조세 납부와 현물 교환의 수단이었다.[157] 공적인 영역에서 여성은 직조와 포를 통해 중요한 역할을 담당했던 것이다.

신라 중대 이후 여성의 집단 노동인 직조는 관사에, 여성 직조노동자는 관직에 편재되었다. 여관女官의 직무와 관사는 『삼국사기』 직관지에 기록되어 있다. 『삼국사기』 직관지에는 신라 내정관제의 가장 수위에 자리한 내성內省과 내성 소속의 왕실사무를 담당한 관사와 소속 관인들이 열거되어 있다. 다음은 직관지 중의 생산관계관사 일람표이다.

---

155 이현주,「新羅 上古期 王妃族의 등장과 추이」,『史林』 31, 2008, 114쪽.
156 『隋書』東夷列傳 新羅. "八月十五日, 設樂, 令官人射, 賞以馬布.";『新唐書』, 東夷列傳, 新羅, "八月望日, 大宴賚官吏, 射."
157 김영심, 앞의 글, 2010, 29~30쪽.

〈표 6〉『三國史記』卷39 雜志8 職官 中의 생산관계관사와 관인 일람표

	官司名	母	女子	기타	改稱
1	朝霞房	11			
2	染宮	11			
3	疏典	6			
4	紅典	6			
5	蘇房典	6			
6	攢染典	6			
7	漂典	10			
8	倭典				
9	錦典				織錦房
10	鐵鍮典				築冶房
11	寺典				
12	漆典				飾器房
13	毛典				聚毦房
14	皮典				鞄人房
15	鞦典				
16	皮打典				鞄工房
17	磨典				梓人房
18	鞜典				
19	靴典				
20	打典				
21	麻履典				
22	麻典			干1, 史8, 從舍知4	織紡局
23	曝典			屬縣 3	
24	肉典			干2	尙膳局
25	滓典			干1, 史4	
26	阿尼典	6			
27	綺典	8			別錦房
28	席典			干1, 史2	奉座局
29	机槩典			干1, 史6	机盤局
30	楊典			干1, 史6	司篚局
31	瓦器典			干1, 史6	陶登局
32	針房		16		

〈표 6〉에서 (1) 조하방朝霞房부터 (21) 마리전麻履典까지와 (22) 마전麻典부터 (31) 와기전瓦器典까지는 모두 순서대로 기재되어 있다. (21) 마리전 다음에 어룡성御龍省과 세택洗宅, 숭문대崇文臺, 악전嶽典, 감전監典, 늠전廩典, 용전舂典, 제전祭典, 약전藥典, 공봉의사供奉醫師, 공봉복사供奉卜師가 나오고, (22) 마전이 기록되어 있다. (31) 와기전과 (32) 침방 사이에는 감부대전監夫大典, 대부전大傅典, 행군전行軍典, 영창전永昌典, 고창전古昌典, 심전蕃監, 원당전願堂典, 물장전物藏典, 북상전北廂典, 남하소궁南下所宮, 남도원궁南桃園宮, 북원궁北園宮, 신청연궁新靑淵宮이 기재되어 있고, (32) 침방針房 다음에는 동궁관東宮官, 동궁아東宮衙 등이 기재되어 있다.[158] 경덕왕 18년(759)에 관직명과 관사명을 한화식으로 개칭하였는데, 이때 내성은 전중성殿中省으로 개칭하였다. 세택은 중사성中事省으로 개칭한 시기를 경덕왕 대라고만 하였으나 경덕왕 18년에 일괄하여 개칭하였을 것이다.

직관지 중에는 내정관제의 관사와 소속 관원이 나열되어 있어 구체적인 조직도와 직무를 파악하기가 어렵다. 기본의 연구에서 직관지 중의 내정관제의 관사를 그 직무의 성격에 따라 분류하기도 하고,[159] 그 조직의 특성에 따라 분류하기도 하였다.[160] 분명한 건 내정관제가 왕실관련 제반 업무를 담당하였다는 것이다. 왕실 관련 제반 업무는 크게 두 가지이다. 하나는 왕실 생활, 즉 의식주와 관련된 업무이고, 다른 하나는 왕실 인원의 직무, 정확히는 왕실 의례 및 왕실 인원의 시봉과 관련된 업무이다. 전자에 해당하

---

[158] 『三國史記』 卷39 雜志8 職官 中.
[159] 三池賢一은 내정관제의 관사를 직무의 성격에 따라 大宮等管理, 官吏養成, 官吏糾正, 執奏禮儀, 祭祀關係官司, 供奉組織, 生産關係官司, 諸宮管理官司 등으로 분류하였다(앞의 글, 1971·1972). 朴秀淨은 內省의 구성은 직접적으로 왕실 시봉을 담당하는 관부군과 離宮, 亭子 및 장원·목초지 등을 포함한 궁궐 관리를 담당하는 관부군으로 이분된다고 보았다(「『三國史記』職官志 硏究」, 高麗大學校 博士學位論文, 2016, 211~217쪽).
[160] 이인철은 내정관제의 관사 명칭에 따라 省·臺과 典·宮·房으로 구분하고, 후자의 경우 그 직무의 성격에 따라 실무관리관부, 교육관계관부, 제사의례관부, 제궁관리관부, 제작생산관부, 공봉관계관부로 분류하였다(앞의 책, 1993, 54~85쪽).

는 관부가 궁원 관리 및 물품의 제작 및 생산을 담당하였고, 후자에 해당하는 관부가 공봉 관련 업무를 담당하였을 것이다.

내정관제의 구체적인 운영 양상을 알기가 어렵다. 내정관제 소속 관사의 폐치와 직무의 성격을 보아 시기에 따라 관제의 변화가 있었음을 알 수 있다. 또한 관사의 나열된 순서로 보아 직무의 연관성을 가진 관사들을 모아 기록하였다. 남하소궁, 남도원궁, 북원궁, 신청연궁처럼 궁원 관련 관사가 일렬로 배치되어 있다거나 〈표 6〉의 관사 일람표에서 알 수 있듯이 생산관계관사가 나열되어 있는 것에서 확인된다. 따라서 〈표 6〉의 (1) 예궁전부터 (22) 마리전, (23) 마전부터 (32) 기와전은 담당 직무를 확인할 수 있는 관사명뿐만 아니라 관사의 기재 순서로 보아 왕실 관련 물품 제작 및 생산을 담당한 관사였음을 알 수 있다.

〈표 6〉에서 여관女官이 배속된 관사로는 (1) 조하방朝霞房의 모母 11인, (2) 염궁染宮의 모 11인, (3) 소전䟽典의 모 6인, (4) 홍전紅典의 모 6인, (5) 소방전蘇房典의 모 6인, (6) 찬염전攢染典의 모 6인, (7) 표전漂典의 모 6인, (26) 아니전阿尼典의 모 6인, (27) 기전綺典의 모 8인, (32) 여자女子 16인이 있다. (1) 조하방에서 (7) 표전까지는 직조와 직물의 염색을 담당한 곳으로 여겨진다. 조하방은 조하주朝霞紬를 싸던 곳, 염방은 직물의 염색을 담당하던 곳, 홍전은 베를 짜던 곳, 소방전은 '蘇房'이 붉은색을 내는 콩과의 살록교목이므로 붉은 물감을 들이는 곳, 찬염전은 염색 물감을 모아 보관하거나 공급하는 곳, 표전은 빨래, 즉 표백을 담당하는 곳으로 보았다.[161] (27) 기전 역시 경덕왕이 별금방別錦房으로 개칭한 것으로 보아 비단을 짜던 관부로 보았다.[162] (26)의 아니전에는 모 6인이 배속되어 있는데, 아니전 역시 생산관계관부로 보거나[163] 또는 유모로 보기도 하였다.[164] (26)의 아니전은 생산

---

[161] 이인철, 앞의 책, 1993, 74~76쪽.
[162] 李丙燾, 앞의 책, 1977, 593쪽.
[163] 三池賢一, 앞의 글, 1972, 39쪽.

관계관부와 나란히 배치되어 있는 것으로 보아 생산관계관사였을 것으로 보인다. 다만 아니阿尼가 비구니[女僧]를 의미하므로 아니전은 사전寺典, 승방전僧房典의 유관 관사임을 알 수 있다. 아니전은 사찰 관련 물품을 제작 및 관리하는 업무를 담당하였고, 아니전에 속한 모 6인은 왕실 및 귀족여성의 불교 관련 업무를 담당했을 것이다.

(33) 침방의 경우, 이들 생산관계관사와 별개로 기재되어 있다. 이로 볼 때 여타 생산관계관사와 설치시기가 달랐거나 직무의 성격이 달랐음을 알 수 있다. 기존의 연구에서는 침방針房에 여자女子 16인이 소속되어 있는데, '침針'을 사용하고, 소속관원의 성별이 여자인 것으로 보아 바느질針線을 담당한 곳으로 파악하였다.[165]

그러나 침針은 쇠로 만든 의료용 침을 가리킨다. 문무왕 12년에 신라 문무왕이 당에 침針 400개와 우황牛黃 120푼을 바친 적이 있고,[166] 효소왕 원년(692)에는 의학醫學의 관사를 처음 설치하고 학생에게『갑을경甲乙經』,『침경針經』을 비롯한 의학서를 가르치게 하였다.[167]『갑을경』은 진晉 황보밀黃甫謐이『침경소문針經素問』·『명당공혈明堂孔穴』·『침구치요針灸治要』3서를 합하여 요점을 발췌·정리하여 편찬한 것으로, 침자법針灸法 가운데 가장 상세하다고 한다.[168]『침경』역시 침을 놓는 의료기술을 가르치는 책을 가리킨다.[169] 또한 성덕왕 16년(717)에 의박사醫博士와 산박사算博士를 두었고,[170] 9

---

164 이인철, 앞의 책, 1993, 77쪽.
165 이인철은 침방을 침선을 맡은 관부라고 하였고(이인철, 앞의 책, 77쪽; 정구복 외,『역주 삼국사기』4 주석편(하), 한국정신문화연구원, 1997, 533~534쪽), 박수정도 침방을 수공업 생산이나 잡역을 담당한 관부에 포함시켰다(「9세기 전반 新羅 官制의 변화 양상과 洗宅(中事省)」,『新羅史學報』47, 2019, 124쪽).
166 『三國史記』卷7 新羅本紀7 文武王 12년. "兼進貢銀三萬三千五百分·銅三萬三千分·針四百枚·牛黃百二十分·金百二十分·四十升布六匹·三十升布六十匹."
167 『三國史記』卷39, 雜志8, 職官 中, "醫學, 孝昭王元年初置, 敎授學生, 以本草經·甲乙經·素問經·針經·脉經·明堂經·難經爲之業. 博士二人."
168 정구복 외, 앞의 책, 1997, 519쪽.
169 정구복 외, 앞의 책, 1997, 519쪽.

세기 녹진의 일화에서 알 수 있듯이 신라에서 침을 사용하는 의료 행위가 이루어졌다.[171] 이로 볼 때 침방의 여자 16인은 침술을 전문적으로 행하는 여성 의료인이었음을 알 수 있다. 이들은 임신과 출산을 비롯한 여성 관련 질환을 비롯하여 침술을 사용하는 의료행위를 전담했을 것으로 여겨진다.

이들 생산관계관사를 통솔한 관청으로 신문왕 원년(681)에 설치된 본피궁 本彼宮이 주목된다. 본피궁은 내성에 소속된 궁중수공업 담당 관사로, 수공업 또는 생산관사를 통솔하였을 것으로 보았다.[172] 다음은 관련 사료이다.

F-1) 內省은 경덕왕 18년에 殿中省으로 고쳤는데, 후에 다시 옛 이름으로 회복시켰다. 私臣은 1명이다. 진평왕 7년(585)에 3宮에 私臣을 각각 두었는데, 大宮은 화문 대아찬·梁宮은 수힐부 이찬·沙梁宮은 노지 이찬이었다. (진평왕) 44년(622)에 이르러 1명이 3宮을 겸하여 관장하게 하였다.[173]

F-2) 진평왕 44년(622), 2월에 이찬 용수를 內省私臣으로 삼았다. 처음 (진평)왕 7년(585)에 대궁, 양궁, 사량궁 세 곳에 각각 私臣을 두었다가 이때에 이르러 내성사신 1인을 두고 세 궁을 아울러 관장하게 하였다.[174]

F-3) 문무왕 2년(660), (생략) 전투의 공을 논하였는데, 本彼宮의 財貨·田莊·奴僕을 반으로 나누어 유신과 인문에게 주었다.[175]

F-4) 본피궁. 신문왕 원년(681)에 설치하였다. 虞 1인, 私母 1인, 工翁 2인,

---

170 『三國史記』卷8 新羅本紀8 聖德王 16年. "十六年, 春二月, 置醫博士·筭博士各一員".
171 『三國史記』卷45 列傳5 祿眞. 祿眞曰, "然則公之病, 不須藥石, 不須針砭, 可以至言高論, 一攻而破之也. 公將聞之乎."
172 기존의 연구에서는 『삼국사기』職官志 中의 내성 산하 관청에 대해서 중대 이후 수립된 본피궁을 수반으로 하는 궁중수공업 체계로 파악하였다(三池賢一, 앞의 글, 1971, 38~40쪽; 홍희유, 앞의 책, 1988, 30~32쪽; 박남수, 앞의 책, 1996, 93~105쪽).
173 『三國史記』卷39 雜志8 職官 中. "內省, 景德王十八年改爲殿中省, 後復故. 私臣一人. 眞平王七年, 三宮各置私臣, 大宮和文大阿湌, 梁宮首肹夫阿湌, 沙梁宮弩知伊湌. 至四十四年, 以一員兼掌三宮."
174 『三國史記』卷4 新羅本紀4 眞平王 44年. "二月, 以伊湌龍樹爲內省私臣. 初王七年大宮·梁宮·沙梁宮三所各置私臣, 至是置內省私臣一人, 兼掌三宮."
175 『三國史記』卷6 新羅本紀6 文武王 2年. "(생략) 論功, 中分本彼宮財貨·田莊·奴僕, 以賜庾信·仁問."

典翁 1인, 史 2인이다.[176]

F-5) 引道典은 경덕왕이 禮成典으로 고쳤는데, 후에 예전대로 회복시켰다. 上引道는 2명, 位引道는 3명, 官引道는 4명이다.[177]

　F-1)에 의하면, 진평왕 7년(585)에 대궁, 양궁, 사량궁에 각각 사신私臣을 두었는데, 이후 진평왕 44년(622)에 1명의 사신을 두어 3궁을 관장하게 하였다고 한다. F-2)에 의하면, 진평왕 44년의 1인이 내성사신內省私臣인 용수임을 알 수 있다. F-3)은 문무왕 2년(660)에 전공에 대한 포상으로 김유신과 김인문에게 본피궁의 재물, 토지, 노비를 반씩 나누어 주었다는 내용이다. 이 기사로 보아 문무왕 대에 본피궁이 있었고, 문무왕 즉위 직후인 660년에 본피궁 소속의 물적 자원과 인적 자원을 국유화하여 포상의 수단으로 삼았음을 알 수 있다. F-4)의 본피궁을 이궁離宮으로 보는 견해도 있지만,[178] 본피부의 궁인 본피궁으로 보아야 할 것이다. 본피궁의 존재로 보아 중고기에 모량부, 한기부, 습비부에도 각각의 궁이 있었을 것으로 보인다.[179] F-4)는 신문왕이 즉위 원년(681)에 본피궁을 설치하고, 우, 사모, 공옹, 전옹, 사를 배치하였다는 기사이다. F-3)~4) 사료로 볼 때, 본피궁이 660년에 해체되었고, 681년에 관사로써 설치되었음을 알 수 있다.

　우선 681년에 신설된 본피궁 소속의 관원 구성에 대해 알아보고자 한다. 일반적으로 신문왕 원년에 설치된 본피궁은 생산관사를 통솔하기 위해 신설한 관사로 보았다.[180] 본피궁에 배치된 관원 중 전옹과 사는 실무를 담당

---

[176] 『三國史記』 卷39 雜志8 職官 中. "本彼宮, 神文王元年置. 虞一人, 私母一人, 工翁二人, 典翁一人, 史二人."

[177] 『三國史記』 卷39 雜志8 職官 中. "引道典, 景德王改爲禮成典, 後復故. 上引道二人, □位引道三人, 官引道四人."

[178] 전덕재, 「『삼국사기』의 기록을 통해 본 신라 왕경의 實相 -문무왕대 이후 신라본기와 잡지, 열전에 전하는 기록을 중심으로-」, 『大丘史學』 132, 2018, 19~21쪽.

[179] 李基東, 「新羅骨品制社會와 花郞徒」, 一潮閣, 1984, 191~192쪽; 박남수, 앞의 책, 1996, 100쪽.

[180] 三池賢一, 앞의 글, 1972, 40쪽; 홍희유, 앞의 책, 1988, 31쪽. 한편 박남수는 문무왕 2

하는 관원이었을 것으로 보거나,[181] 공옹과 우는 그 명칭으로 보아 각각 공방工房에 관련된 직임과[182] 산택山澤·원유苑囿의 직임을 담당하였을 것으로 보았다.[183] 즉 681년에 설치된 본피궁은 궁중 소유의 산택·원유 관련 사무를 관장하는 관사였을 것으로 추정하였다.[184] 신문왕 원년에 설치된 본피궁은 왕실 관련 업무를 담당한 관사였을 것으로 생각된다. 본피궁에 배속된 우虞 1인, 사모私母 1인, 공옹工翁 2인, 전옹典翁 1인, 사史 2인은 왕실관련 사무, 즉 내정관제 소속의 관사가 담당한 업무를 통솔했을 것이다.

여기서 사모私母는 본피궁에서만 보이는 직임이다. 사모의 '私'가 사신私臣의 '私'와 같은 의미를 지닌 것으로 보아 조하방에서 표전에 이르는 관사에 설치된 '모母'를 거느리는 지위였을 것으로 보았다.[185] 반면 사모私母와 모母의 관계가 사대등私大等과 대등大等의 관계와 다르기 때문에, 사모가 직업 공방관계관부織業工房關係官府의 모를 통솔하였다고 볼 수 없다고 보는 견해도 제기되었다. 본피궁은 사량궁沙梁宮과 양궁梁宮의 지위에 가까운 궁이기 때문에 그에 속한 모를 사모로 높여 부른 것일 뿐이고, 우, 사모 등은 본피궁에 관련된 '山澤之政'이나 공옹, 전옹, 사를 통솔하는 위치에 있었던 것으로만 보았던 것이다.[186] 또한 사신과 사모의 '私'가 왕의 사적·개인적 영역, 나아가 왕·왕실 그 자체를 함의한 것으로 보고, 사모 역시 왕실과 관련된

년(662)에 김유신과 김인문에게 나누어 주었던 본피궁 소속 재산에 대한 권리를 김유신의 죽음, 김인문의 신라왕 책봉 등의 일련의 사건을 계기로 681년에 왕실에서 회수한 것으로 이해하였다(앞의 책, 1996, 101~102쪽).

[181] 史는 신라 각 부서에서 말단의 사무를 담당한 직이다. 후대의 소위 '吏職'적 성격을 가진 관직이다(李基白, 『新羅政治社會史研究』, 一潮閣, 1974, 161쪽).

[182] 三池賢一, 앞의 글, 1971, 39~40쪽.

[183] 三池賢一은 중국에서 우부가 山澤苑囿를 관리하는 관직으로 나오는데, 이로 미루어 보아 본피궁의 虞도 산택원어를 관장하였을 것으로 추론하였다(앞의 글, 1971, 39쪽).

[184] 전덕재, 앞의 글, 2018, 19~21쪽.

[185] 三池賢一, 앞의 글, 1971, 39쪽; 홍희유, 앞의 책, 1989, 31~32쪽; 김수진, 앞의 글, 1993, 5쪽; 김정숙, 앞의 글, 2010, 242~243쪽.

[186] 李仁哲, 앞의 책, 1993, 72~73쪽.

직임으로 보았다. 즉 본피궁은 후궁后宮에 해당하고, 사모는 왕비를 근시하여 후궁의 서정庶政을 관장한 여관女官으로 추정하기도 하였다.[187]

이처럼 기존의 연구에서는 사모私母의 역할에 대해서 본피궁 소속 관원 중 하나로만 파악하거나, 사모와 모의 관계로만 한정해서 이해하였다. 681년에 신설된 관사인 본피궁의 기능과 본피궁 소속 사모 외의 관원 역할을 종합적으로 고찰할 필요가 있다. 본피궁은 내정관제에 소속된 내성 산하의 관사이다. 내정관제는 왕실 일원의 의식주, 즉 궁원관리관사, 생산관계관사, 왕실공봉관사 등 왕실 관련 업무를 담당하는 관사로 구성되어 있다. 본피궁 역시 내정관제의 여타 관사들의 직무와 유사한 업무를 담당했을 것이다.

다만 본피궁의 경우, 681년에 신문왕이 명확한 목적, 즉 왕실 관련 업무를 총괄하는 관사로서 신설했을 것으로 여겨진다. 즉 본피궁 소속의 우 1인, 공옹 2인, 전옹 1인, 사 2인은 왕실 소속의 궁원을 관리하는 업무를 총괄하고, 소속 관원들을 관리했던 것이다. 또한 본피궁 소속의 사모는 사신과 조응하는 존재로, 궁중수공업 중 직물생산공정을 관할하고, 직물생산관사에 소속된 여관女官의 교육 및 통솔을 담당했을 것으로 생각된다.

한편 사모의 역할과 관련하여 F-5)의 홍도전引道典 기록이 주목된다. D-5)의 인도전은 직관지 중에서 본피궁의 다음 순서에 기재되어 있다. 기존에는 인도전을 직관지 상에 기록된 대일임전의 도인사지都引舍知와[188] 관련이 있는 것으로 보았다.[189] 또한 인도전 소속의 관원이 왕궁 안에서 왕이 행차할 때 길을 안내하는 역할을 했을 것으로 보고, 상인도는 상궁으로 왕이나 왕비를 인도하는 총책임자이고, 하위인도와 관인도는 그 아래 실무진이었을 것으로 보는 견해도 제기되었다.[190]

---

187 木村誠, 「統一期新羅村落支配の諸相」, 『人文學報』 368, 2006, 10~11쪽.
188 『三國史記』 卷38 雜志7 職官 上. "大日任典, (생략) 都引舍知一人, 景德王改爲典引, 後復故. 位與弩舍知同."
189 三池賢一, 앞의 글, 1971, 41~42쪽.
190 이인철, 앞의 책, 1993, 70쪽.

우선 F-4)의 본피궁과 F-5)의 인도전은 병렬하여 기재된 것으로 보아 유관관사로 볼 수 있다. 인도전은 경덕왕 대 예성전禮成典으로 개칭되었는데, 이로 보아 예식禮式, 즉 예제에 기반한 의례의 수행과 관련된 업무를 담당하였음을 알 수 있다. 인도전은 왕실의례를 수행하는 업무 중 의례 절차에서 인도의 역할을 담당하는 업무를 주로 담당한 관사였다. 상인도上引道는 왕실의례에서 왕이나 왕비의 인도, 위인도位引道는 해당 관위(귀족)의 인도, 관인도官引道는 관인의 인도를 담당했을 것이다. 인도전은 본피궁 사모의 역할 중 왕실 의례 수행과 관련된 부분이 전문화된 관사였을 것이다.

이처럼 본피궁은 왕실 관련 제반 업무를 담당한 관사였고, 본피궁의 사모는 왕실의 세 가지 업무를 담당하였다. 첫 번째는 왕실 의례 관련 업무를 수행하는 것이었고, 두 번째는 궁중수공업에서 직물생산관계 관사를 관할하는 것이다. 세 번째는 여관女官의 교육 및 통솔, 여관女官 소속 관사의 감독이었다.

4) 신라와 당·고려의 여관女官 제도 비교

신라 여관女官의 역할과 여관女官 제도의 조직을 알기 위해서 동 시기인 당과 후대 왕조인 고려의 여관女官 제도를 고찰할 필요가 있다. 당과 고려의 여관女官 제도와 비교하여 신라의 여관女官 제도의 운영 양상을 살펴보고자 한다.

우선 고려의 경우, 후궁後宮을 내직內職, 또는 여직女職으로 지칭하였다.[191] 『고려사』「백관지」의 내직조와『고려사』「열전」의 후비전에는 후비 외에 상궁尙宮·상침尙寢·상식尙食·상침尙針에 대한 내용도 포함하였다. 『고려사』의 내직과 후비전에 여관女官인 상궁, 상침, 상식, 상침이 함께 기록되어 있는데, 『구당서』와 『신당서』에도 후비전에 상궁, 상침, 상식이 기록되어 있

---

[191] 『高麗史』卷77 百官2 內職.

다.¹⁹² 즉 당과 고려 모두 내관內官 또는 내직內職에 육궁六宮인 후비와 육상六尙인 궁관을 함께 기재하였다.¹⁹³ 후비와 여관女官인 육상을 모두 포괄하여 내관內官 또는 내직內職으로 분류한 것은 이들 모두 궁 안에서 품계와 역할을 가진 여관女官으로 인식되었기 때문으로 여겨진다.

『고려사』 후비전의 서문에서 상궁·상침·상식·상침도 모두 정원定員과 순서[次]가 있었다고 하였고,¹⁹⁴ 『고려사』의 「백관지」에서 이와 같은 제도가 갖춰진 시기가 현종 대라고 하였다.¹⁹⁵ 다음은 관련 사료이다.

> G 현종 22년(1031) 3월에 宮人 韓氏를 尙宮으로, 金氏를 尙寢으로, 韓氏를 尙食으로, 徐氏를 尙針으로 삼았다.¹⁹⁶

위의 사료로 보아 상궁, 상침, 상식, 상침의 제도가 갖추어진 시기가 현종 22년(1031)이었음을 알 수 있다. 고려의 궁인은 정식 절차를 밟아 후궁이 된 신분이 높은 여성에게도 사용되던 칭호였다. 고려사 후비전에는 목종의 궁인 김씨, 현종의 궁인 김씨, 궁인 한씨, 궁인 이씨, 그리고 정종의 궁인 한씨, 선종의 궁인 이씨 등이 나오는데, 모두 귀족 또는 관료의 딸이다.¹⁹⁷ 즉 고려의 궁인은 '후궁'과 '궁중에서 사역하는 여관女官'이라는 이중의 의미로 사용되었던 것이다.¹⁹⁸

상궁·상침·상식·상침은 당제에 의하면, 궁내의 일상 업무를 담당하는

---

192 『新唐書』 卷76 列傳1 后妃上. "而尙宮, 尙儀, 尙服各二, 參合前號, 大抵踵周官相損益云 然則尙矣".
    『舊唐書』 卷51 列傳1 后妃上. "尙宮, 尙儀, 尙服各二人, 爲正五品"
193 『唐六典』 卷12 內官宮官內寺省.
194 『高麗史』 卷88 列傳1 后妃 序文. "自餘尙宮·尙寢·尙食·尙針, 皆有員次."
195 『高麗史』 卷77 百官2 內職, "顯宗時, 有尙宮·尙寢·尙食·尙針之職".
196 『高麗史』 卷5 世家5 顯宗 22年 3月. "以宮人韓氏爲尙宮, 金氏爲尙寢, 韓氏爲尙食, 徐氏爲尙針."
197 『高麗史』 卷88 列傳1 后妃.
198 권순형, 앞의 글, 2010, 110~113쪽.

여관女官의 직제이다. 당제에 의하면, 상궁尚宮, 상의尚儀, 상복尚服, 상식尚食, 상침尚寢, 상공尚功의 육상六尚이 있었고, 그 소속으로 사사四司씩, 도합 24사司를 두었다. 이들이 담당한 업무는 궁중의 복服, 어御, 약藥, 선膳의 일과 궁내의 규율 관리였다.[199] 이 중 상궁, 상의, 상복의 경우, 각각 중궁中宮의 인도引導, 예의禮儀의 기거起居, 복용服用에 쓰는 채장采章의 수를 관장하는데,[200] 이들의 칭호와 역할은 고려의 '책태후의册太后儀'[201]에서도 동일하게 나오고 있다.[202]

다만 상침尚針의 경우, 당제의 육상六尚에는 보이지 않는 관직명이다. 이에 대해 당제의 상공尚功을 고려에서는 상침尚針으로 바꾸어 사용했다고 보았다.[203] 당제의 상공은 여공女功의 공정을 관장하고, 사제司製, 사진司珍, 사채司綵, 사계司計를 총괄하는 역할을 담당하였다.[204] 고려에서 상침尚針의 품계는 정확히 알 수 없으나, 상궁, 상의, 상복과 유사한 품계일 것으로 여겨진다. 신라의 침방針房과 여자女子의 사례로 보아 여성 질환 및 임신과 출산 등을 포함한 왕실의 의료를 담당한 여성 의료인이었을 것이다.

고려에서 상궁으로 임명된 인물은 사료에서 2건이 보인다. 하나는 G 사료의 현종 대 임명 기사이고, 다른 하나는 고려 선종 3년(1086)에 외척인 예부시랑 이예의 처 왕씨 등에게 상궁 이하의 내직內職을 주어 왕태후의 궁관宮官으로 삼고 녹봉을 차등 있게 하사하였다는 기사이다.[205]

이예는 문종 때 과거에 급제하였고, 여러 관직을 거쳐 상서공부원외랑이

---

199 『唐會要』卷3 內職. "其外又有尚宮·尚儀·尚服·尚食·尚寢·尚功, 分掌宮中服御藥膳之事, 宮正糾僽失, 彤史紀功書過."
200 『新唐書』卷47 志37 百官2 宮官.
201 『高麗史』卷65 禮志 嘉禮 册太后儀.
202 豊島悠果, 「高麗前期の册立儀禮と后妃」, 『史學雜誌』 114-10, 2005.
203 도요시마 유카(豊島悠果), 앞의 글, 2009, 217쪽; 권순형, 앞의 글, 2010, 119쪽.
204 『新唐書』卷47 志37 百官2 宮官. "尚功局, 尚功二人, 掌女功之程, 總司製, 司珍, 司綵, 司計."
205 『高麗史』卷10 世家10 宣宗 3年 1月. "(丙寅)三年 春正月 己未 以外戚禮部侍郎李預妻 王氏等, 授尚宮以下內職, 爲王太后宮官, 賜俸有差."

된 인물로,²⁰⁶ 선종의 후비인 정신현비 이씨의 부친이다.²⁰⁷ 따라서 외척을 왕태후의 상궁 이하의 내직을 주어 궁관으로 삼았다는 사실로 보아 상궁, 상침, 상식, 상침의 품계가 고려 후비에 비견될 정도로 높았을 것임을 알 수 있다. 상궁, 상침, 상식, 상침의 여관女官은 후비, 종친, 또는 종실 및 고관의 배우자로서 궁관을 겸하거나 품계가 높았을 가능성이 크다. 따라서 실질적으로 궁궐 내의 여관女官 관련 직무를 총괄하거나 여관女官을 관리하는 실무를 담당하였다고 보기는 어렵다.

이와 관련하여 상공과 업무가 동일한 액정국령掖庭局令의 관직이 주목된다. 액정국령은 진한대부터 존재한 관직이다. 진秦의 영항永巷을 한 무제가 액정掖庭으로 개명하고, 령令을 두어 궁인宮人의 부장簿帳, 공상公桑과 양잠養蠶, 여공女工의 일을 총괄하게 하였는데, 액정령掖庭令은 후궁後宮, 귀인貴人, 채녀采女를 관리하였다.²⁰⁸ 액정국령 역시 궁궐 내의 업무[宮禁]와 여공의 일을 관장하고, 궁인의 명부 관리, 즉 명적名籍의 삭제와 등록의 일을 담당하였다.²⁰⁹ 이처럼 궁궐 내의 제반 업무와 여관女官을 관할하는 일을 담당한 관사와 관인이 액정국과 액정국령이었던 것이다.

또한 당에서 궁중 내에 직물생산을 담당하는 관사는 액정국이었다. 당은 내시성內侍省 관할 하에 액정국掖庭局을 두었고, 액정령掖庭令 2인, 액정승掖庭丞 3인, 침사計史 2인, 궁교박사宮敎博士 2인, 감작監作 4인, 전사典事 10인을 두

---

206 『高麗史』卷95 列傳8 諸臣 李子淵. "預, 文宗朝登第, 官累尙書工部員外郎. (생략) 初宣宗爲國原公, 娶預女, 是爲貞信賢妃, 生延和宮主."
207 『高麗史』卷88 列傳1 后妃. "宣宗. 貞信賢妃李氏, 仁州人, 平章事預之女. 宣宗爲國原公, 納以爲妃. 生敬和王后而卒, 諡貞信."
208 『通典』卷27 職官9 諸卿下內侍省掖庭局. "掖庭局令, 秦置永巷, 漢武更名掖庭, 置令, 掌宮人簿帳公桑養蠶及女工等事. 後漢掖庭令掌後宮貴人采女, 又有永巷令, 典官婢, 皆宦者, 並屬少府. 大唐置二人".
209 『唐六典』卷12 內官. "掖庭局, 令二人, 從七品下. 丞三人, 從八品下. 計史二人, 宮教博士二人, 從九品下. 監作四人, 從九品下. 典事十人. 掖庭局令掌宮禁女工之事. 凡宮人名籍, 司其除附, 功桑養蠶, 會其課業. 丞掌判局事. 計史掌料功績. 博士掌教習宮人書, 筭, 衆藝. 監作掌監當雜作. 典事典諸工役."

었다. 액정국은 종7품 하에 속하는 '령令'이 최고 관리자이며 그 아래에 승丞·계사計史·궁교박사宮教博士·감작監作·전사典事를 두어 직물생산을 관리하였다. 액정령은 궁궐 내의 사무와 여공의 일을 담당한다. 즉 궁인의 명적을 관리하고, 양잠과 관련된 업무를 담당하였다.[210]

액정국의 액정령이 담당하는 직임은 크게 세 가지였다. 첫 번째는 궁궐 내의 제반 사안을 관리하는 업무이고, 두 번째는 여공을 관리하는 것이었다. 세 번째는 직물생산 공정을 관할하는 것이다. 액정국에 소속된 액정승, 계사, 감작, 전사는 직물생산 공정을 감독하는 역할을 처리하거나 담당하였다. 궁교박사는 궁인에게 문자와 계산, 여러 기예를 교습하는 역할을 담당하였다.[211] 이처럼 액정국은 여공 관리와 직물 생산 공정의 관할, 궁인 교육의 두 가지 역할을 담당한 관사였다. 궁 안의 여공과 궁인은 액정궁의 액정령 관할 하에 통제되고, 교육받았던 것이다.

고려 역시 액정국을 두었다. 액정국은 국초에 액정원으로 불렸는데, 성종 14년(995)에 액정국으로 고쳤다.[212] 액정국의 관인은 금장 지유승지錦匠 指諭承旨 1명, 나장 행수교위羅匠 行首校尉 1명, 금장 행수대장錦匠 行首大匠 1명, 능장 행수부정綾匠 行首副正 1명으로 구성되어 있다.[213] 이로 보아 고려의 액정국 역시 궁정에서 고급 직물의 생산을 담당하는 관사였음을 알 수 있다.[214] 고려의 액정국도 직물생산공정과 아울러 여공을 관리하는 업무를 병행했을 것으로 여겨진다. 고려의 액정국은 조선의 액정서掖庭署로 계승되었는데, 액정서는 조선 태조 1년(1392)에 설치한 내수직內豎職의 관청으로, 환관직은 내시부內侍府로 별도 설치하였다.[215] 조선의 액정서는 오례를 비롯한 왕실

---

210 『唐六典』 卷12 內官宮官內寺省 掖庭局.
211 『唐六典』 卷12 內官宮官內寺省 掖庭局.
212 『高麗史』 卷77 志31 百官2 掖庭局. "掖庭局. 國初稱掖庭院. 成宗十四, 年改掖庭局".
213 『高麗史』 卷80 志34 食貨3 祿俸 掖庭局. "掖庭局. 米七石. 【錦匠指諭承旨一】六石. 【羅匠行首校尉一】稻十五石. 【錦匠行首大匠一】十石. 【綾匠行首副正一】".
214 조효숙, 「高麗時代 織造手工業과 織物生産의 實態」, 『국사관논총』 55, 1994, 35~37쪽.
215 『朝鮮王朝實錄』, 太祖實錄 卷1, 丁未.

의례를 행하기 위한 여러 시설과 물품의 설치를 주관하였고, 왕명의 전달과 알현, 왕이 쓰는 붓과 벼루의 공급, 궁중 열쇠의 보관 등을 담당하였다.

신라의 본피궁은 당과 고려의 액정국의 기능과 유사한 역할을 담당했을 것이다. 다만 당과 고려의 액정국령이 담당한 역할을 신라에서는 본피궁 소속의 관원이 각각 담당했을 것으로 여겨진다. 본피궁 우 등의 관원은 궁원 관리 등의 제반 업무를 담당하였고, 본피궁의 사모는 궁중수공업 중 직물생산공정을 관리하고, 여관女官의 교육과 통제를 관할하는 역할을 담당하였던 것이다. 또한 본피궁의 사모는 예제를 기반으로 한 왕실 의례를 수행하는 상궁尙宮의 역할도 담당하였다.

다만 당의 액정궁령의 품계는 종7품 하인 데 반해 고려의 액정국에서 가장 높은 품계를 가진 내알자감內謁者監은 정6품이다. 또한 당의 궁관인 상궁, 상의, 상복, 상식, 상침, 상공은 정5품이고, 고려의 상궁, 상침, 상식, 상침은 외척이 임용된 것으로 보아 품계가 낮지 않았을 것으로 여겨진다. 이로 볼 때 당의 궁관과 액정국의 제도가 신라와 고려에 도입되었으나 지위와 역할이 실정에 맞게 변용되었음을 알 수 있다.

신라의 내정관제는 실정에 맞게 정비되었다. 신문왕 원년(681)에 설치된 본피궁은 액정국의 체제를 가지고 있었고, 본피궁의 우와 사모는 액정국령의 직무, 즉 궁중의 제반 업무 담당, 여관女官의 관리, 직물생산공정의 관할 등의 역할을 수행하였다. 이후 궁관과 액정국의 직무 및 역할이 분화됨에 따라 사모는 상궁의 역할인 예제에 기반한 왕실의례를 수행하는 업무를 포함한 궁관의 역할, 즉 왕실여성의 공봉 관련 업무를 전담하게 되었다.

이처럼 중대 초기에 설치된 본피궁 소속의 사모를 비롯한 관인들은 궁중의 제반 업무를 담당하고, 왕실 의례 절차를 준비하고 수행하는 역할을 하였으며, 궁중수공업 중 직물생산공정을 관할하고, 여관女官을 관리하는 역할을 담당하였다. 이후 내정관제 소속의 관사는 직무가 고도화됨에 따라 분업화되고, 전문화되었다. 이로 인해 내정관제의 필요에 따라 새로운 관사가 신설되었고, 상급관사와 하급관사가 분화되었다. 본피궁 역시 업무의 이관 및 변천의 과정을 겪었다. 본피궁의 사모는 상급 여관女官으로서 상궁을 비롯한 육상의 역할을 주로 담당하고, 예제에 기반한 의례를 수행하였다. 신라에서 오례五禮가 중요하게 됨에 따라 인도전이 설치되어 왕실의례의 준비 및 진행을 담당하게 되었다. 또한 궁중수공업의 직물생산관사 및 여관女官 역시 점차 생산관계관사의 하부관사 및 소속 관인으로 위치 시어졌다.

5) 여관제女官制의 성립 과정과 사모私母의 역할

다음은 신라 여관女官 제도의 성립 과정과 운영 양상을 고찰한 것이다. 신라 초기 여성의 공적 업무는 왕실여성의 신모神母 및 사제司祭적 특성과 관련되어 있었다. 신라의 정치제도가 정비되었고, 그에 따라 신라 여성의 공적 지위와 역할은 점차 제도화되었다. 특히 7세기의 중대 왕실은 예제를 기반으로 한 율령 체제를 수용하여 체제를 정비하였고, 그 일환으로 당의 후비제와 여관제를 도입하였다. 이후 신라의 여관女官 제도, 즉 후비제와 여관제는 신라의 실정에 맞게 변용되었고, 활용되었다.

신라의 여관女官이 관인제 하에 편재되고, 공적인 지위와 역할을 갖게 된 기점은 문무왕 4년(664)의 교서에서 여성 또한 중국 왕조의 의상을 입도록 한 조치였다. 관복제 개혁의 일환으로 남성 관인에게 중국식 의복으로 착용하게 하였는데, 이를 여성에게까지 확대한 것이다. 이들 중국식 의복을 입은 부인들이 관인제 하에 편재되어 공적인 지위와 역할을 가진 여관女官이었다.

중대 여관女官으로 신문왕의 공식적인 왕실 의례, 특히 예제에 기반한 유교적 왕실 혼인에서 절차의 주관 및 수행을 담당한 이들이 주목된다. 이들은 관인의 배우자, 진골 귀족인 여성(처와 딸 등), 양부와 사량부의 부녀자들로 구성된 상층계층의 여성들이었다. 이들 상층계층의 여관女官은 예제에 기반한 의례를 준비하고 진행하는 역할을 담당하였던 것이다.

또한 여관女官으로 본피궁의 사모私母와 내정관제의 모母 및 여자女子들이 있었다. 궁중수공업의 직물생산관계 관사 및 여관女官 역시 점차 생산관계 관사의 하부관사 및 소속관인으로 위치 지어졌다. 내정관사의 모母는 주로 직물생산담당 업무를 담당했다. 또한 불교 관련 물품을 제작 및 관리하고, 왕실 및 귀족여성의 불교 관련 업무를 담당한 아니전阿尼典의 모 6인, 여성 의료인인 침방針房의 여자 16인 등이 있었다.

궁중의 제반 업무를 담당하는 당의 액정국과 액정국령 체제가 도입되었다. 신문왕 원년(681)에 설치된 본피궁은 궁중의 제반 업무를 담당하는 관사였다. 액정국령이 담당한 역할을 신라에서는 본피궁 소속의 관원이 각각 담당했는데, 본피궁 우 등의 관원은 궁원 관리 등의 제반 업무를 담당하였고, 본피궁의 사모는 궁중수공업 중 직물생산공정을 관리하고, 여관女官의 교육과 통제를 관할하는 역할을 담당하였다.

이처럼 액정국의 체제가 신라에 도입되었으나 지위와 역할이 실정에 맞게 변용되었다. 본피궁의 사모는 예제를 기반으로 한 왕실 의례를 수행하는 상궁의 역할도 담당하였다. 왕실 관련 업무가 고도화됨에 따라 관사의 분업화와 직무의 전문화가 이루어졌다. 내정관제 소속의 관사는 상급관사와 하급관사로 분화되었고, 새로운 관사가 신설되었다. 본피궁의 사모는 점차 상급 여관女官으로서 상궁을 비롯한 육상六尙의 역할을 주로 담당하게 되었고, 왕실 의례의 준비 및 진행은 인도전이 수행하였다.

신라 초기부터 '직조'는 왕실여성이 주관하던 신성한 의례였다. 이는 점차 전문화되고, 분화됨에 따라 낮은 계층의 여성이 담당하는 직무로 변화하였다. 그와 동시에 중대 왕실이 지향하던 예제적 질서에 부합하는 왕실 의례의 주관을 왕실여성과 상층계층의 귀족여성이 담당하였다. 신라 초기에 왕실여성에 국한되었던 여성의 공적 지위와 역할이 점차 왕실여성과 귀족여성으로 분화되었고, 귀족여성의 공적 지위와 역할은 다시 직무의 성격에 따라 분화하고 신설되었던 것이다.

특정 계층, 특정 직무의 지위와 역할에 국한한다면 여성이 담당했던 고유의 직무가 축소되거나 이동한 것으로 여겨질 수 있다. 그러나 신라 사회의 변천 과정, 관인제도의 성립과 운영의 측면에서 파악한다면 관사와 관인의 전문화와 분업화가 이루어진 것이다. 또한 공적인 지위와 역할이 왕실여성으로부터 진골 귀족 여성, 육두품의 처와 딸, 직물의 생산 공정에 종사하는 하위계층의 여성에게까지 확대된 것으로 이해할 수 있다. 이처럼 고대사회에서 여성의 공적 지위와 역할은 사회가 변화하고 정치제도가 완비됨에 따라 역동적으로 변화하고 달라졌다.

3. 종묘제宗廟制의 변천과 태후의 위상

1) 종묘제와 왕실여성의 관계

종묘宗廟는 왕실의 조상신, 즉 천명을 받아 국가를 세운 창업자와 그의 후손들에게 제사를 지내는 공간이다. 종묘는 왕조의 정당성과 정통성을 상징하는 건축물로, 창업자를 비롯한 극히 제한된 수의 통치자만이 입묘入廟 자격을 갖는 배타적인 공간이다.[216] 종묘는 신성한 공간이었고, 종묘에서 지내는 제사는 왕통의 정당성을 공표하고, 왕의 권위를 재생산하는 국가 의례가 되었다. 종묘제는 서주시기에 성립된 중국 왕실의 조상제사이다. 신라에는 이미 왕실의 조상제사로 시조묘제사와 신궁제사가 있었다. 그럼에도 불구하고 신라는 중대에 중국의 종묘제를 수용하였고, 하대에도 유지하였다.

---

216 신성곤,「宗廟制度의 탄생 -宗廟의 공간과 배치를 중심으로-」,『동아시아문화연구』 57, 2014, 42쪽.

신라의 중대에 중국의 종묘제를 수용한 배경에 대한 연구가 있다.[217] 또한 하대의 오묘제五廟制에 대한 연구도 이루어졌다.[218] 그뿐만 아니라 중대의 마지막 왕인 혜공왕 대의 오묘제 개혁에 주목한 연구도 있다. 이는 중대와 하대의 시기 구분에 따른 오묘제의 변화와 그 의미에 대해 주목하였다.[219] 이들 연구에 의해 신라에서 중국의 오묘제가 수용되고, 시행된 것이 왕통의 정통성을 밝히고, 왕권을 강화하기 위한 것이었다는 점이 밝혀졌다. 그러나 이들 연구는 오묘제와 신라 왕권의 관계에만 주목하였다.

신라의 중대 왕실은 진골 출신인 태종 무열왕이 왕위에 즉위하면서 시작되었다. 왕실과 귀족이 진골로 같은 신분이었으므로, 왕실과 귀족과의 차이를 제도로 가시화할 필요가 있었다. 신라 중대 왕실은 중국의 제도를 수용함으로써 왕실과 귀족 간의 경계를 명확하게 하고자 하였다. 그 일환으로 태후太后 및 왕후王后 칭호의 수용,[220] 유교식 왕실 혼례 의례 도입[221] 등이 이루어졌다. 이처럼 중대 왕실이 왕권을 강화하기 위해 수용한 여러 제도와 의례는 왕실여성을 포함한 것이었다. 종묘제는 왕의 부계적 계보를 밝힘으로써 정통성을 입증하는 장치이다. 신라의 종묘제 수용과 배경과 의미

217　浜田耕策,「新羅の祀典と名山大川の祭祀」,『呴沫集』4, 1984; 米田雄介,「三國史記に見える新羅の五廟制」,『日本書紀研究』15, 塙書房, 1987; 나희라,「신라의 종묘제 수용과 그 내용」,『한국사연구』98, 1997; 채미하,「신라의 종묘제의 수용과 그 의미」,『역사학보』176, 2002;「新羅의 五廟制 '始定'과 神文王權」,『白山學報』70, 2004;『신라 국가제사와 왕권』, 혜안, 2008 재수록; 박남수,「신라 문무대왕의 삼국통일과 宗廟制 정비」,『신라사학보』38, 2016.
218　채미하,「新羅 下代의 五廟制」,『宗敎硏究』25, 2001; 앞의 책, 2008 재수록; 朴南守,「新羅 下代 王室의 祭禮와 元聖王 追崇의 정치사회적 의의」,『사학연구』108; 강진원,「신라 하대 종묘와 열조 원성왕」,『역사학보』234, 2017.
219　이문기,「新羅 惠恭王代 五廟制 改革의 政治的 意味」,『白山學報』52, 1999; 채미하,「新羅 惠恭王代 五廟制의 改定」,『한국사연구』108, 2000; 앞의 책, 2008 재수록.
220　이현주,「신라 중대 왕후의 책봉과 위상 정립」,『역사와 현실』95, 2015;「신라 중대 王母의 칭호와 위상」,『韓國古代史硏究』85, 2017.
221　이현주,「신라 중대 신목왕후(神穆王后)의 혼인과 위상」,『여성과 역사』22, 2015; 이현주,「신라 중대 유교식 혼인의례의 도입과 왕후」, 이상동 외,『횡단적 사유와 역사인식: 텍스트와 컨텍스트의 횡단적 읽기』, 도서출판 선인, 2018.

와 더불어 왕실여성의 위상과 역할을 알아볼 필요가 있다.

이 책에서는 신라의 종묘제 수용과 변천 과정을 왕실여성의 위상에 주목하여 살펴보고자 한다. 우선 종묘제의 수용 배경과 과정을 살펴보고, 다음으로 종묘제의 정착과 변화에 대해 알아보고자 한다. 마지막으로 신라의 종묘제와 왕실여성과의 관계에 대해 고찰할 것이다. 이를 통해 신라 왕실여성의 존재 양상을 이해하는 것에 일조할 수 있기를 기대한다.

2) 중대 종묘제의 수용과 배경

종묘는 조상신에게 제사를 지내는 공간이고, 종묘제는 종묘에서 조상신에게 제사를 지내는 의례에 대한 규정이 제도로 정립된 것을 일컫는다. 신라에는 중국의 종묘제가 수용되기 이전에 이미 조상제사가 있었다. 남해차차웅 3년에 시조묘始祖廟를 세웠고,[222] 친누이인 아로가 사계절에 1번씩 제사를 지냈다.[223] 또한 지증왕 대에 시조가 태어난 곳에 신궁神宮을 설치하여 제사를 지냈다.[224] 이처럼 신라에는 왕실의 조상신에 대한 제사가 이미 있었다. 그럼에도 불구하고 중국의 종묘제를 수용한 이유에 대해 살펴볼 필요가 있다. 다음은 관련 사료이다.

> H-1) 태종무열왕 원년(654), 여름 4월에 왕의 죽은 아버지를 문흥대왕으로 추봉하고, 어머니를 문정태후로 삼았다.[225]
>
> H-2) 태종무열왕 8년(661), 왕이 죽었다. 시호를 무열이라 하고, 영경사의 북

---

[222] 『三國史記』卷5 新羅本紀1 南解次次雄 3年. "三年春一月 三年, 春正月, 立始祖廟."
[223] 『三國史記』卷32 雜志1 祭祀. "按新羅宗廟之制, 第二代南解王三年春, 始立始祖赫居世廟, 四時祭之, 以親妹阿老主祭."
[224] 『三國史記』卷32 雜志1 祭祀. "第二十二代智證王, 於始祖誕降之地奈乙, 創立神宮, 以享之."
[225] 『三國史記』卷5 新羅本紀5 太宗武烈王 元年. "元年, 夏四月, 追封王考爲文興大王, 母爲文貞大后."

쪽에 장사를 지냈으며, 묘호를 올려서 태종이라고 하였다.²²⁶

H-3) 문무왕 5년(665), 가을 8월에 왕이 (당나라) 칙사 유인원이 웅진도독 부여융과 함께 웅진의 취리산에서 맹세를 맺었다. (중략) 피를 마신 뒤에 제단의 북쪽 땅에 희생과 예물을 묻고서 그 글을 우리 종묘에 보관하였다.²²⁷

H-4) 문무왕 21년(681), 유조하기를, "(중략) 종묘의 주인은 잠시도 비워서는 안되므로, 태자는 곧 관 앞에서 왕위를 잇도록 하라."²²⁸

H-5) 신문왕 원년(681), 하교하기를, "(중략) 과인이 위로 天地의 보살핌에 힘입고 아래로 宗廟의 영험을 받아서인지 김흠돌 등의 악이 쌓이고 죄가 가득 차자 그들이 도모하던 역모가 세상에 드러났다."²²⁹

H-6) 신문왕 7년(687), 신하를 祖廟에 보내어 致祭를 올리고 아뢰었다. "왕 아무개는 머리를 조아려 거듭 절을 올리고, 삼가 태조대왕, 진지대왕, 문흥대왕, 태종대왕, 문무대왕의 신령께 말씀드립니다.(생략)"²³⁰

H-7) 효성왕 3년(739), 봄 정월에 왕이 祖考廟에 참배했다.²³¹

H-8) 제36대 혜공왕에 이르러 처음으로 오묘를 정했다. 미추왕으로써 김씨 성의 시조로 삼았고, 태종대왕·문무대왕은 백제, 고구려를 평정한 큰 덕이 있다고 하여 모두 대대로 헐지 못하는 신주로 삼고, 여기에 親廟 둘을 더하여 五廟로 삼았다.²³²

---

226 『三國史記』卷8 新羅本紀8 太宗武烈王 8年. "王薨. 諡曰武烈, 葬永敬寺北, 上號太宗. 高宗聞訃, 擧哀於洛城門."

227 『三國史記』卷6 新羅本紀6 文武王 5年. "秋八月, 王與勅使劉仁願·熊津都督扶餘隆, 盟于熊津就利山. (중략) 歃訖, 埋牲幣於壇之壬地, 藏其書於我之宗廟."

228 『三國史記』卷7 新羅本紀7 文武王 7年. "遺詔曰, (중략) 宗廟之主, 不可暫空, 太子卽於柩前, 嗣立王位."

229 『三國史記』卷8 新羅本紀8 神文王 元年. "下敎曰, (중략) 寡人上賴天地之祐, 下蒙宗廟之靈, 欽突等惡積罪盈, 所謀發露."

230 『三國史記』卷8 新羅本紀8 神文王 7年. "遣大臣於祖廟, 致祭曰, 王某稽首再拜, 謹言大祖大王·眞智大王·文興大王·大宗大王·文武大王之靈.(생략)"

231 『三國史記』卷9 新羅本紀9 孝成王 3年. "三年, 春正月, 拜祖考廟."

232 『三國史記』卷32 雜志1 祭祀. "至第三十六代惠恭王, 始定五廟. 以味鄒王爲金姓始祖, 以太宗大王·文武大王, 平百濟·高句麗有大功德, 並爲世世不毀之宗, 兼親廟二爲五廟."

H-9) 원성왕 원년(785), 성덕대왕과 개성대왕의 두 묘를 닫고 시조대왕·태종대왕·문무대왕과 조부 흥평대왕·아버지 명덕대왕을 五廟로 하였다.[233]

H-10) 애장왕 2년(801), 봄 2월에 시조묘를 拜謁하였다. 태종대왕과 문무대왕의 2묘를 별도로 세우고, 시조대왕과 왕의 고조부 명덕대왕, 중조부 원성대왕, 조부 혜충대왕, 아버지 소성대왕을 五廟로 하였다.[234]

H-1)~8)는 중대에 해당하고, H-9)~10)은 하대에 해당한다. H-1)은 태종 무열왕이 즉위한 직후에 왕의 아버지와 어머니를 각각 문흥대왕과 문정태후로 추봉한 기사이고, H-2)는 태종 무열왕이 죽은 후에 시호를 무열로, 묘호를 태종으로 하였다는 기사이다. H-3)은 문무왕 5년(665)에 당의 칙사인 유인궤와 부여융이 웅진의 취리산에서 맹약한 후에, 그 맹약서를 신라의 종묘[我之宗廟]에 보관하였다는 내용이다. H-4)는 문무왕의 유조遺詔로, 종묘의 주관자를 잠시도 비워둘 수 없으므로, 태자는 즉시 왕위를 계승하라는 유언이다. A-5)는 신문왕이 즉위 직후에 발생한 김흠돌의 난을 평정하고 내린 교敎이다. 천지의 보살핌과 종묘의 영험함으로 역모가 발각되었다는 것이다.

H-6)은 신문왕이 조묘祖廟에 신하를 보내어 제사를 드리게 한 것이다. 제의문에 의하면, 조묘에는 태조대왕, 진지대왕, 문흥대왕, 태종대왕, 문무대왕의 5명의 신령神靈이 모셔져 있다. H-7)은 효성왕이 조고묘祖考廟, 즉 할아버지와 아버지인 신문왕과 성덕왕의 묘에 참배한 것이다. H-8)은 『삼국사기』 제사조의 기사로, 혜공왕 대에 비로소 시조대왕, 태종대왕, 문무대왕과 친조親廟, 즉 할아버지와 아버지의 묘를 더하여 오묘五廟로 삼았다고 하였

---

[233] 『三國史記』卷10 新羅本紀10 元聖王 元年. "毀聖德大王·開聖大王二廟, 以始祖大王·太宗大王·文武大王及祖興平大王·考明德大王爲五廟."

[234] 『三國史記』卷10 新羅本紀10 哀莊王 2年. "二年, 春二月, 謁始祖廟. 別立太宗大王·文武大王二廟, 以始祖大王及王高祖明德大王·曾祖元聖大王·皇祖惠忠大王·皇考昭聖大王爲五廟."

다. H-9)는 원성왕이 즉위 직후에 시조대왕과 태종대왕, 문무대왕과 자신의 친묘인 할아버지와 아버지를 더하여 오묘를 삼았다는 내용이다. H-10)은 애장왕 2년에 태종대왕과 문무대왕을 별묘別廟로 세우고, 시조대왕–고조부–증조부–조부–부로 오묘五廟를 삼았다는 기록이다.

H-1)의 김춘추는 진골로서 처음으로 왕이 된 인물이자, 중대의 첫 왕이다. 이후 김춘추의 장자인 문무왕이 왕위를 계승하였고, 이어 문무왕의 장자인 신문왕이 왕위를 계승하였다. 무열왕 대에는 종묘에 대한 언급이 없다. 다만 H-1)에서 그의 부모를 각각 문흥대왕과 문정태후로 추봉하였을 뿐이다. H-2)에서 김춘추가 죽은 후에 그의 시호로 무열, 묘호로 태종으로 삼았다고 한다. H의 사료에서 종묘宗廟가 처음 언급된 것은 H-3)의 문무왕 대의 기사이다. '我之宗廟'라고 하여, 신라의 종묘임을 밝히고 있다. 또한 H-4)의 문무왕의 유조와 H-5)의 신문왕의 교서에서도 '종묘'가 언급되고 있다. 다만 여기서의 '종묘'를 조상의 묘로 볼 것인지, 아니면 종묘 제도로서의 종묘로 볼 것인지의 의문이 남는다.

중대의 첫 왕인 김춘추는 즉위하기 전인 진덕여왕 원년(648) 12월에 당에 갔다가 2년(648) 2월에 귀국하였다. 김춘추는 당에 가서 당 태종에게 세 가지를 요청하였다. 하나는 본래의 목적인 백제와의 전쟁을 위한 군사를 요청하는 것이었다. 이 외에 두 가지를 요청하였는데, 하나는 국학國學에 가서 강론을 듣고, 석전釋奠에 참관하는 것이었다. 다른 하나는 신라의 공복을 바꾸기 위해 중국의 장복章服을 청한 것이었다.[235]

신라는 이후의 당제를 도입하여 내정개혁을 하였다. 649년에 중국의 의관衣冠을 착용하였고,[236] 650년에 아홀牙笏을 사용하고,[237] 당의 연호年號를 채

---

[235] 『三國史記』卷5 新羅本紀5 眞德王 2年. "遣伊飡金春秋及其子文王朝唐. 太宗遣光祿卿 柳亨, 郊勞之. 旣至, 見春秋儀表英偉, 厚待之. 春秋請詣國學, 觀釋奠及講論, 太宗許之. (중략) 太宗深然之, 許以出師. 春秋又請改其章服, 以從中華制, 於是, 內出珍服, 賜春秋 及其從者."

[236] 『三國史記』卷5 新羅本紀5 眞德王 3年. "三年, 春正月, 始服中朝衣冠."

택하였다.[238] 651년에 하정례賀正禮도 거행하였는데,[239] 김춘추가 신라로 돌아온 후에 이루어진 일련의 제도 개편은 그의 재당경험이 반영된 결과였을 것이다.[240] 이와 같은 제도의 개편은 대외적으로는 7세기 동아시아 국제전을 대비한 것이고, 대내적으로는 위계화된 관료 체제를 구축함으로써 왕권을 강화하기 위한 것이었다.

7세기 동아시아 국제전은 648년에 신라와 당 사이의 나당연합의 체결로 시작되었다. 660년 백제의 멸망, 668년 고구려의 멸망, 674년 신라와 당의 전쟁으로 이어졌고, 이는 676년의 매초성과 기벌포에서 신라의 승리, 그리고 당이 평양에 세웠던 안동도호부를 요동 고성으로 철수시키면서 끝이 났다.[241] 7세기 동아시아 국제전은 당의 선진제도를 경험할 수 있는 기회였고, 전쟁의 전후에도 외교를 통한 문물 수용은 지속되었다. 중대 왕실은 율령律令과 예제禮制를 수용하고, 유학을 지배이념의 근간으로 삼았던 것이다.[242] 그 일환으로 신라 중대 왕실은 종묘제를 수용하였고, 이를 통해 왕권의 정통성을 대내외적으로 천명하고자 하였다.

신라에서 종묘제가 수용된 시기를 알아보자. H-2)의 태종무열왕의 묘호인 '태종太宗'은 당과 신라간의 갈등을 야기하였다. 다음은 관련 사료이다.

당 중종이 사신 편으로 口勅으로 말하길, "우리 태종문황제께서는 신이한 공과 성스러운 덕을 지니신 천고에 빼어나신 분이다. 그러므로 돌아가신 날에 太宗이라는 廟號를 올리게 되었다. 그런데 너희 나라 선왕인 金春秋의 묘

---

237 『三國史記』卷5 新羅本紀5 眞德王 4年. "四年, 夏四月, 下敎, 以眞骨在位者, 執牙笏."
238 『三國史記』卷5 新羅本紀5 眞德王 4年. "是歲, 始行中國永徽年號."
239 『三國史記』卷5 新羅本紀5 眞德王 5年. "五年, 春正月朔, 王御朝元殿, 受百官正賀. 賀正之禮始於此."
240 權悳永, 『古代韓中外交史 -遣唐使硏究-』, 서울, 一潮閣, 1997, 269~274쪽.
241 김영하, 「7세기 동아시아의 정세와 전쟁 -신라의 백제통합과 관련하여」, 『신라사학보』 38, 2016.
242 김영하, 「新羅 中代의 儒學受容과 支配倫理」, 『한국고대사연구』 40, 175쪽.

호를 같게 하였으니 너무나 본분에 맞지 않는 행동이도다. 반드시 서둘러 고쳐 부르도록 하라."라고 하였다.

왕과 여러 신하가 함께 의논하고서 대답하였다. "우리나라의 선왕 春秋의 諡號가 우연히 聖祖의 묘호와 중복되었다. 조칙으로 고치라고 하니, 내 어찌 감히 명령을 좇지 않을 수 있겠는가? 그러나 생각건대 선왕 춘추는 매우 훌륭한 덕을 지닌 분이시다. 더구나 살아생전에 金庾信이라는 어진 신하를 얻어 한 마음으로 정사에 힘써 三韓을 통일하였으니 그가 이룬 공업이 많지 않다 할 수 없다. 돌아가셨을 때 온 나라의 신하와 백성들이 슬픔과 사모함을 이기지 못하여 받들어 올린 시호인데, 성조의 묘호와 중복된다는 것은 알지 못하였다. 지금 교칙을 들으니 두려워 어찌할 바를 모르겠다. 바라건대 사신께서는 (돌아가) 궁궐 마당에서 復命할 때 이상과 같이 아뢰어주시오."라고 하였는데, 뒤에 다시 별도의 조칙이 없었다.[243]

신문왕 12년(692)의 일이다. 삼국사기에는 당 중종이라고 하고, 삼국유사에는 당의 고종이라고 하였으나,[244] 당의 고종은 683년에 죽었고, 당의 중종은 즉위 직후에 폐위되었으므로, 이 시기의 당의 통치자는 측천무후이다.[245] 즉 측천무후가 신라의 태종무열왕의 묘호가 당 태종과 동일하므로 고치라고 '구칙□勅'으로 명하였던 것이다.[246] 이에 대해 신문왕은 당 태종의

---

[243] 『三國史記』卷8 新羅本紀8 神文王 12年. "唐中宗遣使□勅曰, "我太宗文皇帝, 神功聖德, 超出千古. 故上僊之日, 廟號大宗. 汝國先王金春秋, 與之同號, 尤爲僭越. 須急改稱. 王與羣臣同議, 對曰, "小國先王春秋諡號, 偶與聖祖廟號相犯. 勅令改之, 臣敢不惟命是從. 然念先王春秋, 頗有賢德. 況生前得良臣金庾信, 同心爲政, 一統三韓, 其爲功業, 不爲不多. 捐館之際, 一國臣民, 不勝哀慕, 追尊之號, 不覺與聖祖相犯. 今聞敎勅, 不勝恐懼. 伏望使臣復命闕庭, 以此上聞." 後更無別勅."
[244] 『三國遺事』卷1 紀異1 太宗春秋公.
[245] 당중종의 이름은 顯으로, 당 고종과 측천무후의 아들이다. 683년 12월, 즉위 직후에 측천무후가 그를 폐위시키고 국호를 周라 하고 자신이 통치하였다. 당 중종은 705년에 측천무후의 傳位를 받아 다시 즉위하여 국호를 唐으로 회복하고 710년까지 재위하였다. 『삼국사기』에서는 무열왕의 시호를 개칭하라고 한 사람이 당 중종이라고 하였으나, 『구당서』卷7, 中宗本紀에 따르면, 중종은 당시 폐위되어 房陵에 유폐되어 있었다 (정구복 외, 『역주 삼국사기』3 주석편(상), 한국정신문화연구원, 2006, 253~254쪽).

묘호와 중복된다는 것을 몰랐을 뿐만 아니라, 무열왕 역시 덕을 갖추었고, 공을 세웠으므로 '태종' 묘호에 적합하다는 항변을 하였다. 이후 당으로부터 별다른 조칙이 없었으므로 태종묘호에 대한 논쟁이 일단락되었다. 당 태종이 649년에 죽은 이후에 당과 신라 간의 빈번한 교류로 보아 '태종'의 묘호를 몰랐을 리 없다. 김춘추와 문무왕이 의도적으로 '태종'의 묘호를 채택하였을 것으로 생각한다.

'태종'의 묘호는 종묘제의 시행과도 맞물린 것이었다. H-3)으로 보아 문무왕 5년에 신라에 이미 종묘가 있었음을 알 수 있다. H-3)의 문무왕 대의 종묘에는 태종대왕 대에 추봉되었던 문무왕의 할아버지[祖]인 문흥대왕과 아버지[考]인 태종대왕의 친묘親廟가 있었을 것이다. 또한 다음의 기사가 주목된다.

> 신라 제30대왕인 법민은 용삭 원년 신유 3월에 조서를 내렸다. "가야국 시조의 9대손 仇衡王이 이 나라에 항복할 때 이끌고 온 아들 세종의 아들인 솔우공의 아들 서운 잡간의 딸 文明皇后가 나를 낳았다. 따라서 시조 수로왕은 나에게 곧 15대 시조가 된다. 그 나라는 이미 멸망당했으나 그를 장사 지낸 廟는 지금도 남아 있으니 宗廟에 합해서 계속하여 제사를 지내게 하겠다."라고 하였다.[247]

위의 『삼국유사』 가락국기에 따르면, 그의 모인 문명황후가 가야의 시조인 수로왕의 후손이므로, 수로왕을 종묘에 합하여 제사를 지내게 하였다는 것이다. 이에 따르면, 문무왕 대의 종묘에는 가야 시조인 수로왕의 신위도

---

[246] 金子修一(가네코 슈이치), 「中國의 입장에서 본 三國統一」, 『韓國古代史研究』 23, 2001, 9~12쪽.

[247] 『三國遺事』卷2 紀異2, 駕洛國記. "洎新羅第三十王法敏龍朔元年辛酉三月日有制曰. '朕是伽耶國元君九代孫仇衡王降于當國也, 所率來子世宗之子率友公之子庶云匝干之女文明皇后寔生我者. 玆故元君於幼冲人乃爲十五代始祖也. 所御國者已曾敗, 所葬廟者今尚存, 合于宗祧續乃祀事.'"

합사되어 있었다.²⁴⁸ 문무왕을 중심으로 모계의 시조인 수로왕의 신위가 있었다면, 부계 시조의 신위 또한 있었으리라 여겨진다. 문무왕의 부계의 시조로, 「문무왕릉비」와 「흥덕왕릉비」에 '太祖 星漢', 「김인문비」에 '太祖 漢王'의 존재가 보인다.²⁴⁹ 「문무왕릉비」에 의하면, 성한왕은 문무왕의 15대조라고 하여, 부계 시조인 성한과 모계시조인 수로를 동일선상에 위치 짓고 있음을 알 수 있다. 따라서 문무왕 대의 '종묘'는 '왕실조상의 묘'로, 문무왕의 친묘인 문흥대왕과 태종대왕, 그리고 부계시조인 태조대왕과 모계 시조인 수로대왕으로 구성된 조상묘였다.

7세기 동아시아 국제전에서 김유신을 비롯한 가야계 세력의 역할은 지대했고, 이는 곧 정치적 위상으로 이어졌다. 김유신의 누이동생인 문희는 태종무열왕의 왕비이자, 문무왕의 모후였고, 무열왕의 딸인 지조는 김유신과 혼인하였다.²⁵⁰ 김춘추와 김유신 간에 이루어진 이중혼인은 이들의 연맹을 공고히 하였고, 문무왕으로 이어지는 중대 왕권의 지지기반이 되었다.

중대 왕실은 진골로서 왕위를 계승하였기 때문에 왕권 강화를 위하여 중고기의 성골 왕권의 정통성을 극복하고, 진골 귀족과의 차별성을 규정하는 것이 급선무였다. 중대 왕실의 조상추숭과 종묘제의 도입은 중대 왕실의 왕권 강화를 위한 방편이었다. 문무왕 대의 종묘는 중대 왕실의 정통성을 천명함과 동시에 태종무열왕과 문무왕의 지지 세력을 결집시키는 구심점 역할을 하였다.

문무왕 대의 '종묘'는 신문왕 대의 오묘제 수용으로 이어졌다. 부계의 태조대왕-문흥대왕-무열대왕과 모계의 시조인 수로대왕의 신위로 구성된 문무왕 대의 종묘는 신문왕 대에 개편되었다. H-5)의 신문왕 원년의 종묘宗廟는 태조대왕-문흥대왕-무열대왕-문무대왕과 수로대왕으로 개편된 조상의

---

248 채미하, 앞의 책, 124~126쪽.
249 韓國古代史研究所編, 『譯註 韓國古代金石文』 2(신라1·가야), 가락국사적개발연구원, 1992.
250 『三國史記』 卷5 新羅本紀5 太宗武烈王 2年. "王女智照下嫁大角湌庾信."

묘를 지칭한 것으로 여겨진다. 그런데 A-6)에서 신문왕은 태조대왕과 '高祖'인 진지대왕, '曾祖'인 문흥대왕, '祖'인 태종 무열대왕, '考'인 문무대왕에게 제사를 드리고 있다. 이를 근거로 신라의 오묘제는 늦어도 신문왕 대에 '시정始定'된 것으로 보았다.[251] 즉 모계의 시조인 수로대왕 대신 부계의 고조인 진지대왕의 신위가 추가되었다. 이처럼 신문왕은 부계의 직계 4조로 종묘를 개편하였다.

이는 중국의 종묘제인 오묘제의 구성을 따른 것이다. 오묘제는 중국의 예제적 질서에 따른 조상 제례로서 천자칠묘 제후오묘天子七廟 諸侯五廟의 원칙을 따른다. 『예기』의 왕제편에 따르면, 제후의 오묘에 관한 규정이 나오는데, '제후는 二昭二穆과 太祖의 廟로 五廟'를 구성한다.[252] 소昭·목穆은 조상의 신위神位를 묘당에 두는 차례이다. 북쪽 중앙에 태조의 신위를 남향하여 두고, 그 오른쪽에 증조曾祖와 조祖의 신위를 두는 것을 소昭라 하고, 그 왼쪽에 고조高祖와 조祖의 신위를 두는 것을 목穆이라 한다.[253] 신문왕은 태조와 직계 4조로 오묘를 구성하였는데, 이는 『예기』의 제후오묘諸侯五廟의 예에 따른 것이었다.

신문왕 2년(682)에 국학을 세우고, 경卿을 1인 두어[254] 주로 주역周易, 상서尚書, 모시毛詩, 예기禮記, 춘추좌씨전春秋左氏傳, 문선文選을 가르쳤다.[255] 또한 신문왕 8년(686)에 당에 사신을 보내 예기禮記와 문장文章에 관한 책을 요청하였다. 이에 측천무후가 담당 관청에 명하여 길흉요례吉凶要礼와 문

---

[251] 채미하는 문무왕 대에 중국식의 종묘가 수용되었고, 신문왕 즉위 초에 오묘제가 시정되었다고 보았다. 신문왕 7년 4월의 오묘제사는 오묘제 시정이 확정되고, 길례의 음악이 정비된 이후의 제사라고 하였다(앞의 책, 139~151쪽·170~184쪽).
[252] 『禮記』 王制. "天子七廟, 三昭三穆與太祖之廟而七, 諸侯五廟, 二昭二穆與太祖之廟而五."
[253] 이강래, 『삼국사기』 I, 한길사, 1998, 247쪽.
[254] 『三國史記』 卷8 新羅本紀8 神文王 2年. "六月, 立国學, 置卿一人."
[255] 『三國史記』 卷38 雜志 職官 上. "教授之法, 以周易·尚書·毛詩·禮記·春秋左氏傳·文選, 分而爲之業."

관사림文官詞林 중에서 규범이 될 만한 글들을 채택하여 50권으로 만들어 보내주었다.[256]

신문왕이 요구한 예기는 당례唐禮였고,[257] 이는 국학의 운영과 연관된 것이었다.[258] 이는 신문왕 7년(687)의 문무관료전의 지급과[259] 신문왕 9년의 녹읍의 혁파로 이어졌다.[260] 신문왕 대의 오묘제 개편 역시 이와 같은 제도 정비의 연장선상이었다.

H-7)은 효성왕이 즉위한 이후에 조고묘祖考廟인 신문왕과 성덕왕의 묘에 배알하였다는 기사이다. 오묘제는 새로운 신위가 추가되어, 소목昭穆의 수가 오묘五廟를 넘을 경우, 그 묘를 헐어야 한다[毁其廟]. 따라서 선왕이 죽고, 신왕이 즉위할 경우, 오묘는 새로 개편되어야 하는 것이다. H-7)로 보아, 효성왕 대에 태조대왕-태종대왕-문무대왕-신문대왕-성덕대왕으로 오묘를 새로 개편하였음을 알 수 있다.[261]

이처럼 신문왕 대에 제정된 오묘제는 중대 왕실에 전범典範이 되어 동일하게 운영되었다. 중대 왕실은 유교적 통치 이념을 기반으로 제도 개편을 하여 왕권을 강화하고, 체제를 안정시키고자 하였다. 이를 위하여 중대 왕실은 당의 제도를 적극적으로 수용하였다. 신문왕 대의 오묘제 수용 역시 중대 왕실의 유교적 통치 이념의 수용과 이를 기반으로 한 체제 정비의 일환으로 이루어졌다.

---

256 『三國史記』卷8 新羅本紀8 神文王 8年. "遣使入唐, 奏請礼記幷文章. 則天令所司, 寫吉凶要礼, 幷於文舘詞林, 採其詞涉規誡者, 勒成五十卷, 賜之."
257 『舊唐書』卷199 新羅傳;『新唐書』卷220 新羅傳.
258 浜田耕策,「新羅の國學と遣唐留學生」,『沫學』2, 1980, 60~61쪽; 권덕영, 앞의 책, 39쪽.
259 『三國史記』卷8 新羅本紀8 神文王 7年. "五月, 敎賜文虎官僚田有差."
260 『三國史記』卷8 新羅本紀8 神文王 9年. "九年, 春正月, 下敎, 罷內外官祿邑, 逐年賜租有差, 以爲恒式."
261 浜田耕策,「新羅の神宮と百座講會と宗廟」,『東アジア世界における日本古代史講座』9, 學生社, 1982, 242~243쪽.

3) 하대 종묘제의 계승과 변화

혜공왕은 중대의 마지막 왕이다. H-8)은 혜공왕이 오묘제를 처음 정하였다고 하였다[始定]. 그뿐만 아니라 혜공왕 이후, 하대 초기에 오묘제가 여러 차례 개편되었다. 혜공왕부터 하대 초기의 오묘제 개편이 가지는 의미에 대해서 알아보고자 한다. H-8)은 혜공왕 대의 오묘제이다. 김성의 시조인 미추왕을 시조대왕으로 하고, 태종대왕, 문무대왕을 불훼지묘不毁之廟로 삼고, 여기에 친묘 둘을 더하여 오묘로 삼았다고 하였다. 즉 시조대왕, 태종대왕, 문무대왕, 성덕대왕, 경덕대왕으로 오묘제를 세운 것이다. H-9)~10)은 하대의 선덕왕, 원성왕, 애장왕 대의 오묘제에 관한 기록이다. H-9)의 사료는 원성왕 대 오묘제를 개정한 내용이다. 그에 의하면, 선덕왕이 즉위한 이후, 선덕왕의 조祖와 고考를 오묘에 모셔야 하는데, 조祖의 자리에 외조外祖인 성덕왕의 신위를 그대로 놔두고, 경덕왕 대신 선덕왕의 고考인 개성대왕을 모셨음을 알 수 있다. 따라서 선덕왕 대의 오묘제는 시조대왕, 태종대왕, 문무대왕, 성덕대왕, 개성대왕으로 구성되었다.

원성왕은 즉위 후에 시조대왕, 태종대왕, 문무대왕과 친묘인 조祖인 흥평대왕과 고考인 명덕대왕으로 오묘를 삼았다. H-10)은 애장왕 대 오묘제 개정에 관한 내용이다. 태종대왕과 문무대왕의 2묘를 별도로 세우고, 시조대왕과 왕의 고조인 명덕대왕, 증조인 원성대왕, 조祖인 혜충대왕, 고考인 소성대왕으로 오묘를 삼았다. 다음 〈표 7〉은 사료 H의 오묘제의 신위 변화를 표로 작성한 것이다.

〈표 7〉 문무왕~애장왕의 종묘제 신위의 변천

王/神位	始祖	不毀之廟/別廟	高祖	曾祖	祖	考
문무왕	태조대왕 수로대왕				문흥대왕	태종대왕
신문왕	태조대왕		진지대왕	문흥대왕	태종대왕	문무대왕
효소왕/ 성덕왕	태조대왕		문흥대왕	태종대왕	문무대왕	신문대왕
효성왕/ 경덕왕	태조대왕		태종대왕	문무대왕	신문대왕	성덕대왕
혜공왕	시조대왕	태종대왕, 문무대왕			성덕대왕	경덕대왕
선덕왕	시조대왕	태종대왕, 문무대왕			성덕대왕	개성대왕
원성왕	시조대왕	태종대왕, 문무대왕			홍평대왕	명덕대왕
애장왕	시조대왕	태종대왕, 문무대왕	명덕대왕	원성대왕	혜충대왕	소성대왕

그렇다면 혜공왕 대에 오묘제를 처음 정하였다는 것의 의미는 무엇인지에 대해서 알아보고자 한다. 혜공왕 대에는 태조대왕을 시조대왕의 신위로 바꾸고, 태종대왕과 문무대왕을 불훼지묘不毁之廟로 삼았다. 이를 두고, 혜공왕 대에 오묘제가 '시정'되었다고 한 것이다. 즉 혜공왕 이전의 오묘제는 태조대왕과 직계 4조로 구성하였던 반면, 혜공왕 대에는 시조대왕, 태종대왕, 문무대왕과 직계 2조 즉 친묘親廟로 구성한 것이다. 신문왕 대의 오묘제가『예기』왕제편의 '태조대왕과 2소2목'이라는 규정에 부합한 것인 데 반해 혜공왕 대의 오묘제는 변용된 것이다.

이와 같은 혜공왕 대의 오묘제 변용의 내용인 '시조대왕'과 '불훼지묘'에 대한 여러 논의가 있다. 우선 '불훼지묘'을 둔 이유에 대해 알아보자. 〈표

7)에서 알 수 있듯이, 혜공왕 대의 오묘제는 기왕의 태조대왕과 직계4조로 구성할 경우, 태종무열왕의 신위를 배제시켜야 하는 상황에 놓이게 된다. 이에 중대의 시조 태종 무열왕이 배제될 수밖에 없는 상황을 피하기 위하여 오묘제를 변용하여 문무왕과 아울러 불천위로 확정하여 제도화하였고, 이를 시정始定이라 한 것이라고 파악하였다.[262]

또한 개정된 오묘 구성도 예제에 따른 것으로 보는 견해도 제기되었다. '정현鄭玄의 학설에 의한 공영달孔穎達의 『예기정의』에 의거한 것으로, 시조묘와 4친묘, 불천위不遷位인 문文·무武의 2조祧의 7묘로 구성된 것으로' 파악하였다.[263] 또는 예제 상으로 천자칠묘에서는 태조묘와 삼소삼목三昭三穆의 첫 2묘의 3묘를 불천위로 하고, 제후오묘에서는 태조의 1묘만 불천위로 하는데, 혜공왕 대의 오묘제는 천자의 불천위 구성을 참고하여 변용한 것으로 파악하기도 하였다.[264] 또는 중대 왕실의 상징적인 존재인 두 왕을 내세움으로써 왕권을 유지하고, 그 입지를 공고히 하기 위한 것이었을 것으로 보기도 하였다.[265]

혜공왕 대의 오묘제는 김씨의 시조인 미추왕, 백제와 고구려를 평정한 큰 공이 있는 태종대왕과 문무대왕을 불천위不遷位로 삼고, 조고祖考의 친묘親廟만 교체할 수 있도록 규정하였다. 즉 혜공왕 대의 오묘제는 중대 왕실 정통성의 근거인 혈연적인 시조, 중대 개창의 왕인 태종과 문무 2왕, 친묘의 2묘로 개편된 것이다. 이는 중대 왕실 존립의 근거를 명확히 천명한 것임과 동시에 실리적인 방향으로의 개편이었다. 신문왕 대에 수용된 오묘제가 혜공왕 대에 이르러 신라의 방식으로 정착된 것이고, 이것이 혜공왕 대에 오묘제가 처음으로 정해졌다는 시정始定의 의미인 것이다.

---

[262] 浜田耕策, 앞의 논문, 242~243쪽.
[263] 나희라, 앞의 논문, 150쪽.
[264] 「廟制의 變遷을 통하여 본 新羅社會의 發展過程」, 『歷史敎育』 8, 1964, 66~70쪽; 이문기, 앞의 논문, 811쪽.
[265] 채미하, 앞의 책, 181~184쪽.

〈표 7〉을 보면, 혜공왕 대에 시정된 오묘제는 애장왕 대에 개편되기 이전까지 신라 하대에도 동일한 방식으로 운용되고 있음을 알 수 있다. 혜공왕은 김양상과 김경신에 의해 피살되었다. 이후 김양상이 선덕왕으로 즉위하고, 이후 김경신이 원성왕으로 즉위하였다. 선덕왕과 원성왕은 즉위한 직후, 부모를 추봉하였고, 오묘제를 개편하였다. H-9)는 원성왕 대의 오묘제 개편에 관한 내용으로, 선덕왕과 원성왕 대의 오묘제 구성에 대해 알 수 있다. 그에 의하면, 선덕왕의 오묘제는 시조대왕-태종대왕-문무대왕-성덕대왕-개성대왕으로 구성되었고, 원성왕의 오묘제는 시조대왕-태종대왕-문무대왕-흥평대왕-명덕대왕으로 구성되었다.

우선 선덕왕의 경우, 혜공왕 대의 오묘에 조고祖考의 친묘 2묘를 교체한 것이 아니라, 부만 교체하였다. 혜공왕의 조祖인 성덕대왕은 선덕왕의 외조外祖이다. 김양상은 중대의 적자 계승 원칙을 어기고 즉위한 왕이었다. 그뿐만 아니라 혜공왕은 김지정의 반란과 그 진압의 혼란 중에 시해되었다.[266] 따라서 김양상이 왕으로 즉위하였으나, 오묘제를 전면적으로 개정하기는 어려웠을 것이다. 또한 중대의 연장선상으로 왕위의 정당성을 확보할 필요도 있었다. 이에 외조인 성덕왕의 신위는 그대로 두고 친부인 개성대왕의 신위만을 경덕왕의 신위와 교체하였던 것이다.

다음으로 원성왕 대의 오묘제 개편을 보고자 한다. 선덕왕이 죽은 후에 왕위 계승을 두고 김경신과 김주원 사이에 갈등이 있었다. 『삼국사기』의 원성왕 즉위조에서 원성왕의 즉위 배경에 대해 상세하게 기록하였다.[267] 선덕왕이 죽었을 때, 왕위를 계승할 아들이 없어서 왕위의 계승을 둘러싸고

---

[266] 『삼국사기』에는 혜공왕이 난변, 즉 김지정의 반란군에 의해 시해되었다고 하였으나, 『삼국유사』에서는 혜공왕을 시해한 인물이 김양상과 김경신이라고 기록하였다.

[267] 『三國史記』卷10 新羅本紀10 元聖王 즉위조. "及宣德薨, 無子, 群臣議後, 欲立王之族子周元. 周元宅於京北二十里, 會大雨, 閼川水漲, 周元不得渡. 或曰, "卽人君大位, 固非人謀. 今日暴雨, 天其或者不欲立周元乎. 今上大等敬信, 前王之弟, 德望素高, 有人君之體." 於是, 衆議翕然, 立之繼位. 旣而雨止, 國人皆呼萬歲."

여러 신하[群臣]가 논의한 정황을 보면, 김주원의 지지 세력과 김경신의 지지 세력이 있었음을 알 수 있다. 선덕왕이 죽었을 당시에 김주원은 상재上宰였고, 김경신은 이재二宰였다.[268] 뿐만 아니라 김주원은 무열왕계로서, 선덕왕 대의 상대등이었다. 김주원이 김경신보다 부계적 정통성과 관직의 서열에서 우위였고, 따라서 왕위 계승권에서도 우위였음을 알 수 있다. 그럼에도 불구하고 김경신이 왕으로 즉위하였던 것이다.

원성왕은 즉위 직후에 부계적 정통성을 수립함으로써 왕권을 강화하고자 하였다. 우선 직계 4조를 추봉追封하였다. 고조부인 대아찬 법선을 현성대왕이라 하고, 증조부인 이찬 의관을 신영대왕이라 하고, 조부인 이찬 위문을 흥평대왕이라 하고, 아버지 일길찬 효양을 명덕대왕이라 하였다.[269] 원성왕은 직계 4조를 추봉한 이후, 오묘제를 개편하였다. 오묘에 열사列祀될 수 있는 자격은 대왕호를 가지는 직계 조상이어야 한다는 원칙도 작용했다.[270]

A-9)에서 원성왕은 직계 4조를 추봉하였음에도 불구하고, 오묘제에 친묘인 2묘만 개편하였다. 이는 혜공왕 대의 오묘제와 동일하다. 원성왕은 직계 4조의 추봉을 통해 부계적 정통성을 수립하고, 혜공왕 대와 같은 규정으로 오묘제를 개편하여 정통성의 한계를 극복하고자 하였던 것이다.

애장왕은 혜공왕-선덕왕-원성왕으로 이어지는 오묘제의 규정을 개정하였다. H-10)에 의하면, 태종대왕과 문무대왕을 별묘別廟로 세우고, 시조대왕과 직계 4조, 즉 왕의 고조부 명덕대왕, 증조부 원성대왕, 조부 혜충대왕, 아버지 소성대왕으로 오묘제를 개정하였다.

---

268 『三國遺事』卷1 紀異2 元聖大王. "伊飡金周元初爲上宰, 王爲角干居二宰 (중략) 未幾宣德王崩, 國人欲奉周元爲王將迎入宮. 家在川北忽川漲不得渡. 王先入宮卽位. 上宰之徒衆皆來附之, 拜賀新登之主, 是爲元聖大王."
269 『三國史記』卷10 新羅本紀10 元聖王 즉위조. "二月, 追封高祖大阿飡法宣爲玄聖大王, 曾祖伊飡義寬爲神英大王, 祖伊飡魏文爲興平大王, 考一吉飡孝讓爲明德大王. 母朴氏爲昭文大后, 立子仁謙爲王太子."
270 米田雄介, 앞의 논문, 318쪽.

애장왕이 즉위한 후에 기존의 오묘제 원칙에 따라 개편할 경우, 시조대왕-태종대왕-문무대왕-혜충대왕-소성대왕으로 구성되어야 한다. 그에 따르면, 원성왕은 오묘제에 포함되지 않는다. 그러므로 애장왕 대의 오묘제 개정에 대해 기왕의 연구에서는 원성왕을 오묘에 포함하기 위한 것이었을 것으로 파악하였고,[271] 나아가 김주원 세력에 대한 원성왕계의 강화라는 측면으로 이해하기도 하였다.[272]

또한 애장왕 대의 종묘제는 제후오묘諸侯五廟가 아닌 천자칠묘天子七廟의 구성으로 개정되었다. 즉 천자칠묘의 구성이 태조대왕과 불천위 2묘, 그리고 직계 4조라는 점을 감안하면, 애장왕 대에 개편된 오묘제의 구성, 즉 시조대왕과 별묘 2묘, 그리고 직계 4조는 천자칠묘의 구성이다. 애장왕은 즉위 당시에 13세의 나이로 어렸기 때문에 숙부인 김언승이 섭정하였다.[273] 애장왕 초기의 오묘제 개정 역시 김언승의 주도로 이루어졌다.[274] 따라서 애장왕 대의 오묘제는 원성왕의 손자인 김언승의 의지가 반영된 것이었다. 원성왕-인겸-소성왕-애장왕으로 이어지는 부계적 정통성은 곧 원성왕-인겸-김언승으로 이어지는 부계적 정통성과 동일하다. 김언승은 애장왕을 시해하고, 헌덕왕으로 즉위하였고, 이어 동모제인 흥덕왕이 왕위를 계승하였다. 따라서 애장왕 대의 종묘제 개정은 김언승이 원성왕계의 부계적 정통성을 수립하고, 왕권을 강화하려는 의도로 한 것이었다. 〈표 8〉은 애장왕부터 헌안왕에 이르는 시기의 오묘제의 신위 변화이다.

---

271 浜田耕策, 앞의 논문, 152쪽; 나희라, 앞의 논문, 77~78쪽.
272 채미하, 앞의 책, 208~216쪽.
273 『三國史記』卷10 新羅本紀10 哀莊王 즉위조, "哀莊王立. 諱淸明, 昭聖王太子也, 母金氏桂花夫人. 卽位時年十三歲, 阿飡兵部令彦昇攝政."
274 이문기, 앞의 논문, 676~677쪽; 채미하, 앞의 책, 208쪽.

〈표 8〉 애장왕~헌안왕의 종묘제 신위의 변천

王/神位	始祖	別廟	高祖	曾祖	祖	考
애장왕			명덕대왕	원성대왕	혜충대왕	소성대왕
헌덕왕 흥덕왕			흥평대왕	명덕대왕	원성대왕	혜충대왕
희강왕			명덕대왕	원성대왕	예영태자	익성대왕 (헌정)
민애왕	시조대왕	태종대왕 문무대왕	명덕대왕	원성대왕	혜충대왕	선강대왕 (충공)
신무왕			명덕대왕	원성대왕	혜강대왕 (예영)	성덕대왕 (균정)
문성왕			원성대왕	혜강대왕	성덕대왕	신무대왕
헌안왕			명덕대왕	원성대왕	혜강대왕	성덕대왕

애장왕 대에 개정된 종묘제는 경문왕 대에 개정되기까지 동일한 규범으로 지속되었다. 시조대왕과 별묘인 태종대왕, 문무대왕의 3위는 불천위이고, 여기에 현왕의 직계 4조의 신위로 구성되었다. 이는 형식적으로는 〈시조대왕+직계 4조(+별묘)〉의 오묘제이지만, 실질적으로는 〈시조대왕+별묘 2위+직계 4조〉로 구성된 칠묘제였다. 애장왕 대 개정된 신라 하대의 종묘제는 별묘를 불천위로 두어 중대 왕권의 계승을 표방하고, 동시에 원성왕계의 정통성을 수립한 것이었다.

4) 신라의 종묘제와 태후의 위상

종묘제는 부계의 수직적 계통성을 정립하여 왕위의 정통성을 표방하는 왕실제사이다. 신라의 종묘 제도에서도 왕의 선대先代 왕실여성이 배위配位되고, 배향配享되었다.

선왕과 현왕이 부자 관계이고, 정상적인 즉위 절차에 의해 왕위를 계승할 경우, 죽은 아버지[考]에 대한 추봉 절차는 필요하지 않다. 다만 선왕의 왕후이자, 현왕의 모후로서 태후의 책봉례만 있을 뿐이다.

신라 중대에는 첫 왕인 태종무열왕이 부모를 문흥대왕과 문정태후로 추봉하였다는 기사가 나온다. 태종무열왕은 선왕인 진덕여왕과 부자 관계가 아니었기 때문에 왕위의 정통성을 위해서 그의 부모를 각각 대왕과 태후로 추봉하여야 했던 것이다. 이후의 중대 왕들은 선왕과 부자관계이거나 형제 관계이므로 왕의 부모가 각각 대왕과 태후였다. 따라서 왕으로 즉위한 직후에 부모를 추봉할 필요가 없었다.

신라 하대에는 왕이 즉위 초에 부모를 봉封하였다는 기록이 빈번하게 나오고 있다. 특히 현왕의 부모에 대한 책봉 시기가 정월 내지 2월에 집중되어 있는 것으로 보아, 부모의 책봉례冊封禮가 정례화되었음을 알 수 있다. 이는 왕위의 정통성과 연관된 사안이었다. 따라서 왕의 부·모를 대왕과 태후 또는 왕후로 추봉함으로써 왕의 수직적 계통성을 명확히 하고자 하였던 것이다.[275]

신라 하대의 선덕왕과 원성왕은 왕위 계승 과정이 부자간의 계승이 아니었을 뿐만 아니라 무력이 개입된 상황이었기에 왕위의 정통성이 부족하였다. 따라서 선덕왕과 원성왕은 즉위 직후 왕위의 정당성을 확보하기 위하여 왕계를 명확히 밝힐 필요가 있었던 것이다.

종묘제는 부계의 수직적 계통성을 표방함으로써 왕위의 정통성을 밝히는 왕실의 제사 제도이다. 종묘제가 수용되고, 정착됨에 따라 왕실 제사 제도에서 왕실여성이 배제되고, 역할이 축소되어 간다. 그러나 신라의 정치적 상황에 따라 왕통의 계승에 부계 못지않게 모계가 중시되는 현상을 보인다.

---

275 李炫珠, 『新羅 王室女性의 稱號變遷 硏究』, 성균관대학교 박사학위논문, 2014, 131~139쪽.

우선 선덕왕은 왕위의 정통성을 위하여 이미 오묘에 신위가 모셔져 있는 외조부인 성덕왕의 위상이 필요하였다. 선덕왕의 어머니인 사소부인은 무열왕계이고, 성덕왕의 왕녀였다.[276] 이에 선덕왕은 부모를 각각 대왕과 태후로 높이고, 오묘제에서 부와 외조부인 성덕왕을 제사 지냄으로써 왕위의 정당성을 확보하였던 것이다.

다음으로 원성왕은 즉위 원년에 직계 4조를 추봉하고, 이어 아들 인겸을 왕태자로 삼았다. 이는 부계를 중심으로 수직적 계통성을 세우고자 하는 노력이었다. 애장왕 대에 개정한 종묘제는 원성계, 특히 인겸계의 부계적 계통성을 수립하여 왕위의 정통성을 입증하고자 하였다.

그러나 애장왕 이후에 헌덕왕, 희강왕, 민애왕, 신무왕 등은 선왕을 시해하고, 왕위에 올랐다. 애장왕이 어린 나이에 즉위하였기 때문에 숙부인 김언승이 섭정을 하였다. 김언승은 조카인 애장왕을 죽이고, 헌덕왕으로 즉위하였다. 애장왕이 조모祖母인 성목태후가 받은 당의 대비 책봉 문서를 요구한 것으로 기록되어 있으나, 이는 실질적으로 섭정인 김언승의 요구였을 것이다.[277]

또한 희강왕과 민애왕, 신무왕도 즉위 직후에 부모를 추봉하였다. 흥덕왕이 죽은 후에 왕위를 둘러싼 갈등이 더욱 치열해졌다. 제륭과 균정이 왕위를 둘러싸고 싸웠고, 제륭이 희강왕으로 즉위하였다.[278] 희강왕 3년(838)에 김명이 난을 일으켰는데, 희강왕이 죽자, 민애왕으로 즉위하였다.[279] 이

---

276 邊太燮, 앞의 논문, 70~71쪽; 李光奎, 『韓國家族의 史的 硏究』, 一志社, 1977, 95쪽; 申瀅植, 「新羅史의 時代區分 -三國史記 內容分析을 中心으로-」, 『韓國史硏究』 18, 1977, 27쪽.

277 이현주, 「신라 하대초기 왕실여성의 책봉과 의미」, 『新羅史學報』 42, 2018, 377~378쪽.

278 『三國史記』 卷10 新羅本紀10 僖康王 즉위조. "初 興德王之薨也 其堂弟均貞·堂弟之子悌隆皆欲爲君 於是 侍中金明·阿飡利弘·裵萱伯等奉悌隆 阿飡祐徵與姪禮徵及金陽奉其父均貞 一時入內相戰 金陽中箭 與祐徵等逃走 均貞遇害 而後悌隆乃得卽位."

279 『三國史記』 卷10 新羅本紀10 僖康王 3年. "春正月 上大等金明·侍中利弘等 與兵作亂 害王左右 王知不能自全 乃縊於宮中."

후 민애왕 2년(839)에 균정의 아들 우징이 민애왕을 죽이고 신무왕으로 즉위하였다.[280] 다음 〈표 9〉는 『삼국사기』의 신라 중·하대 왕의 부모 추봉 및 왕비, 태자의 책봉례이다.

〈표 9〉 중·하대의 부모 추봉과 왕비·태자 책봉

王	王父	王母	王妃	太子
무열왕	문흥대왕	문정태후		
혜공왕				
선덕왕	개성대왕	정의태후	구족왕후	
원성왕	명덕대왕	소문태후		인겸(혜충대왕)
소성왕	혜충대왕	성목태후		
애장왕		대왕후	왕후	
헌덕왕				
흥덕왕			정목왕후	
희강왕	익성대왕	순성태후		
민애왕	선강대왕	선의태후	윤용왕후	
신무왕	성덕대왕	헌목태후		경응(문성왕)
경문왕	의공대왕	광의왕태후		
효공왕		의명왕태후		
신덕왕	선성대왕	정화태후	의성왕후	승영(경명왕)
경순왕	신흥대왕	왕태후		

---

280 『三國史記』 卷10 新羅本紀10 閔哀王 2年. "時 王在西郊大樹之下 左右皆散 獨立不知所爲 奔入月遊宅 兵士尋而害之."

〈표 9〉에서 즉위 후에 부모를 추봉한 왕을 보면, 태종무열왕, 선덕왕, 원성왕, 경문왕, 신덕왕, 경순왕 등은 전왕과 부자 관계가 아니었다. 또한 헌덕왕, 희강왕, 민애왕, 신무왕 등은 전왕을 죽이고 왕으로 즉위하였다. 이처럼 비정상적으로 왕위를 계승한 왕들은 종묘제의 개편에 앞서 부모의 추봉을 해야 했다. 종묘제의 신위 개편은 부모를 대왕과 태후로 추봉한 이후에 이루어질 수 있었다.

김언승은 원성왕의 손자이고, 애장왕은 원성왕의 증손이다. 이처럼 부계가 동일할 경우, 모계에 의해 차별화할 필요가 있었다. 또한 희강왕과 민애왕, 그리고 신무왕은 모두 원성왕의 증손曾孫으로, 부계적 계통성만을 볼 때 왕위 계승 상의 우열을 가리기가 어려웠을 것이다.

또한 효공왕은 헌강왕의 서자이다. 효공왕은 생모가 아닌 헌강왕의 왕비인 의명왕태후를 추봉함으로써 왕위의 정통성을 인정받았다. 그리고 신라 하대의 첫 박씨왕인 신덕왕은 즉위 직후에 부모를 추봉하였고, 이후 경명왕과 경애왕이 신덕왕의 아들로 왕위를 계승하였다. 신덕왕의 왕비인 의성왕후는 헌강대왕의 딸이다. 신라 하대의 3명의 박씨왕인 신덕왕, 경명왕, 경애왕의 왕권은 의성왕후의 혈통에 의해 정당성을 보장받았던 것이다.

이처럼 신라 하대에는 왕위의 정통성을 수립하기 위하여 부계父系 못지않게 모계母系가 중시되었다. 이는 신라 하대에 '태후'의 위상을 높이는 요소 중 하나였다. 왕모王母의 출신은 부계적 정통성이 미약할 경우에 왕권의 정통성을 입증하고, 부계가 동일할 경우에 차별적 지위를 부여하는 결정적인 요소로 작용하였다.

5) 종묘제의 수용과 운영, 그리고 왕실여성

중대 왕실은 진골로서 왕위를 계승하였기 때문에 왕권 강화를 위하여 중고기의 성골 왕권의 정통성을 극복하고, 진골 귀족과의 차별성을 규정하는 것이 급선무였다. 중대 왕실의 조상추숭과 종묘제의 도입은 중대 왕실의 왕권 강화를 위한 방편이었다.

문무왕 대의 종묘는 중대 왕실의 정통성을 천명함과 동시에 태종무열왕과 문무왕의 지지 세력을 결집시키는 구심점의 역할을 하였다. 문무왕 대의 종묘는 문무왕의 친묘인 문흥대왕과 태종대왕, 그리고 부계의 태조대왕과 모계의 시조대왕으로 구성된 조상묘였다. 즉 문무왕 대의 '종묘'는 중국의 종묘제의 형식을 갖춘 것이 아니라 '왕실 조상의 묘'를 지칭한 것이었다.

문무왕 대의 '종묘'는 신문왕 대의 오묘제 수용으로 이어졌다. 신문왕 대에 제정된 오묘제는 중대 왕실에 전범이 되어 동일하게 운영되었다. 중대 왕실은 유교적 통치 이념을 기반으로 제도 개편을 하여 왕권을 강화하고, 체제를 안정시키고자 하였던 것이다. 이를 위하여 중대 왕실은 당의 제도를 적극적으로 수용하였다. 신문왕 대의 오묘제 수용 역시 중대 왕실의 유교적 통치 이념의 수용과 이를 기반으로 한 체제 정비의 일환으로 이루어졌다.

혜공왕 대의 오묘제는 김씨의 시조인 미추왕, 백제와 고구려를 평정한 큰 공이 있는 태종대왕과 문무대왕을 불천위로 삼고, 조고祖考의 친묘親廟만 교체할 수 있도록 규정하였다. 혜공왕 대의 오묘제는 중대 왕실 정통성의 근거인 혈연적인 시조, 중대 개창의 왕인 태종과 문무 2왕, 친묘의 2묘로 개편되었다. 이는 중대 왕실 존립의 근거를 명확히 천명한 것임과 동시에 실리적인 방향으로의 개편이었다. 신문왕 대에 수용된 오묘제가 혜공왕 대에 이르러 신라의 방식으로 정착된 것이고, 이것이 혜공왕 대에 오묘제가 처음으로 정해졌다는 시정始定의 의미이다.

혜공왕 대에 시정된 오묘제는 애장왕 대에 개편되기 이전까지 신라 하대에도 동일한 방식으로 운용되었다. 원성왕은 직계 4조를 추봉하였음에도 불구하고, 오묘제에 친묘인 2묘만 개편하였다. 이는 혜공왕 대의 오묘제와 동일하다. 즉 원성왕은 직계 4조의 추봉을 통해 부계적 정통성을 수립하고,

혜공왕 대와 같은 원리로 오묘제를 개정함으로써 정통성의 한계를 극복하고자 하였던 것이다.

애장왕 대에 오묘제가 개정되어 증조부인 명덕대왕과 조부인 원성왕, 부인 인겸(혜충대왕)과 그 직계 적손으로서의 소성왕으로 구성되었다. 애장왕 대의 오묘제는 제후오묘諸侯五廟가 아닌 천자칠묘天子七廟의 구성으로 개정되었다. 즉 천자칠묘의 구성이 태조대왕과 불천위 2묘, 그리고 직계 4조라는 점을 감안하면, 애장왕 대에 개편된 오묘제의 구성, 즉 시조대왕과 별묘 2묘, 그리고 직계 4조는 천자칠묘의 구성이다. 애장왕 대 개정된 신라 하대의 종묘제는 별묘를 불천위로 두어 중대 왕권의 계승을 표방하고, 동시에 원성왕계의 정통성을 수립한 것이었다.

종묘제는 왕의 부계적 계통성을 밝히고 있었던 것에 반해 왕의 부·모 추봉은 왕 개인을 중심으로 한 부계와 모계의 위상을 높이는 것이다. 특히 신라 하대에는 왕위의 정통성을 위해 부계父系 못지않게 모계母系가 중요하였고, 따라서 어머니의 추봉이 중시되었다. 즉 부계가 동일할 경우에 차별적 지위를 부여하고, 부계적 정통성이 미약할 경우에 왕권의 정통성을 입증하는 요소로 태후의 출신이 크게 작용하였다.

나가며

왕실여성은 왕과 귀족세력의 접점에 위치한다. 왕실여성의 지위를 고려할 때 중요한 지점이다. 왕실여성의 지위는 두 가지 측면에서 고려할 수 있다. 하나는 왕과의 관계이다. 왕실여성의 지위는 기본적으로 왕과의 관계를 전제로 한다는 점이다. 왕실여성은 왕과의 관계에 의해 왕모王母 및 왕처王妻의 위상을 갖게 된다. 왕실여성의 지위는 사회의 변화에 따른 왕권의 강화와 연동하여 변화한다. 다른 하나는 귀족세력과의 관계이다. 왕실여성의 지위는 왕과 귀족세력과의 정치적 역학관계에 따른 타협의 결과물인 것이다. 왕권과 귀족세력의 정치적 추이에 따라 접점에 위치한 왕실여성의 지위가 변화하였다.

왕실여성의 지위는 왕권의 강화 및 왕과 귀족세력 간의 정치적 추이와 연관되어 변화하였다. 왕실여성의 지위와 위상을 표상한 것이 칭호이다. 왕실여성의 칭호는 왕과의 관계에 기반한 지위와 정치적 위상을 표상한 것이다. 이 책에서는 왕실여성의 칭호가 변천하는 양상을 고찰하여 신라 왕실여성의 칭호가 왕후王后-비妃·부인夫人 체계로 성립하는 과정을 알아보았다. 신라 왕실여성의 칭호 변천은 신라의 사회적 조건의 변화와 맞물려 이루어졌던 것이다. 신라의 사회적 조건의 변화, 즉 왕권의 강화 과정, 왕과 정치세력의 추이, 정치체제의 변화, 중국제도의 수용에 따른 유교화 과정, 신라의 신분제인 골품제의 변화에 따른 왕실여성 칭호의 변천 과정을 살펴보았다. 이 책에서는 왕실여성 칭호의 변천 과정을 시기별로 살펴보고, 아울러 신라 왕실여성의 제도가 성립하는 과정을 고찰하였다. 이를 통해 왕권의 변화는 물론 고대에서 사회적 조건이 변화하는 양상을 알 수 있으리라 기대한다.

상고기 왕실여성의 칭호는 'ar'계와 '예禮'계의 칭호 및 '부인夫人'이다. 초기의 왕실여성의 칭호는 'ar'계였다. 그 대상은 왕모王母, 왕처王妻, 왕녀王女, 왕매王妹였다. 'ar'계 칭호는 왕실여성의 신성성에 기반한 사제적 직능을 가진 여성들의 칭호였다. 부인夫人 칭호가 수용됨에 따라 'ar'계의 칭호가 부인夫人 칭호와 결합하는 양상을 보이게 되었다. 니사금기에 일련의 예禮계열의 칭호가 보이는데, 이는 초기 신라 여성의 고유 칭호였던 'ar'계의 칭호가 외래 칭호인 부인夫人과 결합한 칭호였던 것으로 보인다. 니사금기에 일련의 예禮계열의 칭호 중 특히 '내례부인內禮夫人'의 칭호가 중복되고 있음을 알 수 있다. 왕모 및 왕처에 해당하는 인물이 내례부인內禮夫人으로 칭해지고 있었다. 왕모와 왕처 중 사제적 직능을 담당했던 자가 내례부인內禮夫人으로서의 위상과 역할을 담당하였던 것으로, 기왕의 'ar'계 여성의 사제적 직능이 직제화하였음을 알 수 있다.

부인夫人이 왕모 및 왕처의 지위를 표상하는 칭호로서 정착된 것은 마립간기였다. 기왕의 고유 칭호인 'ar'계의 칭호가 사제적 직능을 기반으로 한 일군의 왕실여성에게 쓰였던 반면, 외래 칭호인 부인夫人은 왕실여성에게 한정적으로 사용하고자 하였던 것이다. 그러나 마립간기 이후에 왕실여성이 전유했던 칭호인 부인夫人이 점차 확산되는 양상을 보인다. 기왕의 'ar'계 칭호가 왕모와 왕처뿐만 아니라 왕매 및 왕녀에게까지 다양한 대상에게 쓰였기 때문에 왕의 모와 처가 '부인' 칭호를 배타적으로 독점할 수 없었던 것이다.

중고기 왕실여성의 칭호는 '부인夫人'과 '비妃'이다. 문헌 사료에서 왕모와 왕처가 여전히 부인夫人 칭호를 사용하고 있는 반면 법흥왕 대의 금석문인 〈울주천전리서석〉에서는 비妃계열의 칭호가 등장하고 있나는 짐이 주목된다. 마립간기 이후 부인夫人 칭호의 대상은 왕모 및 왕처뿐만 아니라 왕실여성이 아닌 여성에게도 쓰였다. 이와 같은 마립간기 이후 '부인' 칭호의 확산과 '대왕大王' 칭호의 수용은 대왕의 배우자 칭호로서 비妃 칭호가 도입되는 계기가 되었던 것이다.

〈울주천전리서석〉에서 '비妃'와 '부인夫人', '여랑왕女郎王'과 '매왕妹王'의 칭호가 보인다. 여기서 왕실여성의 칭호는 비妃와 여랑왕女郎王 및 매왕妹王이다. 그리고 부인夫人은 작식인作食人으로 나오는 귀족 처의 칭호로 사용되고 있는 것이다. 이처럼 중고기에는 대상에 따른 칭호의 세분화가 이루어졌는데, 비妃 칭호의 대상은 부인夫人 칭호와는 달리 왕의 배우자에게 한정적으로 쓰였다. 〈울주천전리서석〉에서의 비妃 칭호는 〈名+妃〉의 용법으로 쓰였는데, 이는 〈名+夫人〉에서 부인夫人이 비妃로 대체되어 사용된 것이다. 즉 중국식의 칭호인 비妃가 신라식 용법으로 사용되었던 것이다. 이처럼 중고기에는 비妃 칭호가 부인夫人과 같은 용법으로 쓰였는데, 왕의 처뿐만 아니라 갈문왕의 처에게까지도 쓰였다는 점이 특징적이다.

문헌에서는 부인夫人이 왕모 및 왕처의 칭호로 기록되었는데, 중고기에는 부인夫人이 왕실여성을 포함한 상층 여성들의 일반적인 칭호였음을 알 수 있다. 중고기 왕실여성은 부인夫人과 구분되는 비妃 칭호를 사용하고, 〈名+夫人〉에서 이름名을 개칭함으로써 칭호로서 지위를 나타내고자 하는 경향성을 보였다. 영제부인과 마야부인의 칭호는 그 자체로 '帝의 배필', '석가모니의 母'의 의미를 지니고 있다. 칭호로서 지위와 역할을 표상하였던 것이다. 특히 마야부인은 중고기의 성골 의식을 내포한 칭호로도 여겨진다. 이는 칭호를 구분하여 사용함으로써 왕실과 귀족의 지위를 구분하고자 하는 의도에서 비롯된 것임을 알 수 있다.

중대 왕실여성의 칭호는 부인夫人과 왕후王后이다. 중대는 진골 출신으로서 왕위를 계승하였다. 그렇기 때문에 다른 진골 귀족과의 차별성을 부각하는 것이 중대 왕권의 강화 및 체계 안정에 있어 가장 시급한 일이었다. 무열왕이 부모를 추봉하고, 왕태자를 책봉하였던 것과 신문왕이 유교식으로 혼인 의례를 행하였던 것은 모두 중대 왕실이 다른 진골 귀족과의 차별성을 부각함으로써 중대 왕권의 위상을 높이고자 하는 의도로 행하였던 것이다. 중대 왕실의 위상을 높이는 것은 곧 중대 왕권의 강화와도 직결되는 사안이었다.

특히 '태후太后'와 '왕후王后'의 칭호는 중대 왕실의 위상을 높이고자 하는 의도로 수용되었다. 태후와 왕후의 칭호는 기왕의 부인 칭호와는 달리 왕실여성, 즉 왕모와 왕처만 사용할 수 있는 칭호였던 것이다. 중대 왕권의 안정을 위해 왕모와 왕처만이 사용할 수 있는 배타성이 강한 칭호인 태후와 왕후를 수용하였음을 알 수 있다. '왕후' 칭호는 '왕의 정식 배우자 1인'의 위상을 가진다. 중국의 후비제에서 왕후의 정비로서의 위상은 이념적으로 모든 여성을 의미하였지만, 실질적으로 궁 내의 내관과 궁관을 다스리는 데 따른 것이었다. 특히 황제의 여러 배우자 중 왕후와 비빈 간의 위상 차이가 부각되었다. 중대 왕권이 왕후를 수용함으로써 당의 왕실여성 제도인 후비제의 체계를 수용하였으나 실제적으로는 신라의 내부 사정에 의해 재편되고, 운영되었던 것이다.

중대의 왕후가 1인이었기 때문에, 중대 왕후의 위상은 왕후와 비빈 간의 위상 차이가 아니었음을 알 수 있다. 중대의 왕후는 왕의 배우자만이 사용할 수 있는 칭호였고, 이는 진골 귀족의 배우자인 부인과의 위상 차이를 보이는 칭호였다. 중대에 왕후와 태후 칭호의 수용은 중대 왕실과 진골 귀족

세력 사이의 위상 차이를 두기 위해 이루어졌던 것이다. 이는 왕호는 중고기에 이어 중대에도 여전히 '대왕大王'인데 반하여, 왕실여성의 칭호만 왕후 및 태후로 변하였던 이유이기도 하다. 대왕은 중고기에 이미 왕만이 사용하는 배타적인 칭호였던 것이다. 즉 중대 왕실은 '대왕大王-왕후王后'의 칭호를 배타적으로 사용함으로써 진골 귀족과의 위상 차이를 가시화하고자 하였다.

왕후의 위상은 '왕의 정식 배우자 1인'인 정비의 위상이다. 성덕왕 대에 왕후 책봉과 부인 책봉을 함으로써 왕후와 진골 귀족 여성인 부인 사이의 위상 차이를 제도화하였다. 또한 효성왕 대 당의 왕비 책봉은 '왕의 정식 배우자 1인'으로서 정비의 입지를 정립하였다. 이처럼 왕후의 위상은 부인을 대상으로 한 것이다. 부인은 왕후로 책봉되지 못한 왕의 배우자와 진골 귀족인 여성들의 칭호로 사용되었을 것이라 여겨진다. 중대에 후비제에 대한 이해가 점차 심화되었다. 혜공왕 대에 원비와 차비의 칭호가 등장한다. 신라의 후비제는 왕후王后-부인夫人 체계에서 왕후王后-비妃·부인夫人 체계로 변천하였음을 알 수 있다. 신라의 후비제는 신라 내부의 필요에 따라 당의 후비제를 수용하고, 변용하면서 체계화되었다.

하대 왕실여성의 칭호는 '왕후'와 '부인'과 '비'이다. 신라 하대에는 왕의 배우자가 중대와는 달리 두 명 이상인 경우가 빈번하게 보이고 있다. 하대에 부인과 왕후 사이의 위상 차이가 있었다. 하대에 왕 배우자의 칭호는 〈名+夫人〉이 일반적으로 쓰였으나 왕후 책봉은 '왕의 정식 배우자 1인'에게만 한정되었던 것이었다. 하대의 왕의 배우자의 칭호와 관련하여 다음의 세 가지 특징을 찾아볼 수 있다. 첫 번째로 정비正妃와 차비次妃는 다른 왕의 배우자, 즉 첩妾 내지 후궁後宮 등과의 위상 차이가 분명하였음을 알 수 있다. 이로 보아 하대 왕 배우자의 일차적인 조건이 출신이었던 것으로 여겨진다. 두 번째는 신라 하대에 당의 제도에 대한 이해가 심화되었음에도 불구하고, 신라에서 당의 후비제를 수용한 왕실여성의 제도를 찾아보기 힘들다는 것이다. 이처럼 하대 왕실여성의 위계가 제도화될 수 없었던 것은 하대 왕의 배우자 간 출신에 의한 위상 차이가 명확하였을 뿐만 아니라, 왕실여성의 범주가 협소하였기 때문으로 생각된다. 세 번째로 하대에 왕의 배우자와 관련하여 가장 주목되는 것은 왕후 책봉이다. 하대에서는 중대와는 달리 왕후의 책봉이 정례화되었음을 알 수 있다. 이는 정비의 지위가 왕후의 책봉을 통해 획득되었고, 이는 태자의 생산 및 책봉과 밀접히 연관되었던 것이다.

또한 하대에는 왕모의 칭호로서 태후太后가 두드러지게 보인다. 신라 하대에 왕위 계승을 둘러싼 갈등이 치열하였고, 이는 하대의 왕은 왕위에 즉위한 후, 왕위의 정통성을 입증해야 할 당위성을 필요로 하게 하였다. 하대 왕이 즉위 직후에 관례적으로 부모를 추봉하였던 것은 왕위의 정당성을 입증하기 위한 것이었다. 그런데 부계가 동일할 경우, 왕위 계승의 정통성을 부각하기 어렵다. 그렇기 때문에 정치적 명분과 실리를 위해서 모계의 위상과 정치세력이 중요하였던 것이다. 이는 곧 신라 하대의 왕모의 정치적 위상 강화에도 영향을 미쳤다.

이처럼 하대에 '부인'은 왕의 배우자를 지칭하는 칭호로서 여러 명이 사용할 수 있었는데 반해 '왕후'는 왕의 정식 배우자 1인만이 지칭할 수 있었다. 또한 하대에는 정비와 왕태후의 지위가 정례화된 것이었음을 알 수 있다. 또한 왕이 정통성이 미약할 때 왕모의 왕태후로서의 위상이 왕위를 정당화하는 기제로서 작용하였음을 알 수 있다.

신라에서 왕과 귀족, 그 접점에 위치하는 왕실여성의 위계와 위상은 신라의 신분제인 골품제를 기반한 것이었다. 왕실여성은 기본적으로 진골 이상의 신분을 가졌을 것으로 생각된다. 왕실여성의 칭호와 관련하여 대왕과 비妃의 칭호가 등장한 법흥왕 대가 주목된다. 법흥왕 대에 대왕大王의 칭호가 등장하였고, 아울러 왕실여성의 칭호로서 비妃가 도입되었던 것이다. 이는 대왕과 대왕 배우자의 초월적 지위를 칭호로서 표상하였음을 알 수 있다. 지증왕계의 직계를 중심으로 왕실의 위상을 높이고자 하는 의도가 있었다. 이는 지증왕의 딸인 여랑왕과 대왕의 배우자인 태왕비 등을 통해 왕실의 권위를 높이고자 하였던 것으로, 칭호를 통해 왕실의 차별화를 시도하였던 것이다. 이는 법흥왕 대의 율령 반포, 불교 공인의 연장선상이었음을 알 수 있다. 법제와 종교를 통한 왕과 귀족 간의 차별화가 이루어졌고, 이를 표상한 것이 칭호였던 것이다. 왕실의 신성성을 극대화한 것이 성골이었으리라 여겨진다. 즉 왕실 직계의 차별화, 그 신성화의 일환으로 성골 개념이 형성되었으리라고 여겨진다. 이는 진평왕 대 전륜성왕과 마야부인으로 인한 선덕여왕의 즉위로 정점에 이르렀을 것으로 생각된다.

통일기 이후에는 진골 왕실과 진골 귀족의 차별화가 관건이었을 것으로 여겨진다. 이에 왕후의 칭호를 도입하였는데, 왕후는 대왕의 배우자만이 사용할 수 있었던 칭호인 것이다. 왕모임에도 불구하고, 왕후와 태후가 혼용되어 사용되었던 것으로 여겨지는데, 이는 왕후의 칭호 자체가 대왕의 배우자만을 구별하기 위한 것이었음을 알려준다. 즉 대왕의 배우자인 왕후와 진골 귀족의 배우자인 부인과의 구분만이 중요했을 뿐, 대왕의 배우자와 모 사이의 왕후와 태후의 구분은 고려의 대상이 아니었던 것이다. 성덕왕과 효성왕 대를 거치면서 정비의 개념이 형성되었다. 정비는 왕의 배우자 사이의 적서嫡庶, 즉 서열의 문제를 야기한다. 이는 아울러 차기 왕위 후계자인 태자의 지위와 태후의 위상과도 연관되는 문제였다.

하대 전기에는 왕위를 둘러싸고 갈등이 첨예하게 일어난다. 즉 좁은 범주의 왕실 구성원 간 왕위 다툼으로 인해 왕권의 약화와 왕위의 정통성 결여가 야기되었던 것이다. 중대에서는 왕실과 진골 귀족 간의 갈등이었던 반면, 하대에서는 왕실 내의 갈등이었던 것이다. 이처럼 왕위를 안정적으로 계승하고, 유지하지 못하는 상황이었기에 왕권이 약할 수밖에 없었던 것이다. 이에 왕의 수직적 계통성이 강조되었다. 신라 하대에 태후의 추봉과 왕후의 책봉이 정례화되었던 것은 왕위의 정통성을 표방하기 위한 정치적인 장치였던 것이다.
 그러나 이처럼 신라 내부에서의 왕실 구성원 추봉과 책봉만으로는 왕권이 안정되기 어려웠기 때문에 당으로부터의 책봉도 빈번하게 받았음을 알 수 있다. 여기서 주목되는 것은 왕의 아버지와 아울러 왕의 어머니도 추봉하였고, 당으로부터도 왕모의 책봉을 받았다는 사실이다.
 하대 전기에 부계를 중심으로 왕위 다툼이 지속되었기 때문에 부계가 아닌 모계의 계통 역시 중시되었음을 알 수 있다. 특히 원성왕계인 소성왕과 애장왕, 헌덕왕과 흥덕왕은 연이어 당의 책봉을 받고 있는데, 이들은 모두 원성왕계의 직계였다. 그렇기 때문에 당으로부터 책봉을 받음으로써 거듭 왕위의 정당성을 표방하고자 하였던 것이다. 경문왕과 헌강왕 대에 한화정책이 추진되었다. 이에 경문왕 대 문의왕비, 헌강왕 대 수원의 칭호가 나타난다. 그러나 당의 후비제의 칭호는 보이고 있으나, 후비제의 제도가 수용되었다고 보기는 어렵다. 이는 왕실여성 출신의 한계, 즉 골품제적 한계로 인한 것이라 여겨진다.
 신라는 당의 후비제를 수용함으로써 왕과의 관계를 중심으로 왕실여성의 위계를 제도화하고자 하였다. 후비는 왕의 배우자인 정비와 비빈을 일컫는다. 후비제는 정비와 비빈 간의 서열을 위계화한 제도이다. 후비제의 핵심은 왕의 정비인 왕후의 위상이다. 왕후의 위상을 정점으로 일련의 위계가 제도화된 것이 후비제이다. 중대에 당의 후비제 수용 이전에는 왕실여성의 위계에서 왕후가 가장 최고위의 위상을 가졌다. 그러나 후비제 수용 이후 왕모가 아닌 왕후가 최고위의 위상을 갖게 됨에 따라 왕실여성의 정치세력 세대 간의 교체가 이루어질 수밖에 없는 것이다. 나아가 왕후 역시 왕에 의해 획득되는 지위이므로 그 지위와 역할이 유동적일 수밖에 없는 것이다.
 중국의 후비제와는 달리 신라의 왕후王后-비妃·부인夫人 체계에서는 왕후의 '왕의 정식 배우자 1인'의 위상만이 확연히 구분된다. 왕후 칭호가 수용된 초기에는 기왕의 왕실배우자로서 칭호인 부인이 동시에 혼용되어 사용되었다. 성덕왕 대에 왕후 책봉과 효성왕 대 당의 왕비 책봉 이후로 왕의 정식 배우자 1인으로서의 왕후의 위상이 정립되었던 것이다. 그리고 왕후의 위상은 부인을 대상으로 한 것이다. 부인은 왕후로 책봉되지 못한 왕의 배우자와 진골 귀족인 여성들의 칭호로 사용되었을 것이라 여겨진다. 즉 중대 왕권이 왕후를 수용함으로써 당의 왕실여성 제도인 후비제의 체계를 수용하였으나 실제적으로는 신라의 내부 사정에 의해 재편되고, 운영되었던 것이다.

이처럼 신라에서 왕후王后-비妃·부인夫人 체계가 정착되는 양상은 정비인 왕후의 지위가 확고해지는 것에서 찾을 수 있다. 현왕의 정처正妻인 왕후는 차기 왕위 계승권자인 태자의 지위와 연관되었고, 태자가 왕위를 계승함에 따라 왕후가 태후가 될 수 있었던 것이다. 신라의 왕후王后-비妃·부인夫人 체계는 중대에 '정비'의 위상이 정립되고, 하대에 정비와 적장자인 태자의 연관성이 공고해지는 방향으로 성립되어 갔음을 알 수 있다. 신라에서 왕실여성 제도의 정립은 왕실여성과 진골여성 간의 위상 차이, 그리고 정비와 비빈 간의 위상 차이가 명확해지는 과정이었다.

참고문헌

1. 史料

『三國史記』,『三國遺事』,『高麗史』
『南齊書』,『北齊書』,『梁書』,『周書』,『北史』,『隋書』,『舊唐書』,『新唐書』
『唐六典』,『通典』,『資治通鑑』,『大唐開元禮』,『唐律疏議』,『册府元龜』,『儀禮』,『周禮』,
    『尙書』
『唐會要』,『令義解』,『日本書紀』,『續日本記』

2. 단행본

1) 史料

徐榮洙,『國譯 中國正使朝鮮傳』, 국사편찬위원회, 1986.
李丙燾,『國譯 三國史記』乙酉文化社, 1977.
韓國精神文化研究院,『譯註 三國史記』1~5, 1977.
韓國精神文化研究院,『譯註 三國遺事』1~5, 以會文化社, 2002~2003.
韓國古代社會研究所編,『譯註 韓國古代金石文』1~3, 1992.
金鐸敏 主編,『譯註 唐六典』上·中·下, 신서원, 2003·2005·2008.
성균관대학교동아시아학술원,『崔文昌侯全集』, 성균관대학교대동문화연구원, 1972.
青土關井, 木田 上, 和直 光, 夫鎭晃貞,『律令』, 岩波書店, 1976.
仁井田 陞著, 池田 溫編集代表,『唐令拾遺補』, 東京大學出版會, 1997.
井上秀雄,『譯註 三國史記』, 平凡社, 1980.

2) 硏究書

金正基 外,『皇南大塚(北墳)發掘報告書』, 文化財研究所, 1985.
金基德,『高麗 封爵制 研究』, 建國大學校 大學院 博士學位論文, 1994.
김기흥,『새롭게 쓴 한국고대사』, 역사비평사, 1993.
李光奎,『韓國家族의 史的研究』, 一志社, 1977.
金德原,『新羅中古政治史研究』, 景仁文化社, 2007.
김선주,『신라의 고분문화와 여성』, 국학자료원, 2010.
金壽泰,『新羅中代政治史研究』, 一潮閣, 1996.

金瑛河, 『韓國古代社會의 軍事와 政治』, 高麗大學校 民族文化硏究院, 2002.
金瑛河, 『新羅中代社會硏究』, 일지사, 2007.
김영하, 『한국고대사의 인식과 논리』, 성균관대학교 출판부, 2012.
김용성, 『신라 왕도의 고총과 그 주변』, 학연문화사, 2009.
김상현, 『신라의 사상과 문화』, 一志社, 1999.
金昌謙, 『新羅 下代 王位繼承 硏究』, 景仁文化社, 2003.
김창호, 『삼국시대 금석문 연구』, 서경문화사, 2009.
金哲埈, 『韓國古代社會硏究』, 서울대학교출판부, 1975.
權悳永, 『古代韓中外交史 -遣唐使硏究-』, 一潮閣, 1997.
권순형, 『고려의 혼인제와 여성의 삶』, 혜안, 2006.
권영오, 『新羅下代 政治史硏究』, 혜안, 2011.
나희라, 『신라의 국가제사』, 지식산업사, 2003.
박해현, 『신라중대정치사연구』, 국학자료원, 2003.
신정훈, 『8세기 신라의 정치와 왕권』, 한국학술정보(주), 2010.
申瀅植, 『韓國 古代史의 新硏究』, 一潮閣, 1984.
李基東, 『新羅骨品制社會와 花郞徒』, 一潮閣, 1984.
李基白, 『新羅政治社會史硏究』, 一潮閣, 1974.
李基白, 『韓國史講座』 古代篇, 一潮閣, 1982.
李光奎, 『韓國家族의 史的硏究』, 一志社, 1977.
李明植, 『新羅政治史硏究』, 螢雪出版社, 1992.
李丙燾, 『韓國古代史硏究』, 博英社, 1976.
李佑成, 『韓國中世社會硏究』, 一潮閣, 1991.
이정숙, 『신라 중고기 정치사회 연구』, 혜안, 2012.
李鍾宣, 『古新羅王陵硏究』, 學硏文化社, 2000.
李鍾旭, 『新羅上代王位繼承硏究』, 嶺南大學校出版部, 1980.
장창은, 『신라 상고기 정치변동과 고구려 관계』, 신서원, 2008.
전기웅, 『新羅의 멸망과 景文王家』, 혜안, 2010.
全德在, 『新羅六部體制硏究』, 一潮閣, 1996.
정용숙, 『고려시대의 后妃』, 民音社, 1992.
주보돈, 『금석문과 신라사』, 지식산업사, 2002.
千寬宇, 『古朝鮮史·三韓史硏究』, 一潮閣, 1989.
채미하, 『신라 국가제사와 왕권』, 혜안, 2008.
崔秉鉉, 『新羅古墳硏究』, 一志社, 1992.
崔淑卿·河炫綱, 『韓國女性史(古代~朝鮮)』, 이화여대출판부, 1972.
하일식, 『신라 집권 관료제 연구』, 혜안, 2006.
黃壽永·文明大, 『盤龜臺 -蔚州岩壁彫書-』, 동국대학교 출판부, 1984.
溝口雄三·丸山松幸·池田知久 편저, 김석근·김용천·박규태 옮김, 『中國思想文化事典』,

민족문화문고.

今西龍, 『新羅史研究』, 國書刊行會, 1933.
末松保和, 『新羅史の諸問題』, 東洋文庫, 1954.
濱田耕策『新羅國史の研究』, 吉川弘文館 재수록, 2002.
三品彰英, 『古代祭政と穀靈信仰』, 平凡社, 1975.
小野勝年, 『入唐求法巡禮行記の研究』第4卷, 鈴木學術財團, 1964.
須田春子, 『律令制女性史研究』, 千代田書房, 1978.
井上秀雄, 『新羅史基礎研究』, 東出版株式會社, 1974.
朱子彦, 『后宮制度研究』, 華東師範大學出版社, 1999.
豊島悠果, 『高麗王朝の儀礼と中国』, 汲古書院, 2017.

3. 論文

姜聲媛, 「新羅時代 反逆의 歷史的 性格」, 『韓國史研究』43, 1983.
강종훈, 「울주천전리서석명문에 대한 일고찰」, 『울산사학』1, 1999.
姜英卿, 「韓國 古代社會의 女性 -三國時代 女性의 社會活動과 그 地位를 중심으로-」, 『淑大史論』11·12합, 1982.
강영경, 「신라 上代시기의 女司祭 -女巫와 比丘尼의 역할을 중심으로-」, 『여성과 역사』2, 2005.
金敬愛, 「新羅 元聖王의 卽位와 下代 王室의 成立」, 『韓國古代史研究』41, 2006.
金東洙, 「新羅 憲德·興德王代의 改革政治」, 『한국사연구』39, 1982.
金杜珍, 「韓國 古代 女性의 地位」, 『한국사시민강좌』15, 일조각, 1994.
권덕영, 「신라 하대 朴氏勢力의 동향과 '朴氏王家'」, 『韓國古代史研究』49, 2008.
金炳坤, 「眞平王의 卽位와 智證王系 人物의 動向」, 『韓國古代史研究』56, 2009.
김선주, 「眞興王의 卽位와 只召太后의 攝政」, 『한국학대학원논문집』제12집, 1997.
김선주, 「신라 사회 여성의 정치 활동」, 『史學研究』77, 2005.
김선주, 「『三國史記』를 통해 본 고대 삼국의 왕비 비교」, 『페미니즘연구』10, 2010.
김선주, 「신라 경덕왕대 삼모부인(三毛夫人)의 생애와 정치적 의미」, 『역사학연구』44, 2011.
金相鉉, 「三國遺事論」, 『강좌 한국고대사』1, 가락국사적개발연구원, 2003.
金壽泰, 「新羅 宣德王·元聖王의 王位繼承」, 『東亞研究』6, 1985.
김수태, 「신라 혜공왕대 만월부인의 섭정」, 『新羅史學報』22, 2011.
김수태, 「신라 신문왕대 국왕 친영례의 시행」, 『新羅史學報』29, 2013.
金英美, 「統一新羅時代 阿彌陀信仰의 歷史的 性格」, 『韓國史研究』50·51합집, 1985.
김영미, 「聖德王代 專制王權에 대한 一考察 -甘山寺彌勒像·阿彌陀像銘文과 관련하여-」,

『梨大史苑』22·23, 1988.
김영하, 「新羅 中代의 儒學受容과 支配倫理」, 『韓國古代史研究』 40, 2005.
김영하, 「廣開土大王陵碑의 정복기사해석」, 『韓國古代史研究』 66, 2012.
金龍善, 「蔚州 川前里書石 銘文의 研究」, 『歷史學報』 81, 1979.
金貞淑, 「金周元世系의 成立과 그 變遷」, 『白山學報』 28, 1984.
金志垠, 「경덕왕대의 대일외교 −752년 교역의 성격을 중심으로−」, 『新羅文化』 30, 2007.
金昌謙, 「新羅 元聖王의 卽位와 金周元系의 動向」, 『阜村申延澈教授停年退任紀念史學論叢』, 일월서각, 1995.
金昌謙, 「신라 憲康王과 義明王后, 그리고 '野合'과 孝恭王」, 『新羅史學報』 22.
김창현, 「신라왕실과 고려왕실의 칭호」, 『韓國古代史研究』 55, 2009.
金昌鎬, 「新羅中古金石文의 人名表記(Ⅰ)」, 『大丘史學』 22, 1983.
金昌鎬, 「新羅中古金石文의 人名表記(Ⅱ)」, 『歷史教育論集』 5, 1984.
金台植, 「'母王'으로서의 新羅 神睦太后」, 『新羅史學報』 22, 2011.
金 澔, 「唐代 皇室女性의 生活과 地位」, 『東洋史學研究』 97, 2006.
권순형, 「고려 內職制의 비교사적 고찰 −요·금제와의 관련을 중심으로−」, 『이화사학연구』 39, 2009.
노중국, 「신라 中古期 儒學 사상의 수용과 확산」, 『大丘史學』 93, 2008
盧重國, 「百濟의 王·侯號, 將軍號制와 그 運營」, 『百濟研究』 55, 2012.
文暻鉉, 「蔚州 新羅 書石銘記의 新檢討」, 『慶北史學』 10, 1987.
문경현, 「新羅 朴氏의 骨品에 대하여」, 『歷史教育論集』 13·14합집, 1990.
文明大, 「佛國寺金銅如來坐像二軀와 그 造像讚文(碑銘)의 研究」, 『美術資料』 19, 1976.
朴南守, 「蔚州 川前里 書石銘에 나타난 眞興王의 王位繼承과 立宗葛文王」, 『韓國史研究』 141, 2008.
朴普鉉, 「熨斗로 본 皇南大塚 北墳의 年代」, 『慶北史學』 23, 2000.
邊太燮, 「廟制의 變遷을 통하여 본 新羅社會의 發展過程」, 『歷史教育』 8, 1964.
徐榮教, 「신문왕의 婚禮儀 −『고려사』 禮志와 비교를 통하여−」, 『白山學報』 70, 2004.
徐榮教, 「新羅 일부일처제」, 한국고대사학회 제119회 정기발표회 발표문(2011.4.9.).
신정훈, 「惠恭王代 政治의 推移와 天災地變의 性格」, 『동서사학』 8, 2001.
신정훈, 「新羅 聖德王代의 정치적 변화와 성격 −成貞王后의 출궁과 炤德王后의 입궁에 대하여−」, 『한민족문화연구』 24, 2008.
辛鐘遠, 「新羅 五臺山史蹟과 聖德王의 卽位背景」, 『崔永禧先生華甲紀念 韓國史學論叢』, 1987.
申瀅植, 「新羅史의 時代區分 −三國史記 內容分析을 中心으로−」, 『韓國史研究』 18, 1977.
이강래, 「三國史記論 −그 100년의 궤적」, 『강좌 한국고대사』 1, 가락국사적개발연구원, 2003.
李健茂 외, 「義昌 茶戶里遺蹟 發掘進展報告 Ⅰ~Ⅳ」, 『考古學誌1~7』, 韓國考古美術研究所, 1989~1995.

李基東, 「張保皐와 그의 海上 活動」, 『張保皐의 新研究』, 완도문화원, 1985.
李基白, 「三國遺事 王曆篇의 檢討」, 『歷史學報』 107, 1985.
李明植, 「신라 하대 김주원계의 정치적 입장」, 『대구사학』 26, 1984.
이명식, 「신라 중대왕권의 전제화과정」, 『대구사학』 38, 1989.
李明植, 「新羅末 朴氏王代의 展開와 沒落」, 『大丘史學』 83, 2006.
李文基, 「蔚州川前里書石原銘·追銘의 再檢討」, 『歷史敎育論集』 4, 1983.
李文基, 「金石文資料를 통하여 본 新羅의 六部」, 『歷史敎育論集』 2, 1981.
李文基, 「6세기 新羅 「大王」의 成立과 그 國際的 契機」, 『新羅文化祭學術發表論文集』 9, 1988.
李文基, 「新羅 惠恭王代 五廟制 改革의 政治的 意味」, 『白山學報』 52, 1999.
李文基, 「新羅 金氏 王室의 少昊金天氏 出自觀念의 標榜과 變化」, 『歷史敎育論集』 23·24, 1999.
李文基, 「新羅 惠恭王代 五廟制 改革의 政治的 意味」, 『白山學報』 52, 1999.
李文基, 「崔致遠 撰 9世紀 後半 佛國寺 關聯資料의 檢討」, 『新羅文化』 26, 2005.
李文基, 「新羅 孝恭王(嶢)의 出生과 王室의 認知 時期에 대하여」, 『新羅文化』 30, 2007.
李純根, 「新羅時代 姓氏 取得과 그 意味」, 『韓國史論』 6, 1980.
吳 星, 「新羅 元聖王系의 王位交替」, 『全海宗博士華甲記念 史學論叢』, 一潮閣, 1979.
尹炳喜, 「신라 하대 균정계의 왕위계승과 김양」, 『역사학보』 96, 1982.
李宇泰, 「蔚州 川前里書石 原銘의 再檢討」, 『國史館論叢』 78, 1997.
이영호, 「新羅의 王權과 貴族社會 -중대 국왕의 혼인 문제를 중심으로-」, 『新羅文化』 22, 2003.
이영호, 「통일신라시대의 王과 王妃」, 『新羅史學報』 22, 2011.
김용성, 「皇南大塚 南墳의 年代와 被葬者 檢討」, 『韓國上古史學報』 42, 2003.
李貞蘭, 「高麗 后妃의 號稱에 관한 考察」, 『典農史論』 2, 1996.
李晶淑, 「眞平王代의 王權强化와 帝釋信仰」, 『新羅文化』 16, 1999.
李晶淑, 「중고기 신라의 중앙정치체제와 권력구조」, 『新羅文化』 25, 2005.
이정희, 「古代 日本의 采女制度」, 『日本學報』 44, 2000.
李鍾恒, 「新羅의 下代에 있어서의 王種의 絶滅에 대하여」, 『法史學研究』 2, 1975.
金昌鎬, 「慶州 皇南大塚의 축조 연대」, 『嶺南考古學』 27, 2000.
이창희, 「방사성탄소연대로 본 皇南大塚南墳과 須惠器의 실연대: 방사성탄소연대의 적용방법과 타당성 재고」, 『古文化』 79.
이현주, 「新羅 上古期 王妃族의 등장과 추이」, 『史林』 31, 2008.
李昊榮, 「新羅 中代王室과 奉德寺」, 『史學志』 8, 1974.
李昊榮, 「聖德大王神鍾銘의 解釋에 관한 몇가지 문제」, 『考古美術』 125, 1975.
李喜寬, 「新羅 上代 智證王系의 王位繼承과 朴氏王妃族」, 『東亞研究』 20, 1990.
李熙濬, 「경주 皇南大塚의 연대」, 『嶺南考古學』 17, 1995.
이희준, 「4~5세기 신라 고분 피장자의 복식품 착장 정형」, 『한국고고학보』 47.

申虎澈,「新羅의 滅亡과 甄萱 -甄萱이 신라 멸망에 끼친 영향-」,『忠北史學』2, 1989.
장병인,「조선 전기 국왕의 혼례형태 -'가관친영례'의 시행을 중심으로」,『한국사연구』 140, 2008.
장일규,「응렴의 결혼과 그 정치적 의미」,『新羅史學報』22, 2011.
장일규,「≪삼국유사≫ 왕력편·기이편의 신라 하대 기사와 하대상」,『新羅史學報』30, 2014.
全德在,「新羅 中代 對日外交의 推移와 眞骨貴族의 動向」,『韓國史論』37, 1997.
전덕재,「신라 경문왕·헌강왕대 한화정책(漢化政策)의 추진과 그 한계」,『東洋學』50, 2011.
전호태,「한국 고대의 여성」,『韓國古代史研究』12, 1997.
鄭孝雲,「新羅中古時代의 王權과 改元에 관한 研究」,『考古歷史學志』2, 1986.
曹凡煥,「新羅末 朴氏王의 登場과 그 政治的 性格」,『歷史學報』129, 1991.
曹凡煥,「新羅末 花郎勢力과 王位繼承」,『史學研究』57, 1999.
曹凡煥,「神穆太后 -新羅 中代 孝昭王代의 政治的 동향과 神穆太后의 攝政-」,『서강인문논총』29, 2010.
曹凡煥,「新羅 中代 聖德王代의 政治的 動向과 王妃의 交替」,『新羅史學報』22, 2011.
曹凡煥,「王妃의 교체를 통하여 본 孝成王代의 정치적 동향」,『韓國史研究』154, 2011.
曹凡煥,「신라 中代末 惠恭王의 婚姻을 통하여 본 政局의 변화」,『新羅文化』43, 2014.
曹凡煥,「≪삼국유사≫ 왕력편의 異種記事를 통해 본 中代 新羅의 정치구조 -신라 중대 景德王의 왕비 교체와 정치적 동향을 중심으로-」,『新羅史學報』30, 2014.
趙二玉,「新羅 聖德王代 唐外交政策研究」,『梨花史學研究』19, 1990.
朱甫暾,「毗曇의 난과 善德王代 政治運營」,『李基白先生古稀紀念 韓國史學論叢』上, 一潮閣, 1994.
朱甫暾,「新羅時代의 連坐制」,『大丘史學』25, 1984.
주보돈,「남북국시대의 지배체제와 정치」,『한국사』3, 한길사, 1994.
주보돈,「한국 고대사회 속 여성의 지위」,『계명사학』21, 2010.
崔光植,「三國史記 所載 老嫗의 性格」,『史叢』25, 1981.
채미하,「신라 종묘제의 수용과 그 의미」,『歷史學報』176, 2002.
채미하,「新羅의 五廟制 '始定'과 神文王權」,『白山學報』70, 2004.
채미하,「신라 중대 오례와 왕권 -오례 수용을 중심으로-」,『韓國思想史學』27, 2006.
채미하,「신라 국왕의 시학과 그 의미」,『韓國思想史學』32, 2009.
채미하,「신라의 賓禮 -당 使臣을 중심으로-」,『韓國史學報』43, 2011.
채미하,「신라의 凶禮 수용과 그 의미」,『韓國思想史學』42, 2012.
최홍조,「新羅 哀莊王代의 政治變動과 金彦昇」,『韓國古代史研究』34, 2004.
黃善榮,「新羅 武烈王家와 金庾信家의 嫡庶問題」,『釜山史學』9, 1985.
황선영,「신라의 묘제와 묘호」,『동의사학』5, 1989.
黃壽永,「新羅의 蔚州書石」,『東大新聞』, 1971.

深津行德,「韓半島 出土 金石文에 보이는 親族呼稱에 대해서 －川前里書石銘文을 中心으로－」,『新羅文化祭學術發表論文集』23, 2002.

豊島悠果,「고려전기 后妃・女官 제도」,『한국중세사연구』27, 2009.
岡田正之,「慈覺大師の入唐行記に就いて」,『東洋學報』13-1, 1924.
前間恭作,「新羅王の世次と其名について」,『東洋學報』15-2, 1925.
鈴木靖民,「金順貞・金邕論」,『朝鮮學報』45, 1967.
鬼頭淸明,「七世紀後半の國際政治史試論 －中國・朝鮮三國・日本動向－」,『古代の日本と朝鮮』, 學生社, 1974.
由水常雄,「古新羅古墳出土의 로만글라스에 대하여」,『朝鮮學報』80, 1976.
武田幸男,「金石文資料からにた新羅官等制」,『江上波夫教授古稀記念論文集』歷史篇, 1977.
濱田耕策,「新羅の神宮と百座講會と宗廟」,『東アジア世界における日本古代史講座 －東アジアおける儀禮と國家』, 1982.
武田幸男,「蔚州書石谷における新羅・葛文王一族 －乙巳年原銘・己未年追銘の一解釋－」,『東方學』85, 1993.
武田幸男,「蔚州書石「癸巳六月銘」の研究－新羅・沙喙部集團の書石谷行」,『朝鮮學報』168, 1998.

연구 목록

「신라 상고시기 '부인(夫人)' 칭호의 수용과 의미」, 『역사와 현실』 86, 2012.
「신라 중고시기 왕실여성의 칭호 -〈蔚州川前里書石〉銘文을 중심으로-」, 『신라사학보』 27, 2013.
「신라 중대 왕후의 책봉과 위상 정립」, 『역사와 현실』 95, 2015.
「신라 중대 효성왕대 혜명왕후와 '正妃'의 위상」, 『韓國古代史探究』 21, 2015.
「신라 중대 王母의 칭호와 위상 -혜공왕대 만월태후를 중심으로-」, 『韓國古代史研究』 85, 2017.
「신라 후비제의 비교사적 고찰 -正妃의 지위를 중심으로-」, 『사림』 73, 2020.
「신라 여성관인 제도의 성립과 운영」, 『사림』 80, 2022.
「신라 종묘제의 변천과 태후」, 『사림』 66, 2018.

영문초록

The Establishment and Evolution of the Royal Women's Institution in Silla Korea:

Focusing on the Adoption of the "Hubije(后妃制, the Queen and concubine system)"

Hyunju Lee

Writing a thesis on royal women in ancient Korean history presented significant challenges. I found myself constantly asking, "Why focus on royal women?" This question represents the initial step of my research journey.

Initially, my interest in Korean history, particularly ancient Korean religion, guided my academic path. My master's thesis investigated "The Founding Myth and Animal Symbols of Silla," aiming to uncover the essence of Korean thought through these ancient narratives.

As I progressed into graduate studies, my focus shifted toward understanding the roles of royal women in historical contexts. This evolution stemmed from examining elements such as audience interactions and the portrayal of queens within Silla's founding myth. Subsequently, my research trajectory naturally transitioned to explore royal women's experiences across pivotal life stages which led me to find the profound significance of royal women in shaping societal norms and cultural narratives. This realization has fueled my dedication to unraveling the often-overlooked yet impactful roles of women in ancient Korean history.

So why study royal women? Despite the abundance of historical records and artifacts like 'Cheonjeon-ri Seoseok(i.e., 蔚州川前里刻石)' and 'Hwangboksa Golden Bronze Sari Hamgyong(i.e.,皇福寺石塔金銅舍利函銘)' the significance of royal women goes beyond mere documentation. Their presence is consistent throughout the Silla dynasty, reflecting their integral role as members of the royal family. Royal women were not just individuals; they were intertwined with the evolution of ancient society and royal authority. Examining their roles reveals a pattern that aligns with the broader changes in ancient society and the shifting dynamics of royal authority.

The study of royal women in ancient Korean society offers valuable insights into various aspects of governance and societal structures. By examining the roles and status of royal women, we can gain different perspectives on ancient society and royal authority. However, research on ancient Korean royal women remains insufficient, highlighting the need to investigate their existence from the viewpoint of political institutional history.

This study initially recognized this gap in research and focused on the institutionalization process of royal women. A key aspect I explored was the adoption of China's "Hubije(后妃制, the Queen and concubine system)", a hierarchical structure of royal wives centered around the king. Analyzing the background of its introduction into Silla, the acceptance process and the aftermath of its influence are essential to grasp its impact on Silla's governance. Understanding how Silla introduced and modified the Queen and concubine system (后妃制) is crucial to understanding the political and institutional changes of Silla.

The Korean peninsula's history is marked by the enduring legacy of the Silla, which lasted from 57 B.C. to 935 A.D., and the subsequent Koryŏ, spanning from 918 to 1392 A.D. These dynasties, under the same ethnic group and territory, shaped Korea's cultural and political landscape. Silla's nearly 1,000-year reign and Koryŏ's 474-year rule provide a rich context for studying the evolution of royal women's titles and roles, highlighting the continuous yet evolving nature of Korea's dynastic history.

This research investigates the evolution of royal women's roles and statuses in the Silla by analyzing the transformation of their titles. The historical record, SamGukSaGi (三國史記), segments the history of the Silla dynasty into three phases: early, middle, and late. Similarly, SamGukYuSa (三國遺事) delineates three periods: the far ancient, middle ancient, and late ancient. Beyond these traditional divisions, this research identifies four distinct stages in the evolution of titles for the Silla dynasty's royal women, providing a nuanced view of their changing roles and statuses.

First, The title "Bu'In" (夫人, madam), influenced by Chinese style, was introduced during the ancient period. Before this, the 'ar'-type titles were used for individuals in specific roles and of high status, including queens, kings' mothers, sisters, and daughters. These individuals were revered and likely participated in religious rituals, reflecting their esteemed status in society.

Second, during the middle ancient period, Chinese-influenced titles such as "empress" (王妃) and "queen" (女王) started to emerge. Notable titles included "You'Rang-Wang" (女郎王, lady of an emperor) for princesses, "Mae-Wang" (妹王, sister of an emperor) for royal sisters, "Dae-Wang-Bi" (大王妃, empress) for the emperor's spouse, and "Wang-Bi" (王妃, queen) for the king's spouse. The adoption of these titles was part of the dynasty's strategy to bolster its legitimacy by formalizing the status of royal women.

Third, In the middle period of the Silla dynasty, the process of awarding titles to royal women became more sophisticated. The title "Wang-Hu" (王后, empress) was designated for kings' wives, indicating the institutionalization of the empress-madam (王后-夫人) system. Royal women received titles during their lifetime, as well as posthumous honorific titles and names. This enhancement and formalization of titles were part of the dynasty's reforms aimed at stabilizing and consolidating its power.

Lastly, In the latter period of the Silla dynasty, the empress-madam system underwent further development. During the early part of this era, succession disputes led to frequent conferrals of posthumous honorific titles and formal recognitions, aiming to fortify the dynasty's shaky legitimacy. Amidst this turbulent time, their status was precarious; they either bore crown princes or sought investiture from Tang China (唐) to stabilize and legitimize their positions within the royal hierarchy.

The refinement and elevation of title-granting to royal women played a pivotal role in establishing their hierarchy within the Silla. Starting from the middle period, the titles of "Wang-Hu" (王后, empress) and "Bu'In"

(夫人, madam) were formally conferred, allowing a clear distinction between the two. This act of investing titles solidified the concept of the royal consort, positioning the "Wang-Hu" at the apex of the royal women's hierarchy in the Shilla's empress-madam system.

To sum up, this study explores the establishment of the Queen and concubine system (后妃制) in Silla, which organized the royal women's hierarchy. Since the 7th century, Silla adopted this system from Tang China, aiming to clearly distinguish between the statuses of royal and noble wives, thereby consolidating royal power.

A critical aspect of establishing this system was the investiture ceremony (册封禮), through which Silla's royal family delineated the statuses between royal women and noblewomen, and between the king's official spouse and his other consorts. The implementation of Silla's Queen and concubine system (后妃制) was influenced by, but not completely replicated Tang's system. It evolved gradually, adapting to the political dynamics and maintaining the existing social order of Silla. Thus, while Silla's system was influenced by Tang's Queen and concubine system (后妃制), it was distinctively shaped by Silla's internal circumstances.

This book focused on how the system, status, and role of Silla royal women changed in conjunction with the social development process. In particular, the Queen and concubine system (后妃制) was the result of a compromise according to the power relationship between the king and the aristocrats. I identified the power structure of Silla considering the correlation between royal authority and royal women.

찾아보기

ㄱ
경덕왕 100, 157, 187
경명왕 259
경문왕 191
경애왕 259
경정궁주 118
국대부인國大夫人 68
김순원 127, 139
김양상 170
김언승 254, 259
김원태 137
김흠운 93

ㄴ
남귀여가혼男歸女家婚 98
납비례納妃禮 93
내례內禮 45~46
내례부인內禮夫人 45, 49
노구老嫗 42
노모 43

ㄷ
도유나랑 208

ㅁ
만월부인 152
만월태후 160, 162~163, 165
매왕妹王 63, 67, 77, 81, 83~84, 88
명사봉영 97, 180

ㅁ(무)
무열왕 91, 102~103, 124, 241
문명부인 107
문명왕후 152
문무왕 122, 178, 215
문성왕 100
문정태후 154
문희 185
미해공부인美海公夫人 68
민애왕 257

ㅂ
배소왕후 185
법흥왕 65
보도부인 66
본피궁 228
부걸지비 63, 65~66
부인夫人 29, 53, 55, 63, 67, 70, 88, 107
비妃 29, 63, 66~67, 85~86, 88

ㅅ
사량부인 119
사모私母 227
삼모부인 119~121
선비先妃 109
성덕왕 100, 116, 186
성정왕후 139
소덕왕후 152
소덕태후 154
신덕왕 259

신목왕후 152
신무왕 257
신문왕 93, 102, 104, 178, 241
심지 194

ㅇ
아로 41
알영閼英 33~35, 38~39
애장왕 190
액정국 233
액정령 233
여랑왕女郞王 63, 67, 77, 81, 83~84, 88
연제부인延帝夫人 75
영제부인迎帝夫人 75~76, 88
영종 141
왕비王妃 89
왕후王后 92, 107, 110
용보부인 118
울주천전리서석蔚州川前里書石 59
원비元妃 109
원성왕 249
유리니사금 219
입종갈문왕 65

ㅈ
자의왕후 152
재매부인 119

점물왕후 185
정비正妃 113
종묘제 243
지몰시혜비 63, 65~66
지소부인 64, 66, 118
진평왕 226
진흥왕 66, 209

ㅊ
차비次妃 109
천명부인 152, 154
친영 97~98

ㅌ
태왕비太王妃 63, 88~89
태후太后 92

ㅎ
헌강왕 191
혜공왕 117, 166, 187, 249
혜명왕후 127, 148
효공왕 186, 194, 259
효성왕 100, 127
후비後妃 109
훈제부인 154
희강왕 257